Teoria Discursiva do Direito

O GEN | Grupo Editorial Nacional – maior plataforma editorial brasileira no segmento científico, técnico e profissional – publica conteúdos nas áreas de concursos, ciências jurídicas, humanas, exatas, da saúde e sociais aplicadas, além de prover serviços direcionados à educação continuada.

As editoras que integram o GEN, das mais respeitadas no mercado editorial, construíram catálogos inigualáveis, com obras decisivas para a formação acadêmica e o aperfeiçoamento de várias gerações de profissionais e estudantes, tendo se tornado sinônimo de qualidade e seriedade.

A missão do GEN e dos núcleos de conteúdo que o compõem é prover a melhor informação científica e distribuí-la de maneira flexível e conveniente, a preços justos, gerando benefícios e servindo a autores, docentes, livreiros, funcionários, colaboradores e acionistas.

Nosso comportamento ético incondicional e nossa responsabilidade social e ambiental são reforçados pela natureza educacional de nossa atividade e dão sustentabilidade ao crescimento contínuo e à rentabilidade do grupo.

FORADESÉRIE

Robert Alexy
Teoria Discursiva do Direito

ORGANIZAÇÃO, TRADUÇÃO E ESTUDO INTRODUTÓRIO
ALEXANDRE TRAVESSONI GOMES TRIVISONNO

3ª EDIÇÃO

- A EDITORA FORENSE se responsabiliza pelos vícios do produto no que concerne à sua edição (impressão e apresentação a fim de possibilitar ao consumidor bem manuseá-lo e lê-lo). Nem a editora nem o autor assumem qualquer responsabilidade por eventuais danos ou perdas a pessoa ou bens, decorrentes do uso da presente obra.

  Todos os direitos reservados. Nos termos da Lei que resguarda os direitos autorais, é proibida a reprodução total ou parcial de qualquer forma ou por qualquer meio, eletrônico ou mecânico, inclusive através de processos xerográficos, fotocópia e gravação, sem permissão por escrito do autor e do editor.

  Impresso no Brasil – *Printed in Brazil*

- Direitos exclusivos para o Brasil na língua portuguesa
  Copyright © 2019 by
  EDITORA FORENSE LTDA.
  Uma editora integrante do GEN | Grupo Editorial Nacional
  Travessa do Ouvidor, 11 – Térreo e 6º andar – 20040-040 – Rio de Janeiro – RJ
  Tel.: (21) 3543-0770 – Fax: (21) 3543-0896
  faleconosco@grupogen.com.br | www.grupogen.com.br

- O titular cuja obra seja fraudulentamente reproduzida, divulgada ou de qualquer forma utilizada poderá requerer a apreensão dos exemplares reproduzidos ou a suspensão da divulgação, sem prejuízo da indenização cabível (art. 102 da Lei n. 9.610, de 19.02.1998). Quem vender, expuser à venda, ocultar, adquirir, distribuir, tiver em depósito ou utilizar obra ou fonograma reproduzidos com fraude, com a finalidade de vender, obter ganho, vantagem, proveito, lucro direto ou indireto, para si ou para outrem, será solidariamente responsável com o contrafator, nos termos dos artigos precedentes, respondendo como contrafatores o importador e o distribuidor em caso de reprodução no exterior (art. 104 da Lei n. 9.610/98).

- Capa: Danilo Oliveira

- Fechamento desta edição: 11.09.2018

- Organização, tradução e estudo introdutório de Alexandre Travessoni Gomes Trivisonno

- 1ª edição – 2014 / 2ª edição – 2015

- **CIP – BRASIL. CATALOGAÇÃO NA FONTE.**
  SINDICATO NACIONAL DOS EDITORES DE LIVROS, RJ.

  A371t
  Alexy, Robert

  Teoria discursiva do direito / Robert Alexy; organização Alexandre Travessoni Gomes Trivisonno – 3. ed. – Rio de Janeiro: Forense, 2019.

  Inclui bibliografia
  ISBN 978-85-309-8145-7

  1. Direito – Filosofia. I. Trivisonno, Alexandre Travessoni Gomes. II. Título. III. Série.

  18-49972   CDU: 340.12

  Leandra Felix da Cruz – Bibliotecária – CRB-7/6135

APRESENTAÇÃO DA EDITORA

O Grupo Editorial Nacional – Editora Forense tem a honra de apresentar a série "Fora de série", que tem por objetivo disponibilizar ao leitor livros fundamentais para a formação do pensamento contemporâneo com uma roupagem moderna e um projeto gráfico diferenciado.

A "Fora de série" traz desde grandes clássicos da antiguidade até importantes pensadores da atualidade, reunindo sob um mesmo selo textos essenciais às Ciências Sociais e Sociais Aplicadas.

As obras selecionadas são parte da base do conhecimento na área de humanidades, sendo leitura indispensável para disciplinas propedêuticas nas Ciências Humanas.

Com um *layout* inovador, a série demonstra e enfatiza que seu conteúdo, mesmo com o passar do tempo, continua vivo e atual.

Boa leitura!

LISTA DOS SÍMBOLOS LÓGICOS EMPREGADOS

¬   não (negação)
∧   e (conjunção)
∨   ou (disjunção)
→   se..., então... (condicional)
↔   ... se e somente se ... (bicondicional)
∀x   para todo x, ... (quantificador universal)
O   é comandado (obrigatório) ... (operador deôntico)
P   é permitido ... (operador deôntico)
P   ... tem precedência sobre ... (operador de preferência)

PREFÁCIO

Os artigos contidos neste livro tratam de temas de todas as áreas do meu pensamento jusfilosófico. Tomados em conjunto eles propiciam uma representação ampla de suas linhas fundamentais.

No centro dos meus primeiros trabalhos está a relação entre discurso e direito. Disso tratam os três artigos da primeira parte. A ideia fundamental expressada neles é de que a razão prática é, em primeiro lugar, possível e, em segundo lugar, destinada a se realizar no direito. A teoria do discurso é hoje um elemento necessário do meu sistema. Ela constitui a base da teoria dos direitos humanos e fundamentais, de que se ocupam os três artigos da segunda parte. Uma das teses centrais da teoria do discurso é que na argumentação são pressupostas a liberdade e a igualdade dos parceiros do discurso. Esse é o ponto de partida da fundamentação dos direitos humanos como direitos morais. Contudo, para que sejam realizados no mundo, como ele é, os direitos humanos precisam ser institucionalizados como direitos positivos. Direitos fundamentais constituem a tentativa de positivar os direitos humanos e, nesse sentido, de transformá-los em direitos jurídicos. Essa institucionalização se realiza de forma plena com a criação do controle de constitucionalidade. Porém, com isso não estão todos os problemas resolvidos. Coloca-se a questão de como se deve interpretar e aplicar os direitos fundamentais. Disso tratam os artigos da terceira parte. No centro está a distinção entre regras e princípios, que está inseparavelmente conectada à máxima mais importante da interpretação dos direitos fundamentais, a máxima da proporcionalidade. O discurso, os direitos humanos e fundamentais e a teoria dos princípios são pedras fundamentais da minha teoria sobre o conceito e a natureza do direito, que constituem o objeto dos três artigos da quarta parte. Trata-se, aqui, da defesa de um conceito de direito não-positivista, que constitui a expressão da dupla natureza do direito. A isso se adicionam, na quinta parte, três entrevistas, em que os temas abordados experimentam novas abordagens.

Estou muito contente que os artigos e entrevistas aqui reunidos tenham tido Alexandre Travessoni Gomes Trivisonno como tradutor. Traduzir é sempre também interpretar, e toda interpretação é um desafio. Em várias discussões que tive em Kiel com Alexandre Trivisonno sobre questões referentes à tradução pude constatar que, com ele, a tradução estava nas melhores mãos. Sou grato a ele também pela magistral escolha e organização dos artigos.

Kiel, janeiro de 2014

Robert Alexy

NOTA SOBRE A ORGANIZAÇÃO E A TRADUÇÃO

1. OBSERVAÇÕES SOBRE OS OBJETIVOS DESTE LIVRO

A obra de Robert Alexy é consideravelmente vasta, sendo constituída basicamente por três livros monográficos, a saber, *Teoria da Argumentação Jurídica* (1978), *Teoria dos Direitos Fundamentais* (1985) e *Conceito e Validade do Direito* (1992), bem como por cerca de 120 artigos escritos originalmente em sua grande maioria em alemão (e alguns em inglês), sendo que muitos deles foram traduzidos em diversas línguas como português, inglês, italiano, francês, espanhol, japonês, chinês etc. Alguns deles foram reunidos (e eventualmente traduzidos) em coletâneas em alemão, espanhol e português.[1] Há traduções dos três livros monográficos em português, inglês, italiano, espanhol, japonês, chinês etc., bem como traduções esparsas em diversas línguas de vários dos artigos produzidos pelo autor.

Este livro reúne 12 artigos publicados por Alexy entre 1978 e 2012, bem como três entrevistas, duas publicadas e uma inédita, esta última realizada especialmente para o livro. Dentre os 15 textos, 13 são inéditos em língua portuguesa.[2] Embora, como já notado, os três livros fun-

---

[1] Cf. http://www.alexy.jura.uni-kiel.de/schriftenverzeichnis.
[2] Os textos originalmente traduzidos a partir de originais em alemão foram (em ordem cronológica de sua produção): (1) *Eine Theorie des praktischen Diskurses*; (2) *Zum Begriff des Rechtsprinzips*; (3) *Zur Kritik des Rechtspositivismus*; (4) *Zur Verteidigung eines*

XII | Teoria Discursiva do Direito · Robert Alexy

damentais de Alexy e vários de seus artigos tenham sido traduzidos em português, a organização de um livro contendo artigos de Alexy em sua maioria inéditos em português pareceu oportuna para se alcançar os seguintes objetivos:

(1) Abordar de forma conjunta o sistema da teoria discursiva do direito desenvolvida por Alexy, propiciando assim, ao mesmo tempo, uma visão de conjunto de seus três elementos fundamentais, a saber, *o discurso e a argumentação jurídica*, os *direitos fundamentais* e sua *construção em princípios* e o *conceito e a natureza do direito*, bem como, ao mesmo tempo, propiciar o acompanhamento do desenvolvimento da evolução da referida teoria ao longo do tempo. Para atingir esse objetivo o livro traz não só textos contemporâneos aos três livros monográficos de Alexy acima mencionados, mas também textos a eles posteriores, que constituem assim desenvolvimentos da teoria de Alexy que não se encontram nas três obras monográficas.

(2) Divulgar a resposta de Alexy aos principais críticos de sua teoria discursiva do direito. Como acontece com toda grande teoria, a teoria de Alexy teve, por um lado, grande aceitação e ampla recepção e, por outro lado, foi alvo de severas objeções em relação a seus três elementos fundamentais. A tese do caso especial, que afirma ser o discurso jurídico um caso especial do discurso prático geral, foi criticada, especialmente no espaço teuto-linguístico, das mais variadas formas (críticas ao primeiro núcleo da teoria, *discurso e argumentação jurídica*), destacando-se a crítica de J. Habermas, que afirma que o discurso jurídico não deveria ser concebido como um subconjunto da argumentação *moral*. A construção dos direitos fundamentais em princípios também foi alvo de diversas objeções, novamente no espaço teuto-linguístico – mas não somente nele (críticas ao segundo núcleo da teoria, *direitos fundamentais* e *teoria dos princípios*); alguns afirmaram que ela atribui poder demais àquele que aplica o direito, enquanto outros, ao contrário, afirmaram ter ela retirado em demasiado esse poder do aplicador. Houve ainda um terceiro

---

nichtpositivistischen Rechtsbegriffs; (5) *Grundrechte im Demokratischen Verfassungsstaat*; (6) *Diskurstheorie und Rechtssystem*; (7) *Interview durch Manuel Atienza*; (8) *Menschenrechte ohne Metaphysik?*; (9) *Die Konstruktion der Grundrechte*; (10) *Ideales Sollen*; e (11) *Gespräch mit Robert Alexy* – Fragen von Júlio Aguiar de Oliveira e Alexandre Travessoni Gomes Trivisonno. Os textos traduzidos a partir de originais em inglês foram (novamente em ordem cronológica de produção dos textos): (1) *The Special Case Thesis*; (2) *Five Questions*; (3) *Two or Three?* e (4) *The Dual Nature of law*. Dentre esses 15 textos possuem tradução em língua portuguesa apenas *Zum Begriff des Rechtsprinzips* e *Die Konstruktion der Grundrechte*. Cf. http://www.alexy.jura.uni-kiel.de/schriftenverzeichnis.

Nota sobre a organização e a tradução | **XIII**

grupo de críticos que se concentrou na estrutura lógica dos princípios. Dentre essas críticas, talvez a de maior destaque, mas, a meu ver, não a mais consistente, seja a já antiga crítica de Habermas, que aponta uma suposta irracionalidade da ponderação como método de aplicação de direitos fundamentais. O terceiro núcleo da teoria (*conceito e natureza do direito*) também foi criticado; a concepção de Alexy sobre como deve ser definido o direito, debate que se realiza de forma intensa no espaço anglofônico, foi atacada tanto por autores fora desse espaço, por exemplo, E. Buligyn, quanto por autores que participam do debate atual que nele ocorre, como, por exemplo, J. Raz. Grande parte das críticas se dirige aqui à tese da conexão necessária entre direito e moral, defendida pela teoria discursiva do direito de Alexy.

No Brasil, as objeções mais repetidamente divulgadas e conhecidas são as de Habermas, sobretudo aquelas apresentadas em *Direito e Democracia – Entre Facticidade e Validade*. Elas se dirigem tanto contra a tese do caso especial quanto contra a construção dos direitos fundamentais em princípios. Porém, infelizmente, a resposta de Alexy a essas críticas não tem sido divulgada, no Brasil, na mesma proporção. A fim de minimizar esse problema foram escolhidos artigos que não só contêm uma exposição, por parte de Alexy, dos pontos fundamentais de seu sistema, como também apresentam respostas às principais críticas já referidas.

A escolha dos 12 artigos, sua organização e divisão ao longo dos quatro capítulos do livro, bem como a escolha das entrevistas, teve sempre em vista cumprir esses dois objetivos apresentados. Além de duas entrevistas já publicadas (mas inéditas em português), foi realizada uma terceira entrevista com Alexy, em 2012, especialmente para este livro. Como já notado anteriormente, dentre os 12 artigos e as três entrevistas, ou seja, dentre os 15 textos, 13 são inéditos em língua portuguesa, o que reforça a esperança de que este livro possa cumprir os objetivos já expostos.

2. OBSERVAÇÕES SOBRE A TRADUÇÃO

Dentre os 15 textos que ora se publicam, a grande maioria, a saber, 11, foi originalmente escrita em alemão, e quatro foram originalmente escritos em inglês. As traduções foram feitas a partir desses originais.

Na tradução procurei, na máxima medida possível, manter a fidelidade à letra do texto original, exceto nos casos em que ela prejudicaria o sentido. Em outros termos, foi dada a precedência, em caso de choque entre literalidade e sentido, ao segundo. O problema é que muitas vezes estavam em jogo não só esses dois princípios fundamentais, mas também outros, que igualmente precisavam ser ponderados, como a tradição, o respeito à estrutura da língua a ser traduzida, o emprego da linguagem clara, dentre outros. Em muitos casos as opções de um tradutor não são fáceis. Para piorar as coisas, em uma tradução, ao contrário, por exemplo, do que ocorre em uma decisão judicial, não é possível fundamentar expressamente todas as decisões. A inserção de "notas do tradutor" na forma de notas de rodapé toda vez que surgisse uma polêmica de tradução quebraria completamente a sequência de leitura. Do mesmo modo, uma nota inicial explicando a tradução de *todos* os termos de difícil tradução não parece adequada. Porém, quatro observações são necessárias.

(1) A primeira diz respeito à tradução de alguns termos técnicos alemães. Tome-se como exemplo o termo alemão *"Universalisierbarkeit"*. *"Universalisierbarkeit"* poderia ser traduzido, se fosse feita a opção por uma tradução analítica, como "propriedade ou qualidade de poder ser universalizado". Se fosse feita a opção por uma tal tradução analítica, isso significaria que, quando no original em alemão aparece o termo *"Universalisierbarkeitsprinzip"*, a tradução em português teria que ser "princípio da possibilidade de algo poder ser universalizado", o que teria a vantagem de evitar a criação de um termo na língua portuguesa, mas a desvantagem de tornar a leitura mais difícil, devido à extensão da tradução. Ocorre que o termo *"Universalisierbarkeit"* não existia originalmente na língua alemã; trata-se de um termo técnico que foi criado no âmbito das discussões filosóficas decorrentes do impacto, na filosofia, do imperativo categórico de Kant. Como se sabe, uma das fórmulas do imperativo categórico, a fórmula da lei universal, reza: "age apenas de acordo com aquela máxima, através da qual você possa ao mesmo tempo querer que ela se transforme em lei universal".[3] Essa propriedade da máxima, a saber, "a propriedade de poder valer como uma lei universal", passou a ser designada *"Universalisierbarkeit"* ("universalizabilidade"). Como aqui se trata, portanto, de um termo técnico da filosofia, que não existia no vocabulário da língua alemã e que foi criado como termo técnico da filosofia, achei que se justificava optar pela tradução "universalizabilidade".

---

[3]   No original: "*handle nur nach derjenigen Maxime, durch die du zugleich wollen kannst, daß sie allgemeines Gesetz werde*" (I. Kant, Grundlegung zur Metaphysik der Sitten, IV, 421 (edição da Academia). Interessante notar que Kant usa o termo "*allgemein(es)*", que, embora possa ser literalmente traduzido por "geral", costuma ser traduzido, nesse caso, por "universal". O fato é que, embora Kant use, em seus textos, o adjetivo "*allgemein(es)*", a partir daí surgiu o termo "*Universalisierbarkeit*".

Nota sobre a organização e a tradução | **XV**

A fim de se manter a coerência do texto, a mesma diretriz foi aplicada para termos análogos, como *"Verallgemeinerbarkeit"* ("propriedade ou qualidade de algo poder ser generalizado", que foi traduzido por "generalizabilidade"), *"Begründbarkeit"* ("propriedade ou qualidade de algo poder ser fundamentado", que foi traduzido por "fundamentabilidade"), *"Institutionalisierbarkeit"* ("propriedade ou qualidade de algo poder ser institucionalizado", que foi traduzido por "institucionalizabilidade"), *Beweisbarkeit* ("propriedade ou qualidade de algo poder ser provado", que foi traduzido por "provabilidade") etc.

(2) A segunda observação diz respeito à tradução dos quatro textos traduzidos a partir de originais em inglês. Neles, às vezes deixei de lado uma tradução literal e preferi empregar o termo habitualmente empregado por Alexy em alemão. Um exemplo: na língua inglesa faz sentido falar *"law claims* [...]" e *"law claims nothing* [...]". A tradução literal, "o direito alega [...]" ou "direito reivindica [...]" e "o direito não alega nada [...]" ou "o direito não reivindica nada [...]" ficaria estranha em português. Por isso, e para manter a coerência com os textos traduzidos a partir do alemão, traduzi *"law claims* [...]" por "o direito levanta uma pretensão [...]" e *"law claims nothing* [...]" por "o direito não levanta qualquer pretensão [...]", que correspondem às expressões alemãs *"das Recht erhebt einen Anspruch* [...]" e *"das Recht erhebt keinen Anspruch"*, usadas por Alexy nos textos originalmente escritos em alemão. Outro exemplo: em várias passagens dos textos originalmente escritos em inglês Alexy usa os termos *"justification"* e *"justifiability"*, que, literalmente, teriam que ser traduzidos por "justificação" e "justificabilidade" (propriedade ou qualidade de algo poder ser justificado); optei, porém, por traduzi-los por "fundamentação" e "fundamentabilidade" (respectivamente *"Begründung"* e *"Begründbarkeit"* em alemão), que são os termos usados por Alexy nos textos originalmente escritos em alemão, exatamente nos mesmos contextos em que aparecem, nos textos por ele originalmente escritos em inglês, *"justification"* e *"justifiability"*. Em síntese, para manter a unidade da tradução, os quatro textos traduzidos a partir de originais em inglês foram traduzidos com um olho naquilo que Alexy escreveu sobre o tema em alemão, que é sua língua materna.

(3) A terceira observação diz respeito às referências a leis e decisões judiciais da República Federal da Alemanha. O texto da Lei Fundamental da Alemanha tem como unidade fundamental o artigo (*Artikel*), que pode estar dividido em uma unidade menor, o parágrafo (*Absatz*). Dentro dos parágrafos as frases são numeradas, e recebem o nome *"Satz"*, que pode ser traduzido por "frase", "sentença" ou "proposição". Adotei, como

XVI | Teoria Discursiva do Direito · *Robert Alexy*

tradução, nas citações da Lei Fundamental da Alemanha, a terminologia artigo-parágrafo-proposição. Assim, por exemplo, traduzi a referência "Art. 28, Abs. 1, Satz 1 GG" como a primeira "proposição" (proposição 1) do primeiro parágrafo do artigo 28 da Lei Fundamental. No caso das leis, a unidade fundamental é o parágrafo (*Paragraph*), que é representado pelo símbolo §, que pode se dividir em uma unidade menor, denominada em alguns casos "*Nummer*" (número) e, em outros, "*Absatz*", que pode, eventualmente, estar ainda dividido em uma unidade menor, "*Satz*". Utilizei, quando aparece a nomenclatura "*Absatz-Nummer*", a tradução "parágrafo-número". Quando aparece a nomenclatura "*Paragraph--Absatz*", utilizei a tradução "parágrafo-inciso", uma vez que a tradução de "*Absatz*" por "parágrafo" levaria a uma duplicação (parágrafo-parágrafo). No caso das decisões judiciais, sobretudo do Tribunal Constitucional Federal (BVerfGE), as referências indicam o volume, a página em que a decisão começa, e, entre parênteses, a página em que se encontra a citação. Assim, por exemplo, a referência BVerfGE, 65, p. 1 (p. 43), significa que a decisão foi publicada no volume 65, começando na página 1, e o material citado se encontra na página 43.

(4) A quarta observação diz respeito à forma das citações e referências usadas neste livro. A forma alemã é consideravelmente diferente da brasileira. Havia duas possibilidades: manter a forma original ou converter todas as citações e referências para o padrão usado no Brasil. Por fidelidade ao texto original, foi mantida, em essência, a forma original, com algumas pequenas modificações.

3. AGRADECIMENTOS

Por fim, mas não menos importante, agradecimentos são necessários.

Agradeço à *Fundação Alexander von Humboldt*, que me concedeu uma bolsa de Pesquisa George Forster, que tornou possível a concepção e execução deste livro, a Cynthia Pereira de Araújo, pela cuidadosa leitura das traduções e sugestões de modificações, a Stanley L. Paulson, que comigo discutiu as possibilidades de tradução de alguns termos em inglês, a Carsten Bäcker, que não só discutiu comigo a tradução de vários termos e passagens dos originais em língua alemã como também apresentou importantes sugestões referentes à organização do livro, e, sobretudo, a Robert Alexy, que gentil e pacientemente se reuniu comigo várias vezes no semestre de inverno 2012/2013, em Kiel, para discussão das partes mais complexas da tradução. Naturalmente, a responsabilidade por eventuais inadequações da tradução é exclusivamente minha.

Belo Horizonte, janeiro de 2014

Alexandre Travessoni Gomes Trivisonno

SUMÁRIO

ESTUDO INTRODUTÓRIO

A TEORIA DISCURSIVA DO DIREITO DE ALEXY E AS DUAS QUESTÕES FUNDAMENTAIS DA FILOSOFIA DO DIREITO

Alexandre Travessoni Gomes Trivisonno 1

PARTE I
DISCURSO E ARGUMENTAÇÃO

CAPÍTULO 1 – UMA TEORIA DO DISCURSO PRÁTICO 33
1.1. Sobre o problema da fundamentação de enunciados normativos... 33
1.2. As noções fundamentais da teoria do discurso 37
1.3. A fundamentação das regras do discurso 39
    1.3.1. A fundamentação técnica 40
    1.3.2. A fundamentação empírica 41
    1.3.3. A fundamentação definitória 42
    1.3.4. A fundamentação pragmática-universal 43
    1.3.5. O discurso teórico-discursivo 45

1.4. As regras e formas do discurso prático	47
1.4.1. As regras fundamentais	47
1.4.2. As regras da razão	49
1.4.3. As regras do ônus da argumentação	52
1.4.4. As formas de argumento	54
1.4.5. As regras de fundamentação	58
1.4.6. As regras de transição	61
1.5. A utilidade da teoria do discurso	62
1.5.1. Necessidade, impossibilidade e possibilidade discursivas...	63
1.5.2. A função da teoria do discurso como instrumento de crítica	63
1.5.3. A função da teoria do discurso como critério hipotético	64
1.5.4. A função da teoria do discurso como explicação	64
1.5.5. A função da teoria do discurso como definição de um ideal	65
1.5.6. Possibilidades e fronteiras da institucionalização de discursos	65
CAPÍTULO 2 – TEORIA DO DISCURSO E SISTEMA JURÍDICO	69
2.1. A teoria do discurso como uma teoria procedimental	70
2.2. Um conceito procedimental de correção	72
2.3. Discurso e sistema jurídico	79
CAPÍTULO 3 – A TESE DO CASO ESPECIAL	83
3.1. O caráter autoritativo e discursivo da argumentação jurídica	83
3.2. A tese do caso especial	84
3.3. Objeções	85
3.3.1. Procedimentos judiciais	85
3.3.2. Discurso moral, prático geral e jurídico	87
3.3.2.1. O discurso moral e a argumentação jurídica	87
3.3.2.2. O conceito de discurso prático geral	88
3.3.2.3. Relações de precedência entre os elementos do discurso prático geral	89
3.3.2.4. O discurso prático geral e a unidade da razão prática	89

Sumário | **XXI**

3.3.3. O geral e o específico 90

    3.3.3.1. O "modo de validade diferenciado" e a "mudança de significado" 90

    3.3.3.2. A pressuposição do subconjunto 91

    3.3.3.3. A pressuposição da especificação 92

    3.3.3.4. Direito injusto e não-razoável 92

    3.3.3.5. A integração dos argumentos e a institucionalização da razão prática 94

PARTE II
DIREITOS HUMANOS E FUNDAMENTAIS

CAPÍTULO 1 – DIREITOS HUMANOS SEM METAFÍSICA? 99

1.1. O conceito de direitos humanos 100

1.2. A fundamentação dos direitos humanos 101

    1.2.1. Ceticismo e não-ceticismo 101

    1.2.2. Oito fundamentações 102

        1.2.2.1. A fundamentação religiosa 102

        1.2.2.2. A fundamentação biológica 102

        1.2.2.3. A fundamentação intuitiva 103

        1.2.2.4. A fundamentação consensual 103

        1.2.2.5. A fundamentação instrumental 104

        1.2.2.6. A fundamentação cultural 105

        1.2.2.7. A fundamentação explicativa 106

        1.2.2.8. A fundamentação existencial 107

1.3. Direitos humanos e metafísica 108

    1.3.1. Conceitos metafísicos negativos e positivos 108

    1.3.2. O conceito enfático de metafísica 109

    1.3.3. Metafísica e naturalismo 110

1.4. O conceito construtivo de metafísica 110

CAPÍTULO 2 – DIREITOS FUNDAMENTAIS NO ESTADO DEMOCRÁTICO CONSTITUCIONAL 113

2.1. A posição dos direitos fundamentais no sistema jurídico 114

2.1.1. O grau mais elevado	115
2.1.2. A maior força executória	115
2.1.3. Objetos de maior importância	116
2.1.4. A maior medida de abertura	117
2.2. Direitos fundamentais e democracia	119
2.2.1. Três modelos	119
2.2.2. Representação política e argumentativa	120
2.3. O imposto sobre patrimônio como caso-teste	123

CAPÍTULO 3 – A CONSTRUÇÃO DOS DIREITOS FUNDAMENTAIS ... 131

3.1. A construção em regras	131
3.1.1. Regras e princípios	131
3.1.2. O postulado da rejeição da ponderação	132
3.1.3. Problemas da construção em regras	133
3.2. A construção em princípios e a máxima da proporcionalidade	134
3.3. Objeções contra a construção em princípios	135
3.4. A racionalidade da ponderação	137
3.4.1. A posição central do problema da racionalidade	137
3.4.2. A objeção da irracionalidade	137
3.4.3. A otimalidade de pareto	138
3.4.4. A lei da ponderação	138
3.4.5. A fórmula do peso	139

PARTE III
TEORIA DOS PRINCÍPIOS E APLICAÇÃO DO DIREITO

CAPÍTULO 1 – SOBRE O CONCEITO DE PRINCÍPIO JURÍDICO ... 147

1.1. Introdução	147
1.2. A distinção entre regras e princípios	151
1.2.1. O caráter tudo ou nada	157
1.2.2. O teorema da colisão	160
1.2.2.1. Colisões de regras	161
1.2.2.2. Colisões de princípios	164
1.2.3. O caráter *prima facie* de regras e princípios	168

Sumário | **XXIII**

1.2.4. Dever ser real e ideal 169

1.3. Fundamentação e aplicação de princípios 172

CAPÍTULO 2 – DEVER SER IDEAL 179

2.1. Duas objeções teórico-normativas 180

    2.1.1. Dever ser ideal 180

        2.1.1.1. A existência do dever ser ideal 181

        2.1.1.2. O$_i$ 183

        2.1.1.3. A normatividade dos objetos da ponderação 190

        2.1.1.4. A inviolabilidade do princípio retrocedente 191

        2.1.1.5. O dever ser ideal e a construção de direito fundamental 193

    2.1.2. O caráter normativo do dever ser ideal 194

2.2. Duas objeções teórico-argumentativas 196

    2.2.1. O intuicionismo 196

    2.2.2. O escalonamento 198

CAPÍTULO 3 – DOIS OU TRÊS? 203

3.1. A questão 203

3.2. A ideia de operação básica 204

3.3. A estrutura da comparação de casos 206

3.4. Caso e regra 208

3.5. Caso e princípio 211

3.6. Reformulação do esquema da analogia 213

3.7. O caráter básico do esquema da analogia 214

PARTE IV
O CONCEITO DE DIREITO

CAPÍTULO 1 – CRÍTICA AO POSITIVISMO JURÍDICO 217

1.1. A tese da separação e a tese da conexão 218

1.2. Um quadro conceitual 221

    1.2.1. Conceito e validade 221

    1.2.2. Norma e procedimento 222

XXIV | Teoria Discursiva do Direito • *Robert Alexy*

1.2.3. Observador e participante 222

1.2.4. Definição e ideal 223

1.2.5. Combinações 223

1.3. O argumento da injustiça 225

1.3.1. Normas isoladas 225

1.3.2. Sistemas jurídicos 227

1.4. O argumento da correção 230

1.4.1. A teoria da pretensão 231

1.4.2. A teoria dos princípios 235

1.4.2.1. A tese da incorporação 235

1.4.2.2. A tese moral 238

1.4.2.3. A tese da coerência 239

1.4.3. A teoria do discurso 240

CAPÍTULO 2 – DEFESA DE UM CONCEITO DE DIREITO NÃO-POSITI-
VISTA 243

2.1. A tese da separação e a tese da conexão 243

2.2. Distinções 244

2.2.1. Argumentos analíticos e normativos 244

2.2.2. Normas isoladas e sistema jurídico como um todo 246

2.2.3. O Argumento da injustiça e o argumento dos princípios 247

2.2.4. Conexões classificatória e qualificatória 248

2.2.5. Norma e procedimento 248

2.2.6. Perspectivas do observador e do participante 248

2.2.7. Tese 249

2.3. O argumento da correção 249

2.4. Oito argumentos 250

2.4.1. O argumento linguístico 250

2.4.2. O argumento da clareza 252

2.4.3. O argumento da efetividade 254

2.4.4. O argumento da segurança jurídica 259

2.4.5. O argumento do relativismo 260

2.4.6. O argumento da democracia 263

2.4.7. O argumento da inutilidade 263

2.4.8. O argumento da honestidade 265

2.4.9. Resultado 268

Sumário | **XXV**

CAPÍTULO 3 – A DUPLA NATUREZA DO DIREITO 269

3.1. Ideal 270

    3.1.1. A pretensão de correção 270

        3.1.1.1. O direito é capaz de levantar pretensões 270

        3.1.1.2. A necessidade da pretensão de correção 270

        3.1.1.3. O conteúdo da pretensão de correção 272

        3.1.1.4. A racionalidade da pretensão de correção 274

    3.1.2. A teoria do discurso 275

3.2. Real 277

3.3. A reconciliação entre ideal e real 277

    3.3.1. O limite exterior do direito 279

    3.3.2. O constitucionalismo democrático 282

        3.3.2.1. A democracia 283

        3.3.2.2. Os direitos fundamentais 283

    3.3.3. A argumentação jurídica 284

    3.3.4. "Dever ser" real e "dever ser" ideal 286

PARTE V
ENTREVISTAS

CAPÍTULO 1 – ENTREVISTA A ATIENZA 289

1.1. Pergunta 1 – Carreira acadêmica 289

1.2. Pergunta 2 – A Teoria da Argumentação Jurídica 290

1.3. Pergunta 3 – O positivismo jurídico 291

1.4. Pergunta 4 – Sobre Fuller e Hart 292

1.5. Pergunta 5 – Semelhanças e diferenças com a teoria de Dworkin 292

1.6. Pergunta 6 – A crítica de Toulmin 293

1.7. Pergunta 7 – A influência de Habermas 293

1.8. Pergunta 8 – Diferenças com a teoria de Habermas 294

1.9. Pergunta 9 – A teoria dos princípios 295

1.10. Pergunta 10 – Os três maiores filósofos do direito 298

1.11. Pergunta 11 – Por que esses três são os maiores filósofos do direito 298

1.12. Pergunta 12 – Os três maiores filósofos do direito do século XX 298

XXVI | Teoria Discursiva do Direito • *Robert Alexy*

1.13. Pergunta 13 – A filosofia do direito na Alemanha hoje 299

1.14. Pergunta 14 – A filosofia do direito na Alemanha de antes e em outros círculos culturais 301

1.15. Pergunta 15 – Larenz, Esser, Schmitt e Luhmann 302

1.16. Pergunta 16 – Questões centrais da filosofia do direito 303

1.17. Pergunta 17 – Projetos para o futuro 305

1.18. Pergunta 18 – O futuro da filosofia do direito 305

1.19. Pergunta 19 – Conselho ao jovem filósofo do direito 306

CAPÍTULO 2 – CINCO QUESTÕES 307

2.1. Pergunta 1 – Interesse pela filosofia do direito 307

2.2. Pergunta 2 – Contribuições à filosofia do direito 308

2.3. Pergunta 3 – Questões centrais da filosofia do direito 314

2.4. Pergunta 4 – Filosofia do direito e prática jurídica 315

2.5. Pergunta 5 – Questões da filosofia do direito que merecem atenção 316

CAPÍTULO 3 – ENTREVISTA A AGUIAR DE OLIVEIRA E A TRAVESSONI GOMES TRIVISONNO 317

3.1. Pergunta 1 – Argumentação prática geral e direito 317

3.2. Pergunta 2 – Utilidade da fórmula de Radbruch 318

3.3. Pergunta 3 – Ponderação e razão prática 320

3.4. Pergunta 4 – Resposta a algumas objeções contra a teoria dos princípios 321

3.5. Pergunta 5 – A questão da objetividade 325

3.6. Pergunta 6 – Futuros desenvolvimentos da teoria discursiva do direito 326

BIBLIOGRAFIA 329

ESTUDO INTRODUTÓRIO

A teoria discursiva do direito de Alexy e as duas questões fundamentais da filosofia do direito

Alexandre Travessoni Gomes Trivisonno

1. AS DUAS QUESTÕES FUNDAMENTAIS DA FILOSOFIA DO DIREITO

As duas questões fundamentais da filosofia do direito são o conceito e a aplicação do direito. Essas duas questões têm estado presentes nas reflexões filosóficas desde o seu nascimento. Algumas teorias filosóficas sobre o direito concentram-se na questão do conceito de direito, não abordando sua aplicação, como é o caso por exemplo da teoria de Kant e, talvez, possa se dizer, também da teoria de Hart. Outras teorias, ao contrário, concentraram-se nos problemas referentes à aplicação do direito, sem contudo desenvolver um estudo sistemático sobre o que é o direito, como por exemplo a teoria de Dworkin. Por fim, algumas teorias procuraram abordar os dois temas de forma coordenada. Essa abordagem dos dois temas fundamentais por essas teorias decorre da percepção, por parte delas, de que as duas questões são questões intimamente ligadas entre si: a aplicação do direito depende de como se conceitua o direito e, por outro lado, o conceito de direito depende do modo como se encara a aplicação do direito. As teorias que se dedicam às duas questões são geralmente denominadas teorias abrangentes.

Alguém poderia questionar os dois pontos que acabei de mencionar. Em primeiro lugar alguém poderia dizer que toda teoria filosófica sobre o direito abrange as duas questões, pelo menos em alguma medida, ainda que de forma implícita. Poder-se-ia afirmar, por um lado, que uma teoria que aparentemente se dedica somente à aplicação do direito pressupõe um conceito de direito, ainda que esse conceito não seja explicitamente formulado e desenvolvido e, por outro lado, que uma teoria que se dedica aparentemente somente ao conceito do direito pressupõe ou mesmo implica um tipo de aplicação do direito. Assim, por exemplo, poder-se-ia dizer, por um lado, que a teoria de Dworkin, cujo foco é a aplicação do direito, sobretudo pelas cortes americanas, pressupõe um conceito de direito, a saber, um conceito de direito que inclui elementos morais e, por outro lado, que a teoria de Kant, que se concentra no conceito de direito, leva a um certo tipo de aplicação – mais especificamente, a um modelo de aplicação apenas incipiente, que decorre do caráter estrito dos deveres de direito. Isso sem dúvida é verdade; uma teoria que se concentra na aplicação do direito certamente pressupõe um conceito de direito e, por outro lado, uma teoria que se concentra no conceito de direito certamente tem implicações na aplicação do direito. Mas o fato de isso ser verdade não afeta a legitimidade daquilo que foi dito aqui; uma teoria abrangente *desenvolve* os dois temas; ela não se contenta em *pressupor* um conceito de direito para gastar sua energia apenas com a aplicação do direito ou, ao contrário, ela não se contenta em não explicitar os efeitos práticos que seu conceito de direito tem na aplicação do direito. Em outros termos, ela aborda *explícita* e *detidamente* as duas questões.

A segunda objeção poderia ter como alvo os exemplos mencionados acima. Alguém poderia dizer que a teoria de Dworkin não trata somente da aplicação do direito, ou que a teoria de Kant não é uma teoria somente sobre o conceito de direito. Ora, o que foi dito no parágrafo anterior responderia já essa segunda objeção. Se "tratar a questão do conceito de direito" significa de fato abordar, de forma detida, sistemática e explícita esse tema, Dworkin não possui uma teoria sobre o conceito de direito; se porém "tratar a questão do conceito de direito" significasse pressupor um conceito de direito, fazer observações esparsas sobre ele, então de fato teria que se concordar que Dworkin tem uma teoria sobre o conceito do direito. Do mesmo modo, se "tratar a questão da aplicação do direito" significa de fato abordar esse tema de forma detida, sistemática e explícita, não se pode dizer ter Kant dela tratado. Se porém "tratar a questão da aplicação do direito" significasse desenvolver um conceito de direito que tem consequências na aplicação do direito, ainda que consequên-

Estudo introdutório | 3

cias implícitas ou apenas incipientemente exploradas, não só Kant, mas provavelmente todo teórico que se concentrou no conceito de direito teria simultaneamente tratado da questão da aplicação do direito.

Isso não significa que a teoria não-abrangente de Kant, que se concentra no conceito de direito, e que a teoria não-abrangente de Dworkin, que se concentra na aplicação do direito, não tenham nada a dizer sobre a aplicação do direito (no caso de Kant) e sobre o conceito de direito (no caso de Dworkin). Elas de fato têm; mas certamente elas não o fazem da mesma forma que as teorias abrangentes o fazem. Naturalmente pode ser bastante interessante para um intérprete reconstruir por exemplo aquilo que teria sido uma teoria da aplicação coerente com o conceito de direito de Kant ou um conceito de direito coerente com a teoria da aplicação do direito de Dworkin. Porém, tais reconstruções não seriam mais partes das teorias de Kant e Dworkin, mas sim reconstruções "kantianas" e reconstruções "dworkinianas".

Não é possível ir mais fundo nesse tema aqui. Meu objetivo nesse estudo introdutório é apresentar a teoria de Alexy como uma teoria abrangente, apontando seus principais avanços e as questões que ela deixa em aberto no que diz respeito às duas questões fundamentais do direito, ou seja, ao conceito e à aplicação do direito. Para esse fim a breve conceituação de teoria abrangente já alcançada é suficiente. Antes de passar à abordagem de como a teoria discursiva do direito de Alexy trata as duas referidas questões é preciso analisar problemas que as duas questões centrais da filosofia do direito envolvem. É o que passo a fazer.

2. OS PROBLEMAS QUE SUBJAZEM ÀS DUAS QUESTÕES FUNDAMENTAIS DA FILOSOFIA DO DIREITO: POR UM LADO "CONEXÃO" *VERSUS* "SEPARAÇÃO" E, POR OUTRO LADO, "PERFEIÇÃO" KANTIANA *VERSUS* "IMPERFEIÇÃO" POSITIVISTA

No que diz respeito à questão do conceito de direito, o subtema específico fundamental é se o direito se conecta necessariamente à moral ou não. Já no que diz respeito à questão da aplicação do direito o subtema específico fundamental é como se pode resolver a antítese entre o modelo teórico de aplicação decorrente de um conceito de direito em que deveres de direito são perfeitos (Kant) e o modelo que, em oposição ao modelo kantiano, limita-se a descrever a indeterminação da aplicação das normas jurídicas (Kelsen e Hart). Vou denominar o modelo kantiano o "modelo da perfeição" e o modelo de Kelsen e Hart o "modelo da imperfeição".

4 | Teoria Discursiva do Direito · *Robert Alexy*

Assim, as duas questões centrais da filosofia do direito, o conceito e a aplicação do direito, podem ser especificadas em dois problemas: (1) "conexão" *versus* "separação" entre direito e moral e (2) "perfeição" kantiana *versus* "imperfeição" positivista. Esses problemas precisam ser melhor explicados.

(1) No que diz respeito ao conceito de direito o problema central é a conexão ou não do direito à moral porque, de modo geral, nenhum teórico do direito contesta hoje o fato de o direito ser uma ordem normativa coercitiva dotada de eficácia social. Esses dois elementos, na linguagem de Alexy a legalidade autoritativa (ou estabelecimento em conformidade com o ordenamento) e a eficácia social, fazem parte do conceito de direito tanto de positivistas (por exemplo Kelsen e Hart) quanto de não-positivistas (por exemplo Kant, Radbruch após 1945[1] e o próprio Alexy). Assim, a polêmica gira em torno da adição ou não de um terceiro elemento, a correção material (ou moral). Essa questão constitui o ponto central da disputa entre o não-positivismo de Alexy e o positivismo jurídico.[2]

(2) No que diz respeito à questão da aplicação do direito o problema central é a estrutura de aplicação das normas jurídicas. Embora a teoria de Kant seja, como vimos, uma teoria não-abrangente que se concentra no conceito de direito, o modelo de aplicação dela decorrente possui grande significado. Na *Metafísica dos Costumes* Kant concebe os deveres de direito (e consequentemente o direito) como perfeitos e estritos; isso significa que deveres de direito não admitem exceções, são específicos.[3] Os deveres de virtude (moral) seriam, ao contrário, para Kant, imperfeitos e amplos, ou seja, admitem exceções ou, em termos kantianos, a limitação de uma máxima de ação por outra.[4] A consequência disso

---

[1]   Eu me refiro a Radbruch após 1945 porque, a partir daí, é praticamente unânime que sua teoria é não-positivista. Porém, no que diz respeito à sua teoria antes da guerra, existem polêmicas: enquanto alguns afirmam ter sido ele positivista, outros afirmam que já antes da guerra ele não se filiava a essa corrente. Não é possível discutir esse problema aqui. Em outro lugar afirmo que Radbruch já era, antes da guerra, não-positivista, mas não-positivista super-inclusivo, tendo se convertido então, após a guerra, a um não-positivismo inclusivo. Cf. A. T. G. Trivisonno, Gustav Radbruch's (supposed) turn against positivism: a matter of balancing?, manuscrito.

[2]   Cf. R. Alexy, Begriff und Geltung des Rechts, München, 1992.

[3]   I. Kant, Grundlegung zur Metaphysik der Sitten, in: Kants Werke, V. IV. Berlin, 1968, p. 421, nota; I. Kant, Die Metaphysik der Sitten, in: Kants Werke, V. VI, Berlin, 1968, p. 230 ss. As obras de Kant são citadas de acordo com a paginação da Academia (Akademie Textausgabe).

[4]   I. Kant (nota 3), Die Metaphysik der Sitten, p. 390 ss.

Estudo introdutório | **5**

é drástica para a aplicação do direito: o direito exige, em Kant, precisão matemática.[5] Não é à toa que Kant não desenvolve, na Doutrina do Direito, uma casuística, reservando-a à Doutrina da Virtude.[6] Seu conceito de direito leva quase à desnecessidade de uma teoria da aplicação. Ora, se deveres de direito são específicos, oferecendo precisão matemática, basta, na sua aplicação, encontrar o direito aplicável e subsumir o fato à norma, chegando-se assim à solução. Assim, argumentação e ponderação não têm lugar na Doutrina do Direito de Kant, ficando restritas à Doutrina da Virtude. Por essa razão denomino o modelo de Kant, que foi aqui provavelmente influenciado pela crença exagerada de seu tempo na legislação – a lei (no caso da Prússia à época de Kant a *"Allgemeines Landrecht für die Preußischen Staaten"*),[7] o modelo da perfeição. No modelo positivista de Kelsen e Hart a inadequação dessa forma de aplicação é expressamente apontada. Se, por um lado, Hart admite não ter se concentrado detidamente na aplicação do direito[8] enquanto Kelsen dedica certa atenção ao tema,[9] por outro lado as duas teorias possuem um importante ponto em comum: de modos diferentes, Kelsen[10] e, depois dele Hart,[11] apontam o fato de que quando uma norma (geral) é aplicada a um caso concreto a sua vagueza impossibilita a obtenção de uma única solução. Normas jurídicas, devido à sua generalidade (Kelsen) ou à sua textura aberta (Hart), impossibilitam a dedução de uma única solução quando de sua aplicação. É bem verdade que o modelo de Kelsen é mais complexo e completo que o de Hart, porque se destina a toda aplicação de normas (seja pelo legislador ou pelo juiz), unindo legislação e jurisdição como formas ao mesmo tempo de produção e aplicação do direito.[12] Mas isso não interessa aqui. Aqui é suficiente constatar o acerto parcial de Kelsen e Hart ao constatar que o direito, tomado como conjunto de normas (ou, em Hart, regras), não determina *em princípio* uma única so-

---

[5]   I. Kant (nota 3), Die Metaphysik der Sitten, p. 411.

[6]   Cf., na Doutrina dos Elementos da Ética, a casuística que segue a exposição dos deveres; I. Kant (nota 3), Die Metaphysik der Sitten, p. 421 ss.

[7]   "Direito Geral para os Estados Prussianos", também conhecido como "Código da Prússia", editado em 1794.

[8]   H. L. A. Hart, The Concept of Law, 2ª ed., Oxford, p. 1994, p. 123 ss.

[9]   H. Kelsen, Reine Rechtslehre, Wien, 2000. Capítulo VIII. Aqui pode ficar aberta a questão de se e em que medida a teoria de Kelsen é ou não-abrangente.

[10]   Sobretudo na segunda edição da Teoria Pura do Direito, de 1960. Cf. H. Kelsen (nota 9), Reine Rechtslehre, p. 346 ss.

[11]   Na obra *O Conceito de Direito*, de 1961; cf. H. L. A. Hart (nota 8), The Concept of Law, p. 123 ss.

[12]   Cf. H. Kelsen (nota 9), Reine Rechtslehre, p. 346 ss.

6 | Teoria Discursiva do Direito • *Robert Alexy*

lução para cada caso: há uma relativa indeterminação na produção, a partir de uma norma superior, de uma norma inferior. Exatamente por isso eu denomino esse modelo, em oposição ao modelo da perfeição de Kant, o modelo da imperfeição.

Assim, os positivistas Kelsen e Hart afirmam um modelo imperfeito de aplicação, em oposição ao modelo kantiano, o modelo da perfeição. O fato de, passada a euforia das codificações, ter-se mostrado que o modelo kantiano é insustentável,[13] não quer dizer porém que o modelo da imperfeição de Kelsen e Hart seja correto. Ele é *em princípio* correto, porque, à primeira vista, parece de fato haver uma indeterminação na aplicação do direito. Mas talvez essa indeterminação possa ser reduzida pela metodologia de aplicação do direito. O desafio da teoria jurídica nos últimos 50 anos vem sendo desenvolver um modelo de aplicação que não seja tão indeterminado quanto o modelo imperfeito, mas que não signifique a volta ao modelo perfeito de Kant. Constituem tentativas nesse sentido as teorias de Dworkin e Alexy. Por um lado, a teoria de Dworkin prega, como o modelo da perfeição de Kant, uma única solução para cada caso, mas, por outro lado, ela diverge do modelo kantiano, pois nela a solução não decorre de uma legislação perfeita, mas sim de um processo de aplicação em que é possível descobrir a única resposta correta.[14] Em outros termos, a única resposta surge no processo de interpretação (*legal reasoning*). Por essa razão vou denominar o modelo de Dworkin o "modelo da aplicação perfeita". O modelo de Alexy tem um ponto em comum com o modelo de Dworkin: a aceitação de que a legislação não é perfeita e a constatação da importância do processo de interpretação (em Alexy, argumentação). Mas Alexy, ao contrário de Dworkin, não entende ser possível uma única solução para todo e qualquer caso.[15] Alexy entende que seria inadequado

---

[13] E também não quer dizer que Kant não tenha dado uma grande contribuição tanto ao direito quanto à ética em geral. Se, por um lado, Kant não percebe (e, devido às características da ciência do direito de seu tempo, não poderia ter percebido) que deveres de direito não são sempre precisos, por outro pode sua Doutrina da Virtude ser interpretada como já consagrando as ideias de ponderação e princípios. Assim, a filosofia do direito contemporânea não é, como pensam alguns, marcada por um "abandono de Kant", mas sim, pelo menos em certa medida, por uma fusão de elementos da Doutrina do Direito e da Doutrina da Virtude de Kant.

[14] R. Dworkin, Taking Rights Seriously, Cambridge/Ma., 1978, p. 14 ss. A concepção ali esboçada desenvolve-se em outras obras de Dworkin, sobretudo em *O Império do Direito*; cf. R. Dworkin, Law's Empire, Cambridge/Ma., 1986.

[15] Cf. R. Alexy, Theorie der juristischen Argumentation – Die Theorie des rationalen Diskurses als Theorie der juristischen Begründung, Frankfurt/M., 1978 (1991), p. 415 ss.

afirmar a tese da única resposta correta sem oferecer um procedimento para alcançá-la. Por isso, a única resposta correta transforma-se, em Alexy, em uma ideia regulativa, isto é, uma ideia metodologicamente construída, que deve ser buscada no discurso real, mas que nem sempre pode ser alcançada. Por essa razão, denominarei o modelo de Alexy "o modelo da aplicação relativamente perfeita (ou relativamente imperfeita)".[16]

Abordarei como essas duas questões fundamentais da filosofia do direito, o conceito e a aplicação do direito, são tratadas na teoria discursiva do direito de Alexy. Mas, para fazê-lo, é preciso antes verificar como se constitui o sistema dessa teoria.

3. A ESTRUTURA DA TEORIA DISCURSIVA DO DIREITO DE ALEXY COMO SISTEMA

A obra de Alexy até o presente momento é consideravelmente vasta, tendo sido elaborada durante um período de cerca de 35 anos. Ela é constituída basicamente por três livros monográficos e cerca de 120 artigos, alguns deles reunidos em coletâneas publicadas em alemão e em outras línguas. Os três livros, que constituem três marcos importantes na teoria de Alexy, são a *Teoria da Argumentação Jurídica*, que foi produzida como tese de doutorado sob a orientação de Ralf Dreier entre 1973 e 1976 junto à Universidade de Göttingen (publicada pela primeira vez em 1978), a *Teoria dos Direitos Fundamentais*, que foi produzida como tese de livre docência também sob a orientação de Ralf Dreier e apresentada na mesma universidade em 1984 (publicada pela primeira vez em 1985) e *Conceito e Validade do Direito*, que foi produzido quando Alexy já era professor na Universidade de Kiel, tendo sido publicado em 1992.

3.1. Os três elementos fundamentais do sistema

Uma análise elementar dessas três obras principais revela bastante sobre o conteúdo da teoria de Alexy. Em primeiro lugar ela revela os *elementos fundamentais* dessa teoria: o discurso prático geral e o discurso jurídico, tematizados na *Teoria da Argumentação Jurídica*, uma análise dos direitos fundamentais, tanto no plano teórico do direito, destacando-se a estrutura das normas jurídicas garantidoras de direitos fundamentais

---

[16] Uma perfeição relativa é, obviamente, também uma imperfeição relativa. Por essa razão o modelo de Alexy pode ser denominado tanto "modelo da aplicação relativamente perfeita" quanto "modelo da aplicação relativamente imperfeita".

e sobretudo sua distinção em regras e princípios, quanto no plano da dogmática do direito constitucional, realizada na *Teoria dos Direitos Fundamentais*, e o conceito e a natureza do direito, tematizados em *Conceito e Validade do Direito*.

Em segundo lugar uma análise elementar das três obras revela uma evolução, que, porém, ocorre sem ruptura: o discurso jurídico racional, tematizado na *Teoria da Argumentação Jurídica*, é um pressuposto essencial da teoria dos princípios, ponto central da *Teoria dos Direitos Fundamentais*, e a teoria dos princípios ao lado da teoria do discurso são, por sua vez, incorporadas na teoria sobre o conceito de direito, tematizada por Alexy em *Conceito e Validade do Direito*.

Essa análise ainda elementar sugere portanto que a teoria de Alexy é composta por três "elementos fundamentais": o discurso jurídico (abordado na *Teoria da Argumentação Jurídica*), a estrutura dos direitos fundamentais, ou seja, a distinção entre regras e princípios e a ponderação (abordadas na *Teoria dos Direitos Fundamentais*), e o conceito de direito (abordado em *Conceito e Validade do Direito*). Vários intérpretes de Alexy seguem essa tendência, como, por exemplo, Klatt, que fala nos três "pilares" do sistema de Alexy.[17]

A meu ver, embora de fato se possa falar em três elementos do sistema de Alexy, um deles possui um papel de destaque: a *tese do caso especial desenvolvida na forma da teoria do discurso*. Isso não quer dizer que os outros elementos não sejam importantes, nem que a teoria de Alexy não constitua um sistema, mas apenas que, dentre os três elementos, um deles, a *tese do caso especial na forma da teoria do discurso*, possui uma característica que os demais elementos fundamentais não possuem. Essa ideia precisa ser melhor explicada.

3.2. O papel de destaque da *tese do caso especial na forma da teoria do discurso* no sistema de Alexy

Se uma análise inicial das três obras principais de Alexy sugere, por um lado, um sistema composto por três *elementos fundamentais* com a mesma importância, por outro lado uma análise mais aprofundada das próprias três obras principais acrescida de uma análise de alguns dos quase 120 artigos produzidos por Alexy sugere uma outra configuração.

---

[17] Cf. M. Klatt, Robert Alexy's Philosophy of Law as a System, in: Institutionalized Reason – The Jurisprudence of Robert Alexy, M. Klatt (org.), Oxford, 2012, p. 1-26.

Essa análise mais aprofundada do conteúdo das três obras sugere que a *Teoria da Argumentação Jurídica* desempenha um papel de destaque, porque nela já se encontram teses das quais decorrerão as outras características do sistema de Alexy, desenvolvidas na *Teoria dos Direitos Fundamentais* e em *Conceito e Validade do Direito*. Portanto, o desenvolvimento dos dois elementos seguintes, a saber, a teoria dos princípios e o conceito de direito, ocorre sob a ideia fundamental da tese do caso especial na forma da teoria do discurso. Para se demonstrar essa tese é preciso, em primeiro lugar, explicar o que se entende aqui por "papel de destaque". Depois disso é preciso mostrar por que a tese do caso especial na forma da teoria do discurso constitui o elemento que possui esse papel de destaque.

3.2.1. *O papel de destaque*

Entendo aqui por papel de destaque a característica de um elemento do sistema de dirigir a orientação de pesquisa de uma teoria. Uma teoria pode ter vários elementos fundamentais, e pode até mesmo ter mais de um elemento *mais* fundamental, mas geralmente um deles se destaca. A distinção é simples: uma teoria terá um elemento mais fundamental quando os outros elementos fundamentais dessa teoria puderem ser extraídos desse elemento mais fundamental, que pode então, exatamente por isso, ser denominado "o mais" fundamental. Uma teoria terá dois (ou mais) elementos *mais* fundamentais que os demais quando eles dirigirem a orientação de pesquisa dessa teoria, mas um não puder ser extraído do outro. Essa distinção é superficial, e mereceria maiores considerações. Mas ela não pode ser aprofundada aqui, sendo suficiente, para o propósito deste estudo, essa breve descrição que acabei de fazer, aliada à constatação de que, pelas razões apresentadas acima, quando uma teoria possui um elemento de maior destaque que os outros, esse elemento pode ser considerado o "método" dessa teoria.

3.2.2. *A tese do caso especial na forma da teoria do discurso como método do sistema de Alexy*

Agora, para se demonstrar que a tese do caso especial na forma da teoria do discurso possui um papel de destaque, constituindo assim a diretriz fundamental do sistema de Alexy, isto é, seu método, é preciso explicar o que ela é e verificar então se ela preenche os requisitos apontados acima, ou seja, é preciso verificar se ela é uma candidata que passa pelo critério posto como critério necessário para que um elemento seja considerado o elemento mais fundamental de um sistema. Mas isso não é suficiente, pois pode ser que a tese especial passe no teste mas não seja o único elemento mais fundamental, porque pode ser que outros elementos também passem no teste. Portanto, é preciso também verificar se as outras duas candidatas, ou seja, a teoria dos princípios e a teoria sobre o conceito de direito, passam ou não no teste do elemento mais fundamental. Se a tese do caso especial na forma da teoria do discurso passar e as outras duas candidatas não passarem, a tese esboçada acima, ou seja, a tese do sistema com um elemento mais fundamental que os demais, estará demonstrada, e poderá então se afirmar ter a tese do caso especial na forma da teoria do discurso um papel de destaque, constituindo assim o método de Alexy. As duas candidatas adicionais não passarão no teste se for demonstrado que elas decorrem da primeira.

A fim de poder verificar se minha suposição é verdadeira começarei com uma descrição e análise das três obras monográficas principais de Alexy. Após isso passarei a uma análise de alguns artigos escritos pelo Autor.

3.2.2.1. Análise das três obras monográficas principais de Alexy

Na *Teoria da Argumentação Jurídica* defende-se essencialmente a tese do caso especial na forma da teoria do discurso: o discurso jurídico constitui um caso especial do discurso prático geral. Para demonstrar essa tese Alexy procura mostrar em que consiste o discurso prático geral, em que consiste o discurso jurídico, e por que este é um caso especial daquele. Para mostrar o que é o discurso prático geral Alexy adota um método interessante: parte de diversas teorias existentes e com elas vai progressivamente aprendendo, até chegar a um esboço de uma teoria da argumentação prática geral. Não cabe aqui uma análise aprofundada desse desenvolvimento nem mesmo uma abordagem crítica de suas virtudes e problemas. Basta aqui constatar que Alexy, a partir de várias teorias sobre o discurso prático geral como o naturalismo, o intuicionismo, o emotivismo, as abordagens do discurso enquanto atividade guiada por regras como as de Wittgenstein, Hare, Toulmin e Baier, a teoria consensual da verdade de Habermas, a teoria da deliberação prática da Escola de Erlangen e a teoria da argumentação de Chaim Perelman,[18]

---

[18]   R. Alexy (nota 15), Theorie der juristischen Argumentation, p. 51-218.

elabora seu "esboço" de uma teoria do discurso prático racional geral. Esse esboço, que constitui a formulação de regras e formas do discurso para que seja possível a fundamentação de enunciados normativos, incorpora muito das teorias acima mencionadas, como, só para citar dois exemplos, o princípio da universalizabilidade de Hare, que foi incorporado às "regras fundamentais do discurso",[19] e as distintas variantes do princípio da generalizabilidade, como as de Hare, Habermas e Baier, incorporadas às "regras de fundamentação".[20] Após esboçada uma teoria do discurso prático geral chega a hora de se mostrar por que o discurso jurídico é um caso especial do discurso geral. Para se mostrar que uma espécie é espécie de um gênero é preciso basicamente duas coisas: em primeiro lugar, é preciso mostrar que ela possui características essenciais do gênero e, em segundo lugar, é preciso mostrar que ela possui características essenciais não-comuns a alguns indivíduos do gênero.[21] Ora, o discurso jurídico constitui um caso especial do discurso prático geral porque, assim como todo discurso prático geral, ele diz respeito a questões práticas (isto é, do agir), cujas soluções implicam uma pretensão de correção; isso justifica ser o discurso jurídico um discurso prático geral. Por outro lado, o discurso jurídico se diferencia de outras formas de discurso prático geral por ter uma característica que tais outras formas não possuem, a saber, o vínculo à lei, aos precedentes e à dogmática; isso justifica ser o discurso jurídico uma *espécie* de discurso prático geral.[22]

Na *Teoria dos Direitos Fundamentais* é abordada a estrutura dos direitos fundamentais. Embora existam na obra temas interessantes, que infelizmente não posso abordar aqui, como por exemplo os direitos fundamentais como direitos subjetivos[23] e os direitos fundamentais como *status*,[24] o ponto que interessa é principalmente a análise da estrutura das normas de direitos fundamentais, realizada no Capítulo 3, sobretudo a distinção entre regras e princípios e a solução das colisões de princípios através da máxima da proporcionalidade. Alexy parte de uma análise dos critérios tradicionalmente usados para distinguir regras de princípios, sobretudo do clássico critério quantitativo da generalidade, para então desenvolver seu próprio critério: princípios são comandos de

---

[19] R. Alexy (nota 15), Theorie der juristischen Argumentation, p. 234 ss.
[20] R. Alexy (nota 15), Theorie der juristischen Argumentation, p. 250 ss.
[21] R. Alexy (nota 15), Theorie der juristischen Argumentation, p. 263 ss.
[22] R. Alexy (nota 15), Theorie der juristischen Argumentation, p. 271 s.
[23] R. Alexy, Theorie der Grundrechte, Frankfurt/M., 1985 (1994), p. 159-228.
[24] R. Alexy (nota 23), Theorie der Grundrechte, p. 229-248.

otimização, ou seja, comandos que exigem que algo seja realizado na máxima medida possível, observadas as circunstâncias fáticas e jurídicas, enquanto regras são comandos definitivos, ou seja, exigem simplesmente que uma conduta seja praticada. Colisões de princípios são solucionadas pela máxima da proporcionalidade, através de suas três máximas parciais, a saber, a máxima parcial da adequação, a máxima parcial da necessidade e a máxima parcial da proporcionalidade em sentido estrito. As duas primeiras exigem que algo seja realizado na máxima medida possível relativamente às circunstâncias fáticas, enquanto a terceira exige que algo seja realizado na máxima medida possível relativamente às circunstâncias jurídicas.[25] A atividade de ponderação, sobretudo no plano da máxima da proporcionalidade em sentido estrito, significa atribuir peso ao grau da interferência a um princípio, à importância do cumprimento do outro, e então verificar qual deles é maior. Não cabe aqui uma análise mais detalhada dessa estrutura. O foco aqui é a identificação do elemento mais fundamental do sistema de Alexy e, para isso, essa breve descrição é suficiente.

Em *Conceito e Validade do Direito*, Alexy tematiza o conceito de direito e sua natureza. Em termos mais simples, o objeto central aqui é responder à pergunta "o que é o direito?". Alexy parte de uma análise das teorias positivistas, com foco sobretudo em Hans Kelsen, Herbert L. A. Hart e Norbert Hoerster, para com elas concordar que o conceito de direito engloba os elementos da legalidade autoritativa (ou estabelecimento em conformidade com o ordenamento) e da eficácia social. Mas, segundo Alexy, ao contrário do que defendem os positivistas, o conceito de direito não se limita a isso. Alexy afirma que nenhum não-positivista que deva ser levado a sério exclui essas duas dimensões, mas apenas inclui uma terceira: a da correção material. O direito possui portanto três elementos, e não apenas dois, a saber: legalidade autoritativa, eficácia social e correção material. Os dois primeiros dizem respeito à dimensão fática do direito, enquanto o terceiro diz respeito à sua dimensão ideal. Essa dimensão ideal não significa que, no não-positivismo defendido por Alexy, a justiça (correção material) sempre prevaleça sobre o direito positivo, ou seja, não significa que toda vez que o direito positivo for injusto ele deve ser considerado inválido, mas tão somente que quando o limiar da injustiça extrema for ultrapassado o direito deixa de ser válido. Alexy retira essa ideia da conhecida fórmula de Radbruch, que foi

---

[25] R. Alexy (nota 23), Theorie der Grundrechte, p. 75-77, 100-104.

Estudo introdutório | **13**

desenvolvida em 1945 quando Radbruch reviu parcialmente aquilo que tinha defendido antes da guerra.[26]

Agora já temos material suficiente para começar a testar as teses candidatas. A *Teoria da Argumentação Jurídica* trata do discurso jurídico na forma da tese do caso especial, a *Teoria dos Direitos Fundamentais* trata sobretudo da estrutura dos direitos fundamentais e *Conceito e Validade do Direito* trata do conceito e da natureza do direito. Trata-se, claramente, de três temas diferentes. Dada a importância dos temas, pode-se falar em três elementos fundamentais do sistema. A abordagem de três temas diferentes, ainda que os três sejam importantes, não é porém suficiente para se afirmar que todos são igualmente *fundamentais*, por dois motivos: um pode ser mais importante que os outros e, além disso, um (ou dois) pode(m) decorrer do outro.

Minha tese é que, em Alexy, das três candidatas – a saber, a tese do caso especial na forma da teoria do discurso, a teoria dos princípios e a tese da conexão entre direito e moral – as duas últimas decorrem da primeira. Em outros termos, a tese do caso especial, do modo como desenvolvida por Alexy, ou seja, na forma da teoria do discurso, possui já, dentro de si, a ideia de ponderação e de princípios, bem como a ideia de uma conexão necessária entre direito e moral. Assim, a tese do caso especial na forma da teoria do discurso teria um papel de destaque, mostrando-se como o elemento mais fundamental do sistema de Alexy.

A tese do caso especial na forma da teoria do discurso afirma, como vimos, que o discurso jurídico é um caso especial do discurso prático geral. Isso significa, também como vimos, que o discurso jurídico é parte do discurso prático geral, porque trata de questões práticas e levanta uma pretensão de correção, mas possui características específicas que o diferenciam das demais formas de discurso prático, a saber, o vínculo à lei, aos precedentes e à dogmática. Minha tese é de que a mera ideia de um discurso prático geral, como formulada por Alexy, ou seja, no contexto de uma teoria discursiva, implica já ponderação e, com isso, princípios enquanto comandos de otimização. Isso é assim porque argumentar implica ponderar. A ponderação constitui uma estrutura fundamental da racionalidade prática; não é possível argumentar sem ponderar. A ponderação está implícita na tese do caso especial na forma da teoria do discurso.

---

[26] R. Alexy (nota 2), Begriff und Geltung des Rechts, Caps. II e III. A esse respeito cf. a nota 1 acima.

14 | Teoria Discursiva do Direito · *Robert Alexy*

No caso da tese da conexão entre direito e moral, presente no conceito de direito de Alexy, o fenômeno da derivação é ainda mais evidente. A tese do caso especial na forma da teoria do discurso significa que o discurso jurídico é um *genus proximum* do discurso prático geral exatamente porque este, assim como aquele, levanta uma pretensão de correção. Ora, a pretensão de correção é exatamente o que, na teoria de Alexy sobre o conceito de direito, conecta o direito à moral. Não bastasse isso, a tese da conexão, como defendida por Alexy, ou seja, na forma de um não-positivismo inclusivo, implica uma ponderação entre os princípios da segurança jurídica (que representa a dimensão real do direito) e da correção material ou justiça (que representa a dimensão ideal do direito).[27] Assim, a tese da conexão, na forma como defendida por Alexy, decorre da tese do caso especial na forma da teoria do discurso e da teoria dos princípios.

Alguém poderia dizer que embora o discurso jurídico racional, tematizado na *Teoria da Argumentação Jurídica*, tenha sido, como afirmei, incorporado à *Teoria dos Direitos Fundamentais*, sobretudo às ideias de ponderação e proporcionalidade, a conexão entre esses dois elementos fundamentais não é explicitamente trabalhada na *Teoria dos Direitos Fundamentais*. Com base nisso alguém poderia então defender se tratar do surgimento, na *Teoria dos Direitos Fundamentais*, de um elemento tão fundamental quanto a tese do caso especial na forma da teoria do discurso. Mas o fato de não existir, na *Teoria dos Direitos Fundamentais*, uma conexão explicitamente formulada entre a teoria dos princípios e a tese do caso especial na forma da teoria do discurso não significa que essa conexão não exista, mas sim que ela não é explícita ou, em outros termos, que ela é implícita. Embora não exista, na *Teoria dos Direitos Fundamentais*, um capítulo dedicado a essa conexão ou mesmo um ponto no Capítulo 3 a ela dedicado, essa conexão existe já, como vimos, na própria ideia da tese do caso especial na forma da teoria do discurso.

Em síntese, por um lado, a tese do caso especial na forma da teoria do discurso traz consigo as ideias de ponderação e conexão entre direito e moral e, por outro lado, da tese do caso especial na forma da teoria do discurso e da ideia de ponderação juntas decorre a conexão entre direito e moral na forma do conceito de direito de Alexy. Assim a tese do caso especial na forma da teoria do discurso se mostra como o elemento mais fundamental do sistema da teoria discursiva de Alexy.

---

[27] Cf. R. Alexy, The dual nature of law, in: Ratio Juris, 23, 2, 2010, p. 167-182, p. 173 ss. (neste volume, Parte IV, Capítulo III, Seção, p. 301-311).

Essa conexão implícita entre os três elementos e sobretudo o fato de os dois segundos decorrerem do primeiro tornam-se mais evidente na resposta de Alexy aos críticos das ideias centrais de cada uma das obras monográficas, ou seja, através das respostas de Alexy aos críticos da tese do caso especial na forma da teoria do discurso, defendida originalmente na *Teoria da Argumentação Jurídica*, aos críticos da teoria dos princípios, tematizada na *Teoria dos Direitos Fundamentais*, ou seja, sobretudo aos críticos da ideia de que princípios são comandos de otimização cujos conflitos exigem uma ponderação operada através da máxima da proporcionalidade, bem como, por fim, aos críticos da tese da conexão defendida no contexto do não-positivismo inclusivo. Como a resposta de Alexy aos críticos de sua teoria aparece fundamentalmente em artigos esparsos, passo, portanto, agora, a uma análise de alguns deles que, a meu ver, confirmam a posição central da tese do caso especial na forma da teoria do discurso em seu sistema.

3.2.2.2. Breve análise de alguns artigos esparsos de Alexy

Uma análise dos artigos publicados por Alexy entre 1978 e o dia de hoje reforça a ideia de que a tese do caso especial na forma da teoria do discurso possui um papel de destaque no sistema de Alexy. Como a análise de todos os artigos escritos por Alexy nesse período seria, no curto espaço de um estudo introdutório, inviável, limitar-me-ei à análise dos artigos que se publicam neste volume. Vejamos.

Inúmeras evidências textuais comprovam a ideia de que a tese do caso especial na forma da teoria do discurso contém já a ideia de ponderação. Alexy afirma, em *A Tese do Caso Especial*, que a argumentação jurídica está aberta a ponderação de interesses e compromissos.[28] Mas é sobretudo no contexto das respostas de Alexy aos críticos da ponderação que a conexão entre a tese do caso especial na forma da teoria do discurso e a ponderação aflora. Respondendo à crítica de que a ponderação seria irracional, Alexy afirma, em *A Construção dos Direitos Fundamentais*, ser ela "uma forma de argumento do discurso jurídico racional".[29] Em *Dever Ser Ideal*,[30] assim como

---

[28] Cf. Alexy, The special case thesis, in: Ratio Juris, 12, 4, 1999, p. 377 (neste volume, Parte I, Capítulo III, Seção 3.3.2.1, p. 96).

[29] Cf. R. Alexy, Die Konstruktion der Grundrechte, in: Grundrechte, Prinzipien und Argumentation, L. Clérico/J.-R. Sieckmann (orgs.), Baden-Baden, 2009, p. 19 (neste volume Parte II, Capítulo III, p. 159).

[30] R. Alexy, Ideales Sollen, in: Grundrechte, Prinzipien und Argumentation, L. Clérico/J.-R. Sieckmann (orgs.), Baden-Baden, 2009, (neste volume Parte III, Capítulo 2).

em *Dois ou Três?*,[31] novamente respondendo à crítica da irracionalidade, Alexy defende ser a ponderação uma forma de argumento racional. Portanto, a prova da racionalidade da ponderação decorre da demonstração de sua racionalidade enquanto uma forma de argumento prático geral e, mais especificamente, jurídico. Isso evidencia a tese de que a ponderação está implícita na própria ideia de argumentação e, assim, na tese do caso especial na forma da teoria do discurso. Mas há evidências textuais mais fortes. Na *Entrevista a Atienza*, tratando da crítica de Habermas à irracionalidade da ponderação, Alexy afirma que "Habermas entende 'faltarem critérios racionais'"[32] para a ponderação, mas que ele, Alexy, entende que "se existem critérios racionais para respostas a questões práticas, esses critérios racionais para a ponderação existem."[33] Essa passagem mostra que a racionalidade da ponderação depende da existência de critérios racionais para a existência de respostas a problemas práticos em geral. Fica claro, assim, que a ponderação decorre da argumentação.

As evidências textuais em artigos esparsos de Alexy a favor da derivação da tese da conexão a partir da tese do caso especial na forma da teoria do discurso e da teoria dos princípios são ainda mais numerosas. Em *Crítica ao Positivismo Jurídico*, Alexy claramente liga a conexão do direito à moral à pretensão de correção, e esta à fundamentabilidade de enunciados normativos.[34] O mesmo se mostra em *Defesa de um Conceito Não-positivista de Direito*[35] e em *A Dupla Natureza do Direito*.[36] Neste último a conexão entre a pretensão de correção ligada à tese do caso especial na forma da teoria do discurso, a teoria dos princípios e a tese

---

[31] R. Alexy, Two or three?, in: On The Nature of Legal Principles, Proceedings oft he Special Workshop held at the 23rd Congress oft he International Association for Philosophy of Law and Social Philosophy (IVR), Kraków, 2007, M. Borowski (org.), ARSP, Beiheft 119, Stuttgart, 2010, (neste volume, Parte III, Capítulo 3).

[32] R. Alexy, Interview durch Manuel Atienza, pergunta 8, inédito em alemão, publicado em espanhol: Entrevista a Robert Alexy. Antworten auf Fragen von Manuel Atienza, in: Doxa, 24, 2001; republicada in: Diálogo científico, 12, 2003, e in: R. Alexy, Teoría de la argumentación jurídica, 2ª ed. ampliada, Lima 2007 (neste volume Parte V, Capítulo 1, p. 331).

[33] R. Alexy (nota 31), Interview durch Manuel Atienza (neste volume Parte V, Capítulo 1, pergunta 8, p. 331).

[34] R. Alexy, Zur Kritik des Rechtspositivismus, in: ARSP, Beiheft 37, 1990, (neste volume, Parte IV, Capítulo 1, Seção 1.4.3)

[35] R. Alexy, Zur Verteidigung eines nichtpositivistischen Rechtsbegriffs, in: öffentliche oder private Moral? Festschrift für Ernesto Garzón Valdés. Berlin, 1992 (neste volume, Parte IV, Capítulo 2).

[36] R. Alexy (nota 27), The dual nature of law (neste volume Parte IV, Capítulo 3).

Estudo introdutório | **17**

da conexão é ainda mais clara, quando Alexy afirma por exemplo que "a dupla natureza da argumentação jurídica é expressada pela tese do caso especial. Essa tese afirma que o discurso jurídico é um caso especial do discurso prático geral."[37] Ora, a dupla natureza do direito é o que fundamenta a existência de uma dimensão moral além da dimensão real, ou seja, a conexão entre direito e moral. Como a dupla natureza do direito é parte já da tese do caso especial na forma da teoria do discurso pode-se dizer que o conceito de direito de Alexy é uma derivação dessa sua tese do caso especial. Além disso, no mesmo ensaio, a importância da teoria dos princípios para o conceito de direito fica clara quando Alexy, tratando dos já mencionados princípios da segurança jurídica, que representa a dimensão real do direito, e da justiça ou correção material, que representa a dimensão ideal, afirma:

> O princípio da segurança jurídica é um princípio formal. Ele exige um compromisso com aquilo que foi estabelecido autoritativamente e é socialmente eficaz. O princípio da justiça é um princípio material ou substantivo. Ele exige que a decisão seja moralmente correta. Esses dois princípios, como princípios em geral, podem colidir, e de fato eles frequentemente colidem. Um nunca pode tomar o lugar do outro completamente, ou seja, em todos os casos. Ao contrário, a dupla natureza do direito exige que eles sejam considerados reciprocamente em uma proporção correta. Na medida em que essa proporção correta é obtida, é alcançada a harmonia do sistema jurídico.[38]

E em outra passagem Alexy afirma que "a dupla natureza do direito mostrou-se presente – explícita ou implicitamente – em todas as questões fundamentais do direito."[39] Em síntese, da dupla natureza do direito, essencial à tese do caso especial na forma da teoria do discurso, deriva-se tanto a ideia de que o direito possui uma conexão com a moral quanto a ideia de que o conceito de direito constitui uma ponderação entre dois princípios, a saber, segurança jurídica e justiça (ou correção material).

---

[37] R. Alexy (nota 27), The dual nature of law, p. 178 s. (neste volume, Parte IV, Capítulo 3, p. 319).

[38] R. Alexy (nota 27), The dual nature of law, p. 174 (neste volume, Parte IV, Capítulo 3, p. 312).

[39] R. Alexy (nota 27), The dual nature of law, p. 180 (neste volume, Parte IV, Capítulo 3, p. 321).

3.2.3.   O sentido da tese aqui defendida

A tese aqui defendida, a saber, que o sistema da teoria discursiva do direito de Alexy possui um elemento de destaque ou mais fundamental que os demais, pode levar a mal-entendidos. Com essa tese não quero dizer que a teoria dos princípios e a teoria de Alexy sobre o conceito de direito não possuem um grande significado. Exatamente o contrário é o caso. A tese aqui defendida ressalta que Alexy foi capaz de elaborar um sistema coerente, o que é algo extremamente difícil de se alcançar.

A tese aqui defendida não significa também que a partir da tese do caso especial na forma da teoria do discurso pode-se deduzir automaticamente todas as teses subsequentes defendidas por Alexy, sobretudo aquelas ligadas à ponderação e ao conceito de direito. Talvez seja possível defender que o discurso jurídico é um caso especial do discurso prático geral sem defender que princípios são comandos de otimização sujeitos à ponderação e sem defender ainda que o direito possui uma conexão com a moral. A segunda parece mais difícil que a primeira. Mas, mesmo se for possível defender ambas as teses, defender, como faz Alexy, que no direito existem padrões normativos que possuem a estrutura de comandos de otimização sujeitos à ponderação e ainda que o direito possui uma conexão conceitual necessária com a moral parece ser mais coerente com uma tese do caso especial formulada na forma de uma teoria discursiva do direito do que não defender essas duas teses.[40]

---

[40]   Alexy afirma que seu pensamento mudou ao longo do tempo, e que seu primeiro trabalho, a *Teoria da Argumentação Jurídica*, não contém teses e temas que ele aborda em trabalhos posteriores (cf. R. Alexy, Reflections on How My Thinking about Law Has Changed Over the Years, http://www.tampereclub.org/wordpress/?p=9, 2011, p. 1-17). Em relação aos princípios, Alexy afirma que, se, por um lado, na *Teoria da Argumentação Jurídica*, a concepção de princípio defendida é a de normas gerais, concepção essa abandonada na *Teoria dos Direitos Fundamentais* (em que é defendida a concepção de princípios como comandos de otimização), por outro lado, naquela obra relações de preferência entre princípios são já identificadas (cf. R. Alexy, Reflections on How My Thinking about Law Has Changed Over the Years, p. 6). Ele enfatiza ainda que seus primeiros trabalhos não abordam a fundamentação dos direitos humanos e fundamentais, o que só começa a acontecer posteriormente (cf. R. Alexy, Reflections on How My Thinking about Law Has Changed Over the Years, p. 14 ss.). Tudo isso parece correto, mas não invalida a tese aqui defendida, pois a tese aqui defendida *não* afirma (i) que na *Teoria da Argumentação Jurídica* são já abordadas todas as principais teses da teoria discursiva do direito, *não* afirma (ii) que não há mudanças no pensamento de Alexy e, por fim, *não* afirma (iii) que da tese do caso especial *na forma da teoria do discurso* possam ser derivados automaticamente todos os temas posteriores desenvolvidos por Alexy. A tese aqui defendida afirma apenas, como já enfatizado, que

Cabe ainda, antes de passarmos às questões centrais da teoria de Alexy, uma última observação sobre a tese aqui defendida. É preciso enfatizar que o elemento de maior destaque da teoria de Alexy, e que constitui assim o método de sua teoria, é a tese do caso especial *na forma da teoria do discurso*, ou, para ser ainda mais preciso, na forma da teoria do discurso como defendida por Alexy. Isso significa que o que é central na teoria de Alexy não é apenas a mera vinculação do direito à moral, ou seja, a união através da pretensão de correção, mas a união entre direito e moral *no contexto de uma teoria do discurso prático racional e do discurso jurídico*. A vinculação entre direito e moral só traz consigo implícita a teoria dos princípios e o não-positivismo inclusivo porque ela foi desenvolvida *no contexto de uma teoria do discurso prático geral da qual decorre uma teoria do discurso jurídico*. Por isso é preciso enfatizar que o elemento central da teoria de Alexy é a tese do caso especial *na forma da teoria do discurso*. Se o elemento de maior destaque do sistema de Alexy é a tese do caso especial na forma da teoria do discurso, pode-se então concluir que seu método, isto é, a direção fundamental de sua pesquisa, pode muito bem ser denominado *teoria discursiva do direito*.

Poderia parecer que dentre os três elementos fundamentais do sistema de Alexy (a tese do caso especial na forma da teoria do discurso, a teoria dos princípios e a conexão entre direito e moral) o mais fundamental é a teoria dos princípios ou a conexão entre direito e moral, e não a tese do caso especial. Não se pode negar que esse argumento tem certa força. Entre o primeiro elemento e o terceiro parece haver quase uma identidade, e portanto poderia não ter grande significado para a tese aqui defendida substituir o primeiro (a tese do caso especial na forma da teoria do discurso) pelo terceiro (a conexão entre direito e moral), uma vez que ambos parecem ter como ponto central a conexão entre direito e moral. Mas essa impressão é falsa, porque, como acabamos de ver, a tese do caso especial não constitui uma mera conexão entre direito e argumentos práticos gerais, e sim uma conexão entre direito e argumentos práticos gerais no contexto de um *teoria discursiva do direito*. Exatamente por essa razão eu emprego no lugar do curto e elegante nome *tese do caso especial* o longo e deselegante nome *tese do caso especial na forma da teoria do discurso*, que possui porém o mérito de pôr em evidência que, em Alexy, a conexão entre direito e moral ocorre no contexto de uma *teoria discursiva*.

---

a tese do caso especial *na forma da teoria do discurso* é o elemento de destaque da teoria discursiva do direito de Alexy.

20 | Teoria Discursiva do Direito • *Robert Alexy*

Já o primeiro elemento fundamental (a tese do caso especial na forma da teoria do discurso) e o segundo (a teoria dos princípios) parecem ser diferentes. Alguém poderia afirmar que a teoria dos princípios e a tese do caso especial na forma da teoria do discurso não são equivalentes, o que significaria a falsidade da tese aqui apresentada. Sem dúvida as duas não são equivalentes. Mas isso não significa que a tese aqui apresentada seja falsa, pois não se afirmou, aqui, em nenhum momento, que as duas são equivalentes, mas apenas que a segunda decorre da primeira. Elas não são portanto idênticas, mas a tese do caso especial na forma da teoria do discurso, que é mais geral, tem como "consequência" a ideia de princípios como comandos de otimização sujeitos à ponderação.

Concluída a análise dos elementos fundamentais do sistema de Alexy, posso agora me dedicar ao modo como ele trata os problemas centrais referentes às duas questões fundamentais da filosofia do direito, isto é, os problemas referentes ao conceito e à aplicação do direito.

4. O PROBLEMA CENTRAL REFERENTE AO *CONCEITO DE DIREITO* E SUA ABORDAGEM NA TEORIA DISCURSIVA DO DIREITO DE ALEXY

O problema central do conceito de direito adotado por Alexy consiste na relação entre direito e moral. Alexy defende, como vimos, um conceito de direito não-positivista, por ele próprio denominado "não-positivismo inclusivo". Esse não-positivismo inclusivo não implica a negação dos dois elementos que, na visão positivista, constituem o direito, mas sim a adição de um elemento. Para Alexy o positivismo jurídico se caracteriza pela separação entre direito e moral, limitando-se a considerar como elementos do direito a legalidade autoritativa (o estabelecimento em conformidade com o ordenamento) e a eficácia social. Segundo Alexy, o não-positivismo, sobretudo na variante por ele defendida, o não-positivismo inclusivo, aceita que os dois elementos do conceito positivista fazem parte do conceito de direito, mas adiciona um terceiro: a correção moral. Essa adição significa que, além da dimensão real, representada pelos dois elementos do conceito de direito positivista, o direito possui uma dimensão ideal.[41] A dimensão ideal implica a existência de uma conexão conceitual necessária entre direito e moral. A fim de provar essa existência de uma conexão conceitual necessária entre direito e moral Alexy afirma que o direito levanta uma pretensão de correção, o que

---

[41]   R. Alexy (nota 2), Begriff und Geltung des Rechts, p. 201-206.

Estudo introdutório | **21**

pode ser demonstrado através da contradição performativa cometida por aquele que a nega.[42]

Tendo o direito uma dimensão real, representada pela legalidade autoritativa e pela eficácia social, e um dimensão ideal, representada pela conexão com a moral, pode Alexy afirmar que ele possui uma dupla natureza. Cada uma das duas dimensões é representada por um princípio: a dimensão real pela segurança jurídica e a dimensão ideal pela justiça.[43] O não-positivismo inclusivo defendido por Alexy incorpora a fórmula de Radbruch, que afirma dever ser o direito positivo respeitado, mesmo que injusto, a não ser quando a injustiça atinge o limiar da injustiça extrema, caso em que o direito positivo não é válido.[44] Essa posição representa portanto um compromisso entre a segurança jurídica e a justiça.

Essa concepção de Alexy tem sido objeto de várias objeções. As principais dizem respeito ao fato de o direito não levantar qualquer pretensão,[45] ao fato de a fórmula de Radbruch, adotada por Alexy, ser inútil ou até mesmo arbitrária e desonesta,[46] e principalmente, ao fato de o conceito de injustiça extrema ser algo extremamente subjetivo.[47] Não é possível tratar de todas essas objeções aqui. Cumpre porém, no que diz respeito a esta última objeção, constatar duas coisas: em primeiro lugar, Alexy afirma que a adoção da fórmula de Radbruch pressupõe um mínimo de objetividade moral, ou seja, uma rejeição do relativismo radical,[48] e, em segundo lugar, Alexy afirma que quanto mais extrema a injustiça maior a possiblidade objetiva de seu reconhecimento enquanto injustiça extrema.[49]

---

[42] R. Alexy (nota 27), The dual nature of law, p. 169 (neste volume, Parte IV, Capítulo 3, p. 303).

[43] Cf. R. Alexy (nota 27), The dual nature of law, (neste volume, Parte IV, Capítulo 3).

[44] Cf. R. Alexy (nota 34), Zur Kritik des Rechtspositivismus, (neste volume, Parte IV, Capítulo 1, Seção 1.4.3); R. Alexy (nota 34), Zur Verteidigung eines nichtpositivistischen Rechtsbegriffs (neste volume, Parte IV, Capítulo 2).

[45] Cf. R. Alexy (nota 27), The dual nature of law, p. 168 (neste volume, Parte IV, Capítulo 3, p. 302).

[46] R. Alexy (nota 35), Zur Verteidigung eines nichtpositivistischen Rechtsbegriffs, p. 106-108 (neste volume, (neste volume, Parte IV, Capítulo 2, p. 305-307).

[47] R. Alexy (nota 35), Zur Verteidigung eines nichtpositivistischen Rechtsbegriffs, p. 101-103 (neste volume, (neste volume, Parte IV, Capítulo 2, p. 297-299).

[48] R. Alexy (nota 2), Begriff und Geltung des Rechts, p. 92 ss.

[49] R. Alexy (nota 35), Zur Verteidigung eines nichtpositivistischen Rechtsbegriffs, p. 101 (neste volume, Parte IV, Capítulo 2, p. 291).

22 | Teoria Discursiva do Direito · *Robert Alexy*

Muito mais poderia ser dito sobre esse tema. É hora porém de passar aos problemas centrais da teoria discursiva do direito de Alexy referentes à aplicação do direito.

5. PROBLEMAS CENTRAIS REFERENTES À *APLICAÇÃO DO DIREITO* NA TEORIA DISCURSIVA DO DIREITO DE ALEXY

Na seção 2 acima identifiquei quatro modelos de aplicação jurídica: (i) o modelo kantiano, que denominei "modelo da perfeição", (ii) o modelo positivista de Kelsen e Hart, que denominei "modelo da imperfeição", o modelo de Dworkin, que denominei "modelo da aplicação perfeita" e, por fim, o modelo de Alexy, que denominei "modelo da aplicação relativamente perfeita".[50] Não cabe, aqui, tratar dos quatro modelos. Vou me dedicar ao modelo da aplicação relativamente perfeita de Alexy, que enseja várias importantes questões referentes à aplicação do direito. Aqui serão abordadas rapidamente duas: por um lado a adequação da conceituação de princípios como comandos de otimização cujas colisões se resolvem por meio da ponderação e, por outro lado, a questão do poder discricionário do legislador e do juiz.

5.1. Comandos de otimização e ponderação

Como vimos acima, para Alexy princípios são comandos de otimização, cujas colisões se resolvem através da ponderação. Não se deve tratar aqui, em um estudo introdutório, de expor em detalhes a distinção entre regras e princípios e a ponderação, muito menos de analisar exaustivamente as objeções à teoria dos princípios. Isso já foi feito pelo próprio Alexy de

---

[50] Bäcker fala em três modelos de decisão jurídica: o "modelo da discricionariedade" de Kelsen, o "modelo da cognição" de Dworkin e o "modelo da argumentação" de Alexy (C. Bäcker, Begründen und Entscheiden. Kritik und Rekonstruktion der Alexyschen Diskurstheorie des Rechts, Baden-Baden, 2008, p. 25-40). Naturalmente há uma semelhança entre a classificação dos modelos aqui proposta e a classificação de Bäcker, na medida em que ao "modelo da discricionariedade" de Kelsen identificado por Bäcker corresponde o "modelo da imperfeição" de Kelsen e Hart aqui identificado, ao "modelo da cognição" de Dworkin identificado por Bäcker corresponde o "modelo da aplicação perfeita" de Dworkin aqui identificado e, por fim, ao "modelo da argumentação" de Alexy identificado por Bäcker corresponde o "modelo da aplicação relativamente perfeita" de Alexy aqui identificado. A diferença mais substancial entre a classificação de Bäcker e a classificação aqui proposta é a inserção, aqui, do "modelo da perfeição" de Kant.

forma, a meu ver, satisfatória.[51] Por isso vou me limitar aqui àquela que, embora seja antiga e já tenha sido respondida por Alexy, tem sido talvez a crítica à teoria dos princípios que tem obtido maior repercussão no Brasil: as objeções de Habermas.

Dentre as objeções contra a teoria dos princípios, as de Habermas não são, a meu ver, as mais importantes. As objeções e desenvolvimentos críticos de Bäcker,[52] Klement,[53] Poscher,[54] Riehm,[55] Sieckmann[56] e outros são mais agudas.[57] Porém, não cabe tratar delas aqui.[58] A razão pela qual me concentro, aqui, nas objeções de Habermas, é a difusão e a repercussão que elas experimentaram, o que certamente ocorreu em virtude da importância de Habermas no cenário filosófico atual. Começarei com a objeção de Habermas aos princípios como comandos de otimização. Em *Facticidade e Validade*, Habermas afirma que princípios jurídicos não devem ser concebidos como comandos de otimização, porque a ideia de padrões que podem ser cumpridos em graus suprimiria o código binário do direito, lícito-ilícito,[59] não havendo, além disso, um critério racional para a ponderação.[60]

A crítica de Habermas contra os princípios como comandos de otimização não se sustenta. Ela se baseia na falsa suposição de que todos os padrões jurídicos possuem um caráter binário. Que as normas concretas, isto é, normas referentes a casos concretos, possuem sempre um

---

51 Cf. sobretudo as partes II e III deste volume.

52 C. Bäcker (nota 50), Begründen und Entscheiden. Kritik und Rekonstruktion der Alexyschen Diskurstheorie des Rechts; C. Bäcker, Rules, principles and defeasibility, in: On The Nature of Legal Principles, Proceedings oft he Special Workshop held at the 23rd Congress oft he International Association for Philosophy of Law and Social Philosophy (IVR), Kraków, 2007, M. Borowski (org.), ARSP, Beiheft 119, Stuttgart, 2010 (versão em português: C. Bäcker, Regras, princípios e derrotabilidade, in: Revista Brasileira de Estudos Políticos, 102, 2011, T. L. Mosci e A. T. G. Trivisonno (trads.)).

53 Cf. J. H. Klement, Vom Nutzen einer Theorie, die alles erklärt, in: JZ, 2008.

54 Cf. R. Poscher, Grundrechte als Abwehrrechte, Tübingen, 2003; R. Poscher, Einsichten, Irrtümer und Selbstmissverständnis der Prinzipientheorie, in: Die Prinzipientheorie der Grundrechte, J.-R. Sieckmann (org.), Baden-Baden, 2007.

55 Cf. T. Riehm, Abwägungsentscheidungen in der praktischen Rechtsanwendung. Argumentation – Beweis – Wertung, München, 2006.

56 J.-R Sieckmann, Recht als normatives System. Die Prinzipientheorie des Rechts, Baden-Baden, 2009.

57 Cf. R. Alexy (nota 30), Ideales Sollen.

58 Para a resposta de Alexy a essas críticas cf. as partes II e III deste volume.

59 J. Habermas, Faktizität und Geltung, 3ª ed., Frankfurt/M., 1994.

60 J. Habermas (nota 59), Faktizität und Geltung, p. 315.

24 | Teoria Discursiva do Direito · *Robert Alexy*

caráter definitivo, ou seja, um código binário lícito-ilícito, admite o próprio Alexy.[61] Assim, para Alexy, não pode ser "mais ou menos" proibido – e assim mais ou menos ilícito – trafegar em certa velocidade em certa via. Imagine-se que a velocidade máxima de tráfego em determinada via seja 60 km/h. É claro que, para Alexy, dirigir abaixo desse limite é lícito e dirigir acima desse limite é ilícito, ou seja, dirigir por exemplo a 50 km/h é lícito e dirigir a 70 km/h é ilícito. Além disso, não se pode a rigor dizer, mesmo para Alexy, que dirigir a 140 km/h nessa via é "mais" ilícito que dirigir a 70 km/h nessa mesma via. Até aí Habermas e Alexy estão de acordo. Mas, para Alexy, há padrões no direito que podem ser cumpridos em graus; esses padrões são os princípios, que, enquanto comandos de otimização, não são comandos definitivos. Assim, embora *não* se possa dizer que dirigir a 140 km/h em uma via cujo limite de velocidade é 60 km/h seja *mais ilícito* que dirigir a 70 km/h nessa mesma via, não só se pode mas na verdade deve-se reconhecer que dirigir a 140 km/h nessa via *gera mais insegurança no trânsito* (*ou é mais inseguro*) que dirigir a 70 km/h nessa mesma via. Se Habermas tiver razão, ou seja, se na argumentação jurídica não existirem, de modo algum, padrões que são cumpridos em graus, não se pode falar em "maior" e "menor" segurança no trânsito: dirigir a 70 km/h e a 140 km/h em uma via cujo limite de velocidade é 60 km/h têm que ser consideradas condutas igualmente inseguras, porque ilícitas. Não são necessárias considerações filosóficas profundas para demonstrar a impropriedade dessa tese de Habermas; do ponto de vista do senso comum já se percebe ser ela inadequada. Se isso não for considerado suficiente, basta porém mencionar um exemplo técnico real do direito, relacionado ao já citado exemplo hipotético do limite de velocidade. O Código Brasileiro de Trânsito, em seu artigo 218, determina a existência de três sanções diferentes para aqueles que dirigem acima do limite de velocidade: um primeiro nível, quando se ultrapassa a velocidade máxima em até 20% (cuja sanção é: "infração média e multa"), um segundo nível, quando se ultrapassa a velocidade máxima em mais que 20% e menos que 50% (cuja sanção é: "infração grave e multa"), e um terceiro nível, quando se ultrapassa a velocidade máxima em mais que 50% (cuja sanção é: "infração gravíssima, multa com valor triplicado, suspensão imediata do direito de dirigir e apreensão do documento de habilitação"). Isso demonstra que a segurança no trânsito pode ser descumprida em graus. Poder-se-ia citar mais exemplos. Porém, isso não é necessário. O exemplo citado acima mostra, a meu ver, que a objeção

---

[61] Cf. R. Alexy (nota 32), Interview durch Manuel Atienza, pergunta 8 (neste volume Parte V, Capítulo 1, p. 331).

de Habermas não se sustenta, e que Alexy tem razão quando afirma que "naturalmente o resultado definitivo de uma fundamentação de direito fundamental deve possuir uma estrutura binária. Algo só pode ser válido ou não ser válido. Porém, o caráter binário do resultado não implica o caráter binário de todos os passos da fundamentação."[62] Por isso, se embora, por um lado, seja preciso apontar tanto a importância de Habermas na formação da teoria discursiva de Alexy quanto a importância de Habermas para a filosofia política em geral, por outro lado é preciso também apontar a inadequação com que Habermas trata algumas questões específicas da teoria do direito, como a questão da estrutura lógica dos princípios, que acabei de abordar.

No que diz respeito à racionalidade da ponderação não vou abordar todos os pontos da resposta de Alexy. Basta consignar que a ponderação seria um processo arbitrário se ela não estivesse conectada à argumentação jurídica. Se a atribuição de pesos abstratos aos princípios envolvidos, a atribuição de grau à lesão a um princípio (leve-média-grave), bem como à importância do cumprimento do princípio oposto e, por fim, a comparação entre ambas, fosse um processo arbitrário não sujeito a qualquer fundamentação, poder-se-ia falar em arbitrariedade e assim em falta de racionalidade. Mas a teoria dos princípios e com ela a ponderação dependem da argumentação jurídica. Aquele que aplica princípios deve fundamentar as atribuições de pesos aos princípios bem como o escalonamento da interferência no princípio envolvido em uma colisão e o escalonamento da importância do cumprimento do princípio oposto. Essa fundamentação racional é possível, porque são possíveis argumentos práticos e jurídicos que comparam esses pesos e esses escalonamentos. Naturalmente, como ressalta o prórpio Alexy, não se pode exigir, aqui, precisão matemática. Mas não existem, aqui, apenas duas opções, a saber, precisão matemática e arbítrio puro. Existe um terceiro caminho, que afirma ser possível a racionalidade da ponderação, porque é possível fundamentar juízos de valor e de dever. Esse é o caminho da teoria discursiva do direito de Alexy.

5.2. Discricionariedade do legislador e discricionariedade judicial

A questão *discricionariedade do legislador versus discricionariedade judicial* ganhou tratamento especial na *Teoria Pura do Direito* de Kelsen, de

---

[62] R. Alexy (nota 32), Interview durch Manuel Atienza (neste volume Parte V, Capítulo 1, p. 331).

forma bastante interessante sobretudo para a época mas também ainda hoje. No Capítulo VIII da *Teoria Pura do Direito* Kelsen afirma que a clássica distinção entre legislação e jurisdição, tida como uma diferença qualitativa, na medida em que ao legislador caberia produzir o direito e ao judiciário aplicá-lo, constitui, na verdade, uma diferença de grau. Ambos, legislativo e judiciário, aplicam e ao mesmo tempo produzem direito. O legislativo, ao produzir uma norma geral, aplica normas superiores, as normas constitucionais, e o judiciário, ao aplicar normas gerais a um caso concreto, produz normas individuais. Existe, em ambos os casos, uma relativa indeterminação, pois a norma superior determina em certa medida o ato normativo inferior, mas não integralmente. Naturalmente, a indeterminação no caso do legislador é maior, e por isso possui ele maior margem de manobra que o juiz. Mas a diferença é de grau.[63] Embora essas ideias tenham ganhado repercussão como ideias de Kelsen, elas são originalmente de Merkl, que, no contexto de sua teoria da estrutura escalonada da ordem jurídica, desenvolve a ideia de que a produção normativa é, ao mesmo tempo, aplicação normativa.[64]

Essa interessante ideia de Merkl, desenvolvida por Kelsen, representa um avanço considerável para a teoria jurídica. Na teoria discursiva de Alexy a aplicação do direito recebe novo tratamento, pois a argumentação jurídica passa a integrar o direito. A discricionariedade tanto do juiz quanto do legislador é consideravelmente diminuída, porque aquilo que faltava em Kelsen, um método que pudesse apontar qual é a melhor interpretação dentro das várias possibilidades de aplicação de uma norma superior quando do ato produtor da norma inferior, é agora apresentado: a argumentação jurídica e com ela a teoria dos princípios. Isso não quer dizer que Alexy adote a tese de que sempre existe uma única resposta correta para todo caso, como faz Dworkin. Na verdade, a teoria de Alexy possibilita, em alguns casos, uma única resposta, mas em outros não. Não cabe tratar dessa questão de forma detalhada aqui.[65] Cabe apenas ressaltar a importância que os princípios

---

[63]   H. Kelsen (nota 9), Reine Rechtslehre, Cap VIII.

[64]   Cf. M. Borowski, Die Lehre vom Stufenbau des Rechts nach Adolf Julius Merkl, in: Hans Kelsen – Staatsrechtslehrer und Rechtstheoretiker des 20. Jahrhunderts, S. L. Paulson/M. Stolleis (orgs.), Tübingen, 2005; M. Borowski, A doutrina da estrutura escalonada do direito de Adolf Julius Merkl e sua recepção em Kelsen, A. Travessoni Gomes Trivisonno (trad.), in: Hans Kelsen – teoria jurídica e política, J. Aguiar de Oliveira/A. Travessoni Gomes Trivisonno (orgs.), Rio de Janeiro, 2013.

[65]   Sobre isso cf., neste volume, R. Alexy (nota 29), Die Konstruktion der Grundrechte, (neste volume Parte II, Capítulo III); R. Alexy (nota 30), Ideales Sollen (neste volume Parte III,

Estudo introdutório | 27

formais desempenham no tratamento dessa questão. Isso porque, em muitos casos, a partir de normas garantidoras de direitos fundamentais, sobretudo por causa de sua vagueza (ou, em termos kelsenianos, por causa da relativa indeterminação, ou ainda, na linguagem de Hart, por causa da textura aberta), são possíveis, em princípio, várias soluções. A teoria da argumentação jurídica e a teoria dos princípios tornam possível, em muitos casos, reduzir as opções, algumas vezes a uma única opção. Contudo, o princípio formal do respeito às normas postas, que, na teoria discursiva do direito de Alexy, é levado a sério, significa que, nos casos em que a teoria não determina uma única resposta, cabe àquele que produz-aplica o direito, seja ele o legislativo ou o judiciário, decidir, não sem fundamentar sua decisão, mas com margem de manobra. Naturalmente há uma diferença, em Alexy, entre legislação e jurisdição: no plano da legislação, a margem de manobra não constitui um problema. Ao contrário, ela reconcilia os direitos fundamentais com a democracia, na medida em que a indeterminação justifica a decisão no processo legislativo parlamentar. No plano da jurisdição a questão é mais complexa: se, por um lado, o poder do juiz sempre será menor que o do legislativo, pelo simples fato de o juiz estar vinculado ao material autoritativo produzido pelo legislativo, por outro lado, quando subsistem, na jurisdição, casos de indeterminação, não se pode recorrer ao princípio da democracia. A meu ver, é correta a posição de Alexy de não adotar a tese de que sempre existe única resposta correta para todos os casos, pois não seria coerente pregá-la sem oferecer um procedimento minimamente objetivo para obtê-la. Porém, isso traz problemas referentes à segurança jurídica, na medida em que a margem de manobra deixada ao juiz pode significar um risco para os direitos fundamentais. Alexy sabe disso, e vem procurando minimizar esse problema abordando duas questões: o já mencionado papel dos princípios formais e a teoria das escalas no direito.[66] Mas o princípio formal do respeito ao material autoritativo, como acabamos de ver, nem sempre resolve a questão. Estaria a solução no desenvolvimento de uma escala mais acurada para resolver as colisões entre direitos fundamentais?

O problema da escala se apresenta quando, em uma colisão entre princípios, é preciso medir os pesos abstratos, a intensidade da interferência

---

Capítulo 2); R. Alexy, Entrevista a Aguiar de Oliveira e a Travessoni Gomes Trivisonno, neste volume, Parte V, Capítulo III, pergunta 4, p. 364-367.

[66] Para a questão das escalas no direito cf. R. Alexy (nota 29), Die Konstruktion der Grundrechte (neste volume, Parte II, Capítulo 3) e R. Alexy (nota 30), Ideales Sollen (neste volume, Parte III, Capítulo II).

28 | Teoria Discursiva do Direito • *Robert Alexy*

que uma determinada medida representa a um princípio e a importância do cumprimento do princípio colidente. Alexy desenvolveu uma escala triádica para essas atribuições de pesos e intensidades.[67] Aqui surge um dilema: uma escala simples como a escala triádica (que atribui os valores leve, médio e grave) é de fácil compreensão mas não resolve todos os casos, enquanto escalas mais elaboradas resolveriam em tese questões que uma escala mais simples não resolve, mas não poderiam ser compreendidas e não poderiam, então, no final das contas, de fato resolver o problema.[68] No entendimento do próprio Alexy esse ponto de sua teoria dos princípios merece atenção. De fato, trata-se de uma questão aberta.

Não cabe, no plano de um estudo introdutório, resolver essa questão, mas apenas constatar que novamente aqui se mostra a importância da teoria discursiva do direito de Alexy: ela é importante não só por aquilo que diz, pelos problemas que resolve e pelo conhecimento que agrega; ela é importante também e sobretudo pelas perspectivas que ela abre para o desenvolvimento futuro da filosofia e da teoria do direito, tanto no que diz respeito ao conceito de direito quanto no que diz respeito à sua aplicação, ou seja, no que diz respeito às duas questões fundamentais da filosofia do direito.

---

[67] Cf. R. Alexy (nota 30), Ideales Sollen (neste volume, Parte III, Capítulo II).
[68] Cf. R. Alexy (nota 29), Die Konstruktion der Grundrechte (neste volume, Parte II, Capítulo 3).

BIBLIOGRAFIA

ALEXY, R. Theorie der juristischen Argumentation – Die Theorie des rationalen Diskurses als Theorie der juristischen Begründung, Frankfurt/M., 1978 (1991).

_____. Zur Kritik des Rechtspositivismus, in: ARSP, Beiheft 37, 1990.

_____. Zur Verteidigung eines nichtpositivistischen Rechtsbegriffs, in: öffentliche oder private Moral? Festschrift für Ernesto Garzón Valdés. Berlin, 1992.

_____. Begriff und Geltung des Rechts, München: Alber, 1992.

_____. Theorie der Grundrechte, Frankfurt/M., 1985 (1994).

_____. The special case thesis, in: Ratio Juris, 12, 4, 1999.

_____. Interview durch Manuel Atienza, inédito em alemão, publicado em espanhol: Entrevista a Robert Alexy. Antworten auf Fragen von Manuel Atienza, in: Doxa, 24, 2001; republicada in: Diálogo científico, 12, 2003, e in: R. Alexy, Teoría de la argumentación jurídica, 2a ed. ampliada, Lima 2007.

_____. Die Konstruktion der Grundrechte, in: Grundrechte, Prinzipien und Argumentation, L. Clérico/J.-R. Sieckmann (orgs.), Baden-Baden, 2009.

_____. Ideales Sollen, in: Grundrechte, Prinzipien und Argumentation, L. Clérico/J.-R. Sieckmann (orgs.), Baden-Baden, 2009.

_____. Two or three?, in: On The Nature of Legal Principles, Proceedings of the Special Workshop held at the 23rd Congress of the International Association for Philosophy of Law and Social Philosophy (IVR), Kraków, 2007, M. Borowski (org.), ARSP, Beiheft 119, Stuttgart, 2010.

_____. The dual nature of law, in: Ratio Juris, 23, 2, 2010.

_____. Reflections on How My Thinking about Law Has Changed Over the Years, http://www.tampereclub.org/wordpress/?p=9, 2011.

_____. Entrevista a Aguiar de Oliveira e a Travessoni Gomes Trivisonno, in: Teoria Discursiva do Direito, Rio de Janeiro, 2013, p. 359-370.

BÄCKER, C. Begründen und Entscheiden. Kritik und Rekonstruktion der Alexyschen Diskurstheorie des Rechts, Baden-Baden, 2008.

_____. Rules, principles and defeasibility, in: On The Nature of Legal Principles, Proceedings of the Special Workshop held at the 23rd Congress of the International Association for Philosophy of Law and Social Philosophy (IVR), Kraków, 2007, M. Borowski (org.), ARSP, Beiheft 119, Stuttgart, 2010.

_____. Regras, princípios e derrotabilidade, in: Revista Brasileira de Estudos Políticos, 102, 2011, T. L. Mosci e A. T. G. Trivisonno (trads.).

BOROWSKI, M. Die Lehre vom Stufenbau des Rechts nach Adolf Julius Merkl, in: Hans Kelsen – Staatsrechtslehrer und Rechtstheoretiker des 20. Jahrhunderts, S. L. Paulson/M. Stolleis (orgs.), Tübingen, 2005.

_____. A doutrina da estrutura escalonada do direito de Adolf Julius Merkl e sua recepção em Kelsen, A. Travessoni Gomes Trivisonno (trad.), in: Hans Kelsen – teoria jurídica e política, J. Aguiar de Oliveira/A. Travessoni Gomes Trivisonno (orgs.), Rio de Janeiro, 2013.

DWORKIN, R. Taking Rights Seriously, Cambridge/Ma., 1978.

_____. Law's Empire, Cambridge/Ma., 1986.

HABERMAS, J. Faktizität und Geltung, 3a ed., Frankfurt/M., 1994.

HART, H. L. A. The Concept of Law, 2a ed., Oxford, p. 1994.

KANT, I. Grundlegung zur Metaphysik der Sitten, in: Kants Werke, V. IV. Berlin, 1968.

_____. Die Metaphysik der Sitten, in: Kants Werke, V. VI, Berlin, 1968.

KELSEN, H. Reine Rechtslehre, Wien, 2000.

KLATT, M. Robert Alexy's Philosophy of Law as a System, in: Institutionalized Reason – The Jurisprudence of Robert Alexy, M. Klatt (org.), Oxford, 2012, p. 1-26.

KLEMENT, J. H. Vom Nutzen einer Theorie, die alles erklärt, in: JZ, 2008.

POSCHER, R. Grundrechte als Abwehrrechte, Tübingen, 2003.

_____. Einsichten, Irrtümer und Selbstmissverständnis der Prinzipientheorie, in: Die Prinzipientheorie der Grundrechte, J.-R. Sieckmann (org.), Baden-Baden, 2007.

RIEHM, T. Abwägungsentscheidungen in der praktischen Rechtsanwendung. Argumentation – Beweis – Wertung, München, 2006.

SIECKMANN, J.-R Sieckmann, Recht als normatives System. Die Prinzipientheorie des Rechts, Baden-Baden, 2009.

TRIVISONNO, A. T. G. Gustav Radbruch's (supposed) turn against positivism: a matter of balancing?, manuscrito.

PARTE I

DISCURSO E ARGUMENTAÇÃO

Capítulo

1

UMA TEORIA DO DISCURSO PRÁTICO* **

1.1. SOBRE O PROBLEMA DA FUNDAMENTAÇÃO DE ENUNCIADOS NORMATIVOS

Quem expressa um juízo de valor ou de dever[1] como "é injusto que cidadãos em um estado sejam prejudicados por causa da cor de sua pele" ou como "você deveria ajudar seu amigo que está em dificuldade" levanta uma pretensão de que ele seja fundamentável e, nessa medida, correto ou verdadeiro.[2] Uma análise inicial sobre o real comportamento

---

* Traduzido a partir do original em alemão *Eine Theorie des praktischen Diskurses*, publicado originalmente em Materialen zur Normendiskussion, Bd. 2 – Normenbegründung – Normendurchsetzung, W. Oelmüller (org.), Paderborn, 1978, p. 22-58.

** Essas reflexões constituem um resumo e uma continuação de alguns pensamentos contidos na tese de doutorado do autor, Theorie der juristischen Argumentation. Die Theorie des rationalen Diskurses als Theorie der juristischen Begründung, Frankfurt/M., 1978.

1 Como "juízos de dever" serão entendidos aqui todos aqueles enunciados normativos que podem ser formulados com ajuda dos termos deônticos fundamentais "devido", "proibido" ou "permitido"; como "juízos de valor" serão entendidos aqui todos os demais enunciados normativos.

2 Sobre a questão da capacidade de verdade de enunciados normativos, expressados com as formulações "correto" ou "verdadeiro", não será tomada uma posição aqui. Essa questão não pode ser discutida no contexto de uma teoria do discurso prático, mas somente no contexto de uma investigação no campo da teoria da verdade. Uma teoria do discurso prático pode certamente oferecer argumentos importantes para uma tal

linguístico já mostra isso. Declarações contraditoriamente formuladas são interpretadas como incompatíveis entre si.[3] Quem expressa um juízo de valor ou de dever está via de regra preparado para, quando solicitado, mencionar suas razões. Ele vai ser criticado se recursar-se a fazê-lo ou pelo menos se não mencionar as razões de sua recusa. O que pode acontecer na discussão de juízos de valor e de dever não é, pelo menos, completamente arbitrário. Assim, não se pode mencionar como razão a favor de um juízo de valor uma proposição que o contradiga nem contra um juízo de valor uma proposição que o implique.

Por isso há fortes razões para não considerar juízos de valor e de dever como meras expressões e/ou descrições de sentimentos, e/ou atitudes, e/ou como meio para sua criação, como ocorre nas teorias meramente emotivistas.[4] Diferentes descrições ou expressões de sentimentos ou atitudes, assim como meios opostos de influência psíquica, não seriam interpretados como teses incompatíveis sobre as quais se pode discutir com razões em uma discussão.[5] Com isso pode se supor que, como formula Patzig, através da "pretensão de fundamentabilidade, sempre levantada com o juízo de valor moral [...], o sentido do juízo de tais afirmações [torna-se] então apreensível".[6]

O fato de que com juízos de valor e de dever seja levantada uma pretensão de fundamentabilidade ainda não significa que essa pretensão seja solucionável. A segunda se segue em medida muito menor da primeira que a primeira da segunda. Existem porém relações estreitas. Assim, nos casos em que a afirmação sobre a possibilidade de resgate da pretensão de fundamentabilidade é verdadeira, prontifica-se a aceitar mais cedo a afirmação sobre a existência dessa pretensão do

---

discussão. O que é aqui esboçado oferece, sobretudo, argumentos positivos. Para uma compilação de argumentos a favor da capacidade de verdade de enunciados normativos cf. A. R. White, Truth, London-Basigstoke, 1970, p. 57-65.

[3] Cf. G. Patzig, Relativismus und Objektivität moralischer Normen, in: G. Patzig, Ethik ohne Metaphysik, Göttingen, 1971, p. 71.

[4] Cf. por exemplo Ch. L. Stevenson, Ethics and Language, New Haven-London, 1944; A. J. Ayer, Language, Truth and Logic, London, 1936, nova edição Harmondsworth, 1971, p. 26-29, 136-151; R. Carnap, Philosophy and Logical Syntax, London, 1935, p. 22-26.

[5] Sobre outras propriedades da linguagem moral que contam a favor da tese de que juízos morais são verdadeiras afirmações cf. P. Glassen, The Cognitivity of Moral Judgements, in: Mind, 68, 1959, p. 57 ss.

[6] G. Patzig (nota 3), Relativismus und Objektivität moralischer Normen, p. 75. Cf., além disso, W. K. Frankena, Analytische Ethik, N. Hoerster (trad., org.), München, 1972, p. 131 s.; J. Habermas, Wahrheitstheorien, in: Wirklichkeit und Reflexion, Festschrift. f. W. Schulz, H. Fahrenbach (org.), Pfullingen, 1973, p. 220.

Parte I · Cap. 1 – UMA TEORIA DO DISCURSO PRÁTICO | **35**

que nos casos em que ela é falsa. Assim, a questão sobre a possibilidade de resgate da pretensão de fundamentabilidade não só se conecta imediatamente à questão da existência dessa pretensão como possui, além disso, um significado não pouco representativo para a resposta dessa questão.

Há duas posições metaéticas segundo as quais a questão da fundamentabilidade de enunciados normativos pode ser respondida em sentido positivo de forma relativamente fácil: o naturalismo e o intuicionismo.

Como "naturalísticas" serão aqui denominadas, com Moore, aquelas teorias em que se supõe que expressões normativas como "bom" e "devido" podem ser definidas através de expressões descritivas.[7] Se isso fosse possível, as expressões normativas encontradas em proposições normativas poderiam ser substituídas por expressões descritivas. Toda proposição normativa se transformaria assim em uma proposição descritiva. Enquanto tal, ela seria verificável de acordo com os procedimentos das ciências da natureza e das ciências sociais empíricas. A tarefa da ética se limitaria à tradução de expressões normativas em expressões descritivas.

Serão denominadas "intuicionistas" as teorias segundo as quais expressões como "bom" e "devido" representam quaisquer propriedades ou relações de natureza não empírica.[8] Essas entidades não empíricas não seriam reconhecidas pelos cinco sentidos, mas sim por uma outra faculdade. Em alguns autores essa outra faculdade é algo com um sexto sentido, em outros ela é algo como a capacidade de percepção apriorística, e ainda em outros as duas coisas se misturam. Apesar das várias diferenças individuais que dizem respeito sobretudo ao que são essas entidades que podem ser reconhecidas dessa maneira indicada, as teorias intuicionistas possuem algo em comum: a empreitada da fundamentação de enunciados normativos é realizada essencialmente através de evidências de um tipo qualquer.

---

[7] Cf. G. E. Moore, Principia Ethica, Cambridge, 1903, p. 40. Moore denomina "naturalísticas" tanto as teorias que definem expressões normativas através de expressões empíricas quanto aquelas que usam expressões metafísicas para tais definições. Aqui será abordada apenas a primeira alternativa. Para uma crítica da fala de Moore cf. W. K. Frankena, The Naturalistic Fallacy, in: Theories of Ethics, Ph. Foot (org.), Oxford, 1967, p. 57 ss.

[8] Cf., por exemplo, G. E. Moore (nota 7), Principia Ethica, p. 7; M. Scheler, Der Formalismus in der Ethik und die materiale Wertethik, 5ª ed., Berlin-München, 1966, p. 122 ss.; W. D. Ross, The Right and the Good, Oxford, 1930; W. D. Ross, The foundations of Ethics, Oxford, 1939.

36 | Teoria Discursiva do Direito · *Robert Alexy*

Tanto contra o naturalismo[9] quanto contra o intuicionismo[10] foram apresentados inúmeros argumentos. Um argumento central contra as teorias naturalistas consiste no fato de que através da redução do discurso moral a um discurso empírico não são abrangidas características essenciais da linguagem normativa. A função da linguagem normativa não se limita à descrição do mundo.[11] Isso se mostra por exemplo pelo fato de que duas pessoas, *A* e *B*, que discutem a correção ou a verdade da afirmação "*x* é bom", não devem ainda terminar sua discussão se *A* define "bom" através de "G_1" e *B* define "bom" através de "G_2" e ambos averiguam que "*x* é G_1" é verdadeiro e "*x* é G_2" é falso. Contra o intuicionismo pode se alegar sobretudo que ele, tendo em vista o fato de que pessoas diferentes experimentam evidências diferentes, não pode fornecer um critério para evidências corretas e erradas, legítimas e ilegítimas.[12] Por isso, no resultado, o intuicionismo move-se na mesma direção do subjetivismo.[13] Essas observações são suficientes aqui. Talvez os argumentos apresentados contra o naturalismo e o intuicionismo não sejam adequados para mostrar que as teorias indicadas através dessas expressões sejam, em todas as suas as variações e em todos seus aspectos, insustentáveis. Esse poderia ser o caso especialmente das teorias neonaturalísticas[14] e neointuicionistas.[15] Contudo, a crítica a esses rudimentos abalou tão fortemente sua plausibilidade que há razões suficientes para procurar outras possibilidades de fundamentação de enunciados normativos.

Quem, para um enunciado normativo como "*A* agiu mal" (*N*), apresenta como razão algo como "*A* mentiu" (*G*), supõe uma regra como "mentir é

---

[9] Sobre isso cf. especialmente a discussão subsequente ao argumento da questão aberta de Moore (G. E. Moore (nota 7), Principia Ethica, p. 15 ss.): R. Brandt, Ethical Theory, Englewood Cliffs-N. J., 1959, p. 165; G. C. Kerner, The Revolution in Ethical Theory, Oxford, 1966, p. 19 s.; N. Hoerster, Zum Problem der Ableitung eines Sollens aus einem Sein in der analytischen Moralphilosophie, in: ARSP, 1969, p. 20 s.; K. Nielsen, Covert and Overt Sinonymity. Brandt and Moore and the "Naturalistic Fallacy", in: Philosophical Studies, 25, 1974, p. 53 s.

[10] Sobre isso cf., por exemplo, P. H. Nowell-Smith, Ethics, Harmondsworth, 1954, p. 36-47; P. Edwards, The Logic of Moral Discourse, New York-London, 1955, p. 94-103; St. E. Toulmin, The Place of Reason in Ethics, Cambridge, 1950, p. 10-28; E. v. Savigny, Die Philosophie der normalen Sprache, 1ª ed. Frankfurt/M., 1969, p. 196-199.

[11] Cf., entre vários, R. M. Hare, The Language of Morals, London-Oxford-New York, 1952, p. 91.

[12] P. Strawson, Ethical Intuitionism, in: Philosophy, 24, 1949, p. 27.

[13] G. C. Kerner (nota 9), The Revolution in Ethical Theory, p. 33.

[14] Cf. G. J. Warnock, Contemporary Moral Philosophy, London-Basingstoke, 1967, p. 62-77; Ph. Foot, Moral Argument, in: Mind, 67, 1958, p. 502 ss.; Ph. Foot, Moral Beliefs, in: Theories of Ethics, Ph. Foot (org.), Oxford, 1967, p. 83 ss.

[15] Cf., por exemplo, E. v. Savigny, Die Überprüfbarkeit der Strafrechtssätze, Freiburg, 1967.

Parte I · Cap. 1 – UMA TEORIA DO DISCURSO PRÁTICO | **37**

errado" (*R*), a partir da qual, junto com *G*, segue-se logicamente *N*. Como Hare acentuou, "a noção de uma razão" inclui, "como sempre, [...] a noção de uma regra que estabelece que uma coisa é uma razão para outra coisa".[16] Por isso *N* pode, no caso apresentado, ser caracterizada como "fundamentável através de *G* e *R* ". Quem quer colocar em dúvida a fundamentação de *N* através de *G* e *R* pode atacar *G* ou *R*. Quando *R* é atacada é preciso fundamentar a regra que se expressa como "mentir é errado".

Nessa fundamentação de segundo grau pode ser apresentada como razão uma proposição como "a mentira dá origem a sofrimento evitável" (*G'*). Ao fazer isso será presumida, por outro lado, uma regra como "aquilo que dá origem a sofrimento evitável é ruim" (*R'*). Se agora se quiser fundamentar *R'* de acordo com esse padrão, será necessária uma outra regra (*R"*), e assim por diante. Um regresso ao infinito parece poder ser evitado somente se a fundamentação é interrompida e substituída por uma resolução que não será mais fundamentada. A consequência disso seria que só se poderia falar da correção ou da verdade do enunciado a ser fundamentado (*N*) somente em um sentido muito limitado. O caráter arbitrário dessa resolução se transferiria a toda a fundamentação dela dependente. A tentativa de continuar fundamentando enunciados normativos da forma sugerida levaria assim a um regresso ao infinito ou, no melhor caso, a uma decisão explicável ainda psicológica e sociologicamente, porém não mais justificável. Ambas só podem ser evitadas através de um círculo vicioso, o que não é uma solução aceitável.

1.2. AS NOÇÕES FUNDAMENTAIS DA TEORIA DO DISCURSO

Essa situação, designada por Albert como "trilema de Münchhausen",[17] não é porém uma situação sem saída. Ela pode ser evitada quando a exigência para se continuar a fundamentação de todo enunciado através de outro enunciado é substituída por uma linha de exigências sobre a atividade de fundamentação. Essas exigências podem ser formuladas como regras e formas do discurso racional. As regras do discurso racional se referem não só, como as regras da lógica, a enunciados, mas também, além disso, ao comportamento do falante. Nessa medida, elas podem ser denominadas "regras pragmáticas". Constitui uma tarefa de uma te-

---

[16] R. M. Hare, Freedom and Reason, Oxford, 1963, p. 21. Cf. ainda St. E. Toulmin, The Uses of Argument, Cambridge, 1958, p. 97.

[17] Cf. H. Albert, Traktat über kritische Vernunft, Tübingen, 1968, p. 13, bem como K. R. Popper, Logik der Forschung, 5ª ed., 1973, p. 60.

oria do discurso prático racional estabelecer um tal sistema de regras e formas,[18] fundamentá-lo e verificar sua consistência e eficiência.

Podem ser distinguidos os mais diferentes tipos de sistemas de regras. Sob o ponto de vista do sistema a ser sugerido aqui, constituem casos extremos aqueles sistemas em que regras ou condições[18a] excessivamente fortes são formuladas, de modo que as decisões a serem produzidas de acordo com essas regras e sob essas condições são assim estipuladas. Nesse sentido Rawls fala por exemplo que a escolha de seus princípios da justiça é "a única escolha coerente com a descrição completa da posição original".[19] Isso significa que, na posição original, a escolha pode ser feita "do ponto de vista de uma pessoa escolhida por acaso".[20] Por isso teorias como a de Rawls não são teorias da discussão racional, mas sim teorias da decisão. A observação de Rawls de que "todos possuem os mesmos direitos no procedimento de escolha de princípios, cada um pode apresentar propostas, submeter razões para sua aceitação e assim por diante",[21] não contém portanto uma descrição da posição original essencial para sua teoria.

Teorias como aquela proposta por Rawls prometem vantagens inquestionáveis. A geometria moral ambicionada por Rawls (*moral geometry*)[22] seria, caso ela fosse possível em uma extensão digna de menção, já por causa da segurança a ela conectada, um ganho considerável para a filosofia moral. Na verdade essas vantagens parecem ser limitadas. Desse modo, a fundamentação dos dois princípios da justiça de Rawls pressupõe, dentre outras, sua teoria dos bens básicos,[23] sua definição dos menos favorecidos[24] e sua máxima de decisão de minimização dos riscos.[25] Além disso,

---

[18]   A diferença entre regras e formas ficará mais clara abaixo, quando de sua formulação. Aqui deve-se apenas observar que as formas podem ser reformuladas como regras, a saber, regras que exigem que em determinadas situações argumentativas deve-se valer de determinadas formas e somente determinadas formas de argumentos. Por isso fala-se frequentemente somente em regras.

[18a] Deve-se supor aqui que condições (por exemplo o desconhecimento da própria situação) já podem ser reformuladas em regras (por exemplo, a regra de não apresentar um argumento que não se apresentaria quando se estivesse em outra situação). Caso essa suposição não for verdadeira, poderiam já resultar, por essa razão, diferenças significativas entre teorias que apresentam apenas regras e teorias que também formulam condições.

[19]   J. Rawls, A Theory of Justice, Cambridge/Ma., 1971, p.121.

[20]   J. Rawls (nota 19), A Theory of Justice, p. 139.

[21]   J. Rawls (nota 19), A Theory of Justice, p. 19.

[22]   J. Rawls (nota 19), A Theory of Justice, p. 121.

[23]   J. Rawls (nota 19), A Theory of Justice, p. 95 ss.

[24]   J. Rawls (nota 19), A Theory of Justice, p. 92 ss.

[25]   J. Rawls (nota 19), A Theory of Justice, p. 152 ss.

Parte I · Cap. 1 – UMA TEORIA DO DISCURSO PRÁTICO | **39**

na aplicação dos princípios de Rawls à sequência de quatro estágios[26] por ele proposta são necessárias tantas considerações que ele próprio fala em uma "indeterminação na teoria da justiça".[27]

Com isso são relativizadas as vantagens dos enfoques teórico--decisórios.

Essas observações não devem ser entendidas como uma crítica à teoria de Rawls. Tal crítica não seria possível de modo algum nesse curto espaço. A finalidade delas se esgota em separar e indicar o tipo de teoria desenvolvido por Rawls do tipo de teoria aqui proposta e quais razões dão impulso ao desenvolvimento de uma teoria desse tipo. Com isso não está excluída uma compatibilidade das duas teorias. Esse seria porém um outro tema.

Casos extremos na outra direção constituem as teorias que renunciam completamente ou amplamente à indicação de regras e formas fixas de argumentação prática. Exemplos de teorias de tal tipo são as concepções desenvolvidas pela tópica jurídica.[28] A afirmativa de Viehweg, de que "a discussão permanece obviamente como a única instância de controle",[29] é típica. Com isso a questão sobre como se deve controlar a discussão não é respondida. Para isso é necessária a indicação de regras e formas, cuja observância garante a racionalidade da discussão.

A medida do controle aumenta com a força das regras e formas. Um sistema de regras e formas S_1 é em um sentido comum mais forte que um sistema S_2 quando S_1 também exclui todos os atos de fala que S_2 exclui e adicionalmente exclui pelo menos um ato que S_2 não exclui. O dilema de toda teoria do discurso prático consiste no fato de sua significância decisória e com isso sua utilidade aumentarem com a medida de sua força, mas suas chances de ser em geral aceita diminuírem com isso. Quem exige por exemplo somente a observância das regras da lógica, a verdade das premissas empíricas empregadas e talvez ainda a consideração das consequências pode rapidamente encontrar ampla concordância em relação a essas exigências, mas tem que pagar por isso com a fraqueza dos critérios oferecidos.

1.3. A FUNDAMENTAÇÃO DAS REGRAS DO DISCURSO

Assim coloca-se o problema de como as regras do discurso podem ser fundamentadas. À primeira vista esse problema não parece ter solu-

---

[26]   J. Rawls (nota 19), A Theory of Justice, p. 195 ss.

[27]   J. Rawls (nota 19), A Theory of Justice, p. 201.

[28]   Cf., por exemplo, Th. Viehweg, Topik und Jurisprudenz, 5ª ed., München, 1974; G. Struck, Topische Jurisprudenz, Frankfurt/M., 1971.

[29]   Th. Viehweg (nota 28), Topik und Jurisprudenz, p. 43.

ção. As regras do discurso prático racional são normas para a fundamentação de normas. Por isso, não seriam necessárias para sua justificação normas de terceiro grau, de modo que as dificuldades que resultaram da fundamentação de normas de primeiro grau apenas se repetiriam? Antes de se procurar uma resposta para essa pergunta devem primeiramente ser consideradas as possibilidades de fundamentação das regras isoladas do discurso bem como dos sistemas dessas regras. Com isso o conceito de fundamentação será tomado em sentido muito amplo. Podem ser distinguidos, de forma rudimentar, quatro formas de fundamentação.

1.3.1. A fundamentação técnica

A primeira consiste em justificar as regras do discurso através da indicação de fins que devem ser alcançados através de seu cumprimento. Assim procedem por exemplo Lorenzen e Schwemmer, quando procuram tornar razoáveis suas regras da deliberação prática racional através da indicação do fim da solução pacífica de conflitos,[30] bem como H. P. Grice, que procura formular seu postulado da conversação de modo que sua observância sirva ao fim de "dar e receber informações e influenciar e ser influenciado pelos outros".[31] As regras do discurso têm como base, nesse caso, regras técnicas, ou seja, regras que prescrevem meios para determinados fins.[32] Desse modo essa forma de fundamentação pode ser denominada *técnica*.

Contra a fundamentação técnica podem ser levantadas, sobretudo, duas objeções. Uma objeção afirma que seria preciso novamente fundamentar o fim. A fundamentação técnica só consegue fazer isso um pouco mais. A hierarquia de fins termina. Para a outra objeção um fim que pudesse fundamentar todas as regras do discurso, ou seja, o sistema das regras do discurso, seria tão geral que normas incompatíveis entre si poderiam ser propostas com meio para atingi-lo – o que vale por exemplo para fins como a felicidade ou a dignidade humana, ou então o es-

---

[30] P. Lorenzen/O. Schwemmer, Konstruktive Logik, Ethik und Wissenschaftstheorie, Mannheim-Wien-Zürich, 1973, p. 109; O. Schwemmer, Philosophie der Praxis, Frankfurt/M., 1971, p. 106; O. Schwemmer, Grundlagen einer normativen Ethik, in: Praktische Philosophie und konstruktive Wissenschaftstheorie, F. Kambartel (org.), Frankfurt/M., 1974, p. 77.

[31] H. P. Grice, Logic and Conversation, manuscrito, 1968, p. 38.

[32] Sobre isso cf. G. H. v. Wright, Norm and Action, London, 1963, p. 9 ss. Para uma tentativa de formalização do postulado da conversação de Grice como regra técnica cf. S. Kanngießer, Sprachliche Universalien und diachrone Prozesse, in: Sprachpragmatik und Philosophie, K.-O. Apel (org.), Frankfurt/M., 1976, p. 301.

Parte I · Cap. 1 – UMA TEORIA DO DISCURSO PRÁTICO | 41

tado distinguido como fim já é definido através da observância dessas normas. Esse seria por exemplo o caso quando se compreende o fim da solução pacífica de conflitos não como um estado de pacificação, o que também Lorenzen e Schwemmer recusam,[33] mas sim como um estado em que os conflitos são solucionados racionalmente.

Isso não significa que a forma de fundamentação técnica não tenha nenhum valor. Na verdade ela é inútil para uma fundamentação completa de todas as regras, mas para a fundamentação de regras concretas através de fins limitados que devem contudo ser justificados de acordo com outras formas de fundamentação ela parece não só absolutamente adequada, como também indispensável.[34]

1.3.2. A fundamentação empírica

Uma segunda possibilidade consiste em se mostrar que determinadas regras de fato valem, ou seja, de fato são observadas, ou que os resultados individuais que podem ser produzidos por determinadas regras correspondem a nossas convicções normativas de fato existentes. Essa forma de fundamentação pode ser denominada *empírica*.[35]

O problema fundamental da forma de fundamentação empírica consiste na passagem da constatação de que uma regra de fato vale ou corresponde a convicções faticamente existentes à constatação de que sua observância leva a resultados corretos ou verdadeiros, ou seja, que ela é, nesse sentido, racional. Aqui se trata de um caso especial de derivação de um dever ser a partir de um ser. Essa derivação só seria autorizada quando se aceita a premissa de que a prática existente ou que as convicções faticamente existentes são racionais.

Essa premissa certamente não é completamente despropositada. Todavia a existência de determinada prática prova que ela é, em geral, possível. Dela não se pode ter certeza por sugestão de métodos ainda não comprovados. A existência de uma prática, como a existência de determinadas convicções normativas, mostra também que contra ela ainda não foram

---

[33] P. Lorenzen/O. Schwemmer (nota 30), Konstruktive Logik, Ethik und Wissenschaftstheorie, p. 109.

[34] As seis regras fundamentais de Arne, por exemplo, poderiam ser vistas como tais regras concretas. Cf. A. Naess, Kommunikation und Argumentation, Kronberg, 1975, p. 160 ss.

[35] A designação "empírica" não deve significar que, no contexto dessa forma de fundamentação, podem ser alegados, como razões, fatos muito gerais. Para ela contam apenas os argumentos que se relacionam a uma determinada classe de fatos, a saber, a validade fática de regras e a existência fática de convicções normativas.

expostas razões tão convincentes a ponto de levar todos os participantes da prática ou titulares dos convencimentos a abandoná-la. Se for levado em consideração que nem sempre, porém frequentemente, existe a possibilidade de sua crítica, então não se poderá negar a ela uma razoabilidade limitada, pelo menos na medida em que ela resistir a críticas. Uma importante vantagem da forma de fundamentação empírica consiste no fato de que em seu contexto é possível indicar contradições em determinada prática e incompatibilidades entre convicções normativas fáticas. Através disso o parceiro da fundamentação pode ser movido a desistir de determinadas regras ou determinadas convicções a fim de manter outras regras ou convicções a elas contraditórias que, porém, lhe parecem importantes. Por fim, a prática existente e as convicções existentes são interessantes heuristicamente. Dificilmente pode se supor que qualquer teórico do discurso esteja em posição de construir, sem adotar pressupostos, toda a variedade de regras e formas. Parece portanto fazer sentido primeiro analisar a prática existente e as convicções existentes e partir temporariamente delas.[36]

Por outro lado, a história por exemplo das ciências e do direito processual mostra que a prática exercida em um determinado momento não só não é a única possível como pode não ser a melhor. Uma afirmação como a de Hegel, "o que é racional é real; e o que é real é racional",[37] precisa por isso pelo menos não ser tomada literalmente. Uma fundamentação empírica no sentido indicado é por isso sempre somente temporária em vista das correções através de outras formas de fundamentação.

1.3.3. A fundamentação definitória

Um caminho que frequentemente se cruza com outras formas de fundamentação toma aquele que define, analisa, apresenta e propõe para aceitação um sistema de regras definidor de uma prática construída faticamente existente ou meramente possível (inclusive aqueles princípios que possivelmente servem de base para um tal sistema de regras). Importante para essa forma de fundamentação é somente o fato de que

---

[36] Aqui conta, por exemplo, a exortação de Kriele, de que a teoria "(deve) obter, através da observação da prática, seus padrões para julgamento da prática, ou seja, ela deve aprender, a partir da própria experiência da prática, o que é uma prática boa e uma prática ruim" (M. Kriele, Theorie der Rechtsgewinnung, 2ª ed., Berlin, 1976, p. 22). Para descobrir se uma determinada prática é uma boa prática ela deve perguntar se boas razões contam a favor dessa prática (M. Kriele, Theorie der Rechtsgewinnung, p. 288). O que são boas razões dificilmente pode-se porém extrair da prática.

[37] G. W. F. Hegel, Grundlinien der Philosophie des Rechts, Theorie Werkausgabe, Bd. 8, Frankfurt/M., 1970, p. 24.

a apresentação de um sistema definidor de uma prática como uma resolução de aceitação é considerada motivante. Com isso não está contudo excluído que sejam utilizadas também outras formas de fundamentação, como por exemplo a indicação de que as regras propostas já ("já sempre") são observadas faticamente e devem ser confirmadas deliberadamente somente mais uma vez ou que sua observância gera determinadas consequências. Isso depende somente do fato de a apresentação de um sistema de regras também ser vista, independentemente da indicação de outras razões, como razão ou motivo para sua aceitação. Essa forma de fundamentação deve ser denominada *definitória*.[38]

A forma de fundamentação definitória possui uma fraqueza que se mostra problemática até o ponto de se perguntar se, no caso dela, trata-se na verdade de uma forma de fundamentação. Para o sistema de regras a ser fundamentado não são introduzidas outras razões adicionais; ele é simplesmente explicitado e apresentado. Isso deve ser suficiente como motivo ou razão. Assim, a forma de fundamentação definitória inclui uma certa medida de decisão ou de arbítrio. Todavia não se poderá dispensá-la, considerando-a sem sentido. Faz diferença se se decide por um sistema de regras explicitamente formulado e completamente apresentado ou se se escolhe algo sem esse êxito analítico-conceitual. No que diz respeito ainda a um outro aspecto a forma de fundamentação definitória pode ser vantajosa. Ela permite a construção de sistemas de regras inteiramente novos.

1.3.4. A fundamentação pragmática-universal

Por fim, um quarto caminho consiste que se mostre que a validade de determinadas regras é a condição de possibilidade da comunicação

---

[38] Caminha nessa direção a argumentação de Popper, que procura "definir a ciência da experiência através de regras metodológicas". Ele designa essas regras metodológicas como "estipulações" que devem corresponder à regra superior de "que uma falsificação [...] não seja impedida" (K. R. Popper (nota 17), Logik der Forschung, p. 26). A regra superior expressa a "colocação racional", a favor da qual se pode somente decidir. "Isso significa que primeiro deve-se aceitar uma colocação racional e que somente então argumentos e experiências encontrarão observância; do que se segue que aquela colocação não pode ser fundamentada mesmo através de argumentos e experiências" (K. R. Popper, Die offene Gesellschaft und ihre Feinde, Bd. 2, Bern-München, 1958, p. 284). Pode-se na verdade demonstrar as consequências de uma tal decisão, o que não possibilita determinar essa decisão (K. R. Popper, Die offene Gesellschaft und ihre Feinde, p. 286). Em um certo refinamento, Albert fala do "racionalismo do criticismo", como "esboço de uma forma de vida", cuja aceitação inclui uma decisão moral (H. Albert (nota 17), Traktat über kritische Vernunft, p. 40 s.).

linguística. Segundo Apel, a validade dessas regras só pode ser "provada, de forma conclusiva [...], a partir da perspectiva da reflexão pragmática--transcendental".[39] Desse modo deve ser possível fundamentar normas de comunicação que nós "na verdade violamos, não porém como normas que (podemos) negar a partir de nossa decisão privada sem abolirmos uma condição da comunicação em geral e assim também do entendimento com nós mesmos".[40] Ao mesmo tempo Habermas hesita em empregar o termo "transcendental", cunhado por Kant. Ele apresenta duas razões: trata-se, (1) no caso das regras do discurso, não como em Kant, da constituição da experiência, mas sim da produção de argumentos,[41] e não se pode, (2) quando se realça essas regras, distinguir nitidamente a análise lógica da análise empírica.[42] A partir disso ele propõe, para a "reconstrução das pressuposições gerais e inevitáveis dos processos possíveis de entendimento",[43] a expressão "pragmática universal". Uma vez que essa expressão, ao contrário da expressão "pragmática transcendental" de Apel, desperta menos associações que podem produzir mal--entendidos e seria perfeitamente adequada para designar também a formulação de Apel (seria preciso então distinguir os diversos tipos de pragmática universal), deve-se preferi-la. A quarta forma de fundamentação pode por isso ser denominada "pragmática-universal".

Uma variante fraca dessa forma de fundamentação consiste em se mostrar que (1) a validade de determinadas regras é constitutiva[44] da possibilidade de determinados atos de fala e que (2) nós não podemos abdicar desses atos de fala sem renunciar a formas de comportamento que nós consideramos especificamente humanas.[45]

As variantes da forma de fundamentação pragmática-universal apresentam inúmeros problemas. Coloca-se não só a questão de quais regras correspondem a "pressuposições gerais e inevitáveis dos processos possíveis de entendimento", quais regras são constitutivas para quais atos de

---

[39] K.-O. Apel, Sprachakttheorie und transzendentale Sprachpragmatik zur Frage ethischer Normen, in: Sprachpragmatik und Philosophie, K.-O. Apel (org.), Frankfurt/M., 1976, p. 117.

[40] K.-O. Apel (nota 39), Sprachakttheorie und transzendentale Sprachpragmatik zur Frage ethischer Normen, p. 11.

[41] J. Habermas, Was ist Universalpragmatik? In: Sprachpragmatik und Philosophie, K.-O. Apel (org.), Frankfurt/M., p. 201 ss.

[42] J. Habermas (nota 41), Was ist Universalpragmatik?, p. 203 s.

[43] J. Habermas (nota 41), Was ist Universalpragmatik?, p. 198. Para o processo de uma tal reconstrução cf. J. Habermas (nota 41), Was ist Universalpragmatik?, p. 183 ss.

[44] Sobre esse conceito cf. J. R. Searle, Speech Acts, Cambridge, 1969, p. 33 ss.

[45] Sobre isso cf. J. R. Searle (nota 44), Speech Acts, p. 186, nota 1.

Parte I · Cap. 1 – UMA TEORIA DO DISCURSO PRÁTICO | **45**

fala, o que são formas de comportamento especificamente humanas e quais atos de fala são necessários para elas; trata-se, além disso, da possibilidade teórico-científica desses processos de fundamentação em geral. Nessa disputa, que pode ser considerada uma nova variante da velha controvérsia entre a postura lógico-empírica e a postura transcendental-filosófica, não se deve entrar aqui.[46] Deve ser apenas notado que os frontes dessa disputa não são mais, de modo algum, claros. Ainda assim pode se insistir que quando se pode mostrar que determinadas regras são em geral e necessariamente pressupostas na comunicação linguística ou são constitutivas para formas de comportamento especificamente humanas, pode-se perfeitamente falar em uma fundamentação dessas regras. Uma tal fundamentação parece entretanto ser possível somente para um número relativamente menor de regras fundamentais.

1.3.5. O discurso teórico-discursivo

A caracterização dessas quatro formas de fundamentação não possui pretensão de completude. É bem possível pensar que ainda existam outros métodos; certamente outras classificações são possíveis e com certeza dentro das formas de fundamentação individuais se poderia ainda fazer diferenciações. As considerações postas mostram porém de forma clara suficiente que não se pode encontrar uma forma de fundamentação sem pontos fracos. Na fundamentação técnica precisam ser pressupostos fins não justificados. Nela existe ainda o perigo de os fins serem demasiadamente abstratos ou de eles já conterem as regras a serem fundamentadas. O método empírico transforma a prática existente ou as convicções existentes em medida da razão, o definitório é, no final das contas, arbitrário, e o pragmático-universal, é, na melhor das hipóteses, adequado para a fundamentação de regras menos fundamentais.

Por outro lado não se vai querer renunciar inteiramente a nenhuma das formas de fundamentação. Cada um dos métodos parece conter um aspecto importante. As regras que podem ser fundamentadas através da pragmática universal devem ser consideradas valiosas. As regras válidas faticamente possuem a vantagem de que se sabe que seu cumprimento é possível. Na medida em que seja possível uma crítica a elas, elas podem ser consideradas satisfeitas, e, por fim, o teórico do discurso deve, em sua própria fundamentação, pelo menos inicialmente, deixar-se guiar

---

[46] Sobre isso cf. os artigos de Apel, Habermas, Kanngießer, Schnelle e Wunderlich na coletânea já citada "Sprachpragmatik und Philosophie", K.-O. Apel (org.), Frankfurt/M., 1976.

por elas. As regras empiricamente encontradas podem, além disso, ser investigadas de acordo com sua conveniência e ser confrontadas com outros sistemas de regras construídos de acordo com outras conveniências. O método definitório abre, através da construção de novos sistemas de regras, o caminho para novas formas de processos.

Esse resultado deixa claro que um discurso sobre regras do discurso faz também sentido. Um tal discurso pode ser denominado *discurso teórico-discursivo*. Como as quatro formas de fundamentação do discurso teórico-discursivo que acabamos de esboçar devem ser aplicadas é algo que deve ser deixado aos participantes do discurso. Na discussão no contexto dessas quatro formas de fundamentação já serão também observadas regras. Trata-se, no caso dessas regras, em parte de regras faticamente válidas no grupo do falante, em parte de regras já temporariamente fundamentadas. O fato de se proceder não só de acordo com regras fundamentadas não é irracional. Como esse proceder só de acordo com regras fundamentadas não é possível e como é racional dar início ao discurso, é racional começar primeiramente com base em regras não fundamentadas.

Discursos teórico-discursivos podem se desenvolver de formas bem diferentes. Até agora predominam discussões em que, na maior parte, a questão sobre a fundamentabilidade das regras do discurso, ligada às teorias da linguagem, é debatida. Uma outra possibilidade é a investigação de regras ou formas isoladas. Aqui deverá ser tomado um outro caminho. Procurar-se-á formular explicitamente um sistema tão completo quanto possível de regras e formas. Com isso não se partirá somente das discussões linguísticas e transcendental-filosóficas atuais, mas, sobretudo, também da discussão no contexto da filosofia moral analítica. A formulação explícita de um tal sistema promete a vantagem de tornar expostos em uma extensão total os problemas de uma teoria do discurso, possibilitar controles de coerência e facilitar ou possibilitar a revisão da utilidade das teorias do discurso. O preço de uma tal tentativa, que consiste no fato de os problemas ligados a cada regra e a cada forma poder, na melhor das hipóteses, apenas ser mencionado, será aqui aceito.[47] Não menos importante é o fato de a formulação explícita ter como fim fazer ressaltar mais claramente os defeitos que podem se relacionar ao conteúdo das regras, à incompletude das enumerações, à superficialidade de regras e formas individuais, bem como à sua formulação

---

[47] Para uma explicação detalhada cf. R. Alexy, Theorie der juristischen Argumentation. Die Theorie des rationalen Diskurses als Theorie der juristischen Begründung, Frankfurt/M., 1978.

Parte I · Cap. 1 – UMA TEORIA DO DISCURSO PRÁTICO | **47**

formal insuficiente. Caso esses defeitos possam ser eliminados, poderia ser possível um dia construir algo com um código da razão prática. Um tal código seria o resumo e a formulação explícita das regras e formas da argumentação prática, em parte mencionadas e em parte analisadas somente isoladamente em tantos escritos.

1.4. AS REGRAS E FORMAS DO DISCURSO PRÁTICO

As regras definidoras do discurso prático são de tipos muito distintos. Existem regras que valem apenas no discurso prático e regras que valem em outros jogos de linguagem. Há comandos, proibições e permissões. Algumas regras exigem observância estrita, outras contêm exigências que só podem ser cumpridas de forma aproximada. Há ainda regras que normatizam o comportamento dentro do discurso prático e regras que dizem respeito ao estabelecimento da transição para outras formas de discurso. Por fim é preciso distinguir as regras do discurso das formas de argumentos.

A seguir as diferentes regras e formas serão resumidas respectivamente em grupos.

1.4.1. As regras fundamentais

A validade do primeiro grupo de regras é condição de possibilidade de toda comunicação linguística que trata da correção ou da verdade:

(1.1)   Nenhum falante pode se contradizer.

(1.2)   Todo falante só pode afirmar aquilo em que ele próprio acredita.

(1.3)   Todo falante que emprega um predicado F a um objeto A deve estar preparado para empregar F a todo objeto que se assemelha a A em todos os aspectos relevantes.

(1.4)   Falantes diferentes não podem usar a mesma expressão em sentidos diferentes.

(1.1) se refere às regras da lógica. Essas regras serão aqui pressupostas. É preciso porém notar duas coisas. Por um lado aceitar-se-á que as regras da lógica são também aplicáveis a afirmações normativas.[48] Por outro lado a referência expressa em (1.1) se relaciona a regras não só da

---

[48]   Sobre esse problema cf., por um lado, J. Jørgensen, Imperatives and Logic, in: Erkenntnis, 7, 1937/1938, p. 288 ss., e, por outro lado, A. Ross, Imperatives and Logic, in: Theoria,

lógica clássica, mas sobretudo às da lógica deôntica.[49] A proibição de se contradizer estende-se por isso também a incompatibilidades deônticas.

(1.2) assegura a honestidade da discussão. (1.2) é constitutiva de toda comunicação linguística.[50] Sem (1.2) o mentir não seria possível, pois se não é pressuposta uma regra que exige a honestidade o engano não é pensável. Com isso (1.2) não impede a manifestação de especulações, ela exige apenas que elas sejam identificadas como tais. (1.3) se relaciona ao uso de expressões por um falante, (1.4) ao uso de expressões por falantes diferentes. Na medida em que (1.3) exige a disposição para uma aplicação mais coerente ela é formulada de forma mais forte. Essa não é porém uma diferença essencial, pois poder-se-ia fortalecer (1.4) afirmando que só usa uma expressão aquele que está preparado para empregá-la quando ela é empregável. Sob essa condição poderia se resumir (1.3) e (1.4) em uma regra que exige que todos os falantes devem usar todas as expressões com o mesmo significado. A não ocorrência disso tem aqui origem no fato de que (1.3) e (1.4) contêm aspectos completamente diferentes dessas regras gerais, que vale a pena distinguir.

(1.3) diz respeito à coerência do falante. Em uma expressão avaliativa (1.3) assume a seguinte forma:

> (1.3')   Todo falante só pode afirmar aqueles juízos de valor e de dever nos quais aquilo que ele afirma seria por ele igualmente afirmado em todas as situações que são semelhantes em todos os aspectos relevantes.

(1.3') é uma formulação do princípio de universalizabilidade de Hare.[51]

(1.4) exige a harmonia do uso da linguagem. Como se pode produzir e assegurar essa harmonia é controverso. Os representantes da escola de Erlangen reivindicam, para esse fim, que toda expressão deve ser ortolin-

---

[49]   7, 1941, p. 55ss.; A. Ross, Directives and Norms, London, 1968, p. 139 ss.; R. M. Hare, The Language of Morals, London-Oxford-New York, 1952, p. 20 ss.

[49]   Sobre a lógica deôntica cf. a compilação Deontic Logic: Introductory and Systematic Readings, R. Hilpinen (org.), Dordrecht/Holland, 1971; Normlogik, H. Lenk (org.), Pullach, 1974.

[50]   Sobre a condição da honestidade cf., por exemplo, J. L. Austin, Other Minds, in: J. Austin, Philosophical Papers, J. O. Urmson/G. J. Warnock (org.), 2ª ed., London-Oxford-New York, 1970, p. 85; J. Austin, How to do Things with Words, London-Oxford, New York, 1962, p. 15; J. R. Searle (nota 44), Speech Acts, p. 65; H. P. Grice (nota 31), Logic and Conversation, p. 34.

[51]   Cf. R. M. Hare (nota 16), Freedom and Reason, p. 10 ss.

Parte I · **Cap. 1** – UMA TEORIA DO DISCURSO PRÁTICO | **49**

guisticamente normatizada. Aqui a linguagem coloquial seria aplicável apenas alternativamente.[52] Se esse programa é factível é uma questão que pode ficar, aqui, aberta.[53] De qualquer modo parece ser suficiente partir em primeiro lugar da linguagem coloquial e então, quando ocorrerem obscuridades emergentes e mal-entendidos, encontrar estipulações sobre o uso das palavras.

As discussões realizadas para esclarecimento de problemas de compreensão podem ser entendidas como discurso de um tipo próprio. Elas podem ser denominadas discursos analítico-linguísticos. Além da produção de um uso comum da linguagem trata-se, no discurso analítico-linguístico, de assegurar falas claras e com sentido. (1.4) poderia neste ponto ser completada.

1.4.2. As regras da razão

O fato de que com juízos de valor e de dever se levante uma pretensão de correção ou verdade significa que juízos de valor e de dever devem ser entendidos como verdadeiras afirmações.[54] Discursos práticos tratam da legitimação de tais afirmações.[55] Na discussão dessas afirmações são novamente estabelecidas afirmações e assim por diante. Também para refutar algo, para responder perguntas e para fundamentar propostas são necessárias afirmações. Um discurso prático sem afirmações não é possível.

Quem afirma algo quer não só expressar que acredita em algo; ele alega algo além disso, a saber, que aquilo que ele fala também é fundamentável, verdadeiro ou correto. Isso vale da mesma forma para enunciados normativos e não-normativos.

A pretensão de fundamentabilidade não tem como conteúdo o fato de o próprio falante estar na posição de oferecer uma fundamentação. É suficiente que ele se refira à competência de fundamentação de determinadas pessoas ou de pessoas determináveis. A referência à competência de fundamentação pode, assim como todo argumento, ser discutida. Assim

---

[52] P. Lorenzen/O. Schwemmer (nota 30), Konstruktive Logik, Ethik und Wissenschaftstheorie, p. 10 ss.

[53] Sobre algumas dúvidas cf. R. Alexy (nota 47), Theorie der juristischen Argumentation. Die Theorie des rationalen Diskurses als Theorie der juristischen Begründung, p. 174.

[54] Cf., por exemplo, G. Patzig (nota 3), Relativismus und Objektivität moralischer Normen, p. 75, bem como 22 ss.

[55] Sobre a possibilidade de se falar em atos de fala no que diz respeito a enunciados normativos cf. R. Alexy (nota 47), Theorie der juristischen Argumentation. Die Theorie des rationalen Diskurses als Theorie der juristischen Begründung, p. 75.

pode se perguntar se a autoridade invocada pelo falante de fato garante a correção de sua tese. Aqui é possível e em regra necessário entrar na correção material de sua afirmação. Assim a referência à competência de fundamentação de outras pessoas determinadas ou determináveis pode ser vista como uma fundamentação. Não é suficiente porém que o falante, sem que ele possa apresentar razões para isso, simplesmente tenha a opinião de que a qualquer momento uma pessoa qualquer estará na posição de poder fundamentar seu enunciado. A pretensão de fundamentabilidade não significa também que o falante deve fundamentar todas as afirmações em relação a todas as pessoas. Ele deve fazer isso somente quando solicitado.[56] Quando ele se recusa a fundamentar algo é porém necessário que ele possa apresentar razões que justifiquem tal recusa.

Assim, vale para o ato de fala de afirmar a seguinte regra:

(2)   Todo falante deve fundamentar aquilo que ele afirma quando solicitado, a não ser que ele possa apresentar razões que justifiquem uma recusa de fundamentação.[57]

Essa regra pode ser denominada *regra geral de fundamentação*. Quem fundamenta algo pretende, no mínimo, pelo menos no que diz respeito ao ato de fundamentar, aceitar os outros como parceiros de fundamentação igualmente legitimados e não exercer ele próprio coação ou apoiar-se em

---

56 Sobre isso cf. F. Kambartel, Was ist und soll Philosophie?, in: F. Kambartel, Theorie und Begründung, Frankfurt/M., 1975, p. 14.

57 Sobre uma regra desse tipo cf. D. Wunderlich, Zur Konventionalität von Sprechhandlung, in: Linguistische Pragmatik, D. Wunderlich (org.), Frankfurt/M., 1972, p. 21; J. R. Searle (nota 44), Speech Acts, p. 65 s.; H. Schnelle, Sprachphilosophie und Linguistik, Reinbek bei Hamburg, 1973, p. 42 s. O *status* de tal regra é controverso. Alguns a consideram constitutiva dos atos de fala de afirmar (para o conceito de regra constitutiva cf. J. R. Searle (nota 44), Speech Acts, p. 33 ss.). Assim pensa Wunderlich: "Uma vez que agora obviamente não se pode ao mesmo tempo afirmar algo e negar que se possua algumas evidências a favor de algo, isso pertence já analiticamente ao conceito de afirmação enquanto ato de fala" (D. Wunderlich, Über die Konsequenzen von Sprechhandlungen, in: Sprachpragmatik und Philosophie, K.-O. Apel, Frankfurt/M., 1976, p. 452). Em outra direção, Schnelle adota a concepção que o conceito de afirmação, ao contrário do conceito de promessa, não está ligado com o de uma tal obrigação. Uma regra como a regra de fundamentação mencionada deve por isso ser vista somente como postulado geral da comunicação (H. Schnelle (nota 57), Sprachphilosophie und Linguistik, p. 42 s. Sobre o conceito de postulado da conversação cf. H. P. Grice (nota 31), Logic and Conversation, p. 32 ss.). Há pontos a favor de, quando se conecta ao conceito de afirmação o conceito de verdade ou correção, poder-se ver a regra de fundamentação como constitutiva para a afirmação.

Parte I · Cap. 1 – UMA TEORIA DO DISCURSO PRÁTICO | **51**

coação exercida por outros. Ele alega ainda poder defender sua afirmação não só perante o parceiro de conversação, mas além disso perante qualquer pessoa. Jogos de linguagem em que não se pretende pelo menos cumprir essa exigência não podem ser considerados como fundamentações.[58] As exigências de igual legitimação, universalidade e ausência de coação podem ser formuladas em três regras. Essas regras correspondem às condições da situação ideal de fala estabelecidas por Habermas.[59] A primeira regra diz respeito à participação em discursos. Ela tem o seguinte conteúdo:

(2.1) Todo aquele que pode falar pode participar de discursos.

A segunda regra normatiza a liberdade da discussão. Ela pode ser dividida em três exigências:

(2.2) (a) Toda pessoa pode problematizar toda afirmação.

(b) Toda pessoa pode introduzir qualquer afirmação no discurso.

(c) Toda pessoa pode expressar suas opiniões, desejos e necessidades.

(c) possui um significado especial sobretudo em discursos práticos. A terceira regra tem por fim a tarefa de proteger discursos da força:

(2.3) Nenhum falante pode ser impedido, através de coação prevalecente dentro ou fora do discurso, de exercer seus direitos estabelecidos em (2.1) e (2.2).

Pode-se duvidar se (2.3) é na verdade uma regra do discurso. Ela poderia ser vista como condição de cumprimento de (2.1) e (2.2). É porém aqui suficiente indicar seu *status* especial.

Os problemas dessas regras são óbvios. Em virtude de razões fáticas é impossível que todos exerçam seus direitos normatizados em (2.1) e (2.2), e pode ser posto em dúvida se a ausência de coação exigida por (2.3) pode ser um dia alcançada. Aqui esses problemas devem ser apenas

---

[58]   Cf. R. Alexy (nota 47), Theorie der juristischen Argumentation. Die Theorie des rationalen Diskurses als Theorie der juristischen Begründung, p. 157 ss.

[59]   J. Habermas, Wahrheitstheorien, in: Wirklichkeit und Reflexion. Festschrift f. W. Schulz, H. Fahrenbach (org.), Pfullingen, 1973, p. 255 s. Sobre uma discussão da teoria habermasiana cf. cf. R. Alexy (nota 47), Theorie der juristischen Argumentation. Die Theorie des rationalen Diskurses als Theorie der juristischen Begründung, p. 149 ss.

apontados; eles devem ser discutidos abaixo, quando da explicação sobre a utilidade da teoria do discurso. Tanto (2) quanto (2.1) – (2.3) definem as condições mais identificadoras para o conceito de racionalidade da teoria do discurso. Por isso elas devem ser denominadas "regras da razão".

1.4.3. As regras do ônus da argumentação

As regras da razão permitem a todos problematizar toda afirmação de forma ilimitada. Com isso todo falante pode, como uma criança que sempre continua perguntando mecanicamente "por que?", colocar todo falante contra a parede. É ainda possível colocar tudo de uma vez como questionável. Com isso coloca-se a questão da distribuição e da extensão do ônus da argumentação e da fundamentação.[60] Esse problema emerge em contextos bem diferentes. Assim, segundo Singer, o princípio de generalizabilidade exige que aquele que quer tratar uma pessoa de forma diferente de outra pessoa deve apresentar uma razão para isso.[61] Na lógica dialógica de Lorenzen, aquele que por exemplo afirma que todo x possui a característica F ($\forall xFx$), tem o dever de mostrar em relação a todo a, que a é um F (Fa).[62] O princípio da inércia de Perelman[63] exige que, uma vez que uma concepção ou uma prática tenha sido aceita, ela não pode ser recusada sem motivo.[64]

A distribuição do ônus da argumentação exigida por Singer resulta do princípio de universalizabilidade (1.3′) junto com a regra de fundamentação (2). Quem quer tratar A de modo diferente de B afirma (na medida em que ele presume (1.3′)) que existe uma diferença relevante. Ele tem que fundamentar essa afirmação. Assim vale a seguinte regra:

> (3.1) Quem quer tratar uma pessoa A de modo diferente de uma pessoa B está obrigado a fundamentar isso.[65]

---

[60] Essas expressões serão usadas nesta investigação como sinônimas. Uma distinção que aqui não é necessária encontra-se em A. Podlech, Gehalt und Funktion des allgemeinen verfassungsrechtlichen Gleichheitssatzes, Berlin, 1971, p. 87 s.

[61] M. G. Singer, Generalization in Ethics, New York, 1961, p. 31.

[62] P. Lorenzen/O. Schwemmer (nota 30), Konstruktive Logik, Ethik und Wissenschaftstheorie, p. 46

[63] Sobre isso cf. Cf. R. Alexy (nota 47), Theorie der juristischen Argumentation. Die Theorie des rationalen Diskurses als Theorie der juristischen Begründung, p. 206 ss.

[64] Ch. Perelman – L. Olbrechts-Tyteca, La nouvelle rhétorique. Traité de l'argumentation, Paris, 1958; 2ª ed. (não modificada), Brüssel, 1970, p. 142.

[65] Para um interpretação bem semelhante do "conteúdo pragmático" da máxima constitucional da igualdade cf. A. Podlech (nota 60), Gehalt und Funktion des allgemeinen verfassungsrechtlichen Gleichheitssatzes, Berlin, p. 89

Uma outra fundamentação de (3.1) consiste no fato de que, de acordo com as regras da razão, todos são iguais e por isso devem ser apresentadas razões para justificar um desvio dessa condição. As regras da razão fundamentam uma pressuposição de igualdade.[66]

Aqui não pode ser discutida a legitimidade de uma construção dialógica da lógica. Será por isso apenas apontado o caráter evidente do fato de as regras da lógica imporem as mais severas obrigações argumentativas. Quem afirma "$p \rightarrow q$" deve, se seu parceiro de conversação afirma "$\neg q$", ou aceitar "$\neg p$", ou refutar "$\neg q$", ou abandonar "$p \rightarrow q$".

O princípio da inércia de Perelman possui uma importância considerável. Quando um falante afirma algo, seus parceiros de discussão têm, de acordo com (2), o direito de exigir uma fundamentação. Um enunciado ou uma norma contrária que é pressuposta na comunidade dos falantes como verdadeira ou válida, mas que não é expressamente afirmada ou discutida pode, de acordo com esse princípio, ser questionada somente através da indicação de uma razão. Para que algo se torne objeto do discurso, ele deve ser afirmado ou questionado através da indicação de razões:

(3.2) Quem ataca um enunciado ou norma que não é objeto da discussão deve indicar uma razão para isso.

Nenhum falante mais tem o direito de sempre continuar exigindo de seu parceiro razões.[67] As razões do parceiro rapidamente se esgotariam. Se o parceiro, naquilo que as regras de fundamentação o obrigam, apresentou um motivo, ele está obrigado ainda apenas a reagir a contra-argumentos. Ele continua simplesmente legitimado a responder também meras dúvidas:

(3.3) Quem apresentou um argumento está obrigado, somente quando um contra-argumento for apresentado, a apresentar novos argumentos.

---

[66] Sobre isso cf. J. Rawls, Justice as Fairness, in: The Philosophical Review, 67, 1958, p. 166: "Há uma suposição contra as distinções e classificações feitas por sistemas jurídicos e outras práticas, na medida em que eles infringem a liberdade igual e original das pessoas que deles participam."

[67] Cf. J. L. Austin (nota 50), Other Minds, p. 84: "se você diz 'isso não é suficiente', então você deve ter em mente uma falta mais ou menos definida [...]. Se não há uma falta definida, que você pelo menos está preparado para especificar quando pressionado, então é tolo (ultrajante) simplesmente sair dizendo 'isso não é suficiente.'"

(2.2.b) e (2.2.c) permitem que todo falante introduza no discurso a qualquer momento qualquer afirmação, bem como expressões sobre suas opiniões, desejos e necessidades. Assim, qualquer pessoa pode, a qualquer momento, sem que exista uma conexão com o problema discutido, apresentar argumentos por exemplo sobre o clima, bem como emitir comentários sobre o que ele acha do clima. Não é necessário excluir completamente essas opiniões. Quando ocorrem apenas ocasionalmente elas não necessariamente prejudicam a discussão. A decisão sobre quando elas devem ser abandonadas deve ser deixada aos participantes do discurso. Também não é adequado excluí-las no sentido da obrigação de expressar somente aquilo que é relevante,[68] relevância essa determinada pela teoria do discurso. Julgar isso deve ser deixado às pessoas que argumentam. A partir disso sugere-se a seguinte regra:

(3.4)   Quem introduz no discurso uma afirmação ou um comentário sobre suas opiniões, desejos e necessidades, que não se relaciona, como argumento, a um comentário prévio, tem, quando solicitado, que fundamentar o que o levou a introduzir essa afirmação ou esse comentário.

1.4.4. As formas de argumento

Antes de entrar na discussão de outras regras do discurso faz sentido primeiramente abordar as formas de argumento características[69] de discursos práticos.

Enunciados normativos singulares (*N*) são objeto imediato de discursos práticos.

Há dois tipos fundamentais de fundamentação para eles. No primeiro tipo faz-se referência a uma *regra* pressuposta válida (*R*), e no segundo indica-se as *consequências* (*F*) da observância dos imperativos[70] que *N* implica.[71]

---

[68]   Para uma exigência desse tipo cf. H. P. Grice (nota 31), Logic and Conversation, p. 34.

[69]   Seja acentuado que aqui serão abordadas apenas as formas de argumento específicas do discurso prático geral. Além desses há inúmeras formas de argumento que aparecem tanto nos discursos práticos gerais quanto em outros discursos.

[70]   Para a implicação de imperativos através de enunciados normativos (juízos de valor e de dever), cf. R. M. Hare (nota 11), The Language of Morals, p. 171.

[71]   Sobre esses dois tipos de fundamentação cf. St. E. Toulmin (nota 10), The Place of Reason in Ethics, p. 132.

Entre esses dois tipos de fundamentação existe um importante parentesco estrutural. Quem, em uma fundamentação, apoia-se em uma regra, pressupõe pelo menos que as condições de aplicação dessa regra foram cumpridas. Essas condições de aplicação podem tratar das qualidades de uma pessoa, de uma ação ou de um objeto, da existência de um determinado estado ou da ocorrência de um evento determinado. Isso significa que aquele que afirma uma regra pressupõe como verdadeiro um enunciado (T) que descreve tais qualidades, estados ou ocorrências.

Por outro lado, aquele que apresenta como razão para N uma afirmação sobre consequências pressupõe uma regra de conteúdo, que determina que alcançar essas consequências é comandado ou bom. Isso vale com base na máxima geral "a noção de uma razão, como sempre, traz consigo a noção de uma regra que estabelece que alguma coisa é uma razão para outra coisa."[72]

Pode-se assim distinguir as seguintes formas de argumentos:

(4.1) T (4.2) F
　　　 R 　　　　 R
　　　 —— 　　　　 ——
　　　 N 　　　　 N

(4.1) e (4.2) são subformas da forma mais geral:

(4) G
　　 $R^{\bullet}$
　　 ——
　　 $N^{\bullet}$ [73]

Pode ser realizado um discurso teórico sobre a verdade de T assim como sobre a verdade de F de fato ser uma consequência da ação em questão.[74] A necessidade de se poder começar a qualquer momento um

---

[72]　R. M. Hare (nota 16), *Freedom and Reason*, p. 21.

[73]　"$R^{\bullet}$" pode, diferentemente de "R" e da igualmente empregável "$R^{\prime}$", ser uma regra de qualquer nível, "$N^{\bullet}$", diferentemente de "N", pode ser um enunciado normativo qualquer (não apenas um enunciado singular). A introdução de "$R^{\bullet}$" e "$N^{\bullet}$" é necessária para poder expressar a generalidade de (4).

[74]　Seja acentuado que a resposta a essa pergunta é o problema decisivo em vários discursos. Muitas disputas sobre questões práticas poderiam ser resolvidas de forma imediata se

56 | Teoria Discursiva do Direito · *Robert Alexy*

tal discurso deve se apoiar em uma outra regra especial a ser apresentada abaixo.

Aqui interessam sobretudo disputas sobre R. Há duas possibilidades para se defender R.

R pode ser justificada através da indicação do estado que predomina quando R vale (Z_R), ou através da indicação de um estado futuro que será gerado caso R seja observada (Z_F). Z_R e Z_F distinguem-se pelo fato de que na descrição de Z_R, além da indicação das consequências descritíveis independentemente de R, é necessária uma referência a R. Se se tem em mente essas diferenças, é porém justificável, por motivo de simplicidade, falar, tanto nos casos de Z_R quanto nos casos de Z_F, nas *consequências da regra R* (F_R).

Também nos casos de justificação de R através de F_R vale a proposição de que a indicação de uma razão para uma afirmação pressupõe uma regra que diz que aquilo que foi indicado como razão é uma razão para essa afirmação. Assim é necessária uma regra de segundo nível (R'). Além da indicação a F_R é possível uma indicação a uma outra regra R', que exige R sob uma condição T' que não pode ser classificada como consequência de R. T' pode por exemplo ser a indicação, de modo algum moralmente irrelevante, que uma determinada regra foi deliberada de determinada maneira.

Resultam assim duas formas de argumento de segundo nível:

$$(4.3) \quad F_R \qquad\qquad (4.4) \quad T'$$
$$R' \qquad\qquad\qquad R'$$
$$\overline{} \qquad\qquad\qquad \overline{}$$
$$R \qquad\qquad\qquad R$$

Também no caso de (4.3) e (4.4) trata-se de subformas da forma fundamental (4).[75]

Em (4.1) – (4.4) a aplicação de *uma* regra leva respectivamente a um resultado. Regras diferentes podem porém, na fundamentação da mesma

---

estivesse disponível suficiente conhecimento empírico seguro. Daí concluir que todos os problemas práticos são solucionáveis através de informações empíricas seria porém uma falácia.

[75] As quatro formas de fundamentação ([4.1]-[4.4]) correspondem a quatro formas de revisão. Além disso, cabe a elas, enquanto formas de fundamentação, uma prioridade em relação a sua formulação como formas de revisão. Cf. R. Alexy (nota 47), Theorie der juristischen Argumentation. Die Theorie des rationalen Diskurses als Theorie der juristischen Begründung, p. 236 s.

Parte I · Cap. 1 – UMA TEORIA DO DISCURSO PRÁTICO | **57**

forma ou nas fundamentações de formas diferentes, levar a resultados incompatíveis entre si. Nesses casos é preciso decidir qual fundamentação tem precedência. As regras a que se recorre para a fundamentação de tais decisões se chamam *regras de precedência*.[76]

Existem regras de precedência que determinam, sob qualquer condição, dar preferência a uma regra em relação a outras; há porém também regras de precedência que determinam dar preferência a uma determinada regra em relação a outras somente sob determinadas condições (*C*). Seja *"P"* uma relação de prioridade entre duas regras. As regras de precedência podem então ter duas formas:

(4.5) $\quad R_i\,\mathbf{P}\,R_k$ $\qquad\qquad$ ou $R'_i\,\mathbf{P}\,R'_k$

(4.6) $\quad (R_i\,\mathbf{P}\,R_k)C$ $\qquad\quad$ ou $(R'_i\,\mathbf{P}\,R'_k)C$

As regras de precedência podem por outro lado ser justificadas de acordo com (4.3) e (4.4).[77] Quando há conflitos entre regras de precedência deve-se aplicar regras de precedência de segundo nível.

Dentro das distintas formas são possíveis outras inúmeras diferenciações. Assim, por exemplo, a referência a efeitos negativos representa uma variante especialmente importante de (4.2) e (4.3). Talvez seja possível encontrar também outras formas. Para a teoria do discurso prático racional a ser esboçada nesta investigação é suficiente porém a análise aqui executada.

Ela mostra sobretudo uma coisa: as distintas formas de argumento são (exceto as limitações que resultam da existência de dois níveis de justificação) combináveis e iteráveis de várias maneiras. As distintas conexões entre formas de argumentos resultam em uma estrutura de argumento.[78] Assim é preciso distinguir entre uma estrutura de argumento regressiva e uma aditiva.[79] Fundamentações podem ser conectadas a verificações, ve-

---

[76] Sobre o conceito de regra de precedência cf. K. Baier, The Moral Point of View, Ithaka-London, 1958, p. 99 ss.

[77] (4.5) e (4.6) não são elas próprias formas de argumento, mas sim formas de regras. A inserção de (4.5) ou (4.6) em (4.3) ou (4.4) no lugar de *R* resulta porém em quatro outras formas de argumento, mais precisamente: duas subformas de (4.3) e (4.4) cada. Uma vez que (4.3) e (4.4) são subformas do argumento (4), pode-se também falar que há dois grupos de subformas de (4) caracterizados como conclusão através de (4.5) e (4.6).

[78] Sobre o conceito de estrutura de argumento cf. R. Alexy (nota 47), Theorie der juristischen Argumentation. Die Theorie des rationalen Diskurses als Theorie der juristischen Begründung, p. 110.

[79] Uma estrutura de argumento aditiva existe quando um enunciado ou uma regra são justificados através de argumentos diferentes independentes um do outro. Aqui

rificações levam a fundamentações.[80] As estruturas de argumento assim resultantes são sempre limitadas. Nunca se pode justificar todas as regras, algumas devem sempre ser aceitas quando a atividade de justificação puder em geral ser possível.[81] A exigência de racionalidade não significa que todas as regras devem ser justificadas de uma vez mas somente que toda regra pode ser objeto de justificação.

1.4.5. As regras de fundamentação

Em (4.1) – (4.6) foram indicadas apenas *formas* de argumentos utilizáveis em discursos práticos. Já há um ganho de racionalidade quando se argumenta em geral através dessas formas e não se procura persuadir o outro através do emprego de meios persuasivos.[82] Por outro lado, quaisquer enunciados normativos e regras podem ser justificadas através dessas formas. Deve-se por isso continuar procurando regras para as fundamentações efetuadas através dessas formas.

As diversas variantes do princípio de generalizabilidade constituem um importante primeiro grupo de regras.[83] Devem ser distinguidas aqui três formulações da exigência de generalizabilidade: a de Hare, a de Habermas e a de Baier.[84]

O princípio da universalizabilidade de Hare já foi formulado como regra (1.3′). A partir desse princípio, junto com o princípio da prescritividade, Hare obtém uma exigência como a seguinte:[85]

> (5.1.1) Toda pessoa deve poder aceitar as consequências[86] de uma regra pressuposta em um enunciado normativo por ela afir-

---

poder-se-ia falar também em mais fundamentações. Em uma estrutura regressiva um argumento serve de apoio ao outro.

[80] cf. R. Alexy (nota 47), Theorie der juristischen Argumentation. Die Theorie des rationalen Diskurses als Theorie der juristischen Begründung, p. 237.

[81] Cf., por exemplo, St. E. Toulmin (nota 16), The Uses of Argument, p. 100, 106.

[82] Sobre isso cf. Ch. L. Stevenson (nota 4), Ethics and Language, p. 139 ss., 206 ss.

[83] Essas regras podem ser fundamentadas em essência através de regras já mencionadas. Poder-se-ia mencionar isso para não acolhê-las no cânon das regras. A favor de uma tal acolhida advogam porém considerações referentes a conveniência.

[84] O argumento de generalizabilidade de Singer não será acolhido. Ele pode ser reconduzido às regras e formas aqui compiladas. Sobre isso cf. R. Alexy (nota 47), Theorie der juristischen Argumentation. Die Theorie des rationalen Diskurses als Theorie der juristischen Begründung, p. 239 s.

[85] R. M. Hare (nota 16), Freedom and Reason, p. 86 ss.

[86] Por consequências devem ser entendidas aqui tanto as consequências fáticas da observância de uma regra quanto as limitações que resultam diretamente da observância do imperativo que a regra implica.

Parte I · Cap. 1 – UMA TEORIA DO DISCURSO PRÁTICO | **59**

mado para a satisfação dos interesses de toda e qualquer pessoa, também no caso hipotético de ela se encontrar na situação dessa pessoa.[87]

Resumindo: toda pessoa deve poder concordar com as consequências para todos da regra por ela pressuposta ou afirmada.

O princípio de generalizabilidade de Habermas resulta imediatamente da estrutura do discurso determinada pelas regras da razão ([2.1]-[2.3]). Quando todos deliberam sobre questões práticas com iguais direitos, somente os enunciados normativos e regras que todos podem aceitar podem ter um consentimento geral. Em (5.1.1) assume-se a noção do falante *isolado*. O princípio de generalizabilidade de Habermas se refere a concepções *comuns* a serem produzidas no discurso. Ele pode ser formulado da seguinte forma:

(5.1.2) As consequências de toda regra para a satisfação dos interesses de toda e qualquer pessoa devem poder ser aceitas por todos.[88]

Resumindo: todos devem poder concordar com todas as regras. (5.1.2) compartilha o caráter ideal das regras da razão.

O princípio de Baier pode ser fundamentado através da exigência de sinceridade e honestidade válida no discurso. Poder-se-ia concebê-lo como uma concretização de (1.2). Ele exclui imediatamente uma série de regras como não-fundamentáveis:[89]

(5.1.3) Toda regra deve ser ensinável aberta e geralmente.

Também (5.1.1)-(5.1.3) ainda não oferecem algo como a garantia de um *acordo* racional. (5.1.1) permite partir das diversas convicções normativas disponíveis faticamente do respectivo falante, (5.1.2) compartilha o caráter ideal das regras do discurso e (5.1.3) exclui apenas relativamente poucas regras morais. Não é então possível indicar um processo

---

[87] Sobre os problemas conectados a (5.1.1), especialmente sobre sua eficiência limitada cf. R. Alexy, R. M. Hares Regeln des moralischen Argumentierens und L. Nelsons Abwägungsgesetz, in: Vernunft, Erkenntnis, Sittlichkeit, P. Schröder (org.) Hamburg, 1979.

[88] Sobre a questão da compatibilidade de (5.1.1) com (5.1.2) cf. R. Alexy (nota 47), Theorie der juristischen Argumentation. Die Theorie des rationalen Diskurses als Theorie der juristischen Begründung, p. 140.

[89] Sobre isso cf. K. Baier (nota 76), The Moral Point of View, p. 195 ss.

que leve, em todos os casos, a um acordo racional. Seria porém já um grande passo se houvesse um processo que pelo menos aumentasse a probabilidade de mudança das concepções incompatíveis faticamente afirmadas, em direção a um acordo racional. Um tal processo foi sugerido por Habermas,[90] bem como por Lorenzen e Schwemmer,[91] em uma forma elaborada em detalhes, através do programa da gênese crítica. Em uma tal gênese o desenvolvimento do sistema de regras morais é reconstruído pelo participante do discurso. Com os diversos níveis de desenvolvimento pode-se averiguar em que medida as condições do discurso racional foram realizadas. Em conformidade com isso podem ser criticadas as regras produzidas nesse processo de desenvolvimento, que determinam então nossa forma de argumentar. Assim pode ser formulada ainda a seguinte regra do discurso:

> (5.2.1) As regras morais que servem de base às concepções morais do falante devem poder resistir à revisão, em uma gênese histórica crítica. Uma regra moral não resiste a uma tal revisão:
>
> > a) quando originalmente se podia racionalmente justificá--la, porém ela perdeu então sua legitimidade, ou
> >
> > b) quando originalmente não se podia racionalmente justificá-la e não se pode produzir novas razões suficientes a seu favor.

A revisão histórico-social da produção de normas proposta por Lorenzen e Schwemmer deve ser completada com a revisão da produção individual de concepções normativas:

> (5.2.2) As regras morais que servem de base às concepções morais do falante devem poder resistir à revisão de sua história individual de produção. Uma regra moral não resiste a uma tal revisão quando ela foi assumida somente com base em condições sociais que não são justificáveis.

Deve aqui permanecer aberto o que são "condições sociais que não são justificáveis". Aqui pode-se apenas observar que definitivamente não

---

[90] Cf. J. Habermas, Legitimationsprobleme im Spätkapitalismus, Frankfurt/M., 1973, p. 156.

[91] P. Lorenzen/O. Schwemmer (nota 30), Konstruktive Logik, Ethik und Wissenschaftstheorie, p. 190 ss.

Parte I · Cap. 1 – UMA TEORIA DO DISCURSO PRÁTICO | **61**

se pode justificar condições sociais que impeçam o atingido de estar preparado para discursos ou em posição de deles participar.

Uma última regra desse grupo resulta do fato de discursos práticos serem conduzidos para o fim de solucionar determinadas questões práticas de fato existentes. Isso significa que deve ser possível transpor o resultado de um discurso em ações. Pode-se na verdade também promover discursos por diversão, mas essa possibilidade é, ao contrário da primeira, parasitária. Disso resulta que discursos práticos devem levar a resultados que também possam ser realizados:

(5.3) Deve-se observar os limites fáticos da realizabilidade.[92]

A aplicação de (5.3) pressupõe consideráveis conhecimentos empíricos. (5.1)-(5.3) decidem imediatamente sobre o conteúdo dos enunciados e regras a serem fundamentados. Elas devem por isso ser denominadas *regras de fundamentação*.

1.4.6. As regras de transição

Já foi estabelecido que em discursos práticos frequentemente emergem problemas que não podem ser solucionados com os meios da argumentação prática. Aqui pode se tratar de questões de fato, especialmente a previsão de consequências, de problemas linguísticos, especialmente problemas de compreensão, e de questões que dizem respeito à própria discussão prática. Nesses casos também deve ser possível passar a outras formas de discurso. Essa possibilidade é assegurada através das seguintes regras:

(6.1) É possível a qualquer momento que todo participante passe a um discurso teórico (empírico).

(6.2) É possível a qualquer momento que todo participante passe a um discurso linguístico-analítico.

(6.3) É possível a qualquer momento que todo participante passe a um discurso teórico-discursivo.

---

[92] (5.3) exige tanto que a realizabilidade de uma norma seja viável em geral do ponto de vista da lógica quanto que ela ocorra no plano dos fatos. Sobre a primeira exigência cf. Fr. v. Kutschera, Einführung in die Logik der Normen, Werte und Entscheidungen, Freiburg-München, 1973, p. 69 s. Sobre o conceito de possibilidade de realização cf. ainda S. Kanngießer (nota 32), Sprachliche Universalien und diachrone Prozesse, p. 32 ss.

(6.1)-(6.3) devem ser denominadas regras de transição.

(6.1) tem um significado especial. Frequentemente os falantes concordam com as premissas normativas, mas discordam das premissas fáticas. Frequentemente o conhecimento empírico necessário não pode ser conseguido com a certeza desejável. Nessa situação são necessárias regras de presunção racionais.

1.5. A UTILIDADE DA TEORIA DO DISCURSO

As regras e formas introduzidas não oferecem garantia de que se obtenha acordo em toda questão prática e nem que um acordo alcançado seja definitivo e irrefutável. Isso ocorre especialmente porque as regras da razão (2.1)-(2.3) podem ser cumpridas apenas parcialmente, porque nem todos os passos da argumentação são estipulados, bem como porque todo discurso está ligado a representações normativas historicamente fixadas e mutáveis. Com isso coloca-se a questão sobre a utilidade do sistema de regras obtido.

Essa questão tem diversos significados e pode ser estabelecida a partir de diferentes pressupostos. O pressuposto mais forte seria considerar uma teoria do discurso útil apenas se ela levasse, em todos os casos, a um resultado seguro. Isso seria possível se as regras do discurso fossem formuladas de uma forma tão forte a ponto de poderem conter, em um sentido que não será especificado mais de perto aqui, a solução de todo caso individual. Isso só poderia ser alcançável se as regras processuais fossem completadas com regras materiais, o que acabaria sendo uma codificação de uma moral. As desvantagens são óbvias. Uma tal codificação de uma moral dificilmente poderia aspirar um consentimento geral. A maior segurança dos resultados deveria ser paga com uma maior insegurança dos pressupostos. Além disso, uma tal codificação, como ensina a experiência das codificações jurídicas, de modo algum levaria sempre a um resultado seguro. A insegurança seria apenas reduzida, mas não eliminada.

Uma vez que não se vislumbra nenhum outro processo de fundamentação que garanta, em casos de alta aceitabilidade dos pressupostos, a segurança dos resultados, aquele que insiste nessa segurança deve renunciar inteiramente às regras de fundamentação. A ele restaria a mera decisão. Um tal ponto de vista tudo ou nada não é necessário e não faz sentido. Os procedimentos das ciências empíricas também não garantem certeza definitiva em relação a todas as questões.

1.5.1. Necessidade, impossibilidade e possibilidade discursivas

Seria um equívoco concluir, em virtude do fato de as regras do discurso não garantirem a certeza em todos os casos, que qualquer coisa é compatível com elas. Há alguns resultados que, através delas, são forçosamente exigidos ou excluídos. Isso vale por exemplo para normas que excluem inteiramente pessoas do desenvolvimento discursivo, atribuindo a elas o *status* jurídico de escravas. Nesse sentido pode-se falar em "impossibilidade discursiva" e em "necessidade discursiva".

Nos casos em que dois enunciados normativos incompatíveis entre si podem ser fundamentados sem violar as regras do discurso[93] pode-se falar em "possibilidade discursiva". O espaço do discursivamente possível é na verdade amplo, mas não chega nem perto de significar ser tudo possível. Ele é ainda limitado pelo fato de que muitas coisas que seriam possíveis de acordo com as regras do discurso sozinhas, ou seja, sob os pressupostos de indivíduos em diversas condições, não são possíveis de acordo com as regras do discurso em conjunto com as condições fáticas dos participantes do discurso. Como, nesse sentido, a teoria do discurso deixa muito àqueles que discutem, ela pressupõe que eles são suficientemente razoáveis para, sob as condições do discurso, alcançar resultados razoáveis.

1.5.2. A função da teoria do discurso como instrumento de crítica

O julgamento da utilidade da teoria do discurso deve ocorrer à luz de quatro funções que ela pode cumprir. Uma primeira função é aquela de *instrumento de crítica*. Assim pode-se mostrar que aquele que afirma enunciados normativos individuais não poderia manter, de acordo com a discussão que ocorre em conformidade com as regras do discurso, aquilo que ele afirma. Esse é o caso quando por exemplo se verifica que o enunciado normativo afirmado leva a contradições (1.1), não resiste à verificação das formas de argumento (4.1)-(4.6), não seria aceito pelo falante

---

[93] O conceito de violação de regras do discurso deve ser determinado diferentemente com base no caráter distinto das diferentes regras. No caso de regras não-ideais, como (1.1) (consistência), (1.3') universalizabilidade e (5.3) (realizabilidade), é em geral sempre possível verificar se uma violação ocorre ou não. As regras ideais como (2.1) (universalidade da participação) e (5.1.2) (universalidade da aceitação) podem, ao contrário, ser cumpridas apenas aproximadamente. Aqui falar-se-á, por isso, já em um cumprimento, se em dada situação a regra for cumprida em uma medida ótima. Isso é certamente antes a formulação de um problema que a formulação de sua solução.

se ele próprio tivesse que suportar as consequências que o enunciado implica (5.1.1), ou quando ele percebe com base em quais condições de socialização ele chegou a essa conclusão (5.2.2) e assim por diante. Argumentações podem ainda ser criticadas pelo fato de não ocorrer uma confrontação através de argumentos de falantes potenciais, na medida em que há uma violação das regras da razão (2.1) e (2.2).

1.5.3. A função da teoria do discurso como critério hipotético

A função de *critério hipotético positivo ou negativo* da correção ou verdade de enunciados normativos relaciona-se à função de instrumento de crítica. A função das regras como critério hipotético negativo é relativamente simples. Podem com facilidade ser introduzidos enunciados normativos dos quais se pode afirmar que um acordo sobre eles não seria, em uma discussão conduzida em conformidade com as regras do discurso, alcançado. Eles são, grosso modo, todos aqueles enunciados normativos que na verdade não são discursivamente impossíveis mas que implicam porém uma discriminação tão considerável de alguns em benefício de outros que os prejudicados se negariam a dar-lhes seu consentimento em um discurso. A aplicação das regras do discurso como critério negativo é com isso relativamente simples, pois aqui não é preciso prever um consenso, mas somente um dissenso.

Ao contrário, na aplicação das regras do discurso como critério hipotético positivo a antecipação de um consenso é necessária. Spaemann com razão acentuou que aqui não há um critério operacionalizável.[94] Está faticamente excluído prever com segurança o comportamento de todos durante a discussão. O conhecimento empírico disponível para isso dificilmente seria suficiente. Isso, porém, ainda não torna o critério sem sentido. É possível distinguir prognósticos arbitrários de prognósticos bem fundamentados. Importante é somente que o caráter desses prognósticos como previsões subsiste como hipótese sempre corrigível. Quem apoia sua ação nessas previsões assume a responsabilidade disso. A fraqueza do padrão sozinha não é assim ainda um argumento decisivo contra seu emprego. Enquanto não seja indicável um critério mais forte é melhor contentar-se com um mais fraco a renunciar completamente a critérios.

1.5.4. A função da teoria do discurso como explicação

A função do sistema de regras como *explicação da pretensão de correção ou de verdade* não está imediatamente ligada à utilidade prática.

---

[94] R. Spaemann, Die Utopie der Herrschaftsfreiheit, in: Merkur, 26, 1972, p. 751.

Parte I · Cap. 1 – UMA TEORIA DO DISCURSO PRÁTICO | 65

Mediatamente existe porém um significado prático. Quem deixa claro aquilo que pretende com a expressão de um juízo de valor ou de dever inclinar-se-á a uma postura cuidadosa e falível. Ele terá claramente em vista sua responsabilidade pessoal pelas ações apoiadas por esses juízos. Também a disposição para a tolerância poderá aumentar. A explicação da pretensão de correção ou de verdade sugerida torna ainda claro que representações concretas normativas bem diferentes podem ter como base o mesmo sistema de regras. As diferenças podem ser explicadas através das diferentes pressuposições fáticas e das diferentes representações normativas iniciais. Disso se sugere, ao lado da tolerância, a disposição para a discussão. Por isso deve-se rejeitar enfaticamente as concepções que ligam à teoria do discurso "consequências potencialmente totalitárias".[95] As consequências consideradas aqui em primeiro lugar para os indivíduos são somente antes uma ação falível, a tolerância e a disposição para o discurso.

1.5.5. A função da teoria do discurso como definição de um ideal

A função das regras do discurso como *definição de um ideal* refere-se à questão da realizabilidade fática ou à institucionalizabilidade do discurso. Essa questão deve porém ser diferenciada das numerosas conexões de enunciados normativos que ocorrem de acordo com o papel das regras do discurso em casos de análise e crítica de fundamentações.[96]

1.5.6. Possibilidades e fronteiras da institucionalização de discursos

Inúmeros argumentos contra a possibilidade de institucionalização de discursos apoiam-se na impossibilidade de cumprimento das condições ideais. Por razões fáticas, é impossível que todos discutam sobre tudo indefinidamente. O tempo é escasso.[97] Os problemas a serem resolvidos em uma sociedade moderna são muitos e muito complexos para

---

[95] Cf., por exemplo, F. Loos, Zur Legitimität gerichtlicher Entscheidungen, manuscrito, Göttingen, 1977, p. 17.

[96] Sobre uma tal distinção cf. J. Habermas, Die Utopie des gutes Herrschers, Eine Antwort auf R. Spaemann, in: J. Habermas, Kultur und Kritik, Frankfurt/M., 1973, p. 382.

[97] R. Spaemann (nota 94), Die Utopie der Herrschaftsfreiheit, p. 750; N. Luhmann, Systemtheoretischer Argumentationen: Eine Entgegnung auf Jürgen Habermas, in: J. Habermas/N. Luhmann, Theorie Der Gesellschaft oder Sozialtechnologie, Frankfurt/M., 1972, p. 336.

que todos possam discuti-los integralmente.[98] Para satisfazer a necessidade decisória de uma sociedade, discursos devem ser interrompidos oportunamente. Como pode isso, de acordo com as regras dadas, acontecer? Por causa disso alguns autores se preocupam com o fim dos discursos.[99] Assim Weinrich teme que cada grupo possibilite uma discussão tão longa até que emerja para ele uma vantagem: "a ditadura da perseverança".[100]

A ideia de ausência de dominação relacionada ao discurso também gerou objeções. Por um lado foi exposto que também no sistema do discurso surgem dominações estruturalmente condicionadas. A influência do orador habilidoso é maior que a do não-habilidoso.[101] Por outro lado acentua-se que a coação não poderia ser substituída pelo discurso. "Pode-se esperar que alguém observe livremente os limites estabelecidos para ele quando ele tem certeza que todos os outros também vão fazer isso em relação a ele [...]. Porém ele só pode ter essa certeza quando a obediência de todos seja, caso necessário, coagida".[102] Assim sempre se temeu que a prometida ausência de dominação levaria à dominação descontrolada por parte daqueles que se autodenominam esclarecidos.

Contra essas objeções deve-se em primeiro lugar notar que com a proposta das regras do discurso não se propõe ainda um modelo para a organização de discussões ou de processos decisórios ou nem mesmo um modelo para a sociedade. Aproxima-se do modelo sugerido com as regras uma discussão moral filosófica realizada no contexto institucionalizado da ciência, sem pressão para se decidir e em princípio sem limites de pessoas e de gerações. Já na organização de uma discussão em seminário o sistema de regras não é suficiente. Para isso é necessária a introdução de outras regras, por exemplo, sobre a condução da discussão, sobre desvios permitidos de tema e assim por diante. A necessidade de tais subsistemas de regras se fortalece em vista de tais discussões que devem conduzir a decisões. Assim, não se pode gerir um parlamento sem princípios de maioria, regras para a formação de comitês ou princípios de

---

[98] N. Luhmann (nota 97), Systemtheoretischer Argumentationen: Eine Entgegnung auf Jürgen Habermas, p.327; H. Weinrich, System, Diskurs und die Diktatur des Sitzfleisches, in: Merkur 26, 1972, p. 809.

[99] H. Weinrich (nota 98), System, Diskurs und die Diktatur des Sitzfleisches, p. 808; N. Luhmann (nota 97), Systemtheoretischer Argumentationen: Eine Entgegnung auf Jürgen Habermas, p. 337.

[100] H. Weinrich (nota 98), System, Diskurs und die Diktatur des Sitzfleisches, p. 809.

[101] N. Luhmann (nota 97), Systemtheoretischer Argumentationen: Eine Entgegnung auf Jürgen Habermas, p. 332.

[102] R. Spaemann (nota 94), Die Utopie der Herrschaftsfreiheit, p. 735 s.

representação, em resumo, sem regras que estabeleçam sua constituição e seu estatuto.[103] Dificilmente um sistema de discussão sujeito a decisões poderá hoje em dia renunciar a regras envolvendo competências de especialistas, mas também a seu controle. Desse modo, sistemas de discussão são capazes, através da organização de sua habilidade de realização, de desenvolver sua tarefa. Não se pode, pelo menos até agora, aceitar definitivamente que uma organização de processos decisórios orientados à satisfação do discurso necessariamente tem consequências piores que a renúncia a uma tal orientação. Seja mencionado que é absolutamente compatível com uma tal orientação extrair, em uma sociedade, esferas isoladas de regras obrigatórias do discurso. Um exemplo de uma esfera em que isso seria recomendável poderia ser, por exemplo, a da escolha do parceiro. Sobre questões regulamentadas pelo discurso, o que sempre significa sobre as regras que limitam a liberdade dos participantes do discurso bem como sobre a questão de quais esferas devem ser decididas através do discurso organizado, pode-se novamente conduzir um discurso. Justificadas são aquelas limitações que, em face de outras ou de absolutamente nenhuma limitação, oferecem a grande chance de que se chegue a um resultado ao qual se teria chegado também nas condições ideais. Porém, em certo sentido, isso constitui apenas um adiamento do problema. Também esses sistemas auxiliares de regras afetam interesses. Não se pode sempre esperar um acordo.[104] A introdução de um sistema de regras, por exemplo, o parlamentarismo, não depende somente de bons argumentos, mas também da ação política. O fato de a execução de alguma coisa depender da ação política não significa contudo que seja indiferente se há boas razões a favor dessa coisa. Isso seria uma variante do ponto de vista tudo-ou-nada, acima esboçado. O fato de algo não prevalecer somente por boas razões significa contudo que existem razões suficientes para a abertura para a crítica e para a tolerância.

A ideia do discurso é compatível não só com uma organização de discursos limitadora da liberdade dos participantes do discurso. Ela também não contradiz qualquer exercício de coação. Assim, não pode ser excluído que em um discurso se consiga um acordo sobre uma regra de convivência que estabelece certos limites para a persecução de interesses dos indivíduos, regra essa que porém não será observada por todos. Nessas circunstâncias ninguém pode prever a observância dessa regra.

---

[103]   J. Habermas (nota 96), Die Utopie des gutes Herrschers, Eine Antwort auf R. Spaemann, p.384 ss.

[104]   Cf. R. Spaemann, Die Utopie des guten Herrschers. Eine Diskussion zwischen Jürgen Habermas und Robert Spaemann, in: Merkur, 26, 1972, p. 1273 ss.

A coação com fim de cumprimento dessa regra já é necessária para que os discursos não permaneçam inobservados. Ante a condição da possibilidade de divergência sobre regras discursivamente fundamentadas a noção do discurso implica já a noção de ordenamento jurídico. Um ordenamento jurídico é necessário ainda a partir de uma série de outras razões. Assim, em vista da extensão da necessidade decisória em uma sociedade moderna não é possível decidir toda questão prática atacada com base em uma nova discussão a ser realizada. Devem ser criadas e mantidas regras para a decisão de casos. Regras jurídicas são desse modo uma grande contribuição para aliviar o discurso prático.[105] Seja ainda acentuado que regras jurídicas possuem também a significativa função de assegurar faticamente a possibilidade de modo algum óbvia de conduzir discursos.[106] O fato de as regras jurídicas poderem assegurar a possibilidade de se conduzirem discursos certamente não significa que elas não sejam acessíveis a uma justificação discursiva nem carentes de tal justificação.

Sobre a possibilidade fundamentalmente existente de se institucionalizar discursos no sentido mencionado é possível talvez produzir-se um acordo. Prevalecem disputas sobretudo sobre o âmbito no qual as questões práticas podem estar sujeitas à formulação discursiva de objetivos e sobre a medida de liberdade e de imediatismo dessa formulação de objetivos. A resposta a essas perguntas não depende por fim de quão otimista ou quão pessimista é a antropologia defendida explícita ou implicitamente por aquele que as responde. Assim, a questão poderia ser uma questão que não se pode decidir. Retirar daqui uma conclusão de que não se poderia fazer nada para a institucionalização do discurso e com isso da razão, e que não se poderia por exemplo formar conscientemente nas escolas a habilidade para a discussão prática racional,[107] mereceria com razão o nome não tão bonito de "falácia pessimista".

---

[105] Sobre as consequências resultantes disso para a argumentação jurídica cf. R. Alexy (nota 47), Theorie der juristischen Argumentation. Die Theorie des rationalen Diskurses als Theorie der juristischen Begründung, p. 247 ss.

[106] Sobre a necessidade de uma tal asseguração cf. W. Wieland, Praxis und Urteilskraft, in: Zeitschrift f. philosophische Forschung, 28, 1974, p. 40 ss.

[107] Sobre isso cf., por exemplo, O. Ludwig/W. Menzel, Diskutieren als Gegenstand und Methode des Deutschunterrichts, in: Praxis Deutsch, Heft 14, 1976, p. 13 ss, bem como os oito modelos de aulas sugeridos nesse caderno.

Capítulo

2

TEORIA DO DISCURSO E SISTEMA JURÍDICO*

Aquele que aborda a teoria do discurso pode fazê-lo em um sentido amplo ou restrito. Ele pode tanto se referir a todas as formas do discurso somente imagináveis, assim, por exemplo, aos discursos teórico, prático e estético, quanto também refletir sobre apenas uma forma do discurso. Aqui será abordado somente o discurso prático. Quando aqui simplesmente se falar em "discurso", estará sempre se querendo dizer "discurso prático".

Os problemas da teoria do discurso prático podem ser organizados em dois grupos. Os problemas do primeiro grupo dizem respeito à *fundamentação* da teoria do discurso, os do segundo dizem respeito a sua *utilidade* ou a seu valor prático. Problemas de fundamentação formulam por exemplo a questão sobre os pressupostos da argumentação e as regras do discurso a elas correspondentes, bem como a questão sobre se existe uma conexão necessária entre a correção prática e uma maioria de participantes do discurso, de modo que o discurso seja mais que um processo recomendável por razões heurísticas. Trata-se do problema da utilidade quando contra a teoria do discurso é levantada a atualmente notória crítica da utopia ou quando Habermas reflete sobre como pode ser confrontada a objeção que afirma ser a teoria do discurso "na melhor das hipóteses [...], um formalismo vazio".[1] Aqui será abordado o problema da utilidade.

---

* Traduzido a partir do original em alemão *Diskurstheorie und Rechtssystem*, publicado originalmente em Synthesis Philosophica, 5, 1988, p. 299-310.
[1] J. Habermas, Diskursethik – Notizen zu einem Begründungsprogramm, in: J. Habermas, Moralbewußtsein und Kommunikatives Handeln, Frankfurt/M., 1983, p. 108.

Minha tese é que alguns problemas sobre a utilidade da teoria do discurso são solucionáveis quando ela é embutida em uma teoria procedimental do sistema jurídico. Quando, desse modo, afirma-se que a teoria do sistema jurídico pode resolver alguns problemas da teoria do discurso prático, isso equivale ao mesmo tempo a enfatizar que essa ajuda não é unilateral. Embutir a teoria do discurso prático em uma teoria do sistema jurídico alcança esse objetivo como resposta a um fundamento normativo que permite interpretar a existência de um sistema jurídico bem como de determinados conteúdos de normas jurídicas como exigidos pela razão prática. Antes que eu procure, com a ajuda de um modelo procedimental de quatro níveis, especificar essa tese muito geral e fundamentar sua estrutura, quero apresentar algumas reflexões sobre a estrutura de teorias procedimentais em geral, e em especial sobre a teoria do discurso, reflexões essas que constituirão as bases do meu argumento.

2.1. A TEORIA DO DISCURSO COMO UMA TEORIA PROCEDIMENTAL

Meu conceito chave é o conceito de teoria procedimental.[2] A teoria do discurso é um caso paradigmático de uma teoria procedimental, mas ela não é a única representante de teorias procedimentais e de modo algum a única teoria procedimental imaginável. De acordo com a teoria do discurso, como eu a concebo, uma norma é correta quando ela pode ser o resultado de um determinado procedimento, o procedimento do discurso racional. Essa relação entre correção e procedimento é característica em todas as teorias procedimentais, apesar de diferenças muito significativas. Se a é defensor de uma teoria procedimental sobre a qual o procedimento P deve se apoiar, então a responde à questão sobre quando uma norma é correta com:

> D: uma norma N é correta precisamente quando ela pode ser o resultado do procedimento P.

Essa resposta é a resposta de um defensor ou seguidor do procedimento P. Uma versão neutra que pode por exemplo usar aquele que quer se expressar sem seguir ou se opor às concepções de teorias procedimentais dos seguidores de tal procedimento pode ser formulada com

---

[2]   Cf. R. Alexy, Die Idee einer prozeduralen Theorie der juristischen Argumentation, in: Rechtstheorie, Beiheft 2, 1981, p. 178 ss.

Parte I · **Cap. 2** – TEORIA DO DISCURSO E SISTEMA JURÍDICO | **71**

a ajuda da expressão "correta relativamente ao procedimento *P*" ou, de forma mais resumida, "correta em relação a *P*". Ela reza:

> *D'*: Uma norma *N* é correta em relação a *P* precisamente quando ela pode ser o resultado de *P*.

Há elaborações muito variadas do procedimento *P*. De suas elaborações depende não só quais critérios de correção serão aceitos, mas também qual significado da expressão "correta" será pressuposto. Se *P* for uma organização para verificação de juízos normativos, "correta" significa correção do juízo; entre o conceito de correção e o conceito de verdade existem então paralelismos. Se *P* for um processo decisório, "correta" significa correção da decisão; o conceito de correção se aproxima assim do conceito de correção de uma ação. O fato de essa distinção conduzir a interessantes conexões torna necessário reconhecer que a correção de ações e decisões é objeto de um juízo normativo que pode estar sujeito a uma organização para verificação de sua correção.

As diferenças de procedimentos podem ser divididas naquelas que (1) dizem respeito aos indivíduos que participam do procedimento e naquelas que (2) dizem respeito às exigências do procedimento. O (3) caráter do procedimento depende de como ele toma forma em relação aos indivíduos e às exigências.

(1) Em relação aos *indivíduos* é preciso se distinguir de acordo com o número e o tipo. *P* pode ser realizado por um indivíduo, mas mais indivíduos ou todos os indivíduos de uma classe a ser tomada de forma mais ou menos ampla podem participar de *P*. No que diz respeito aos tipos de indivíduo pode-se partir de indivíduos que existem de fato ou de indivíduos construídos ou ideais. Um exemplo de um procedimento que em primeiro lugar se baseia em apenas um indivíduo e em segundo lugar se baseia em um indivíduo ideal é a variante da teoria do observador ideal, proposta por Firth.[3] A teoria do discurso é ao contrário caracterizada pelo fato de um número sem limite de indivíduos, na condição de indivíduos que de fato existem, poderem participar.

(2) As exigências podem ser formuladas como condições ou como regras. Em que medida uma formulação pode ser transformada na outra sem que o resultado do procedimento seja com isso afetado deverá ficar aqui em aberto, bem como a questão de se a forma de formulação

---

[3] R. Firth, Ethical Absolutism and the Ideal Observer, in: Philosophy and Phenomenological Research, 12, 1952, p. 320 ss.

causa diferenças sistematicamente significativas. As diferenças que são significativas aqui resultam da *força* das exigências.

(3) O caráter do procedimento depende da natureza dos indivíduos e das exigências. Uma diferença importante no caráter do procedimento consiste em se está prevista ou não a possibilidade de uma mudança, no começo do procedimento e *com base* no procedimento, das convicções empíricas e normativas existentes. Quando esse não é o caso, pode-se, em *um* momento, decidir sobre bases empíricas e normativas. Rawls prevê um tal modelo teórico de decisão para a escolha dos princípios de justiça, que ele descreve como "a única escolha consistente com a descrição integral da posição original",[4] que pode ser encontrada "do ponto de vista de uma pessoa escolhida de forma aleatória".[5] A teoria do discurso, como modelo teórico argumentativo, é, ao contrário, caracterizada pelo fato de se poder, no curso do *procedimento*, mudar as convicções empíricas e normativas dos indivíduos, bem como seus interesses, com base nos argumentos apresentados. A seguir será abordada apenas essa variante de teoria procedimental.

2.2. UM CONCEITO PROCEDIMENTAL DE CORREÇÃO

Uma vez que a teoria do discurso não contém qualquer estipulação que diz respeito aos indivíduos, suas exigências podem ser completamente formuladas através de regras. Por razões de simplificação é oportuno formular, além de regras, também formas de argumentos, por exemplo aqueles que se relacionam a ponderações ou a argumentos referentes a consequências. Tecnicamente não há dificuldade de se transformar formas de argumentos em regras que permitem ou comandam o emprego de determinada forma de argumentos. De agora em diante falar-se-á por isso somente em regras.

Em outro lugar[6] procurei formular um sistema de regras do discurso possivelmente completo, ao qual eu quero aqui me referir. Quero aqui me abster de uma explicação do sistema de regras e do significado sistemático que eu gostaria de atribuir a ele. Apenas uma observação: chama atenção o fato de o sistema incluir coisas bem diversas, como, apenas para oferecer alguns exemplos, regras da lógica, regras de participação e direitos de fala, regras sobre o ônus da argumentação, dife-

---

[4]   J. Rawls, A Theory of Justice, Cambridge/Ma., 1971, p. 121.
[5]   J. Rawls (nota 4), A Theory of Justice, p. 139.
[6]   R. Alexy, Theorie der juristischen Argumentation, Frankfurt/M., 1978, p. 234 ss.

Parte I · Cap. 2 – TEORIA DO DISCURSO E SISTEMA JURÍDICO | **73**

rentes versões da ideia de generalizabilidade, regras sobre a verificação da formação de convicções normativas e formas de argumentos referentes a consequências. Na base deles está a tese de que a racionalidade prática é uma matéria complexa. Falando de forma mais específica: as competências universais de participação e de fala sem a observância das regras da lógica não são suficientes para a produção da racionalidade prática; por outro lado, a observância somente das regras da lógica não é também suficiente.

É fácil reconhecer uma fraqueza do sistema de regras e, com isso, da teoria do discurso. O sistema não oferece um processo que permita, em um número sem fim de operações, alcançar precisamente um resultado. Isso por três motivos. As regras do discurso não contêm, em primeiro lugar, estipulações que dizem respeito ao ponto de partida do procedimento. Os pontos de partida são as convicções e interpretações de interesses normativos dos participantes existentes naquele momento. Em segundo lugar, as regras do discurso não estipulam todos os passos da argumentação. Em terceiro lugar, uma série de regras podem ser cumpridas apenas de forma aproximada.

Tomem-se duas pessoas, a_1 e a_2, que procuram resolver uma questão prática no contexto do procedimento definido através das regras do discurso. No momento t_1, a_1 propõe N_1 e a_2 propõe N_2, sendo que N_1 e N_2 são incompatíveis. No momento t_2, que marca o fim do procedimento, são possíveis aos participantes, dentre outras, as seguintes classificações de soluções: (1) ambos concordam com N_1 (o que pode ser idêntico mas não necessariamente precisa ser idêntico no caso de N_1 ou N_2); (2) ambos rejeitam N_1; (3) a_1 está a favor de N_1 e a_2 está a favor de N_2. Parece oportuno distinguir terminologicamente esses três casos. No primeiro caso N_1 é, em relação às regras do discurso e aos participantes a_1 e a_2, no momento t_2, *discursivamente necessária*. No segundo caso N_1 é respectivamente *discursivamente impossível*. No terceiro caso N_1 e N_2 são respectivamente, ou seja, em relação a a_1 e a_2 e às regras do discurso, no momento t_2, *discursivamente possíveis*. Importante é porém que o quadro pode ser outro no momento t_3 e quando da participação de outros indivíduos.

Aquilo que foi dito para o modelo de duas pessoas pode-se transpor para discursos com mais de dois participantes. Com um número maior de pessoas cresce em regra o número de argumentos e ideias, o que pode promover um consenso, mas também aumentam em regra as diferentes concepções inicialmente existentes, o que pode promover o dissenso. Uma crescente chance de consenso parece, por outro lado, poder ser produzida através da expansão do discurso na dimensão do tempo. Essa impressão certamente não é uma impressão não fundamentada. Uma questão sistemática central consiste em se toda expansão a um tempo potencialmente infinito, e ainda a todos participantes, possibilita a criação de um consenso em relação a toda questão prática, ou seja, a exclusão de soluções discursivas meramente possíveis. Essa questão leva a um problema empírico e a um problema conceitual. No caso do problema empírico trata-se de se e em que medida as diversidades antropológicas dos participantes do discurso, diversidades essas que são resistentes ao discurso, também excluem o consenso no caso de um discurso potencialmente ilimitado no tempo. Dadas as possibilidades limitadas de se prever o comportamento das pessoas na argumentação e a formação de convicções de todas as pessoas, as dificuldades de uma resposta são óbvias. O problema conceitual resulta do fato de a teoria do discurso considerar como participantes do discurso pessoas reais, que de fato existem. Para participantes reais do discurso, que de fato existem, está excluída uma extensão na dimensão do tempo. A ideia de uma prolongação da participação ao temporalmente ilimitado significaria que a partir dos participantes reais que existem de fato formar-se-iam participantes construídos, parcialmente ideais. Mais ainda: considerando o problema empírico que acabamos de mencionar, a retirada dos limites temporais não excluiria que os participantes, pelo menos em algum ponto, mantivessem concepções normativas diferentes. Se porém nem mesmo o discurso de uma geração temporalmente expandido de forma ilimitada garante consenso, tampouco uma passagem de bastão de uma geração a outra o conseguirá, em vista das imponderabilidades ligadas a essa passagem.

Deve-se assim sustentar que o procedimento do discurso, em virtude de sua estrutura, não está ligado a uma garantia de consenso. Assim, as fraquezas e dificuldades da teoria do discurso são óbvias. O conceito de correção é, através de sua definição procedimental, relativizado de várias maneiras. (1) O resultado do procedimento pode tanto ser uma norma quanto ser constituído por uma multiplicidade de normas incompatíveis. Neste caso o incompatível deve igualmente ser designado como "correto". Alguém pode sugerir a objeção de que isso contradiz a semântica da expressão "correto". Como o resultado depende ainda dos participantes e das regras do discurso e como ele pode ser diferente no momento t_3 daquilo que ele era em t_2, o conceito de correção é relativizado em relação a (2) pessoas, (3) regras do discurso e (4) momentos. Além disso ocorre (5) um problema fundamental. Em muitos ou talvez na maioria dos casos em que se quer saber se N é correta o procedimento

Parte I · Cap. 2 – TEORIA DO DISCURSO E SISTEMA JURÍDICO | **75**

não pode ser executado. Deve-se renunciar, nesses casos, a juízos sobre a correção prática?

As dificuldades que surgem com isso são consideráveis. Entendo porém que elas não derrubam a teoria. Ao contrário, algumas das dificuldades apresentadas constituem sua força.

(1) À primeira vista parece especialmente problemático que duas normas que se contradizem possam ser igualmente corretas. Deve-se porém observar que isso não significa que uma pessoa precise aceitar uma contradição em seu sistema. Para o sistema de normas de cada pessoa isolada continua a existir o postulado da não-contradição, mas, no caso do discurso, pessoas diferentes não compartilham um sistema de normas e, mais que isso, seus sistemas de normas são incompatíveis. Permanece porém a questão se as partes incompatíveis dos sistemas normativos de pessoas diferentes, quando e porque elas passaram pelo procedimento, podem igualmente ser denominadas "corretas". Para responder a essa pergunta é preciso distinguir quatro teses.

A *primeira* tese afirma que existe uma única resposta para toda questão prática,[7] independentemente de existir um processo para encontrá-la ou para prová-la. Com isso se separa o conceito de correção dos conceitos de fundamentabilidade e provabilidade. Forma-se um *conceito absoluto* de correção que, em virtude da separação entre correção e processo tem um caráter *não-procedimental*. Esse conceito de fato impediria designar tanto *N* quanto ¬*N* como "corretas". Seu defeito é que a tese, a ele subjacente, da existência de uma única resposta para toda questão prática independentemente do procedimento, constitui não mais que uma ficção ontológica. Uma tal ficção não é suficiente para tornar obrigatório um determinado emprego da expressão "correta".

Também a *segunda* tese pressupõe um conceito absoluto de correção. Ela não afirma porém existir para toda questão prática uma única resposta correta, mas somente que os participantes de um discurso prático devem, se suas afirmações e fundamentações devem fazer sentido, levantar a pretensão de que a sua resposta é a única resposta correta, independentemente de ela de fato existir.[8] Com isso o conceito de correção absoluta recebe o *status* de uma *ideia regulativa*. A ideia regulativa não pressupõe existir uma única resposta para cada questão. Ela pressu-

---

[7] Cf. R. Dworkin, A Matter of Principle, Cambridge/Ma.-London, 1985, p. 119 ss. A concepção de Dworkin inclui elementos da primeira, da segunda e da terceira teses aqui descritas.

[8] Cf. R. Alexy (nota 6), Theorie der juristischen Argumentation, p. 165 ss.

põe apenas que para algumas questões pode existir uma única resposta correta, e que não se sabe ao certo quais são essas questões, de modo que vale a pena tentar descobrir uma única resposta correta para todas as questões. Assim existe a possiblidade de se desenvolver um conceito relativo de correção que se distingue da ideia regulativa de correção, que seja aplicável a partir de tais tentativas.

A *terceira* tese pressupõe um nexo necessário entre correção e processo e afirma que sob as condições ideias do discurso chega-se a um consenso em todas as questões práticas. Isso significa que sob as condições ideais afirma-se a existência de uma única resposta correta. A essa tese subjaz um conceito de correção *procedimental absoluto*, que pode também ser denominado "*conceito ideal* de correção". Condições ideais estão presentes em cinco idealizações: (1) tempo ilimitado; (2) participação ilimitada; (3) clareza linguístico-conceitual ilimitada; (4) conhecimento ilimitado; (5) ausência absoluta de preconceitos. Os problemas da primeira idealização, o tempo ilimitado, já foram abordados. Mesmo em uma idealização de todas as cinco dimensões permanece o problema de se saber se existe necessariamente um consenso em relação a todas as questões quando se insiste que pessoas que existem na realidade são a base para a idealização. Se esse não fosse o caso, o conceito ideal de correção não teria um caráter procedimental absoluto, mas somente relativo. A ideia regulativa de correção não poderia, apesar da idealização completa, ser cumprida. Seria possível apenas uma aproximação máxima dela. Deve aqui ficar em aberto se, sob uma idealização completa, existe exatamente uma resposta correta para toda questão. Aqui é importante o fato de se poder construir, ao lado de um conceito ideal de correção prática, um conceito real e relativo. Este último é o objeto da quarta tese.

A *quarta* tese conecta, assim como a terceira, correção e processo, mas, diferentemente desta, efetua amplas relativizações do conceito de correção. Na verdade ela insiste na correção absoluta como ideia regulativa, mas também classifica como correto em um sentido relativo aquilo que, nas condições reais, pode emergir dos discursos como aproximação da ideia regulativa. Nessa medida emprega-se um *conceito relativo* de correção. A definição de correção prática D apresentada acima compreende também isso. Para a correção relativa é suficiente que algo seja possível discursivamente. Nessa medida, o conceito de correção relativa é uma variante do conceito de possibilidade. Que tanto N quanto $\neg N$ possam ser propriamente corretas significa que tanto N quanto $\neg N$ são discursivamente possíveis. Contra o fato de as duas proposições que são parte de uma contradição serem igualmente possíveis não há uma objeção lógica. Com isso, a descoberta à primeira vista problemática de que duas normas contraditórias entre si podem ser igualmente corretas perde seu caráter problemático.

(2) A relativização em relação aos participantes não é somente uma desvantagem. Toda discussão deve ter um ponto de partida. Ela não pode começar do nada. Esse ponto de partida consiste nas convicções normativas faticamente disponíveis dos participantes. A teoria do discurso não é nada mais que um processo para elaborá-las racionalmente. Com isso toda convicção normativamente relevante é candidata a uma mudança que se apoia em uma argumentação racional. Essa limitação à estruturação racional da argumentação é uma importante vantagem da teoria do discurso. Uma teoria que não só estrutura o processo de argumentação ou de decisão racionalmente, mas que procura também determinar racionalmente por exemplo a prescrição de determinadas premissas das quais se deve partir, está exposta não só a objeções por parte dos respectivos teóricos da argumentação e da decisão contra as premissas selecionadas, que frequentemente são mais difíceis de responder que as objeções contra as regras do discurso, mas sobretudo à objeção fundamental de que o teórico pisa aqui em um campo que, já por causa do fato de suas convicções normativas não serem em geral mais corretas que as do participante, seria melhor deixá-las nas mãos deste, deixando o papel do participante bem como do teórico aberto a todo tempo. Se se quiser empregar os conceitos clássicos de relatividade e objetividade das normas morais pode-se dizer que o resultado do discurso não é somente relativo nem somente objetivo. Ele é relativo na medida em que está condicionado por peculiaridades dos participantes e objetivo na medida em que ele depende de regras. Desse modo a teoria do discurso evita tanto as fraquezas das teorias morais relativistas quanto as das teorias objetivistas.

(3) O terceiro problema, da relativização das regras do discurso, deve aqui ser omitido, pois ele diz respeito à questão da fundamentação, não à da utilidade.

(4) A relativização do momento temporal pode ser considerada, em certa medida, não tão problemática. O fato de o resultado no momento t_3 poder ser diferente daquele do momento t_2 pode ocorrer porque defeitos existentes até t_2 foram eliminados entre t_2 e t_3. Não se pode renunciar à possibilidade de revisão.

(5) O quinto problema gera, ao contrário, consideráveis dificuldades. Em muitos casos, talvez na maioria, em que se quer saber se N é correta,

78 | Teoria Discursiva do Direito · *Robert Alexy*

não é possível de fato conduzir o procedimento. Nesses casos resta apenas a possiblidade de, de acordo com a definição *D* acima mencionada, perguntar se *N pode* ser um resultado de *P*. As dificuldades que emergem disso são consideráveis. Elas resultam do fato de um procedimento, que é essencialmente uma organização de muitas pessoas, ter que ser liderado por uma pessoa. O discurso é uma organização de muitas pessoas essencialmente pelas seguintes razões. No discurso trata-se da solução correta de questões práticas que dizem respeito aos interesses de muitas pessoas e, desse modo, da solução de um conflito de interesses. Para esse fim as concepções normativas disponíveis dos participantes sobre a solução correta estão sempre expostas a uma elaboração racional. Nesse processo, as respectivas interpretações de interesses dos participantes, bem como sua mudança com base em argumentos, têm um papel decisivo. Quem possivelmente quer, nesse sentido, realizar um discurso em sua mente, pode ser capaz de descobrir as respectivas interpretações dos interesses existentes dos participantes virtuais, por exemplo, pelo caminho da observação e da interrogação, mas ele encontra um limite. Ele pode executar o processo de mudança de interpretações de interesses com base em um exame crítico somente de forma incompleta e monológica, pois ele não pode prever com certeza nem o andamento nem o resultado desse exame. A isso subjaz o fato de, no final das contas, ser uma questão do indivíduo como ele modifica sua interpretação de interesses com base em argumentos. Se a correção dos resultados do discurso depende da correção das interpretações de interesses e se a correção das interpretações de interesses diz respeito ao seu exame discursivo, então o discurso é *essencialmente não-monológico*. As consequências que resultam disso para aquele que se pergunta se algo pode ser o resultado de *P* são contudo menos desastrosas do que poderia parecer à primeira vista. Os discursos de fato são essencialmente não-monológicos, mas um procedimento realizado no pensamento pode se assemelhar muito a um discurso real. Sim, pode-se até mesmo dizer que um procedimento bem realizado no pensamento é melhor que um procedimento mal realizado na realidade. Nunca se pode saber com certeza quais são os argumentos, os interesses e as mudanças de interesses dos outros, mas é em uma medida considerável possível chegar-se aqui a suposições fundamentadas. Além disso, já foram apresentados argumentos sobre quase todas as questões práticas, e o dia a dia, a literatura, bem como o conhecimento adequado oferecem a todo aquele que está interessado inúmeras informações sobre possíveis constelações de interesses e possíveis mudanças de interesses. O discurso virtual realizado na mente de uma pessoa na verdade sempre permanece um processo inseguro, mas ele não é um processo inepto.

Parte I · Cap. 2 – TEORIA DO DISCURSO E SISTEMA JURÍDICO | **79**

2.3. DISCURSO E SISTEMA JURÍDICO

Agora eu gostaria de interromper as reflexões que realizei sobre o problema da utilidade da estrutura do discurso prático e dedicar-me à questão posta inicialmente sobre a conexão entre a teoria do discurso e os sistemas jurídicos.

Como já observado, constitui o esqueleto das minhas reflexões um modelo procedimental de quatro níveis,[9] que eu quero primeiramente apresentar e então explicar. No primeiro nível encontra-se o procedimento do discurso prático, que de agora em diante será denominado, como delimitação em relação a outras formas de discurso, "discurso prático geral" (P_p). No segundo nível está colocado o procedimento de produção estatal do direito (P_r), no terceiro o procedimento da argumentação jurídica ou do discurso jurídico (P_j), e no quarto o procedimento do processo judicial (P_g). No segundo e no quarto procedimentos, os da produção estatal do direito e do processo judicial, trata-se de procedimentos *institucionalizados*, enquanto o primeiro e o terceiro níveis, do discurso prático geral e do discurso jurídico, podem, ao contrário, ser denominados *não-institucionalizados*, sendo que a expressão *institucionalização* significa a regulamentação do procedimento através de normas jurídicas.

A passagem do *discurso prático geral* (P_p) à *produção estatal do direito* (P_r) fundamenta-se no amplo espaço daquilo que é, de acordo com o procedimento do discurso, discursivamente possível. Se o discursivamente possível implicasse a validade jurídica, inúmeros conflitos sociais teriam que ser resolvidos com base em regras contraditórias entre si. As fronteiras da determinação do resultado do procedimento do discurso fundamentam assim a necessidade de estipulações no âmbito do discursivamente possível através de outro procedimento. Esse procedimento é o procedimento da produção estatal do direito. Esse argumento cognitivo deve, como ocorre em Kant,[10] ser conectado ao argumento da coerção. Mesmo se houvesse apenas resultados discursivamente necessários ou impossíveis, sua transformação em normas jurídicas seria necessária, pois a concordância de todos no discurso sobre uma regra não tem necessariamente como consequência a sua observância por parte de todos. No caso de inúmeras normas, quando é possível que algumas pessoas simplesmente deixem de segui-las, não se pode exigir mais de ninguém a sua observância.

---

[9]   Cf. R. Alexy (nota 2), Die Idee einer prozeduralen Theorie der juristischen Argumentation, p. 185 ss.

[10]   I. Kant, Metaphysik der Sitten, in: Kants gesammelte Schriften, Königlich Preußischen Akademie der Wissenschaften, Bd. VI, Berlin, 1907/14, p. 312.

80 | Teoria Discursiva do Direito · *Robert Alexy*

A passagem do procedimento do discurso ao procedimento da produção estatal do direito não significa, por vários motivos, o abandono do princípio do discurso. O procedimento da produção estatal do direito pode ser objeto do discurso. Quem defende o princípio do discurso exigirá que o procedimento da produção estatal do direito a ele corresponda na máxima medida possível. A institucionalização do processo legislativo parlamentar baseado no direito geral de voto deve ser entendida como uma tentativa de realização do princípio do discurso no âmbito da produção da legislação estatal. Não pode haver dúvida de que existem processos legislativos que podem corresponder em medida menor ao princípio do discurso que o processo parlamentar. Se há ou não nas relações atuais um processo que corresponde a ele em maior medida pode ficar em aberto. Aqui é importante apenas que, no que diz respeito a essa questão, trata-se do problema da otimização do princípio do discurso em vista das relações dadas. Isso deixa claro que o princípio do discurso pode ser empregado tanto para a legitimação quanto para a crítica do parlamentarismo, e que a decisão depende da avaliação das possibilidades fáticas.

Os direitos fundamentais levam a uma segunda conexão entre a teoria do discurso e a legislação. Em relação ao legislador ordinário os direitos fundamentais são normas negativas de competência.[11] Eles estipulam aquilo que o legislador não pode estabelecer. Aquele que cria um processo legislativo orientado pelo princípio do discurso assegurará através de direitos fundamentais a possibilidade de discursos na maior medida possível. Assim, ele estipulará direitos fundamentais sobre a liberdade de opinião, passará pelos direitos fundamentais de liberdade de reunião e associação e chegará à proteção contra a prisão arbitrária.

Uma terceira conexão consiste no fato de que no contexto do processo legislativo pode ocorrer pelo menos uma discussão racional. Se ela for substituída por um jogo entre grupos de interesses e retórica televisiva, pode a crítica dirigida contra isso orientar-se pelo princípio do discurso. Essa crítica pode se dirigir tanto ao tipo de desenvolvimento do procedimento legislativo quanto a seus resultados. A possibilidade dessa crítica é garantida, em uma constituição discursivamente capaz de justificação, através dos direitos fundamentais.

Assim pode-se dizer que a introdução de um processo legislativo e com isso de uma constituição e de um sistema jurídico na verdade inclui, necessariamente, por um lado, restrições ao caráter ilimitado do discur-

---

[11]   R. Alexy, Theorie der Grundrechte, Frankfurt/M., 1986, p. 223 s.

Parte I · Cap. 2 – TEORIA DO DISCURSO E SISTEMA JURÍDICO | **81**

so. Por esse preço que se paga recebe-se, por outro lado, a possibilidade de se realizar o princípio do discurso na medida em que ele é realizável.

A necessidade do terceiro procedimento, o do *discurso jurídico* (P_j), resulta do fato de que, como mostram tanto considerações históricas quanto considerações sistemáticas, não é possível um procedimento legislativo que o mais tardar no momento do surgimento de toda questão jurídica coloque à disposição, ao lado de premissas empíricas, normas a partir das quais se siga logicamente ou a partir das quais se possa forçosamente fundamentar, com a ajuda de regras não duvidosas da metodologia jurídica, aquilo que em um caso isolado é juridicamente comandado. Dentre os motivos que são responsáveis por isso sejam mencionados apenas dois: a vagueza da linguagem do direito e a possibilidade de que uma questão não tenha sido regulamentada pelo legislador. Se porém em todos os casos deve ser dada uma resposta racionalmente fundamentada à pergunta sobre o que é juridicamente comandado, proibido ou permitido, esse vácuo de racionalidade deve ser preenchido. O discurso jurídico aponta para isso.

O discurso jurídico se distingue do discurso prático geral através de seus vínculos. Nele não se pergunta qual é a solução absolutamente mais racional, mas qual é a solução mais racional no sistema jurídico. Eu gostaria de renunciar aqui a analisar mais de perto o conceito de solução mais racional no sistema jurídico e simplesmente dizer que ela é aquela que pode ser fundamentada da melhor maneira possível considerando-se o vínculo com as normas jurídicas válidas, os precedentes e a dogmática elaborada pela ciência do direito. Esses três fatores vinculantes, a lei, os precedentes e a dogmática, na verdade estipulam muito, mas também deixam muitas coisas em aberto, o que constitui uma das várias explicações para o enorme número de questões jurídicas polêmicas. Nesses casos trata-se sempre, no final das contas, daquilo que é comandado, proibido ou permitido, ou seja, de questões práticas. Quando não se pode encontrar uma resposta para essas questões somente com a ajuda do instrumentário especificamente jurídico, resta somente o retorno ao discurso prático geral. Isso significa porém que o procedimento do discurso jurídico, se em seu caso se deve tratar de soluções racionais, deve ser definido através de dois sistemas de regras: por um lado através de regras específicas do discurso jurídico, que expressem a vinculação com a lei, com os precedentes e com a dogmática, e, por outro lado, através das regras do discurso prático que levem em consideração a pretensão de que os julgamentos jurídicos sejam fundamentáveis *racionalmente* no contexto do ordenamento jurídico. Isso constitui uma razão a favor

82 | Teoria Discursiva do Direito · *Robert Alexy*

da tese de que o discurso jurídico é um *caso especial*[12] do discurso prático geral, caracterizado por determinadas vinculações. A fundamentação da vinculação à lei emerge da fundamentação da necessidade do segundo procedimento. Renunciar-se-á aqui à fundamentação da exigência de consideração do precedente e da dogmática.

Em virtude de suas vinculações, a insegurança de resultados do discurso jurídico é consideravelmente menor que a do discurso prático geral. A tese do caso especial implica porém que, apesar dessas vinculações, não se pode alcançar um ponto de segurança geral de resultados. Isso constitui uma razão essencial para a necessidade do quarto procedimento, o do *processo judicial* (P_g). O processo judicial é, assim como o procedimento legislativo, um procedimento institucionalizado. Suas regras são feitas de tal modo que depois da conclusão do procedimento há sempre somente uma possibilidade. Não só argumenta-se; além disso decide-se. A decisão não implica porém um abandono da razão. Tanto as regras do processo judicial quanto sua execução e seus resultados podem ser justificados e criticados racionalmente à luz dos três procedimentos prévios.

---

[12] Sobre a tese do caso especial cf. R. Alexy (nota 6), Theorie der juristischen Argumentation, p. 263 ss.; N. MacCormick, Legal Reasoning and Legal Theory, Oxford, 1978, p. 272 ss.; M. Kriele, Recht und praktische Vernunft, Göttingen, 1979, p. 34; J. Habermas, Theorie des kommunikativen Handelns, Bd. 1, Frankfurt/M., 1981, p. 61 ss.

Capítulo 3

A TESE DO CASO ESPECIAL*

3.1. O CARÁTER AUTORITATIVO E DISCURSIVO DA ARGUMENTAÇÃO JURÍDICA

A teoria do discurso jurídico compreende um conjunto de problemas que vão do problema do conhecimento prático, passam pelo sistema jurídico e chegam à teoria da democracia. Entre esses objetos, a teoria da argumentação jurídica é a mais próxima da prática jurídica. Isso possibilita que ela se torne um tipo de pedra de toque para a solidez da ideia abrangente da racionalidade discursiva no direito. A teoria da argumentação jurídica pode desenvolver esse papel porque ela está intrinsicamente conectada com todos os elementos do sistema jurídico. Dois exemplos podem servir para ilustrar isso. O primeiro diz respeito à relação entre o processo democrático e a argumentação jurídica. O processo democrático, que resulta em decisões parlamentares, prevê os pontos de partida mais importantes para a argumentação jurídica em um estado democrático constitucional: as leis. O segundo exemplo são os direitos fundamentais. Não é suficiente que uma assembleia constituinte delibere sobre um catálogo de direitos fundamentais. Eles precisam ser interpretados e implementados. Isso pode ser feito através da legislação. Mas se o próprio legislador deve estar vinculado a direitos fundamentais, deve haver algum tipo de argumento sobre a questão se um ato legislativo ou uma omissão legislativa viola ou não os direitos fundamentais. Argumentos

---

* Traduzido a partir do original em inglês *The special case thesis*, publicado originalmente em Ratio Juris, 12 (4), 1999, p. 374-384.

que interpretam os direitos fundamentais de uma constituição concreta são argumentos jurídicos. Por essa razão existe uma relação necessária entre o fato de os direitos fundamentais serem vinculantes para todos os poderes do estado e a argumentação jurídica.

Os dois exemplos mostram que a argumentação jurídica tem uma dupla face. Ela participa profundamente, por um lado, do caráter autoritativo, institucional ou real do direito. Isso pode ser notado através do papel de razões autoritativas nos argumentos jurídicos e do estabelecimento institucional da argumentação jurídica que leva, no final das contas, não apenas a sugestões e propostas, mas a decisões definitivas de cortes, que são executadas, se necessário, através da força. Por outro lado a argumentação jurídica permanece profundamente conectada com aquilo que pode ser denominado o lado livre, discursivo ou ideal do direito. A necessidade da argumentação jurídica, que é constituída por mais que a mera subsunção e, com isso, mais que a mera execução do autoritativo, emerge da frequentemente descrita[1] textura aberta do material autoritativo. Em caso de lacuna do material autoritativo a argumentação não pode, por definição, ser determinada somente através daquilo que é autoritativo. Ela deve estar livre até um certo grau. No que diz respeito aos precedentes, a liberdade é ainda maior. Apesar de seu caráter mais ou menos autoritativo, todos são livres para criticar decisões judiciais através de argumentos jurídicos. Essas críticas podem levar à anulação de uma sentença por uma corte superior ou à rejeição de um precedente por uma corte que decide, mais tarde, um caso similar.

Uma teoria da argumentação jurídica adequada deve abranger o lado autoritativo, institucional ou real da argumentação jurídica, assim como sua dimensão livre, discursiva ou ideal. A tese do caso especial (*Sonderfallthese*), que é objeto das minhas considerações, constitui uma tentativa de se alcançar exatamente isso.

3.2. A TESE DO CASO ESPECIAL

A tese do caso especial alega que o discurso jurídico é um caso especial do discurso prático geral.[2] Isso se baseia em três razões. A primeira é que, no final das contas, a discussão jurídica, assim como a argumentação prática geral, diz respeito àquilo que é comandado, proibido ou permitido, ou seja, a questões práticas. A segunda razão é que uma pretensão de

---

[1]   H. L. A. Hart, The Concept of Law, 2ª ed., Oxford, 1994, p. 126 ss.

[2]   R. Alexy, A Theory of Legal Argumentation, R. Adler/N. MacCormick (trads.), Oxford, 1989, 212 ss.

Parte I · Cap. 3 – A TESE DO CASO ESPECIAL | 85

correção é levantada tanto pelo discurso jurídico quanto pelo discurso prático geral. Esses dois tipos de argumentação são, portanto, *discursos*. A terceira razão afirma que a argumentação jurídica é uma questão de um caso *especial* porque a pretensão de correção do discurso jurídico é diferente daquela do discurso prático geral. Ela não se ocupa daquilo que é absolutamente correto, mas daquilo que é correto no contexto de um ordenamento jurídico validamente existente e com base nele. O que é correto em um sistema jurídico depende essencialmente daquilo que é estipulado autoritativa ou institucionalmente e daquilo que se encaixa nessas estipulações, devendo não contradizer o autoritativo e concordar com o todo. Se quiser se expressar isso em uma fórmula curta, pode-se dizer que a argumentação jurídica está vinculada às leis e aos precedentes, e tem ainda que observar o sistema jurídico elaborado pela dogmática jurídica.

3.3. OBJEÇÕES

Muitas objeções têm sido levantadas contra a tese do caso especial. Eu não vou tentar tratar de todas aqui. Algumas delas já foram discutidas em outras ocasiões.[3] Aqui vou me concentrar nas objeções consideradas ou levantadas por Jürgen Habermas em seu livro *Faktizität und Geltung* (Facticidade e Validade) (1992).

3.3.1. Procedimentos judiciais

A tese do caso especial pode ser relacionada a procedimentos judiciais bem como à argumentação jurídica enquanto tal, ou seja, à argumentação jurídica do modo como ela ocorre por exemplo em livros, artigos ou discussões intelectuais. A primeira é institucionalizada, a segunda não. A última tem um caráter aberto e infinito típico do discurso científico. Isso a torna bastante diferente de procedimentos judiciais definidos por regras procedimentais que regulamentam a ação forense das partes, assim como as próprias atividades da corte. Alguns autores alegaram que essas restrições procedimentais excluem a compreensão dos procedimentos judiciais nos termos de uma teoria do discurso.[4] De fato elas podem sugerir várias características desses procedimentos que, à primeira vista, parecem ser incompatíveis com qualquer conexão

---

[3]　R. Alexy, Justification and Application of Norms, in: Ratio Juris, 6, 1993, p. 157 ss.; R. Alexy, Theorie der juristischen Argumentation, 3ª ed., Frankfurt/M., 1996, p. 426 ss.

[4]　U. Neumann, Juristische Argumentationslehre, Darmstadt, 1986, p. 84 ss.; A. Kaufmann, Läßt sich die Hauptverhandlung in Strafsachen als rationaler Diskurs auffassen?, in: Dogmatik und Praxis des Strafverfahrens, H. Jung/H. Müller-Dietz, Cologne, 1989, p. 20 ss.

86 | Teoria Discursiva do Direito • *Robert Alexy*

entre discursos e procedimentos judiciais. A distribuição assimétrica de papéis no processo penal, as restrições temporais e as motivações reais dos participantes que frequentemente senão habitualmente estão mais preocupados em alcançar um julgamento que lhes é vantajoso a alcançar um resultado correto ou justo constituem três exemplos.

Todas essas observações são corretas, mas elas não percebem o ponto decisivo. O ponto decisivo é que as partes apresentam argumentos que pretendem ser corretos, ainda que, subjetivamente, elas estejam apenas seguindo seus interesses próprios.[5] Elas pelo menos fingem que seus argumentos seriam aceitos por todos sob condições ideais. Assim elas contribuem, como afirma Habermas, "para um discurso que, *sob a perspectiva do juiz*, facilita a busca por um julgamento imparcial".[6]

Esse argumento foi recentemente atacado por Ulfrid Neumann. De acordo com Neumann, não é suficiente conceber os argumentos das partes meramente como contribuições que ajudam o juiz a alcançar um julgamento imparcial. Isso priva as partes do *status* de participantes de discursos e as reduz a fontes de informação. Um procedimento em que apenas um participante, o juiz, decide e apresenta o argumento final, enquanto todos os outros fornecem informações, não possui uma estrutura discursiva, mas sim monológica. Isso, segundo Neumann, contradiz as ideias básicas da teoria do discurso jurídico.[7]

Essa objeção subestima a complexidade necessária para institucionalizar a racionalidade discursiva. Mesmo se se concordar com Neumann que o acusado deveria ter o direito de discutir todas as questões jurídicas relevantes de seu caso com o juiz,[8] não se pode negar que é a corte quem tem que, em última instância, decidir e argumentar. Se a corte quiser decidir corretamente ela tem que ouvir todos os argumentos, o que constitui nada mais que o antigo *auditur et altera pars*, e se a correção de sua decisão deve estar submetida a um controle ela deve justificar o seu julgamento diante dos participantes, do público em geral e do público jurídico. Assim ela está conectada com discursos realizados em cortes superiores, pelos profissionais do direito e entre o público. Tudo

---

[5] R. Alexy (nota 2), A Theory of Legal Argumentation, p. 219.

[6] J. Habermas, Faktizität und Geltung, Frankfurt/M. 1992; J. Habermas, Between Facts and Norms, W. Rehg (trad.), Cambridge, 1996, p. 231.

[7] U. Neumann, Zur Interpretation des forensischen Diskurses in der Rechtsphilosophie von Jürgens Habermas, in: Rechtstheorie, 27, 1996, p. 417 s.

[8] U. Neumann (nota 7), Zur Interpretation des forensischen Diskurses in der Rechtsphilosophie von Jürgens Habermas, p. 426.

Parte I · Cap. 3 – A TESE DO CASO ESPECIAL | 87

isso junto é suficiente para interpretar os procedimentos judiciais nos termos da teoria do discurso.

3.3.2. Discurso moral, prático geral e jurídico

3.3.2.1. O discurso moral e a argumentação jurídica

Se a tese do caso especial é correta ou não depende essencialmente daquilo que se entende por "discurso prático geral". Esse problema poderia ser denominado problema do *genus proximum*. Se se interpreta a expressão "discurso prático geral" de modo que ela signifique discursos morais, do modo definido por Habermas, pode-se mostrar facilmente que a tese do caso especial é incorreta. Discursos morais, no sentido de Habermas, dizem respeito à universalização e somente à universalização.[9] Uma questão moral está em jogo quando alguém se pergunta quais normas

> podem ser justificadas se e somente se iguais considerações são atribuídas aos interesses de todos aqueles que estão possivelmente envolvidos [...]. Com questões morais, a humanidade ou uma república pressuposta de cidadãos do mundo constitui o sistema de referência para se justificar regulamentações que se apoiam no interesse comum de todos.[10]

É bem óbvio que a argumentação jurídica está aberta não só a razões morais definidas nesse sentido mas também a razões ético-políticas e pragmáticas, no sentido da definição de Habermas.[11] As primeiras dizem respeito ao nosso autoentendimento coletivo incorporado em nossas tradições e nas nossas avaliações fortes.[12] As segundas dizem respeito à adequabilidade de fins para a realização de certos objetivos assim como à ponderação de interesses e compromissos.[13]

Além de ser um fato, é sistematicamente necessário que razões éticas assim como pragmáticas desempenhem um papel indispensável na argumentação jurídica. Um dos pontos mais importantes da argumentação jurídica são as leis que resultam do processo democrático. Na tomada de decisão democrática todos os três tipos de razões

---

[9] J. Habermas (nota 6), Between Facts and Norms, p. 153.
[10] J. Habermas (nota 6), Between Facts and Norms, p. 108.
[11] J. Habermas (nota 6), Between Facts and Norms, p. 154 s., 230, 283.
[12] J. Habermas (nota 6), Between Facts and Norms, p. 108.
[13] J. Habermas (nota 6), Between Facts and Norms, p. 108, 154, 159.

são razões legítimas.[14] Se a argumentação jurídica deve ser conectada àquilo que foi decidido no processo democrático ela tem que considerar todos os três tipos de razões pressupostas por seus resultados ou com eles conectadas.

3.3.2.2. *O conceito de discurso prático geral*

Portanto, a tese de Habermas de que o discurso jurídico não deveria ser concebido como um subconjunto da argumentação *moral*, do modo como ele a compreende,[15] é evidentemente verdadeira. Mas isso não derrota a tese do caso especial. De acordo com ela, o *genus proximum* do discurso jurídico não é o discurso moral do modo definido por Habermas, mas sim o discurso prático geral. O discurso prático geral não é a mesma coisa que o discurso moral no sentido de Habermas. Ele é um discurso no qual questões e razões morais, éticas e pragmáticas estão conectadas.[16] Discursos práticos gerais são diferentes de discursos jurídicos por não dependerem de razões institucionais. Para a argumentação jurídica, razões institucionais como a lei e o precedente são constitutivas; para a argumentação prática geral eles não são.

A formação de um conceito de discurso prático que compreenda argumentos morais, éticos e pragmáticos é tanto razoável quanto necessária. É razoável porque frequentemente uma argumentação puramente moral, ou seja, uma argumentação que considera somente aquilo que é "igualmente bom para todos os seres humanos",[17] não é suficiente para dar uma resposta a uma questão prática, ou seja, uma questão que diz respeito àquilo que deve ser feito ou omitido. Em muitos casos argumentos éticos e pragmáticos devem complementar argumentos morais a fim de que se possa alcançar uma resposta para uma questão prática. A dimensão pragmática compreende, de acordo com Habermas, a questão sobre quais meios são adequados para a realização de certos objetivos, levando, se conflitos entre objetivos ocorrerem, ao problema da atribuição de pesos.[18] Todos os problemas práticos que possuem uma certa complexidade exigem a consideração da relação entre meios e fins, bem como a relação entre objetivos. A conveniência é portanto um elemento

---

[14]   J. Habermas (nota 6), Between Facts and Norms, p. 108.
[15]   J. Habermas (nota 6), Between Facts and Norms, p. 230.
[16]   R. Alexy, Jürgen Habermas's Theory of Legal Discourse, in: Cardoso Law Review, 17, 1996, p. 1033.
[17]   J. Habermas (nota 6), Between Facts and Norms, p. 153.
[18]   J. Habermas (nota 6), Between Facts and Norms, p. 159.

Parte I · Cap. 3 – A TESE DO CASO ESPECIAL | 89

necessário do discurso prático racional.[19] Deve-se novamente enfatizar que frequentemente a justiça, compreendida como ser bom para todos, e a conveniência, mesmo se tomadas em conjunto, não são suficientes para se decidir uma questão prática. Conflitos entre objetivos que não podem ser solucionados somente através do critério igualmente-bom-para-todos constituem exemplos disso. É preciso então entrar na dimensão ética a fim de se realizar uma atribuição racional de pesos aos objetivos conflitantes, "à luz de preferências de valor aceitas".[20]

O discurso prático geral é, em suma, um discurso que combina os pontos de vista da conveniência ou utilidade, do valor ou identidade e da moralidade ou justiça. Essa combinação não constitui porém uma mera adição. Existe tanto uma ordem de precedência quanto uma relação de permeação entre o conveniente, o bom e o justo.

3.3.2.3. *Relações de precedência entre os elementos do discurso prático geral*

A precedência do bom sobre o conveniente resulta do fato de que até mesmo o mais alto grau de conveniência de um meio em relação a um fim não significa nada se o fim não tem valor algum. A conveniência é atraente somente se os fins ou objetivos são, de algum modo, atraentes. A precedência do justo sobre o bom é uma matéria muito mais difícil. O bem, como objeto de discursos éticos, expressa valores individuais e coletivos não-universais. Algo pode ser bom ou ter valor para algumas pessoas e não ser bom ou não ter valor para todas as pessoas. O justo representa o ponto de vista moral universal. Sua precedência só pode ser justificada quando se mostra que o ponto de vista moral é necessário para todos. Isso pode ser feito reconstruindo-se pressuposições necessárias implícitas em atos elementares de fala como afirmar, perguntar e discutir, que são inevitáveis ou indispensáveis para todas as pessoas. Aqui deve-se pressupor que tal justificação da validade universal do ponto de vista moral é possível.[21] Se essa pressuposição estiver correta, a validade universal implicaria uma precedência do justo sobre o bom.

3.3.2.4. *O discurso prático geral e a unidade da razão prática*

A precedência é uma matéria simples quando as coisas que são comandadas são separadas clara e nitidamente umas das outras. Esse porém

---

[19] R. Alexy (nota 2), A Theory of Legal Argumentation, p. 197 ss.
[20] J. Habermas (nota 6), Between Facts and Norms, p. 159.
[21] R. Alexy, Discourse Theory and Human Rights, Ratio Juris, 9, 1996, p. 213 ss.

não é o caso do bom e do justo. O justo é permeado pelo bom. Isso se torna claro se não se reduz o âmbito do justo aos direitos humanos elementares como o direito à vida, o direito de não ser submetido a tortura e o direito de não ser mantido na condição de escravidão. Esses direitos parecem pertencer àquilo que é igualmente bom para todos, independentemente de concepções particulares sobre o bem. Mas quando se concebe a justiça abrangendo todas as questões referentes a distribuição e retribuição, problemas como o do estado social e o da punição precisam ser tratados como problemas de justiça. As respostas a essas questões dependem de várias razões. Entre elas desempenham um papel essencial os argumentos sobre como alguém deve compreender a si mesmo e a comunidade em que vive. Com isso, o justo depende do bom. Quando alguém muda sua auto-compreensão ou a interpretação da tradição na qual ele foi criado,[22] sua concepção de justiça pode mudar. Tudo isso mostra que o discurso prático geral não é uma mistura ou combinação simples, mas uma conexão sistematicamente necessária que expressa a unidade substancial da razão prática. Essa é a base da tese do caso especial.

3.3.3. O geral e o específico

Mesmo quando se concorda que a tese do caso especial se refere não ao discurso moral, mas sim ao discurso prático geral e que, em princípio, o discurso prático geral poderia ser um verdadeiro *genus proximum*, porque ele é mais que uma simples mistura ou combinação de elementos pragmáticos, éticos e morais, pode-se ainda continuar insistindo que a tese do caso especial é equivocada. Precisa-se apenas afirmar que argumentos práticos gerais mudam essencialmente seu caráter ou natureza quando empregados em contextos jurídicos. Eles deixam de ser argumentos gerais e adquirem algo especificamente jurídico. Eles são, para usar uma expressão de Habermas, impregnados pelo direito.[23]

3.3.3.1. O *"modo de validade diferenciado"* e a *"mudança de significado"*

Várias afirmações de Habermas apontam nessa direção. De acordo com Habermas, a "migração de conteúdos morais para o direito" não significa que os conteúdos morais continuam a ser simples conteúdos morais. Eles são "providos de um diferente modo de validade".[24] Isso é

---

[22]   R. Alexy (nota 2), A Theory of Legal Argumentation, p. 204 s.
[23]   J. Habermas (nota 6), Between Facts and Norms, p. 252.
[24]   J. Habermas (nota 6), Between Facts and Norms, p. 206.

Parte I · Cap. 3 – A TESE DO CASO ESPECIAL | **91**

bem possível na medida em que se considera a dimensão da validade. Assim, por exemplo, um direito moral obtém, além da validade moral, validade jurídica através de sua transformação em um direito fundamental que integra uma constituição. Mas Habermas não se refere somente à dimensão da validade. Ele afirma que "conteúdos morais, uma vez traduzidos no código jurídico, sofrem uma mudança no significado que é específica da forma jurídica".[25]

Parece que Habermas quer dizer que a transformação de conteúdos morais em direito ou seu emprego no direito afeta não só a dimensão da validade, mas também a dimensão da substância. A isso corresponde a tese de que discursos jurídicos estão embutidos no sistema jurídico desde o início:

> Discursos jurídicos não representam casos especiais da argumentação moral que, por causa de sua conexão com o direito existente, são restritos a um subconjunto de comandos ou permissões morais. Antes, eles se referem, *desde o início*, ao direito democraticamente produzido e [...] não só se referem a normas jurídicas mas [...] estão eles próprios *embutidos* no sistema jurídico.[26]

A questão é se argumentos morais assim como outros argumentos do discurso prático geral de fato mudam tão essencialmente seu caráter ou natureza quando empregados no discurso jurídico, a ponto de arruinar a tese do caso especial.

3.3.3.2. *A pressuposição do subconjunto*

Habermas atribui à tese do caso especial duas pressuposições que de fato são problemáticas mas, felizmente, não estão necessariamente conectadas a ela. A primeira pode ser denominada pressuposição do subconjunto e a segunda pressuposição da especificação. De acordo com a pressuposição do subconjunto a tese do caso especial afirma que discursos jurídicos são discursos morais "que, em virtude de sua conexão com o direito existente, estão restritos a um subconjunto de comandos ou permissões morais".[27]

Isso corresponde à visão de que a argumentação jurídica pode tomar parte do caminho até um ponto em que argumentos especificamente

---

[25] J. Habermas (nota 6), Between Facts and Norms, p. 204.
[26] J. Habermas (nota 6), Between Facts and Norms, p. 234.
[27] J. Habermas (nota 6), Between Facts and Norms, p. 234.

jurídicos não são mais disponíveis. Exatamente nesse ponto a argumentação prática geral deve intervir. Ambas as versões da pressuposição do subconjunto são incompatíveis com a visão de que na argumentação jurídica racional argumentos especificamente jurídicos e argumentos práticos gerais estão combinados em todos os níveis e são aplicados conjuntamente.[28] Essa pode ser denominada a pressuposição da integração.[29] A tese do caso especial a ser defendida aqui é a tese do caso especial como interpretada não através da pressuposição do subconjunto, mas sim através da pressuposição da integração. A *differentia specifica* do discurso jurídico não é a mera restrição através do direito validamente dominante, mas sim a integração dentro do sistema jurídico.

3.3.3.3. *A pressuposição da especificação*

A segunda pressuposição problemática que Habermas atribui à tese do caso especial é a pressuposição da especificação. De acordo com essa pressuposição a tese do caso especial é necessária para mostrar que as regras e formas especiais da argumentação jurídica "simplesmente especificam as exigências para discursos prático-morais em vista da conexão com o direito existente".[30]

Nunca será possível cumprir essa exigência. Mas isso não gera prejuízo algum à tese do caso especial. Há algumas regras e formas do discurso jurídico que de fato correspondem àquelas do discurso prático geral,[31] mas não só é inócuo como necessário que nem todas elas o façam. O discurso jurídico é definido essencialmente pelo emprego de razões autoritativas. Argumentos linguísticos, genéticos e semânticos ajudam a construir o caráter vinculado à autoridade da argumentação jurídica, que é indispensável para a tese do caso especial. Por essa razão, não é verdade que todas as regras e formas específicas do discurso jurídico tenham que ser casos especiais do discurso prático geral para que o discurso jurídico seja um caso especial do discurso prático geral. Exatamente o contrário é correto.

3.3.3.4. *Direito injusto e não-razoável*

Poderia se admitir tudo isso e insistir que uma "tese do caso especial" que evite as pressuposições do subconjunto e da especificação não é mais uma tese do caso especial.

---

[28] R. Alexy (nota 2), A Theory of Legal Argumentation, p. 284 ss., 291 s.
[29] R. Alexy (nota 2), A Theory of Legal Argumentation, p. 20.
[30] J. Habermas (nota 6), Between Facts and Norms, p. 231.
[31] R. Alexy (nota 2), A Theory of Legal Argumentation, p. 289 ss.

Parte I · Cap. 3 – A TESE DO CASO ESPECIAL | 93

A pressuposição da especificação mostrou-se incompatível com o caráter autoritativo da argumentação jurídica, que exige regras e formas da argumentação jurídica que não sejam casos especiais de regras e formas do discurso prático geral. Foi somente esse caráter autoritativo da argumentação jurídica que levou vários autores a pensar que o discurso jurídico não é um caso especial do discurso prático geral mas algo qualitativamente diferente, ou um *aliud*.[32] Como um tipo de pedra de toque é mencionada uma lei injusta ou não-razoável, que permita apenas uma decisão injusta ou não-razoável.[33] Habermas argumenta que em tais casos a pressuposição de "harmonia entre o direito e a moral", que ele pensa estar implícita na tese do caso especial, "tem a consequência desagradável não só de relativizar a correção de uma decisão jurídica mas também de questioná-la enquanto tal". A razão para isso é que "pretensões de validade são codificadas binariamente e não admitem graus de validade".[34]

A fim de se responder a essa objeção é preciso fazer duas distinções. A primeira é a distinção entre dois aspectos que estão combinados na pretensão de correção que está necessariamente conectada a decisões judiciais.[35] O primeiro aspecto é a pretensão de que a decisão esteja corretamente justificada se o direito estabelecido é pressuposto, qualquer que seja ele. O segundo aspecto é a pretensão que o direito estabelecido sobre o qual a decisão se apoia seja justo e razoável. Ambos aspectos estão contidos na pretensão de correção levantada em decisões judiciais. Decisões judiciais levantam não só a pretensão de estarem corretas *no contexto do ordenamento jurídico validamente estabelecido* mas também de serem corretas *como decisões judiciais*. Uma decisão judicial que aplique corretamente uma lei injusta ou não-razoável não cumpre a pretensão de correção levantada por ela em todos os aspectos. Se a lei injusta ou não-razoável é juridicamente válida, também a decisão nela baseada é juridicamente válida, e em muitos casos, se não na maioria dos casos, os princípios da segurança jurídica, da separação de poderes e da democracia exigem, quando não cabe interpretação, que o juiz siga até mesmo leis injustas ou não-razoáveis, de modo que sua decisão é correta *de acordo com as circunstâncias dadas*, por mais infelizes que elas

---

[32] U. Neumann (nota 4), Juristische Argumentationslehre, p. 90; C. Braun, Diskurstheoretische Normenbegründung in der Rechtswissenschaft, in: Rechtstheorie, 19, 1988, p.259.

[33] U. Neumann (nota 4), Juristische Argumentationslehre, p. 90.

[34] J. Habermas (nota 6), Between Facts and Norms, p. 232.

[35] R. Alexy, On Necessary Relations between Law and Morality, in: Ratio Juris, 6, 1989, p. 178 ss.

sejam. Contudo a decisão não é uma decisão juridicamente perfeita. Ela está impregnada com o caráter defeituoso da lei.[36]

A segunda distinção é entre levantar uma pretensão e cumpri-la. A tese do caso especial não pressupõe que exista de fato e sempre uma "harmonia entre o direito e a moral".[37] Ela apenas afirma que essa harmonia está implícita nas pretensões levantadas pelo direito.[38] Essas pretensões têm consequências apenas fracas, porém extensas. Elas colocam tudo sob um diferente enfoque. Decisões injustas não podem mais ser denominadas decisões meramente moralmente questionáveis, porém juridicamente perfeitas. Elas também são juridicamente defeituosas. Assim o direito não está aberto somente à crítica que vem de fora. A dimensão crítica é restituída exatamente dentro do próprio direito.

A tese de Habermas de que a correção das decisões jurídicas não só é relativizada como também questionada através da legislação injusta ou não-razoável assume significados consideravelmente diferentes dependendo se ela se refere a alegações de pretensões ou ao cumprimento dessas pretensões. Quando se refere a pretensões que são alegadas ou levantadas, nada se relativiza. O mero não-cumprimento não torna possível questionar uma pretensão que é levantada. Quando se refere ao cumprimento, a correção de fato é relativizada. Mas isso também não põe nada em dúvida porque a tese do caso especial exige apenas que se levantem pretensões, não que elas sejam cumpridas.

3.3.3.5. *A integração dos argumentos e a institucionalização da razão prática*

A questão que permanece é se a substituição da pressuposição do subconjunto pela pressuposição da integração não retira da tese do caso especial a sua base. Poder-se-ia argumentar que a integração de argumentos práticos gerais no contexto de argumentos jurídicos modifica seu caráter ou natureza. Se isso for verdade, a integração de argumentos práticos gerais em um contexto jurídico de fato levará a algo como "um diferente modo de validade",[39] "uma mudança no significado que é específica da forma jurídica"[40] ou uma "dimensão da validade

---

[36] R. Alexy (nota 3), Theorie der juristischen Argumentation, p. 433.

[37] J. Habermas (nota 6), Between Facts and Norms, p. 232.

[38] G. Pavlakos, The Special Case Thesis. An Assessment of R. Alexy's Discursive Theory of Law, in: Ratio Juris, 11, 1998, p. 148, 151 s.

[39] J. Habermas (nota 6), Between Facts and Norms, p. 206.

[40] J. Habermas (nota 6), Between Facts and Norms, p. 204.

Parte I · **Cap. 3** – A TESE DO CASO ESPECIAL | **95**

mais complexa".[41] Se argumentos práticos gerais mudam seu caráter ou natureza ao serem integrados a contextos jurídicos, o discurso prático geral não seria mais um *genus proximum* do discurso jurídico e a tese do caso especial ruiria.

A integração de argumentos práticos gerais no contexto jurídico pode ser concebida de dois modos. O primeiro é coerentista, o segundo é procedimental. A visão coerentista mais radical é a do holismo jurídico. De acordo com ela, todas as premissas já são uma parte do sistema jurídico ou estão nele escondidas, precisando apenas serem descobertas. Essa ideia sempre foi fascinante para juristas devido a sua promessa de autonomia total do direito. Ela forneceria uma solução perfeita do problema da legitimação do processo de tomada de decisões judiciais. Em uma democracia, por exemplo, ela tornaria possível rastrear completamente toda decisão jurídica até àquilo que já foi produzido no processo da legislação democrática. A afirmação de Habermas, de que discursos jurídicos "se referem, *desde o início*, ao direito democraticamente produzido",[42] estaria mais que cumprida. Entretanto, a ideia do holismo jurídico na forma de coerência perfeita ou ideal não é realizável, e Habermas sabe disso: "a orientação em direção a um ideal tão exigente irá, em regra, onerar até mesmo a adjudicação profissional".[43]

Toda fórmula sugerida para especificar essa ideia mostra-se aberta e dependente de um preenchimento através de normas e valores que ainda não estão incluídos naquilo que já foi estabelecido como direito válido. Quer tome-se a noção hermenêutica da estrutura circular entre pré-compreensão e texto, parte e todo e normas e fatos de um caso, quer se tome a exigência que a aplicação racional de normas tem que levar em consideração todos os fatos do caso e todas as normas relevantes[44] ou ainda quer se tome a máxima cosmopolita de procurar por semelhanças, sempre existe algo mais razoável mas também algo mais incompleto e, portanto, carente de suplementação.[45] Do mesmo modo que normas não podem se autoaplicar, um sistema jurídico não pode,

---

[41] J. Habermas (nota 6), Between Facts and Norms, p. 233.

[42] J. Habermas (nota 6), Between Facts and Norms, p. 234.

[43] J. Habermas (nota 6), Between Facts and Norms, p. 220.

[44] K. Günther, Critical Remarks on Robert Alexy's "Special-Case Thesis", in: Ratio Juris, 6, 1993, p.151.

[45] I. Dwars, Application Discourse and Special-Case Thesis, in: Ratio Juris, 5, 1992, p.77 s.; R. Alexy, Juristische Interpretation, in: Recht, Vernunft, Diskurs, Frankfurt/M., 1995, p.75 ss.

enquanto tal, produzir coerência. Para se conseguir isso são necessárias pessoas e procedimentos, que introduzam novos conteúdos.

Isso leva ao segundo modo de integrar argumentos práticos gerais a contextos jurídicos: o modo procedimental. Constitui um problema geral e profundo da teoria da argumentação a questão de se um argumento modifica seu caráter ou natureza em contextos diferentes. Pode-se supor que a solução desse problema depende daquilo que se quer dizer com uma mudança no caráter ou natureza de um argumento. Aqui a base para a compreensão desse conceito deve ser, novamente, a ideia de unidade da razão prática. De acordo com essa ideia o sistema jurídico do estado democrático constitucional é uma tentativa de se institucionalizar a razão prática. A razão prática justifica a existência do sistema jurídico enquanto tal e suas estruturas básicas; se seus resultados devem ser legítimos ela tem que estar viva nos procedimentos democráticos de formação de opinião e da vontade e deve ser empregada em uma argumentação jurídica a fim de se cumprir a pretensão de correção que é levantada por ela. Se as raízes das instituições na razão prática não devem ser cortadas, argumentos práticos gerais têm que pairar sobre todas elas. Argumentos práticos gerais são argumentos não-institucionais. Argumentos não--institucionais que pairam sobre instituições podem estar embutidos, integrados e especificados o quanto se queira, mas na medida em que continuam sendo argumentos eles mantêm aquilo que é essencial a argumentos desse tipo: seu caráter livre e não-institucional. Essa não é a única mas talvez seja a razão definitiva a favor da tese do caso especial.

PARTE II

DIREITOS HUMANOS E FUNDAMENTAIS

Capítulo

1

DIREITOS HUMANOS SEM METAFÍSICA?*

A forma fundamental de crítica metafísica é a afirmação negativa da existência:[1] não há deus. Não há um princípio gerador de unidade mais elevado do qual tudo resulta. Não há espírito ao lado da matéria. Não há entidades abstratas como pensamentos, conceitos e números. Não há verdade. Não há liberdade. Também os direitos humanos não foram poupados de serem colocados em proposições com essa forma. O rebaixamento mais conhecido dos direitos humanos a uma ilusão vem de Alasdair MacIntyre. Ele reza: "não existem tais direitos, e a crença neles é como uma crença em bruxas e em unicórnios".[2]

Uma crítica desse tipo não poderia se dirigir aos direitos humanos se eles estivessem além de toda suspeita metafísica. Eles estariam nessa posição se fosse certo que se pode reconhecê-los de forma fundamentada sem aceitar, ao mesmo tempo, algo metafísico. Vários autores da tradição liberal orientada para os direitos humanos parecem sustentar ser possível algo como uma moral sem metafísica, o que incluiria a possibilidade de di-

---

* Traduzido a partir do original em alemão *Menschenrechte ohne Metaphysik?*, publicado originalmente em Deutsche Zeitschrift f. Philosophie, 52, 1, Berlin, 2004, p. 15-24.
[1] Uma radicalização dessa forma fundamental é a afirmação de que tanto determinadas proposições dessa forma fundamental, ou seja determinadas afirmações negativas de existência, quanto sua negação, ou seja, as correspondentes afirmações positivas de existência, são sem sentido; sobre isso cf. R. Carnap, Scheinprobleme in der Philosophie, Frankfurt/M., 1966, p. 47 ss., 62 ss.
[2] A. MacIntyre, After Virtue, 2ª ed., London, 1985, p. 69.

100 | Teoria Discursiva do Direito · *Robert Alexy*

reitos humanos sem metafísica. Considere-se apenas os títulos de três obras: *Ethik ohne Metaphysik* (Ética sem Metafísica), de Günther Patzig,[3] *Justice as Fairness: political not metaphysical* (Justiça como equidade: política, não-metafísica), de John Rawls,[4] e *Nachmetaphysisches Denken* (Pensamento pós-metafísico), de Jürgen Habermas.[5] Esses títulos sugerem a dupla impressão de que, em primeiro lugar, a metafísica seria algo negativo, que valeria a pena evitar ou superar e, em segundo lugar, que seria possível caminhar sem ela. Isso é verdade? Podem existir direitos humanos sem metafísica? Caso negativo, não são direitos humanos sem metafísica uma ilusão?

Para responder a essas perguntas deve-se primeiramente definir o conceito de direitos humanos. Com isso se mostrará que a existência deles se situa em sua fundamentabilidade. Isso leva, em um segundo passo, à questão da fundamentabilidade dos direitos humanos. Em um terceiro passo tratar-se-á então se a fundamentação dos direitos humanos necessariamente inclui ou pressupõe elementos metafísicos.

1.1. O CONCEITO DE DIREITOS HUMANOS

Os direitos humanos são definidos por cinco características.[6] A primeira é a sua universalidade. Todo ser humano enquanto ser humano é portador ou possuidor de direitos humanos. Do lado dos destinatários a universalidade é mais complicada. Alguns direitos humanos, como o direito à vida, opõem-se a todos que podem ser destinatários de deveres, ou seja, a todos os seres humanos, mas também a todos os estados e organizações. Outros direitos humanos, como o direito à participação na formação da vontade política, opõem-se meramente contra o estado ao qual o indivíduo pertence ou no qual ele vive. A segunda característica dos direitos humanos é o caráter fundamental de seu objeto. Os direitos humanos não protegem todas as fontes e condições imagináveis do bem-estar, mas somente interesses e necessidades fundamentais. Também a terceira característica diz respeito ao objeto dos direitos humanos. É a abstração. Pode-se rapidamente concordar que todos possuem um direito à saúde; mas sobre o que isso significa em um caso concreto pode ocorrer uma longa disputa. A quarta e a quinta características não

---

[3]   G. Patzig, Ethik ohne Metaphysik, Göttingen, 1971.

[4]   J. Rawls, Justice as Fairness: Political not Metaphysical, in: Philosophy and Public Affairs, 14, 1985, p. 223-251.

[5]   J. Habermas, Nachmetaphysisches Denken, Frankfurt/M., 1988.

[6]   Detalhes sobre isso: R. Alexy, Die Institutionalisierung der Menschenrechte im demokratischen Verfassungsstaat, in: Philosophie der Menschenrechte, St. Gosepath/G. Lohmann (orgs.), Frankfurt/M., 1998, p. 246 ss.

Parte II · Cap. 1 – DIREITOS HUMANOS SEM METAFÍSICA? | **101**

dizem respeito aos portadores, aos destinatários e nem ao objeto dos direitos humanos, mas sim à sua validade. Os direitos humanos possuem, enquanto tais, somente uma validade moral. A quarta característica dos direitos humanos é, assim, seu caráter moral. Um direito vale moralmente se ele pode ser justificado em relação a todo aquele que admite uma fundamentação racional. A validade dos direitos humanos é sua existência. A existência dos direitos humanos consiste por essa razão em sua fundamentabilidade e em nada mais. Naturalmente pode-se juntar à validade moral dos direitos humanos uma validade jurídico-positiva. Exemplo disso oferecem o Pacto Internacional sobre Direitos Civis e Políticos (IPBPR), de 19 de dezembro de 1966, a Convenção Europeia para a Proteção dos Direitos Humanos e das Liberdades Fundamentais (EMRK), de 4 de novembro de 1950 e a Lei Fundamental da República Federal da Alemanha (GG), de 23 de maio de 1949. Porém tais positivações nunca são respostas definitivas. Elas representam tentativas de dar àquilo que vale somente por causa de sua correção uma forma institucional garantida através do direito positivo. Essas tentativas podem, como toda tentativa, obter maior ou menor êxito. Isso leva à quinta característica, a prioridade. Os direitos humanos, enquanto direitos morais, não só não podem ter sua força invalidada por normas jurídico-positivas mas são também o padrão com o qual se deve medir toda interpretação daquilo que está positivado. Isso significa ser possível que um pacto de direitos humanos e uma decisão de uma corte de direitos humanos violem direitos humanos. Com isso estão juntas as cinco características que distinguem os direitos humanos de todos os outros direitos: direitos humanos são direitos (1) universais, (2) fundamentais, (3) abstratos, (4) morais e (5) prioritários.

1.2. A FUNDAMENTAÇÃO DOS DIREITOS HUMANOS

Uma vez que a existência dos direitos humanos depende exclusivamente de sua fundamentabilidade, só a fundamentabilidade decide se eles são mais que uma ilusão. O problema da fundamentabilidade pode ser formulado através da questão sobre se e como normas ou regras morais que concedem direitos universais, fundamentais e abstratos com pretensão de prioridade podem ser fundamentadas. Isso mostra que o problema da fundamentação dos direitos humanos não é nada mais que um caso especial do problema geral da fundamentação de normas morais.

1.2.1. Ceticismo e não-ceticismo

As teorias sobre a fundamentabilidade de normas morais em geral bem como sobre a fundamentabilidade dos direitos humanos podem

102 | Teoria Discursiva do Direito • *Robert Alexy*

ser divididas de variadas maneiras. A distinção mais elementar é aquela entre abordagens que contestam fundamentalmente a possibilidade de uma tal fundamentação e abordagens que afirmam que é possível qualquer forma de fundamentação. Um ceticismo radical definido através da negação da fundamentabilidade de normas morais pode ter suas raízes em formas de emotivismo, decisionismo, subjetivismo, relativismo, naturalismo ou desconstrutivismo. O não-ceticismo contra-argumenta que é possível apresentar razões a favor dos direitos humanos que podem levantar uma pretensão de objetividade, correção ou verdade. O problema metafísico pode por isso ser formulado através da questão sobre se é possível um não-ceticismo sem metafísica.

1.2.2. Oito fundamentações

O campo não-cético é tudo menos homogêneo, o que certamente não exclui de modo algum formas distintas de conexões. Devem ser aqui distinguidas oito abordagens.

1.2.2.1. *A fundamentação religiosa*

A primeira é a abordagem religiosa. Uma fundamentação religiosa é capaz de dar uma fundamentação muito forte aos direitos humanos. Quem acredita que os seres humanos foram criados por deus à sua imagem tem uma boa razão para vê-los como algo que possui um valor ou uma dignidade. Um tal valor ou uma tal dignidade constitui um fundamento sólido dos direitos humanos. Essas fortes razões possuem porém uma desvantagem decisiva. Elas são razões somente para aqueles que acreditam em deus e no fato de os seres humanos terem sido criados à imagem de deus. Por isso a fundamentação religiosa, enquanto tipo mais forte de fundamentação metafísica, falha pelo fato de não ser obrigatória para todos que se envolvem em uma fundamentação racional. Isso vale para toda forma religiosa de fundamentação dos direitos humanos.

1.2.2.2. *A fundamentação biológica*

A contraparte radical do modelo religioso é a abordagem biológica ou sociobiológica. A metafísica é aqui integralmente substituída pela observação da natureza. De acordo com esse modelo a moral é uma forma de altruísmo. Assim, no centro está a observação de que determinadas formas de comportamento altruísta são melhores para a sobrevivência do patrimônio genético de um indivíduo que a indiferença ou até mesmo a agressividade mútuas. Isso é correto especialmente no que diz

Parte II · Cap. 1 – DIREITOS HUMANOS SEM METAFÍSICA? | 103

respeito ao cuidado com os próprios filhos e ao apoio a familiares, mas é verdade também em relação a formas recíprocas de altruísmo que levam à ajuda mútua.[7] Ora, pode até ser que a tendência de maximizar o sucesso reprodutivo leve, em uma série de casos, ao respeito e à ajuda a algumas pessoas. Decisivo é porém que com isso se trata de um modelo de comportamento que, como formula Patzig, está "frequentemente conectado à indiferença ou à hostilidade em relação aos excluídos".[8] Isso é incompatível com o caráter universalista dos direitos humanos. Se os direitos humanos podem ser justificados, eles não podem sê-lo então através da observação da natureza biológica dos seres humanos, mas somente através de uma explicação de sua essência cultural.

1.2.2.3. A fundamentação intuitiva

A terceira abordagem se baseia nas intuições. O modelo intuicionista afirma que os direitos humanos são justificados porque sua existência ou validade seriam evidentes. A evidência não é porém uma boa razão se é possível não compartilhar experiências sobre evidências sem se expor a uma outra acusação além daquela de que não se acha evidente aquilo que é evidente. Se o intuicionismo não está contido em uma argumentação ele não pode, por fim, ser diferenciado do emotivismo. Se ele estiver porém contido em uma argumentação, não se trata mais de intuicionismo. Evidências não podem substituir argumentos.

1.2.2.4. A fundamentação consensual

A quarta abordagem é o consensualismo. De acordo com ela os direitos humanos são justificados quando encontram a concordância de todos. A existência dos direitos humanos se apoia então na existência de um consenso que os sustenta. Se esse consenso é concebido como nada mais que um acordo sobre convicções, o consensualismo não é diferente de um intuicionismo coletivo. A única fonte da validade é o fato do acordo. Ora, não se deveria menosprezar um acordo sobre os direitos humanos que abranja todos os seres humanos, quando esse acordo é suficientemente estável. Porém, mesmo quando um tal acordo existe, podem ser exigidas razões para as respectivas convicções. Quando porém o consenso não é apoiado por todos, o que no caso dos direitos humanos

---

[7]   Cf. R. Dawkin, Das egoistische Gen, 2ª ed., Reinbek bei Hamburg, 1996, 154 ss., 270 ss.

[8]   G. Patzig, Gibt es eine rationale Normenbegründung?, in: Angewandte Chemie, 114, 2002, p. 3502.

é exatamente o que ocorre, são indispensáveis argumentos. Quando se trata de fundamentações, argumentos contam mais que meras maiorias. Por essa razão um consensualismo apoiado exclusivamente no fato da concordância ou congruência não é suficiente para a fundamentação dos direitos humanos. Para isso são necessários argumentos. Porém assim que eles entram em jogo o campo do puro consensualismo é abandonado.

1.2.2.5. A fundamentação instrumental

A quinta abordagem fundamenta os direitos humanos instrumentalmente. Uma fundamentação dos direitos humanos é instrumental quando se afirma que o reconhecimento dos direitos humanos é necessário se se quer maximizar vantagens individuais. Essa abordagem é uma candidata bastante promissora a uma fundamentação dos direitos humanos sem metafísica. Se fosse possível forjar direitos humanos a partir da maximização das vantagens individuais, certamente teria sido alcançado um fundamento sem metafísica.

A abordagem instrumental aparece tanto em uma forma elementar quanto em uma forma altamente sofisticada. Um exemplo da versão elementar é o argumento "se você não quer ser morto, você deve respeitar o direito dele à vida". Argumentos desse tipo fracassam quando surgem situações em que é possível que algumas pessoas maximizem suas vantagens também por um longo período através da violação de direitos humanos de outras pessoas. A história mostra que essa possibilidade de qualquer modo não pode ser excluída enquanto os direitos humanos não são transformados em direito positivo apoiado por sanções efetivamente organizadas. Modelos altamente sofisticados foram sugeridos por James Buchanan e David Gauthier. Esses modelos trabalham com condições que devem excluir aquilo que é inaceitável ou aceitam abertamente aquilo que é em si inaceitável. Gauthier oferece um exemplo para a primeira, quando afirma que "direitos fornecem o ponto de partida para o acordo e não o resultado do acordo. Eles são aquilo que cada pessoa traz para a mesa de negociação, não aquilo que ela leva dela".[9] Buchanan toma o caminho oposto, quando afirma que o resultado, em caso de uma diferença de poder suficientemente grande, pode ser um tipo de contrato de escravidão: "nesse cenário, o contrato de desarmamento que pode ser negociado pode ser algo similar a um contrato de escravidão em que os 'fracos' concordam em produzir bens

---

[9] D. Gauthier, Morals by Agreement, Oxford, 1986, p. 222.

Parte II · Cap. 1 – DIREITOS HUMANOS SEM METAFÍSICA? | **105**

para os 'fortes' em troca da permissão de manter algo mais e acima que a mera subsistência, que eles podem ser incapazes de manter no cenário anarquista."[10] O modelo de Gauthier poderia em princípio ser compatível com os direitos humanos, pagando porém como preço essencialmente a inclusão de elementos não-instrumentais. Assim não se pode falar, em seu caso, de uma fundamentação dos direitos humanos somente através de argumentos instrumentais. Buchanan oferece, ao contrário, um argumento puramente instrumental e assim certamente não-metafísico, mas deve para isso pagar o preço de que resultados como o contrato de escravidão, que não são compatíveis com os direitos humanos, sejam possíveis. Tudo isso não significa que a abordagem instrumental seja completamente inútil. Na medida em que pode fornecer razões para o reconhecimento dos direitos humanos, ela deve ser incluída em um modelo abrangente.[11] Esse modelo abrangente deve porém ser determinado através de princípios, que não podem ser fundamentados por uma argumentação puramente instrumental.

1.2.2.6. *A fundamentação cultural*

A sexta abordagem é a cultural. Ela afirma que a convicção pública de que existem direitos humanos é uma aquisição da história da cultura humana. Radbruch apresenta uma conexão desse argumento com um argumento consensual quando, em vista dos "princípios do direito, que são mais fortes que qualquer estatuto jurídico", afirma que "certamente eles são isoladamente cercados de muita dúvida, mas o trabalho de séculos elaborou um grupo sólido, reunido com tão ampla aceitação nas denominadas declarações de direitos do homem e do cidadão, que no que diz respeito a muitos deles só um ceticismo deliberado pode ainda manter dúvidas."[12] Também o modelo cultural é, na verdade, útil, mas não suficiente. Nem em todas as culturas os direitos humanos são o resultado da história própria. O mero fato de eles terem sido elaborados em uma ou mais culturas não é suficiente para justificar sua validade universal, que está incluída em seu conceito. A história da cultura só tem um significado na fundamentação na medida em que ela é um processo em que experiências se conectam a argumentos. A validade universal não

---

[10] J. M. Buchanan, The limits of liberty, Chicago-London, 1975, p. 60.

[11] Sobre isso cf. R. Alexy, Diskurstheorie und Menschenrechte, in: R. Alexy, Recht, Vernunft und Diskurs, Frankfurt/M., 1995, p. 142 ss.

[12] G. Radbruch, Fünf Minuten Rechtsphilosophie, in: G. Radbruch, Gesamtausgabe, A. Kaufmann (org.), Bd. 3, Heidelberg, 1990, p. 79.

106 | Teoria Discursiva do Direito • *Robert Alexy*

pode se apoiar somente na tradição, mas, no fim das contas, somente em uma argumentação.

1.2.2.7. *A fundamentação explicativa*

A sétima abordagem deve ser denominada "explicativa". Uma fundamentação dos direitos humanos é explicativa se ela consiste em que se expresse aquilo que está necessariamente contido implicitamente na prática humana. A ideia de fundamentar algo através da expressão daquilo que está necessariamente contido em juízos e ações segue a linha da filosofia transcendental de Kant. Com isso aparece no horizonte a possibilidade de uma metafísica imanente.

Há algum tempo procurei desenvolver o argumento explicativo no contexto de uma fundamentação teórico-discursiva dos direitos humanos.[13] Aqui podem ser abordadas apenas algumas características importantes para o problema da metafísica. O argumento começa com uma análise da prática discursiva, que é entendida como prática de afirmar, questionar e apresentar razões.[14] Essa prática pressupõe regras necessárias que expressam as ideias de liberdade e igualdade dos participantes do discurso enquanto participantes do discurso. Esse conteúdo normativo implícito pode se tornar explícito através de sua negação explícita. Exemplos disso são as expressões:

(1) A razão *G*, que eu apresento a favor da minha afirmação, naturalmente não é para mim uma boa razão; dada a sua pouca inteligência você deveria porém aceitar *G* como uma boa razão a favor dessa afirmação.

(2) Se minhas razões não te convencerem, o seu contrato não será prolongado.

(3) Se nós excluirmos *A*, *B* e *C* de nossa discussão e esquecermos suas objeções, poderemos nos convencer de que a razão *G*, por mim introduzida, é uma boa razão.

O caráter absurdo dessas expressões é um sinal da necessidade das regras que elas violam.

---

[13] R. Alexy (nota 11), Diskurstheorie und Menschenrechte, p. 127 ss.

[14] Essa prática corresponde àquilo que Robert Brandon descreve como "práticas de apresentar e exigir razões"; cf. R. Brandon, Articulating Reasons, Cambridge/Ma., 2000, p. 11.

Parte II · Cap. 1 – DIREITOS HUMANOS SEM METAFÍSICA? | **107**

Suponha-se que seja verdadeira a tese de que a liberdade e a igualdade dos participantes do discurso enquanto participantes do discurso é um pressuposto que não pode ser evitado se o reino da argumentação deve ser trilhado. Os direitos humanos ainda não estão, com isso, fundamentados. O fato de ser necessário tratar os outros no discurso como igualmente legitimados não implica que seja necessário também reconhecê-los como livres e iguais no campo da ação. É possível discutir com escravos. Isso mostra que são necessárias premissas adicionais quando se quer passar da liberdade e da igualdade do mundo aéreo do discurso à liberdade e à igualdade no espaço restrito da ação. Há várias candidatas a tais premissas adicionais. Grande significado possui uma premissa que conecta o conceito de participação séria no discurso com o conceito de autonomia. É autônomo aquele que age de acordo com regras e princípios que ele, após considerações suficientes, julga serem corretos. Participa com seriedade[15] de discursos morais aquele que quer solucionar conflitos sociais através de consensos criados e controlados discursivamente. O participante sério ou genuíno do discurso conecta suas capacidades discursivas com o interesse de fazer uso dessas capacidades para o agir. Essa conexão entre capacidade e interesse implica o reconhecimento do outro como autônomo. Tudo o mais é uma conexão entre conceitos que não expressam algo distinto, mas somente aspectos distintos da mesma coisa. Quem reconhece o outro como autônomo o reconhece como pessoa. Quem o reconhece como pessoa atribui a ele dignidade. Quem atribui a ele dignidade reconhece seus direitos humanos. Com isso chegamos ao objetivo da fundamentação.

1.2.2.8. *A fundamentação existencial*

Naturalmente também a fundamentação explicativa possui flancos abertos. Dois são rapidamente identificados. O primeiro diz respeito à necessidade das regras do discurso. É possível evitar essa necessidade na medida em que se renuncia à participação na prática de afirmar, questionar, apresentar e aceitar razões. Entretanto o preço disso é alto. Os seres humanos enquanto, como os denomina Brandom, "criatura[s] discursivas",[16] renunciariam, com essa renúncia à participação, àquilo que se pode con-

---

[15] A participação séria significa aqui participação séria em sentido forte, ou seja, participação genuína no discurso; cf. R. Alexy (nota 11), Diskurstheorie und Menschenrechte, p. 149, 151.

[16] R. Brandom (nota 14), Articulating Reasons, p. 26.

108 | Teoria Discursiva do Direito · *Robert Alexy*

siderar a forma de vida mais geral dos seres humanos.[17] Esse preço pode contudo ser consideravelmente diminuído quando se renuncia à discursividade não em geral, mas apenas parcialmente. Assim, alguém pode discutir dentro do seu grupo e fora dele passar à propaganda, a ordens e à violência. Uma tal conexão entre discursividade interna e violência externa padece contudo do fato de a discursividade ser intrinsecamente conectada à universalidade, o que sempre ameaça romper todos os limites. A força de rompimento dos universais adotados no discurso depende contudo essencialmente do interesse em uma participação séria no discurso. Esse flanco é ainda mais aberto que o primeiro. Pode-se apoiar fundamentações em interesses? Nesse ponto é preciso distinguir dois interesses: aquele na maximização das vantagens individuais e aquele na correção. Maximizadores de vantagens que devem contar com pessoas que possuem um interesse na correção podem se ver obrigados a fingir que também estão interessados na correção e simular assim respeito à autonomia dos outros. Isso é mais que nada, mas não deverá mais ser abordado aqui.[18] Interessa aqui somente o interesse na correção. Esse interesse é o interesse de atribuir realidade às possibilidades discursivas. Esse interesse está, como todo interesse, conectado a decisões sobre se ele prevalece sobre outros interesses opostos. Nessas decisões trata-se da questão fundamental sobre se aceitamos nossas possibilidades discursivas. Trata-se de se nos queremos como criaturas discursivas. Elas são decisões sobre aquilo que somos. Por isso a oitava forma de fundamentação é denominada existencial. Pode-se assim falar em uma fundamentação, porque não se trata de quaisquer preferências que se encontram ou não aqui e ali, mas sim de uma confirmação de algo que já está a caminho da explicação como possibilidade necessariamente provada.

1.3. DIREITOS HUMANOS E METAFÍSICA

Mostrou-se que os direitos humanos só podem ser fundamentados através de uma combinação dos modelos explicativo e existencial. Porém todo apoio através de argumentos das outras abordagens permanece bem-vindo. É essa fundamentação não-metafísica?

1.3.1. Conceitos metafísicos negativos e positivos

A resposta depende daquilo que se entende por "metafísica". O conceito de metafísica é, como Anthony Quinton acertadamente notou,

---

[17] R. Alexy (nota 11), Diskurstheorie und Menschenrechte, p. 139 s.
[18] R. Alexy (nota 11), Diskurstheorie und Menschenrechte, p. 151 ss.

Parte II · Cap. 1 – DIREITOS HUMANOS SEM METAFÍSICA? | **109**

"amplo, controverso e, consequentemente, de algum modo indeterminado em seus contornos".[19] Uma determinação negativa é relativamente simples. Segundo ela, metafísica é aquilo que não se pode extrair da experiência. Essa distinção toma por base tanto a questão de Aristóteles "se só existem objetos sensíveis ou se, além deles, existem outros"[20] quanto a tese de Kant, de que o conhecimento metafísico é "o conhecimento que está além da experiência".[21] Uma determinação positiva não é tão fácil, pois o âmbito além da sensibilidade ou da experiência pode ser preenchido com as mais diversas coisas. Felizmente não é necessário determiná-lo com precisão para responder à pergunta se são possíveis direitos humanos sem metafísica. É suficiente distinguir dois conceitos de metafísica. Um deve ser denominado "enfático" e o outro "construtivo".

1.3.2. O conceito enfático de metafísica

A metafísica enfática é aquela que Habermas quer deixar para trás quando advoga um pensamento pós-metafísico. Além disso, ela parece ser aquilo que muitos que rejeitam a metafísica pensam que ela é. Sem prejuízo das inúmeras variantes, podem ser identificadas quatro características. A primeira característica consiste em seu caráter extensivo. Ela se dirige "ao todo da humanidade e do mundo".[22] Isso pode ser designado como "totalidade". A segunda característica é a necessidade. A metafísica não se dirige a tudo o que se encontra no todo da humanidade e do mundo, mas somente ao geral imutável no especial mutável e com isso somente àquilo que também não pode ser diferente ou não pode não ser, ou seja, àquilo que é necessário.[23] A terceira característica é a da normatividade. A completa explicação de si mesmo e do mundo inclui não só o conhecimento teórico. Essa explicação é também "normativamente substancial [...]".[24] A quarta característica está estritamente ligada a isso e possui um significado decisivo para o conceito enfático de metafísica. Trata-se do "significado de salvação".[25] Com isso entra em jogo uma

---

[19] A. Quinton, The Nature of Things, London, 1973, p. 235.

[20] Aristoteles, Metaphysik, Hamburg, 1989, B 2, 997 a, p. 34 s.

[21] I. Kant, Prolegomena zu einer jeden künftigen Metaphysik, die als Wissenschaft wird auftreten können, in: Kant's gesammelte Schriften, Bd. IV, Königlich Preußischen Akademie der Wissenschaften (org.), Berlin, 1903/1911, p. 265.

[22] J. Habermas (nota 5), Nachmetaphysisches Denken, p. 21.

[23] Cf. J. Habermas (nota 5), Nachmetaphysisches Denken, p. 21, 47.

[24] J. Habermas (nota 5), Nachmetaphysisches Denken, p. 269.

[25] J. Habermas (nota 5), Nachmetaphysisches Denken, p. 57.

"dimensão religiosa".[26] A metafísica no sentido enfático não precisa na verdade ser idêntica à religião ou a ela estar conectada, mas ela é análoga à religião na medida em que promete alguma forma de redenção, reconciliação, libertação ou elevação, o que dificilmente encontrou formulação mais bela que as palavras de Hegel: "reconhecer a razão como a rosa no crucifixo do presente e se alegrar com o fato de se *compreender* que essa visão racional é a *reconciliação* com a realidade que a filosofia concede àquele sobre quem a exigência interna foi pronunciada [...]."[27]

1.3.3. Metafísica e naturalismo

Existem vários motivos para se aceitar que os direitos humanos não pressupõem uma metafísica enfática definida por todas as quatro características, ou seja, totalidade, necessidade, normatividade e salvação. Disso não se segue ainda que eles são possíveis sem qualquer metafísica. Eles seriam possíveis sem qualquer metafísica se fossem passíveis de uma interpretação puramente naturalística, ou seja, se eles pudessem ser reduzidos a dados observáveis do mundo exterior, interior e social. Habermas lança a um tal naturalismo uma recusa tão severa quanto a uma metafísica enfática.[28] Ele acredita poder evitar a alternativa entre naturalismo e metafísica por meio de "terceiras categorias como 'linguagem', 'ação' ou 'corpo'", que "incorporariam" aquilo que Kant tinha em vista como consciência transcendental com propósito metafísico.[29] Com isso pode-se dar a seguinte forma à nossa pergunta: há uma terceira via sem metafísica, entre a metafísica e o naturalismo?

1.4. O CONCEITO CONSTRUTIVO DE METAFÍSICA

É interessante que Habermas aponte Frege como alguém que preparou sua terceira via. Ora, Frege não é exatamente um metafísico enfático, mas com certeza defende as teses metafísicas mais fortes. Assim, os pensamentos não pertencem, segundo Frege, ao mundo exterior enquanto mundo das coisas perceptíveis sensivelmente, o primeiro mundo, nem ao mundo interior enquanto segundo mundo que é constituído por objetos psíquicos, por exemplo, representações, mas sim a um terceiro mundo de entidades abstratas ou ideais:

---

[26]   J. Habermas (nota 5), Nachmetaphysisches Denken, p. 33.
[27]   G. W. F. Hegel, Grundlinien der Philosophie des Rechts, J. Hoffmeister (org.), 5ª ed., Hamburg, 1995, p. 16.
[28]   J. Habermas (nota 5), Nachmetaphysisches Denken, p. 19, 27.
[29]   J. Habermas (nota 5), Nachmetaphysisches Denken, p. 27 s.

Os pensamentos não são coisas do mundo exterior nem representações. Deve ser reconhecido um terceiro reino. O que pertence a ele corresponde às representações, na medida em que ele não pode ser percebido através dos sentidos, mas corresponde às coisas, na medida em que ele não precisa de um portador que possua esses conteúdos de consciência. Assim, por exemplo, o pensamento que pronunciamos no teorema de Pitágoras é verdadeiro em qualquer época, verdadeiro independentemente do fato de alguém o considerar verdadeiro. Ele não necessita qualquer portador. Ele não é verdadeiro somente após ser descoberto, mas é verdadeiro como um planeta que, antes que alguém o tenha visto, já estava em interação com outros planetas.[30]

Habermas objeta contra tal análise de Frege: "Contudo, o que significa ainda aqui 'metafísica'?"[31] A isso se deve responder que, no final das contas, trata-se da aceitação da existência de objetos que não são entidades físicas nem psíquicas. Se a tese de Frege sobre a existência de pensamentos é transferida a normas forma-se o conceito semântico de norma, com cuja ajuda pode-se dizer aquilo que está disponível como norma se um direito humano vale.[32] Esse é o primeiro passo na direção da metafísica dos direitos humanos.

Com esse primeiro passo certamente ainda não se entra na região em torno da qual a disputa sobre o caráter não-metafísico da moral é travada. O conceito semântico de norma é na verdade importante para o problema geral da fundamentabilidade, mas não porém para o conteúdo da fundamentação. Para o nosso problema possui um significado decisivo o fato de os direitos humanos pressuporem metafísica mais que uma tal ontologia semântica. Se a fundamentação explicativa acima esboçada for verdadeira, então, quando o indivíduo faz uso de sua – para ele necessária – competência de afirmar, questionar e argumentar, ele pressupõe o reconhecimento dos outros como participantes igualmente legitimados do discurso. Quando, além disso, ele conduz o discurso com seriedade, ele reconhece os outros como autônomos. Reconhecer o outro como autônomo significa reconhecê-lo como pessoa. Pessoas possuem porém um valor e uma dignidade. Assim, repousa no caráter discursivo do ser humano um sistema de conceitos em que, em primeiro

---

[30] G. Frege, Der Gedanke. Eine logische Untersuchung, in: G. Frege, Logische Untersuchung, G. Patzig (org.), Göttingen, 1966, p. 43 s.

[31] Cf. R. Alexy, Theorie der Grundrechte, 3ª ed., Frankfurt/M., 1966, p. 442 ss.

[32] Cf. R. Alexy (nota 31), Theorie der Grundrechte, p. 42 ss.

lugar, a necessidade vai relativamente de encontro a nossa competência discursiva, que, em segundo lugar, possui significado normativo e que, em terceiro lugar, leva ao povoamento do nosso mundo com entidades que os reinos físico e psíquico não podem, através de sua própria força, produzir: pessoas. A tese metafísica tem sua fonte não só na estrutura do mundo e na razão do indivíduo, mas antes, bem no sentido de Habermas, na estrutura da comunicação.[33] Entretanto, se o edifício da metafísica deve se estabilizar, devem ser acrescentadas autointerpretações e atos de realização do indivíduo, como mostra a necessidade de complementação do argumento explicativo através do argumento existencial. Como edifício ela tem, além da necessidade e da normatividade, uma tendência ao todo. Não se espera somente salvação no sentido de redenção ou elevação.[34] O lugar da salvação foi ocupado pela correção. Por isso essa metafísica pode ser confrontada, enquanto metafísica construtiva, com a metafísica enfática. Uma metafísica construtiva tem, ao mesmo tempo, um caráter racional e universal. Assim pode-se formular o resultado na tese: direitos humanos não são possíveis sem uma metafísica racional e universal.

---

[33] J. Habermas (nota 5), Nachmetaphysisches Denken, p. 55.

[34] Contudo um certo brilho reconciliador entra em jogo através do fato de o reconhecimento dos direitos humanos apoiado por razões poder ser entendido como reflexo prosaico do pensamento enfático de Sêneca, de que o ser humano é, para os seres humanos, uma coisa sagrada.

Capítulo 2

DIREITOS FUNDAMENTAIS NO ESTADO DEMOCRÁTICO CONSTITUCIONAL*

Objeto das minhas reflexões são os direitos fundamentais no sistema jurídico alemão. O sistema jurídico alemão representa o estado do tipo democrático constitucional. Esse tipo de estado conseguiu, com a queda do mundo socialista, um triunfo sem paralelo, que, contudo, não se estende a todas as regiões da terra e cujo sucesso duradouro de modo algum está assegurado em todos os lugares. Assim, a teocracia islâmica não está geograficamente muito distante, e o desenvolvimento político em países como a Rússia é incerto. À expansão da ideia do estado democrático constitucional corresponde, na Europa, o desenvolvimento de uma teoria e de uma prática comuns da constituição, em especial do controle de constitucionalidade, em que a judicatura do Tribunal Constitucional Federal e a ciência do direito do estado desempenham um papel importante. Quando, a seguir, eu me referir à Alemanha, deve esse contexto ser subentendido.

O estado democrático constitucional é caracterizado por seis princípios, que encontraram uma expressão clara na Lei Fundamental. Eles são os princípios que se referem aos direitos fundamentais da dignidade humana (artigo 1º, parágrafo 1º da Lei Fundamental), da liberdade (artigo 2º, parágrafo 1º da Lei Fundamental) e da igualdade (artigo 3º, parágrafo 1º da Lei Fundamental), bem como o objetivo estatal e os princípios es-

---

* Traduzido a partir do original em alemão *Grundrechte im demokratischen Verfassungsstaat*, publicado originalmente em Justice, Morality and Society, a Tribute to Aleksander Peczenik on the Occasion of his 60th Birthday – 16 November 1997, A. Aarnio/R. Alexy/G. Bergholtz (orgs.), Lund, Juristförlaget i Lund, 1997, p. 27-42.

114 | Teoria Discursiva do Direito · *Robert Alexy*

truturais do estado de direito, da democracia e do estado social (artigo 20, parágrafo 1º, artigo 28, parágrafo 1º, proposição 1 da Lei Fundamental). Entre, por um lado, os direitos fundamentais e, por outro lado, o objetivo estatal e os princípios estruturais existem, como ainda deverá se mostrar, conexões estreitas, mas em parte também relações de tensão. Aqui o ponto central serão os direitos fundamentais.

As raízes dos direitos fundamentais voltam muito longe. Vale lembrar a fórmula referente à imagem de deus do Gênese, 1.27, "e deus fez o homem à sua imagem e semelhança", a fórmula da igualdade de Paulo na Carta aos Gálatas, 3.28, contida no novo testamento, "aqui não se trata de judeus ou gregos, escravos ou livres, homens ou mulheres, pois vocês são todos um em Jesus Cristo", os pensamentos de igualdade do Estoicismo, por exemplo de Sêneca, "'você é escravo!' Não, antes um ser humano",[1] a ideia medieval de *dignitas* humana, a ideia reformista do sacerdócio geral dos fiéis e sobretudo a teoria do estado moderna de pensadores como Locke, Pufendorf, Montesquieu e Kant, que, pela primeira vez, de forma abrangente, com a carta de direitos da Virgínia de 1776 e na França, em 1789, com a declaração de direitos do homem e do cidadão, saíram do reino da ideia e entraram no mundo da história. Tudo isso não deve interessar aqui. Sem importância deve permanecer também o doloroso desenvolvimento tardio na Alemanha, assim como também a lembrança dos anos 1848 e 1849, em que o ânimo dos democratas foi capaz de tocar nossa terra. Quanto nos poderia ter sido poupado! E não é possível de modo algum tratar do – apesar de complexo – encorajador desenvolvimento dos direitos fundamentais e humanos nos planos supranacional e internacional. Comecemos em nosso tempo e em nossa terra! Há problemas suficientes que devem ser resolvidos antes de fazermos uma viagem no espaço e no tempo.

Começarei com uma descrição do papel dos direitos fundamentais no sistema jurídico da Alemanha. Quero então assumir como tema geral a relação entre direitos fundamentais e democracia. Nesse contexto deverão ser discutidas algumas observações sobre um problema concreto referente a um direito fundamental.

2.1. A POSIÇÃO DOS DIREITOS FUNDAMENTAIS NO SISTEMA JURÍDICO

A posição dos direitos fundamentais no sistema jurídico da Alemanha é caracterizada por quatro extremos: os direitos fundamentais re-

---

[1] L. A. Seneca, Epistulae morales ad Lucilum, Stuttgart, 1991, Livro 5, Carta 47: "'Servi sunt.' Immo homines."

Parte II · Cap. 2 – DIREITOS FUNDAMENTAIS | **115**

gulam, em primeiro lugar, com o grau mais elevado, em segundo lugar, com a maior força executória, em terceiro lugar, os objetos de maior importância e, em quarto lugar, com a maior medida de abertura. Cada uma dessas propriedades extremas é, tomada em si, inofensiva. A conexão delas envolve porém problemas de fato explosivos. Isso deve ser explicado agora.

2.1.1. O grau mais elevado

O primeiro extremo, o *grau mais elevado* na estrutura escalonada do direito estatal interno, resulta do mero fato de os direitos fundamentais estarem regulamentados na constituição. Disso, junto com as máximas "lex superior derogat legi inferiori" e "direito federal prevalece sobre direito estadual" (artigo 31 da Lei Fundamental), segue-se que toda norma jurídica que os contradiz é inconstitucional e por isso, em regra, nula.

2.1.2. A maior força executória

Somente em conexão com o segundo extremo, a maior força executória, ostenta o primeiro extremo, o grau mais elevado, a força completa dos direitos fundamentais. O artigo 1º, parágrafo 3º da Lei Fundamental determina que os direitos fundamentais vinculam, como direito imediatamente válido, a legislação, o poder executivo e a jurisdição. Isso significa uma quebra das tradições constitucionais do Império e da República de Weimar. Na República de Weimar, inúmeros direitos fundamentais valiam simplesmente como proposições programáticas, que não eram executáveis judicialmente. Quem quiser ser polêmico pode dizer que eles eram lírica constitucional. Na República Federal, a observância de todos os direitos fundamentais é, ao contrário, completamente controlada pela justiça, o que começa nas instâncias inferiores, por exemplo, a justiça administrativa, e termina no Tribunal Constitucional Federal em Karlsruhe. Essa completa possibilidade de arguição perante o judiciário, que atinge todas as outras normas constitucionais, é um dos tesouros da Lei Fundamental. Todo aquele que quer escrever na constituição ideais políticos não judiciáveis deveria saber o que ele coloca em risco. Basta uma proposição constitucional não judicialmente controlável para se começar a jornada rumo à desvinculação.

O controle judicial se estende a todos os três poderes. O controle do executivo, por exemplo da polícia, tem sido evidentemente realidade, ou pelo menos um postulado evidente, desde o momento em que os direitos fundamentais passaram a valer como direito positivo. Não tão evidente é, por outro lado, o controle do legislador, que, na Alemanha, é exercido pelo Tribunal Constitucional Federal em diversos tipos de processo. Antes valia: direitos fundamentais somente no âmbito da lei; hoje se diz: leis somente no âmbito dos direitos fundamentais.[2] Constantemente a justiça freia o legislador. Exemplos conhecidos são a decisão sobre o aborto,[3] a decisão sobre o ensino superior[4] e a decisão sobre o recenseamento.[5] Com o controle também do legislador os direitos fundamentais entram em uma relação de tensão com o princípio da democracia, do que ainda nos ocuparemos.

Também no caso do controle da jurisdição o Tribunal Constitucional Federal por fim pisou em um território desconhecido. Desde a decisão Lüth, de 1958, uma das decisões do Tribunal Constitucional Federal com maiores consequências, deve todo juiz, em toda decisão, observar os direitos fundamentais. Esses direitos fundamentais devem, enquanto valores ou "decisões objetivas de valores", irradiar-se sobre todo o direito. Com isso os direitos fundamentais ostentam sua força não só nas relações entre os cidadãos e o estado, mas também no direito civil, que trata da relação entre os cidadãos. Isso é por alguns criticado como "excesso de direitos fundamentais em relação ao direito como um todo", e por outros festejado como realização completa dos direitos fundamentais.

2.1.3. Objetos de maior importância

O grau mais elevado e a maior força executória significariam pouco se os direitos fundamentais regulamentassem questões específicas sem importância. Exatamente o contrário é porém o caso. Com os direitos fundamentais decide-se sobre a estrutura fundamental da sociedade. Pode-se assim enfatizar a neutralidade político-econômica da Lei Fundamental, que com a garantia da propriedade (artigo 14 da Lei Fundamental), da liberdade profissional (artigo 12 da Lei Fundamental) e da liberdade contratual (artigo 2º, parágrafo 1º da Lei Fundamental) toma a decisão a favor de uma economia de mercado. A garantia da liberdade de opinião, de imprensa e de transmissão por rádio e televisão (artigo 5º, parágrafo 1º da Lei Fundamental) estabelece o pilar fundamental do sistema de comunicação da sociedade. Outros direitos fundamentais devem ser mencionados apenas para se reconhecer seu significado fundamental:

---

[2]   Cf. H. Krüger, Grundgesetz und Kartellgesetzgebung, Göttingen, 1950, p. 12.
[3]   BVerfGE, 39, p. 1; 88, p. 203.
[4]   BVerfGE, 35, p. 79.
[5]   BVerfGE, 65, p. 1.

Parte II · Cap. 2 – DIREITOS FUNDAMENTAIS | **117**

a garantia ao casamento, à família e ao direito de herança, a liberdade de religião e a proteção à vida e à inviolabilidade corporal, que desempenham um novo papel com consequências abrangentes por exemplo no direito ambiental e no direito atômico.

2.1.4. A maior medida de abertura

Os três extremos até aqui abordados, o grau mais elevado, a maior força executória e o fato de serem os objetos mais importantes de regulamentação, transformam-se em um problema somente através de sua conexão com um quarto extremo, a maior medida de abertura. Frequentemente aponta-se o caráter extremamente sucinto, até mesmo conciso e vazio de conteúdo dos textos referentes a direitos fundamentais. Toda regulamentação da União Europeia sobre coisas como o empacotamento de carnes frias vai bem mais além em extensão, detalhamento e precisão que a seção da Lei Fundamental referente aos direitos fundamentais. O que os direitos fundamentais são hoje não se deixa extrair do texto seco da Lei Fundamental, mas somente dos cerca de 94 volumes da jurisdição do Tribunal Constitucional Federal, que assumiu sua abençoada função em 1951. Os direitos fundamentais são aquilo que são sobretudo através da interpretação. A jurisprudência do Tribunal Constitucional Federal oferece um abundante material ilustrativo sobre o que isso significa. Qual leigo teria a ideia, através de uma leitura imparcial, que a Lei Fundamental, com a cláusula contida no artigo 5º, parágrafo 5º, proposição 1, "a ciência, a pesquisa e o ensino são livres", determina que professores devem ter uma influência decisiva no que diz respeito a questões de pesquisa e de contratação de recursos pessoais em comitês universitários?[6] Para citar um outro exemplo: pode-se ler na Lei Fundamental, na medida que se queira, um direito à autodeterminação informacional,[7] que não se encontra escrito em lugar algum. Somente quando se consulta a decisão sobre o recenseamento, de 1983, descobre-se que esse direito integra o direito fundamental geral da personalidade, que, embora, enquanto tal, não esteja escrito explicitamente na constituição, resulta porém de uma conexão entre o artigo 1º, parágrafo 1º da Lei Fundamental, que garante a dignidade humana, e o artigo 2º, parágrafo 1º da Lei Fundamental, que, segundo a controversa interpretação do Tribunal Constitucional Federal, assegura a liberdade geral de ação. Nenhuma vez sequer o Tribunal para na interpretação literal da Lei Fundamental. O artigo 12, parágrafo 1º da

---

6   BVerfGE, 35, p. 79 (p. 143 s.).
7   BVerfGE, 65, p. 1 (p. 43).

Lei Fundamental permite a restrição somente da liberdade de exercício profissional, mas não a restrição da liberdade de escolha profissional. O Tribunal decidiu, em sua famosa decisão sobre as farmácias, de 1958, que a cláusula de restrição deve se estender também à liberdade de escolha profissional.[8] Essa decisão é correta, mas é uma decisão *contra legem*. Para citar ainda um outro exemplo: a Lei Fundamental contém alguns direitos assegurados literalmente sem restrições e que não podem ser restringidos. São eles, dentre outros, a liberdade de crença, artística e científica. Se o texto fosse tomado literalmente não se poderia proibir a morte fundamentada por uma religião, nem que pintores de rua parassem no meio de uma autoestrada. Além disso, para citar um exemplo prático sério, experimentos em animais, experimentos genéticos e experimentos médicos em seres humanos não poderiam ser restringidos por lei e controlados por comitês de ética. Assim o Tribunal Constitucional Federal desenvolveu a fórmula de que também direitos fundamentais garantidos sem reserva podem ser restringidos a favor de direitos fundamentais colidentes de terceiros e de outros valores jurídicos que possuem nível constitucional. Menciono isso não para criticar essa fórmula; ao contrário, eu a considero correta. Quero apenas deixar claro que tudo no âmbito dos direitos fundamentais é interpretação. Um último exemplo: quem pensaria que a proposição "O domicílio é inviolável" é aplicável também ao espaço comercial e empresarial, ou seja, que eles devem ser classificados como domicílio no sentido do artigo 13, parágrafo 1º da Lei Fundamental? Em todo caso, o Tribunal Constitucional Federal decidiu assim.[9]

Deve-se interpretar em várias áreas. Basta pensar em poesia, pinturas abstratas e receitas de cozinha formuladas de forma imprecisa. A especificidade mais importante da interpretação constitucional resulta dos três primeiros extremos indicados, o grau mais elevado, a maior força executória e o conteúdo mais importante. Aquele que consegue tornar a sua interpretação dos direitos fundamentais vinculante, ou seja, em termos práticos, aquele que aceita o Tribunal Constitucional Federal, alcança aquilo que no processo político é inalcançável: ele transforma sua concepção sobre as questões sociais e políticas mais importantes em algo como um componente da constituição, tirando-as com isso da agenda política. Uma maioria parlamentar simples não pode mais fazer nada. Somente o próprio Tribunal Constitucional Federal ou uma maioria

---

8   BVerfGE, 7, p. 377 (p. 400 ss.).
9   BVerfGE, 32, p. 54 (p. 68 ss.).

Parte II · Cap. 2 – DIREITOS FUNDAMENTAIS | **119**

de dois terços, prevista pelo artigo 79, parágrafo 2º da Lei Fundamental para a modificação da constituição, pode mudar a situação. Tudo isso esclarece não só porque se aceita com tranquilidade a possibilidade de interpretação dos direitos fundamentais, mas também porque sobre ela se diverge na arena política. Pode-se falar sobre uma batalha sobre a interpretação dos direitos fundamentais. O árbitro dessa batalha não é porém o povo, mas sim o Tribunal Constitucional Federal. É isso compatível com o princípio da democracia, cujo núcleo é expresso no artigo 20, parágrafo 2º da Lei Fundamental através da formulação clássica "todo poder estatal emana do povo"?

2.2. DIREITOS FUNDAMENTAIS E DEMOCRACIA

2.2.1. Três modelos

Há três visões sobre a relação entre direitos fundamentais e democracia: uma ingênua, uma idealista e uma realista. Segundo a *visão ingênua* não há conflito entre os direitos fundamentais e a democracia. Tanto os direitos fundamentais quanto a democracia são coisas boas. Como podem duas coisas boas colidir? A concepção ingênua quer com isso dizer que se pode ter os dois de forma ilimitada. Essa visão do mundo é bonita demais para ser verdadeira. Seu ponto de partida, que só pode haver conflito entre o bem e o mal, mas não dentro do bem, é falso. Quem vai querer contestar que a prosperidade e o pleno emprego, que se apoiam no crescimento econômico, são coisas boas em si, e quem vai negar que a proteção e a preservação do meio ambiente é algo bom? Por razões bem conhecidas existe porém, em nosso mundo, caracterizado pela finitude e escassez, um conflito entre esses dois bens. A *visão idealista* admite isso. A sua reconciliação entre direitos fundamentais e democracia não acontece por isso nesse mundo, mas sim no ideal de uma sociedade bem ordenada. Nela, ao contrário, o povo e seus representantes políticos não estão de modo algum interessados em violar os direitos fundamentais de alguns cidadãos através de decisões majoritárias, ou seja, através de leis. A manutenção dos direitos fundamentais é um motivo sempre efetivo para todos. O catálogo de direitos fundamentais tem ainda, nesse modelo rousseauniano, somente um significado simbólico. Ele formula meramente aquilo em que todos de todo modo acreditam e que todos de todo modo querem. Enquanto ideal que pode ser confrontado com a realidade política e do qual se deve aproximar tem esse modelo seu valor. Mas pode-se perceber que esse ideal é inalcançável. Por isso, para aqueles que querem agir e não apenas sonhar, é correta apenas a *visão*

120 | Teoria Discursiva do Direito · *Robert Alexy*

realista. Segundo ela a relação entre direitos fundamentas e democracia é caracterizada por duas noções. Elas rezam:

(1)   direitos fundamentais são extremamente democráticos;

(2)   direitos fundamentais são extremamente antidemocráticos.

Os direitos fundamentais são extremamente democráticos porque com a garantia dos direitos de liberdade e igualdade eles asseguram a existência e o desenvolvimento das pessoas, que são capazes de manter vivo o processo democrático, e porque com a garantia das liberdades de opinião, de imprensa, de transmissão por radiodifusão, de reunião e de associação, assim como com o direito de voto e com as outras liberdades políticas eles asseguram as condições de funcionamento do processo democrático. Ao contrário, os direitos fundamentais são extremamente antidemocráticos porque eles suspeitam do processo democrático. Através da vinculação também do legislador eles retiram competências decisórias da maioria parlamentarmente legitimada. Constantemente vemos a oposição primeiro perder no processo democrático e depois ganhar no areópago de Karlsruhe.

Esse duplo caráter dos direitos fundamentais deve repelir os advogados de uma doutrina pura. Eles estão à espreita em ambos os lados do problema. Há tanto seguidores de um processo democrático conteudisticamente ilimitado, geralmente idealistas rousseaunianos assumidos ou disfarçados, quanto céticos da democracia, para quem existe uma tal ordem preestabelecida de coisas que é apenas confundida através do processo democrático e que por isso deveria ser protegida de forma ainda mais forte do que acontece hoje através de direitos fundamentais e outros princípios constitucionais. Não vamos nos preocupar com ambos. Nossa pergunta deve ser apenas como pode ser encontrado um caminho entre essas duas posições extremas.

2.2.2. Representação política e argumentativa

O ponto de partida é constituído pela noção de que direitos fundamentais são direitos tão importantes que a decisão sobre sua concessão ou não-concessão não pode ser deixada à maioria parlamentar simples. O que porém é tão importante a ponto de ser retirado da agenda política? Essa pergunta leva a problemas filosóficos profundos, em última instância, à pergunta se de fato existem direitos fundamentais e humanos ou se a crença neles não é, como afirmou Alasdair MacIntyre, diferente da "crença em bruxas e em unicórnios".[10] Não podemos nos ocupar dessa questão aqui, e, felizmente, não precisamos fazê-lo, pois é certo que, na Alemanha, os direitos fundamentais valem como direito positivo. Nosso tema é somente como se deve interpretá-los se a relação entre direitos fundamentais e democracia deve ficar equilibrada.

Poder-se-ia afirmar que os direitos fundamentais devem ser interpretados de modo que eles protejam aquilo que *todos os cidadãos* consideram tão importante a ponto de não poder ser confiado à maioria parlamentar simples. Desse modo o princípio da democracia estaria reconciliado no mais alto grau com os direitos fundamentais. Essa concepção é, ao mesmo tempo, correta e incorreta. Vamos começar com aquilo que ela tem de falso. O que os cidadãos consideram importante depende de seus ideais, de suas representações sobre bens, de suas convicções religiosas e de sua visão de mundo. Queremos designar esse conglomerado difícil de ser desemaranhado como "concepção moral". Ora, é fato que as concepções morais dos cidadãos são extremamente diversas. John Rawls denominou isso o "fato do pluralismo".[11] Certa concepção se atrela a uma ética de resultados e detesta o estado social, outra estima sobretudo o prazer e o tempo livre e requer financiamento. Para uma o divórcio, o aborto e a pornografia são, por razões religiosas, um grande mal; outra vê nisso o triunfo da liberdade. Uma vê na técnica e na ciência a chave para o futuro, outra o instrumento do declínio. A lista pode ser prolongada praticamente até onde se queira. Ela mostra que os direitos fundamentais não podem ser apoiados simplesmente nas concepções morais dos cidadãos. Em que eles devem então se fundamentar? A solução está em uma velha ideia que se encontra no berço dos direitos fundamentais como fenômeno da modernidade. Trata-se da distinção entre convicções pessoais e normas jurídicas válidas em geral. Na época tratava-se da liberdade de religião. Hoje, esse pensamento deve ser expandido às mais diversas formas de convicções, atitudes e projetos de vida. Existe uma diferença fundamental entre a pergunta "como quero eu viver?" e a pergunta "como queremos nós viver?". A resposta à primeira pergunta constitui uma concepção moral pessoal, que inclui uma representação daquilo que para mim é uma vida boa. A resposta à segunda pergunta constitui uma concepção moral pública, que expressa uma representação comum sobre condições justas de cooperação social em um mundo que é caracterizado pelo fato do pluralismo. Rawls fala en-

---

[10]   A. MacIntyre, Der Verlust der Tugend, Darmstadt, 1988, p. 98.
[11]   J. Rawls, Die Idee des politischen Liberalismus, Frankfurt/M., 1992, p. 334.

tão, quando se consegue uma resposta congruente à segunda questão, em um consenso sobreposto (*overlapping consensus*).[12] Naturalmente há conexões entre as duas perguntas e a resposta a nenhuma das duas é fácil. De todo modo fica claro de que maneira deve ser determinado aquilo que é tão importante e que não pode assim estar à disposição do legislador ordinário. Deve-se perguntar o que cidadãos racionais com diferentes concepções pessoais de bem consideram condições tão importantes da cooperação social justa sobre as quais o legislador ordinário não pode decidir. Nessa pergunta encontra-se a chave para uma possível reconciliação entre o princípio da democracia e os direitos fundamentais. Um tribunal constitucional que procura respondê-la de forma séria não quer colocar sua concepção contra a concepção do legislador; ele aspira antes a uma representação *argumentativa* dos cidadãos, que se opõe à representação *política* desses cidadãos no parlamento. Se a representação argumentativa obtém êxito, obtém êxito a reconciliação.

Poderia se desejar algo mais preciso. Devo porém lembrar a observação de Aristóteles sobre a exatidão na ciência do estado. Assim, lê-se na Ética a Nicômaco que "não [se deve] perseguir a exatidão da mesma forma no que diz respeito a todos os objetos [...], mas em cada caso do modo que o material dado permita".[13] Essa avaliação, de mais de 2.300 anos, pode ser completada através de uma visão do Tribunal Constitucional Federal de 1991. Ela reza:

> A interpretação, sobretudo do direito constitucional, tem o caráter de um discurso, em que não são apresentados, através de um trabalho metodologicamente perfeito, enunciados absolutamente corretos e incontestáveis do ponto de vista técnico, mas sim afirmadas razões, razões opostas e, por fim, as melhores razões que devem decidir a questão.[14]

Juntemos aquilo que ouvimos de filósofos e de Karlsruhe, e podemos agora afirmar sobre a relação entre direitos fundamentais e democracia: conhecemos o problema, possuímos um critério-guia para sua solução e podemos agora começar o discurso sobre questões concretas. Para atrelar isso à prática usual na maioria dos estados democráticos constitucionais de hoje deve a confrontação até aqui usada entre direitos fundamentais e democracia ser ampliada para a tríade direitos fundamentais, contro-

---

12   J. Rawls (nota 11), Die Idee des politischen Liberalismus, p. 293 ss.
13   Aristoteles, Nikomachische Ethik, Darmstadt, 1969, 1098a.
14   BVerfGE, 82, p. 30 (p. 38 ss.)

Parte II · Cap. 2 – DIREITOS FUNDAMENTAIS | **123**

le de constitucionalidade e legislação parlamentar. Nesse contexto, seja de agora em diante finalmente analisada a decisão da segunda turma do Tribunal Constitucional Federal sobre o imposto sobre o patrimônio, de 22 de junho de 1995,[15] com base na qual deverão ser verificados os resultados até aqui conseguidos.

2.3. O IMPOSTO SOBRE PATRIMÔNIO COMO CASO-TESTE

Na decisão do Tribunal Constitucional Federal sobre o imposto sobre o patrimônio tratou-se da questão sobre se o parágrafo 10, número 1, da Lei do Imposto sobre o Patrimônio (VStG), através da redação disponível até a decisão, violava a constituição, na medida em que onerava a propriedade imobiliária vinculada à unidade de valor e outras formas de patrimônio não vinculadas à unidade de valor com a mesma alíquota. Isso fraudaria, nos anos de arrecadação que a decisão abrangeria, 0,5% do patrimônio sujeito a tributação. A qual responsabilidade tributária essa alíquota levaria dependia essencialmente da avaliação do patrimônio existente na época. Isso ocorreu em relação à propriedade imobiliária e a outras formas de patrimônio, sempre de formas bastante distintas. A propriedade imobiliária foi, depois de 1964, avaliada com base em uma unidade de valor e entrou com 140% desse valor na soma do patrimônio global. O patrimônio restante foi, ao contrário, estipulado através de valores correntes. Por isso pode-se dizer, grosso modo, que a propriedade imobiliária foi taxada de acordo com um valor passado e as outras espécies de patrimônio de acordo com o valor corrente. Por causa do considerável aumento no valor da propriedade imobiliária desde 1964 isso levou a uma carga tributária extremamente diferenciada entre a propriedade imobiliária e outras espécies de patrimônio. A carga tributária sobre o patrimônio imobiliário constituía, em alguns casos, meramente um décimo da carga do patrimônio restante. A justiça financeira de Rheinland-Pfalz viu nesse privilégio da propriedade imobiliária uma ofensa à máxima da igualdade, contida no artigo 3º, parágrafo 1º da Lei Fundamental, e submeteu o caso ao Tribunal Constitucional Federal, em um processo de controle concreto de constitucionalidade (artigo 100, parágrafo 1º da Lei Fundamental). O Tribunal Constitucional Federal declarou o parágrafo 10, número 1 da lei sobre o imposto sobre o patrimônio (VStG) incompatível com o artigo 3º, parágrafo 1º da Lei Fundamental, e considerou o legislador obrigado a produzir uma nova regulamentação em um prazo generoso, até o fim do qual o direito então existente

---

[15] BVerfGE, 93, p. 121.

continuaria sendo aplicável. O prazo expirou sem que o legislador produzisse uma nova regulamentação. Assim, o imposto sobre o patrimônio não pôde mais ser cobrado.

Essa decisão é extremamente interessante para a questão aqui abordada sobre a relação entre direitos fundamentais, controle de constitucionalidade e legislação, porque nela se misturam o problemático com o não-problemático e o todo é evidenciado de forma concreta através de um voto destacado bastante crítico do juiz Böckenförde. Começo com aquilo que não parece ser problemático.

A decisão da turma e a opinião divergente de Böckenförde concordam que a carga desigual entre o patrimônio vinculado à unidade de valor e o patrimônio não vinculado à unidade de valor viola a disposição de direito fundamental do artigo 3º, parágrafo 1º da Lei Fundamental, ou seja, a máxima geral da igualdade.[16] A carga desigual contradiria o conceito de imposto sobre o patrimônio, segundo o qual o patrimônio deveria basicamente ser estipulado proximamente ao tempo corrente e o imposto sobre o patrimônio não seria justificado através de fins extrafiscais, como o incentivo da construção imobiliária habitacional.[17] Por trás desse veredito relacionado ao caso concreto está a regra geral de que na verdade o legislador, quando da escolha do objeto tributado e da fixação da alíquota do tributo, teria um amplo poder discricionário, mas deveria, depois da fixação desse objeto tributado e da alíquota do tributo, transpor a decisão tomada consequentemente ou consistentemente no sentido da igualdade da carga tributária.[18]

Tanto essa regra geral quanto a decisão do caso concreto estão abertas a diversas especificações, e ambas deixam muitos problemas em aberto. Não se deve ocupar deles aqui. A questão deve antes ser como ambas proposições esboçadas aqui, a concreta e a geral, devem ser avaliadas de acordo com o critério sugerido acima. Será que cidadãos racionais com diferentes concepções pessoais sobre o bem, por exemplo diferentes orientações sobre trabalho, concorrência e solidariedade, as considerariam condições tão importantes da justa cooperação social a ponto de o parlamento não poder decidir contra elas ou violá-las? Pensemos no que significaria uma autorização para o parlamento decidir contra elas ou violá-las. Ela significaria que a maioria parlamentar estaria autorizada a aprovar cargas tributárias desiguais que, em primeiro lugar, contradizem o

---

[16]   BVerfGE, 93, p. 121 (p. 146, 149).
[17]   BVerfGE, 93, p. 121 (p. 146 ss.)
[18]   BVerfGE, 93, p. 121 (p. 136).

respectivo sistema tributário e, em segundo lugar, também não poderiam ser justificadas como exceções. Até mesmo cidadãos que aspiram fortalecer as competências decisórias do parlamento o tanto quanto possível não podem querer isso se eles são racionais e exigem condições importantes de uma cooperação social justa. Cargas diferentes, que são incoerentes e não são justificadas, não são racionais nem justas, e é importante que elas não existam se o sistema jurídico deve manter sua legitimidade. Assim, a decisão sobre o imposto sobre o patrimônio oferece um exemplo tanto para uma ação judicial constitucionalmente legítima contra um legislador inerte, que não gosta de mexer em privilégios assentados de amplos círculos, quanto para a utilidade da nossa questão-guia.

Dois outros limites que o tribunal estabelece ao legislador tributário poderão encontrar concordância ampla. O primeiro pode ser expresso pela regra de que o contribuinte deve ser taxado de acordo com seu poder financeiro,[19] ou seja, "de acordo com sua renda, patrimônio e presença no mercado."[20] Isso exclui, por exemplo, um imposto sobre o ato de votar em eleições políticas.[21] Isso violaria o direito fundamental à igualdade da carga tributária, do artigo 3º, parágrafo 1º da Lei Fundamental. A segunda regra estabelece um limite absoluto para o legislador. Ela proíbe que ele, que já oneraria através de impostos sobre a renda e rendimentos bem como através de tributos indiretos a "base econômica do modo pessoal de vida", sujeite-a mais uma vez a um imposto sobre o patrimônio.[22] Isso significa que um valor como o valor médio de uma habitação de uma família deve estar isento de imposto sobre o patrimônio.[23]

Naturalmente pode-se colocar isso em dúvida, como quase tudo. Porém, o verdadeiro problema começa somente com a questão de se o imposto sobre o patrimônio além ou acima daquilo que é necessário para o modo pessoal de vida pode interferir nos ativos patrimoniais. A segunda turma do Tribunal nega essa possibilidade. De acordo com sua concepção, que ela classifica como "fundamental",[24] o que é, no que diz respeito ao efeito vinculante previsto no parágrafo 31 da Lei sobre o Tribunal Constitucional Federal (BVerfGE), pelo menos interessante, sob as condições do direito tributário atual, em que o patrimônio já é one-

---

[19]   BVerfGE, 93, p. 121 (p. 135).
[20]   BVerfGE, 93, p. 121 (p. 134).
[21]   Cf. P. Kirchhof, Die Verschiedenheit der Menschen und die Gleichheit vor dem Gesetz, München, 1996, p. 46.
[22]   BVerfGE, 93, p. 121 (p. 141).
[23]   BVerfGE, 93, p. 121 (p. 141).
[24]   BVerfGE, 93, p. 121 (p. 136).

rado através de diversos outros tributos, o imposto sobre o patrimônio só deve ser autorizado como imposto sobre rendimentos patrimoniais. Rendimentos patrimoniais são os "possíveis frutos a serem usualmente esperados" de um patrimônio,[25] independentemente de eles serem de fato obtidos ou não.[26] A limitação aos rendimentos financeiros significa que o patrimônio básico, o denominado patrimônio consolidado, está basicamente isento de imposto sobre o patrimônio, sendo assim vedado, ou seja, proibido, que o legislador estabeleça um imposto sobre o patrimônio como imposto sobre o patrimônio básico. Isso é fundamentado através da garantia à propriedade, contida no artigo 14 da Lei Fundamental, protegendo-a de um confisco gradual.[27]

A segunda turma do Tribunal não para aí. Ela limita o legislador não só em relação aos rendimentos patrimoniais usualmente obtíveis, mas também o proíbe completamente de atingir esses rendimentos. O artigo 14 da Lei fundamental protegeria não só o patrimônio substancial ou básico, mas também seus rendimentos. O fato de o uso da propriedade, de acordo com o artigo 14, parágrafo 2º da Lei Fundamental, dever "ao mesmo tempo" servir ao bem-estar da coletividade significa que o êxito econômico do uso da propriedade deveria estar disponível "com o mesmo valor"[28] para o uso privado e para o bem-estar da coletividade. Disso resultaria que os rendimentos patrimoniais não poderiam ser completamente tomados pelo estado. Na verdade a carga tributária total sobre os rendimentos patrimoniais deveria conduzir a uma divisão pela metade entre público e privado, ou seja, não poderia ultrapassar a metade dos rendimentos patrimoniais.[29]

Segundo Böckenförde, todas essas considerações sobre rendimentos patrimoniais devem ser dispensadas, porque elas não teriam sido necessárias para a decisão do caso. As relativamente não-problemáticas considerações sobre a proposição da igualdade seriam suficientes.[30] Isso pode porém ser deixado como está, pois é fácil pensar uma constelação em que se chega à alternativa entre imposto sobre rendimentos patrimoniais e imposto sobre o patrimônio básico. Somente isso deverá ser abordado a seguir.

---

[25]   BVerfGE, 93, p. 121 (p. 137).

[26]   BVerfGE, 93, p. 121 (p. 140).

[27]   BVerfGE, 93, p. 121 (p. 137).

[28]   Cf. P. Kirchhof (nota 21), Die Verschiedenheit der Menschen und die Gleichheit vor dem Gesetz, p. 48.

[29]   BVerfGE, 93, p. 121 (p. 138).

[30]   BVerfGE, 93, p. 121 (p. 150 ss.).

Böckenförde tem a opinião de que a constituição não exige a restrição do imposto sobre o patrimônio a um imposto sobre rendimentos patrimoniais nem a divisão ao meio da carga tributária. O artigo 14, parágrafo 1º, da Lei Fundamental protegeria, segundo a jurisprudência consolidada do Tribunal Constitucional Federal, somente posições concretas de propriedade e não o patrimônio como um todo. Em relação a tributos o direito fundamental à propriedade ostentaria sua força somente se eles tivessem um efeito estrangulador.[31] Não haveria razão alguma para se desviar dessa jurisprudência. Pelo contrário. O jogo livre da concorrência levaria, sob as condições da liberdade e igualdade jurídicas, ao surgimento da desigualdade material. Por isso, no estado social de direito o legislador deveria ter a possibilidade de correção "do processo não regulado de desenvolvimento social".[32] O princípio do estado social (artigo 20, parágrafo 1º da Lei Fundamental) o obrigaria a assegurar uma ordem social justa. O direito tributário seria exatamente o "meio elementar e a condição essencial" para se atingir o equilíbrio social.[33] Se somente os rendimentos patrimoniais ou também o patrimônio básico deve ser taxado não seria uma questão do direito constitucional, mas sim uma questão de política tributária, que deveria ser capaz de reagir às respectivas circunstâncias econômicas e sociais.[34] A limitação à metade dos rendimentos patrimoniais, estabelecida pela segunda turma do Tribunal, seria um privilégio dos possuidores de grande patrimônio e uma "limitação não justificada",[35] um "enjaulamento do legislador",[36] que já teria forçado a transformação do sistema atual de tributação patrimonial em uma "cama de procrusto"[37] e teria tornado o legislador futuro absolutamente "sem poder contra uma dinâmica própria que pode resultar da acumulação de valores patrimoniais".[38]

Quem tem razão? Não é fácil responder a essa pergunta. Deve-se de fato dispor do patrimônio integralmente onerado tributariamente até o limite da "supressão" da política tributária, como parece soar em Böckenförde? Isso significaria não levar suficientemente a sério a garantia da propriedade, contida no artigo 14 da Lei Fundamental. Deve por outro lado o

---

[31]   BVerfGE, 93, p. 121 (p. 153 ss.).
[32]   BVerfGE, 93, p. 121 (p. 162 ss.).
[33]   BVerfGE, 93, p. 121 (p. 163).
[34]   BVerfGE, 93, p. 121 (p. 156 s.).
[35]   BVerfGE, 93, p. 121 (p. 161 s.).
[36]   BVerfGE, 93, p. 121 (p. 157).
[37]   BVerfGE, 93, p. 121 (p. 158).
[38]   BVerfGE, 93, p. 121 (p. 164).

patrimônio básico uma vez adquirido – exceto em estado de calamidade como depois de 1918 e 1945[39] – estar absoluta e definitivamente isento de todo imposto sobre o patrimônio, quando, por considerações referentes a justiça social, isso se impusesse? Isso significaria levar não muito a sério o princípio do estado social, regulamentado no artigo 20, parágrafo 1º e no artigo 28 parágrafo 1º, proposição 1 da Lei Fundamental, assim como o uso social da propriedade, disposto no artigo 14, parágrafo 2º da Lei Fundamental. Assim, tanto a decisão da segunda turma do Tribunal quanto a opinião divergente de Böckenförde não parecem ser a resposta correta, e todo aquele que conhece a história sobre a disputa em relação à justiça tributária como parte da disputa sobre a justiça social pode saber que o confronto nunca chegará a um ponto em que se consiga, de uma vez por todas, certeza e concordância geral. A partir disso devemos concluir que o controle de constitucionalidade – em geral ou em grupos de casos específicos – não seja talvez o instrumento correto para a proteção dos direitos fundamentais?

Eu entendo que não. A decisão da segunda turma do Tribunal bem como a opinião divergente de Böckenförde naturalmente oferecem motivos para crítica, mas não para uma postura cética contra o controle de constitucionalidade. Há duas razões para isso. A primeira é que, como mostra a decisão, ao lado de divergências e problemas há também muitas coisas que são relativamente não-problemáticas e que possibilitam um amplo consenso fundamental. Entre elas estão as considerações sobre o tratamento desigual entre o patrimônio vinculado à unidade de valor e o patrimônio não vinculado à unidade de valor, a tributação de acordo com a capacidade contributiva e a proteção dos fundamentos econômicos do modo pessoal de vida em relação ao imposto sobre o patrimônio. Muitos críticos do controle de constitucionalidade não percebem que em todas as áreas da constituição existem muitas questões não-problemáticas como essas. Somente se tal consenso desaparecesse ou dissesse respeito a coisas não importantes o controle de constitucionalidade realmente começaria a balançar. O segundo argumento contra a dúvida fundamental sobre o controle de constitucionalidade afirma que o mero fato de algo ser problemático e discutível diante de intérpretes racionais da constituição não constitui uma razão suficiente para afastar o controle de constitucionalidade e entregá-lo imediatamente ao parlamento democraticamente legitimado. Quem argumenta assim confunde a dicotomia discutível-indiscutível com a dicotomia direito

---

[39] BVerfGE, 93, p. 121 (p. 138 s.).

Parte II · Cap. 2 – DIREITOS FUNDAMENTAIS | **129**

constitucional-política. A questão sobre com que intensidade o legislador pode taxar o patrimônio não é uma questão a ser respondida pela política, mas sim um problema do direito constitucional. Trata-se dos limites da política. A decisão da segunda turma do Tribunal e a opinião divergente mostram que a solução do problema não é fácil. Pode ser que nenhum dos dois lados tenha encontrado o ponto certo. Ele deve existir porém em algum lugar entre a supressão e a proteção absoluta do patrimônio básico, se os direitos fundamentais, por um lado, estabelecem restrições ao legislador, e se o princípio do estado social, por outro lado, obriga o legislador a assegurar uma ordem social justa.[40] Para resolver o problema, mais adequado que uma decisão da maioria simples no parlamento em que ele decidiria como juiz de sua própria causa, é nessa situação, antes o discurso multilateral entre o tribunal constitucional, o legislador, a opinião pública e a ciência, discurso esse em que a decisão esboçada não constituirá a última palavra. A questão sobre as fronteiras da política se transformaria, pelo menos institucionalmente, em uma questão política, e enquanto questão sobre os limites da política perderia o sentido. Se é possível dar uma resposta de direito constitucional a essa questão e se essa resposta deve ter significado político, resta assim somente o procedimento do controle de constitucionalidade.

---

[40] BVerfGE, 22, p. 180 (p. 204).

Capítulo 3

A CONSTRUÇÃO DOS DIREITOS FUNDAMENTAIS*

Há duas construções fundamentalmente distintas de direitos fundamentais: a construção em regras e a construção em princípios. Essas duas construções não se realizam, em parte alguma, de forma pura, mas elas representam ideias opostas das quais depende a solução de quase todos os problemas da dogmática geral dos direitos fundamentais. Questões da dogmática dos direitos fundamentais são não só problemas de uma área específica do direito. As respostas que são dadas a elas têm consequências para a estrutura do sistema jurídico como um todo. O espectro alcança desde os efeitos em relação a terceiros ou efeitos horizontais – portanto a influência dos direitos fundamentais no direito civil – até a relação entre legislação e controle de constitucionalidade, que tem por trás de si a relação de tensão entre direitos fundamentais e democracia. A questão sobre se se deve preferir a construção em regras ou a construção em princípios não formula assim, de modo algum, apenas um problema teórico interessante. Ela tem um vasto significado prático. Isso a torna uma questão fundamental do constitucionalismo democrático.

3.1. A CONSTRUÇÃO EM REGRAS

3.1.1. Regras e princípios

A distinção teórico-normativa entre regras e princípios constitui a base de ambas as construções.[1] Regras são normas que comandam,

---

* Traduzido a partir do original em alemão *Die Konstruktion der Grundrechte*, publicado originalmente em Grundrechte, Prinzipien und Argumentation, L. Clérico/J.-R. Sieckmann (orgs.), Baden-Baden, 2009, p. 9-19.

[1] Cf. R. Alexy, Theorie der Grundrechte, 3ª ed., Frankfurt/M., 1996 (2ª reimpressão), p. 75 s.

proíbem ou permitem algo de forma definitiva. Nesse sentido elas são *comandos definitivos*. A forma de sua aplicação é a subsunção. Quando uma regra é válida é comandado fazer exatamente aquilo que ela exige. Se isso é feito, a regra é cumprida; se isso não é feito, a regra não é cumprida. Assim, regras são normas que sempre podem somente ser cumpridas ou descumpridas. Por outro lado, princípios são normas que comandam que algo seja realizado na maior medida possível em relação às possibilidades fáticas e jurídicas. Princípios são portanto *comandos de otimização*. Enquanto tais eles são caracterizados por poderem ser cumpridos em diferentes graus e pelo fato de a medida comandada de sua realização depender não só das possibilidades fáticas, mas também das possibilidades jurídicas. As possibilidades jurídicas são determinadas por regras e essencialmente por princípios opostos. Princípios contêm pois, tomados respectivamente em si, sempre somente um comando *prima facie*. A determinação da medida comandada de cumprimento de um princípio em relação às exigências de um princípio oposto é a ponderação. Por essa razão a ponderação é a forma de aplicação específica do princípio.

A distinção entre regras e princípios está no centro de uma teoria que pode ser designada "teoria dos princípios". A teoria dos princípios é o sistema das implicações dessa distinção. Essas implicações dizem respeito a todas as áreas do direito. No caso dos direitos fundamentais – pode-se aqui falar tanto em uma teoria dos princípios dos direitos fundamentais quanto em uma construção de direitos fundamentais em princípios – a disputa sobre a teoria dos princípios é sobretudo uma disputa sobre a ponderação e, uma vez que a ponderação constitui o núcleo do exame da proporcionalidade, uma disputa sobre a máxima da proporcionalidade.

3.1.2. O postulado da rejeição da ponderação

A construção oposta à construção em princípios, a construção em regras, pode ser vista como uma tentativa de se evitar os problemas ligados à ponderação. As normas de direito fundamental são consideradas regras que são aplicadas fundamentalmente sem a necessidade de ponderação. Isso não significa que a aplicação de direitos fundamentais se transforme, em todos os casos, em uma subsunção não-problemática. A subsunção em geral e especialmente no direito pode ser difícil e exigir mais passos intermediários, bem como outros argumentos dos mais di-

Parte II · Cap. 3 – A CONSTRUÇÃO DOS DIREITOS FUNDAMENTAIS | **133**

versos tipos que justifiquem esses passos intermediários.[2] Assim, pode ser muito duvidoso se uma manifestação constitui a manifestação de uma opinião, uma atividade constitui a prática de uma religião e uma vantagem patrimonial constitui propriedade. Para a construção em regras é decisivo que não só essa questão mas também *todas* as questões que surgem na aplicação de direitos fundamentais devam ser resolvidas fundamentalmente sem a ponderação.

A solução sem a ponderação pode assim ter um caráter tanto positivista quanto não-positivista. O postulado de Ernst Forsthoff de solucionar todas as questões ligadas à aplicação de direitos fundamentais através dos meios tradicionais de interpretação oferece um exemplo de construção positivista sem ponderação,[3] recorrendo assim sobretudo à literalidade das disposições de direitos fundamentais, à vontade daqueles que produziram a constituição e ao contexto sistemático em que se encontra a disposição a ser interpretada. A variante atual mais conhecida de uma construção não-positivista sem ponderação se encontra em Ronald Dworkin. De acordo com ele trata-se sempre, em casos de aplicação de direitos fundamentais, em essência, não de ponderação, mas sim da "questão essencialmente diferente sobre o que a moral exige".[4] Quando se define a construção em princípios como construção da proporcionalidade que essencialmente inclui a ponderação, ela é também uma construção em regras, ainda que de um tipo especial.

3.1.3. Problemas da construção em regras

Os problemas da construção em regras se mostram de forma mais clara na questão das restrições a direitos fundamentais. Aqui devem ser analisadas apenas duas constelações: a da reserva de lei ordinária e a dos direitos fundamentais garantidos sem reserva.

Uma reserva de lei ordinária existe quando uma disposição de direito fundamental primeiro garante um direito fundamental, por exemplo o direito fundamental à vida ou à inviolabilidade corporal, e então, através de uma cláusula como "nesse direito só se pode interferir com base em

---

[2] Cf. R. Alexy, Theorie der juristischen Argumentation, 3ª ed., Frankfurt/M., 1996 (3ª reimpressão), p. 273 ss.

[3] E. Forsthoff, Zur Problematik der Verfassungsauslegung, in: E. Forsthoff, Rechtsstaat im Wandel, 2ª ed., München, 1976, p. 173.

[4] R. Dworkin, Is Democracy Possible Here? Princeton, 2006, p. 27; Sobre isso cf. K. Möller, Balancing and the structure of constitutional rights, in: International Journal of Constitutional Law, 5, 2007, p. 458-461.

uma lei", atribui ao legislador o poder de interferir no direito fundamental.[5] Quando se segue a construção em regras e a toma literalmente, essa cláusula de restrição permite qualquer interferência na vida e na inviolabilidade corporal, se ela ocorre com base em uma lei. O direito fundamental se restringe assim a uma reserva legislativa especial. Ele perde toda a força de vincular o legislador. Materialmente, no que diz respeito ao legislador, ele se esvazia. Isso contradiz porém a validade dos direitos fundamentais também para o legislativo. Pode-se tentar evitar o esvaziamento dos direitos fundamentais através de outras regras. A tentativa sistemática mais exigente consiste em uma proibição de se ofender o conteúdo essencial dos direitos fundamentais, como se encontra no artigo 18, parágrafo 2º da Lei Fundamental. Porém, aqui também o legislador permanece completamente livre diante do conteúdo ou núcleo essencial. Seu vínculo a um direito fundamental é, nesse espaço, suprimido. Além disso, é altamente questionável se o núcleo essencial pode ser determinado sem ponderação.[6]

Não são menos significantes os problemas da construção em regras em casos de direitos fundamentais garantidos sem reserva, ou seja, no caso daqueles direitos fundamentais em relação aos quais a constituição não prevê qualquer restrição. Na Lei Fundamental da República Federal da Alemanha estão nesse grupo, por exemplo, as liberdades de religião e de investigação científica. No caso de subsunção isolada deveriam ser permitidos a opressão religiosa – se uma religião a exige – e experimentos com seres humanos, quando eles servem ao progresso científico. A saída de classificar essas ações não como ações religiosas ou atividades científicas contradiz o teor do texto. Quando se recorre, como razões para restrição, aos direitos à liberdade, à vida e à inviolabilidade corporal das pessoas atingidas, cai-se então inevitavelmente em uma ponderação. O postulado da interpretação sistemática arruína assim o modelo de regras.

3.2. A CONSTRUÇÃO EM PRINCÍPIOS E A MÁXIMA DA PROPORCIONALIDADE

A construção em princípios procura solucionar esse e inúmeros outros problemas da dogmática dos direitos fundamentais tratando os direitos fundamentais como princípios, ou seja, como comandos de otimização.

O significado do caráter dos princípios resulta sobretudo de sua conexão com a máxima da proporcionalidade. Essa conexão é tão estreita quanto possível. Ela consiste em uma relação de implicação mú-

---

[5]   Cf. artigo 2º, parágrafo 2º, proposição 3 da Lei Fundamental.

[6]   Cf. R. Alexy (nota 1), Theorie der Grundrechte, p. 267-272.

Parte II · Cap. 3 – A CONSTRUÇÃO DOS DIREITOS FUNDAMENTAIS | 135

tua. A máxima da proporcionalidade, com suas três máximas parciais, as máximas da adequação, da necessidade e da proporcionalidade em sentido estrito, segue-se logicamente da definição de princípios, e esta se segue daquela.[7] Isso significa, então, que se os direitos fundamentais possuem o caráter de princípios, a máxima da proporcionalidade vale, e que se a máxima da proporcionalidade vale na aplicação dos direitos fundamentais, os direitos fundamentais possuem o caráter de princípios. O núcleo da construção em princípios consiste nesse vínculo necessário entre direitos fundamentais e proporcionalidade.

3.3. OBJEÇÕES CONTRA A CONSTRUÇÃO EM PRINCÍPIOS

Contra a construção dos direitos fundamentais em princípios bem como também em geral contra a teoria dos princípios são levantadas tantas e tão variadas objeções que uma discussão completa não é possível aqui. Como porém as objeções, apesar de suas diversidades, se relacionam, deve-se realizar uma rápida análise geral antes da discussão da objeção central. Para isso recomenda-se uma divisão em sete grupos. O primeiro grupo compreende as objeções *teórico-normativas*. Trata-se aqui de questões como a questão sobre se princípios jurídicos na verdade existem,[8] a questão sobre se e como princípios podem ser distinguidos de regras,[9] a questão sobre se princípios são de fato normas[10] e a questão sobre se a confrontação entre regras e princípios não falharia em relação às diversas variedades de normas.[11] As objeções do segundo grupo podem ser designadas "*teórico-argumentativas*". Aqui o ponto central é se a ponderação pode ser vista como uma fundamentação ou argumentação racional ou se ela deve ser classificada como um processo não-racional ou irracional.[12] Nas objeções do terceiro grupo trata-se da questão sobre se a construção em princípios representa um perigo para os direitos fundamentais, porque ela suprime a validade estrita dos direitos fundamentais enquanto regras.[13] Pode-se falar, aqui, em objeções

---

[7] Cf. R. Alexy (nota 1), Theorie der Grundrechte, p. 100-104.

[8] L. Alexander, Legal Objectivity and the Illusion of Legal Principles, manuscrito, 2008.

[9] R. Poscher, Einsichten, Irrtümer und Selbstmißverständnis der Prinzipientheorie, in: Die Prinzipientheorie der Grundrechte, J.-R. Sieckmann (org.), Baden-Baden, 2007, p. 65, 70.

[10] J. H. Klement, Vom Nutzen einer Theorie, die alles erklärt, in: JZ, 2008, p. 760.

[11] R. Poscher (nota 9), Einsichten, Irrtümer und Selbstmißverständnis der Prinzipientheorie, p. 73 s.

[12] J. Habermas, Faktizität und Geltung, 3ª ed., Frankfurt/M., 1994, p. 315; B. Schlink, Der Grundsatz der Verhältnismäßigkeit, in: Festschrift 50 Jahre Bundesverfassungsgericht, P. Badura/H. Dreier (orgs.), Bd. 2, Tübingen, 2001, p. 460.

[13] Cf. J. Habermas (nota 12), Faktizität und Geltung, p. 315, que afirma que, com a construção em princípios, uma "viga mestra" viria abaixo.

"*dogmáticas referentes a direitos fundamentais*". Enquanto as objeções dogmáticas referentes a direitos fundamentais alegam uma proteção muito pequena dos direitos fundamentais, as objeções do quarto grupo apontam um excesso de direitos fundamentais. Elas afirmam que a tese da otimização levaria a um inchaço dos direitos fundamentais, que teria como consequência uma supraconstitucionalização do ordenamento jurídico, levando a uma "passagem do estado legislativo parlamentar ao estado jurisdicional constitucional".[14] Aqui pode-se falar em objeções "*institucionais*". A elas se seguem, como quinto grupo, as *objeções teórico-interpretativas*. No caso delas trata-se da questão de se e como a construção em princípios pode ser fundamentada como interpretação dos direitos fundamentais de um catálogo de direitos fundamentais positivos.[15] É possível afirmar uma validade universal da construção em princípios ou da construção da proporcionalidade[16] ou pode ela quando muito ser aplicada ora aqui ora acolá? O sexto grupo trata de objeções *teóricas referentes à validade*. Essas objeções sustentam que a teoria dos princípios colocaria em questão a precedência de validade da constituição e a vinculação do executivo e do judiciário às leis.[17] A ponderação faria ruir a estrutura escalonada do direito.[18] No sétimo grupo reúnem-se por fim objeções *teórico-científicas*. A teoria dos princípios seria composta por "proposições que, em sua abstração, não dizem nada",[19] que poderiam explicar qualquer decisão encontrada, mas que não teriam "força para guiar as decisões futuras".[20] Por isso ela não seria suficiente como dogmática dos direitos fundamentais.[21]

---

[14]   E.-W. Böckenförde, Grundrechte als Grundsatznormen, in: E.-W. Böckenförde, Staat, Verfassung, Demokratie, Frankfurt/M., 1991, p. 190.

[15]   M. Jestaedt, Die Abwägungslehre – ihre Stärken und ihre Schwächen, in: Staat im Wort. Festschrift f. Josef Isensee, O. Depenheuer/M. Heintzen/M. Jestaedt/P. Axer (orgs.), Heidelberg, 2007, p. 260, 262 s., 275; R. Poscher (nota 9), Einsichten, Irrtümer und Selbstmißverständnis der Prinzipientheorie, p. 79; J. H. Klement (nota 10), Vom Nutzen einer Theorie, die alles erklärt, p. 761, 763.

[16]   Assim, por exemplo, D. M. Beatty, The Ultimate Rule of Law, Oxford, 2004, p. 162: "a proporcionalidade é um critério universal de constitucionalidade".

[17]   M. Jestaedt (nota 15), Die Abwägungslehre – ihre Stärken und ihre Schwächen, p. 268, 274; R. Poscher (nota 9), Einsichten, Irrtümer und Selbstmißverständnis der Prinzipientheorie, p. 76; J. H. Klement (nota 10), Vom Nutzen einer Theorie, die alles erklärt, p. 759.

[18]   M. Jestaedt (nota 15), Die Abwägungslehre – ihre Stärken und ihre Schwächen, p. 269 s.

[19]   M. Jestaedt (nota 15), Die Abwägungslehre – ihre Stärken und ihre Schwächen, p. 269.

[20]   J. H. Klement (nota 10), Vom Nutzen einer Theorie, die alles erklärt, p. 756; R. Poscher, Grundrechte als Abwehrrechte, Tübingen, 2003, p. 76; M. Jestaedt (nota 15), Die Abwägungslehre – ihre Stärken und ihre Schwächen, 269.

[21]   R. Poscher (nota 20), Grundrechte als Abwehrrechte, p. 77 s.

3.4. A RACIONALIDADE DA PONDERAÇÃO

3.4.1. A posição central do problema da racionalidade

As objeções teórico-argumentativas que se referem à racionalidade da ponderação constituem o grupo mais importante. Se a ponderação fosse necessariamente irracional os princípios poderiam ser com ela rejeitados como normas que promovem a irracionalidade.[22] O debate teórico-normativo perderia seu significado. Além disso, com a irracionalidade da ponderação não se poderia mais argumentar a favor da ponderação como critério de limitação a direitos fundamentais. As objeções dogmáticas referentes a direitos fundamentais encontrariam facilidade. O mesmo valeria para a crítica institucional. No que diz respeito às objeções teórico-interpretativas, se a ponderação se mostrasse irracional dever-se-ia de todo modo nelas insistir se a constituição determinasse expressamente o exame da proporcionalidade, como, por exemplo, no artigo 52, parágrafo 1º da Carta Europeia de Direitos Fundamentais. Mesmo aqui poderia se perguntar se não se deveria interpretar de forma corretiva uma norma que promove a irracionalidade. Também as objeções teóricas referentes à validade triunfariam. Quem teria pensado em concordar com qualquer restrição irracional da validade de uma norma jurídica? Por fim a irracionalidade da ponderação fortaleceria todas as objeções teórico-científicas. A seguir o problema da racionalidade deve, por isso, ter prioridade. Isso não significa contudo que uma refutação da objeção de irracionalidade implique a refutação de todas as outras objeções. A racionalidade da ponderação não é uma consequência suficiente para a superação das outras objeções; contudo, ela é uma condição necessária para isso.

3.4.2. A objeção da irracionalidade

Há muitas pessoas que contestam a racionalidade e com isso a objetividade da ponderação. Habermas e Schlink fazem isso de forma bastante enfática. O ponto central para Habermas é que não há um "critério racional" para se ponderar:

> Uma vez que faltam critérios racionais a ponderação se executa ou de forma arbitrária ou de forma irrefletida, de acordo com padrões e ordens de precedência habituais.[23]

---

[22] Isso valeria, em todo caso, para a otimização em relação às possibilidades jurídicas. Na otimização em relação às possibilidades fáticas, poder-se-ia se também insistir na irracionalidade da ponderação.

[23] J. Habermas (nota 12), Faktizität und Geltung, p. 315 s.

138 | Teoria Discursiva do Direito • *Robert Alexy*

Quando Habermas fala em arbítrio ou em hábitos irrefletidos, Schlink refere-se a subjetividade e a decisão:

> Nos exames de proporcionalidade em sentido estrito só pode por fim entrar em jogo a subjetividade daqueles que os realizam [...]. As operações de valoração e ponderação do exame da proporcionalidade em sentido estrito só podem [...] enfim ocorrer de forma decisionista.[24]

Isso é verdade? É a ponderação de fato não-racional ou irracional, arbitrária, subjetiva e decisionista? Significa a ponderação realmente renunciar à racionalidade, correção e objetividade? Dificilmente essa pergunta pode ser respondida sem se saber o que a ponderação significa. Para se saber o que a ponderação significa deve-se conhecer sua estrutura.

3.4.3. A otimalidade de pareto

Já foi observado que a ponderação é objeto da terceira máxima parcial da máxima da proporcionalidade, a máxima da proporcionalidade em sentido estrito, e que, no caso da proporcionalidade em sentido estrito, trata-se da otimização em relação às possibilidades jurídicas. O objeto das duas primeiras máximas parciais, a máxima parcial da adequação e a máxima parcial da necessidade é, ao contrário, a otimização em relação às possibilidades fáticas. Com isso trata-se de se, com base nas possibilidades fáticas, podem ser evitados custos para os direitos fundamentais sem que surjam custos para os fins do legislador, ou seja, trata-se da otimalidade de pareto.[25] Isso é essencialmente menos problemático que a ponderação, que avalia qual lado deve suportar os custos. Por isso as máximas da adequação e da necessidade não devem ser abordadas aqui.[26] Contudo o mero fato de a construção em princípios poder abranger também esse aspecto é um forte argumento a favor de sua correção.

3.4.4. A lei da ponderação

A ideia fundamental da otimização em relação às possibilidades jurídicas, ou seja, o exame da proporcionalidade, pode ser formulada em uma regra que pode ser denominada "lei da ponderação". Ela reza:

---

[24] B. Schlink, Freiheit und Eingriffsabwehr – Rekonstruktion der klassischen Grundrechtsfunktion, in: EuGRZ, 11, 1984, p. 462. Cf. ainda B. Schlink (nota 12), Der Grundsatz der Verhältnismäßigkeit, p. 460.

[25] R. Alexy (nota 1), Theorie der Grundrechte, p. 101-103.

[26] Sobre isso cf. L. Clérico, Die Struktur der Verhältnismäßigkeit, Baden-Baden, 2001, p. 26-139.

Parte II · Cap. 3 – A CONSTRUÇÃO DOS DIREITOS FUNDAMENTAIS | **139**

Quanto maior o grau de descumprimento de ou de interferência em um princípio, maior deve ser a importância do cumprimento do outro princípio.[27]

A lei da ponderação mostra que a ponderação pode ser dividida em três passos ou níveis. No primeiro nível trata-se do grau de descumprimento de ou de interferência em um princípio. A ele se segue, no próximo nível, a identificação da importância do cumprimento do princípio oposto. Finalmente, no terceiro nível, identifica-se se a importância do cumprimento do princípio oposto justifica o descumprimento do outro princípio ou a interferência nele. Se não fosse possível emitir juízos racionais sobre, em primeiro lugar, a intensidade da interferência, em segundo lugar, o grau da importância da razão justificadora da interferência e, em terceiro lugar, a relação de uma com o outro, as objeções levantadas por Habermas e Schlink seriam verdadeiras.

3.4.5. A fórmula do peso

A fim de mostrar que juízos racionais sobre a intensidade de interferência e graus de importância são possíveis, deve ser analisada inicialmente uma decisão do Tribunal Constitucional da República Federal da Alemanha sobre avisos referentes à saúde.[28] O tribunal classificou o dever dos fabricantes de gêneros de tabaco de colocar em seus produtos indicações sobre o perigo do fumo para a saúde como uma interferência relativamente leve na liberdade profissional. Uma proibição total de qualquer produto de tabaco deveria ser julgada, ao contrário, como uma interferência grave. Entre tais casos leves e graves podem ser enquadrados casos em que a intensidade da interferência é média. Desse modo surge uma escala com os níveis "leve", "médio" e "grave". O exemplo mostra que a intensidade da interferência pode ser determinada com a ajuda dessa escala.

O mesmo é possível no lado das razões opostas. Os riscos para a saúde dos fumantes são altos. As razões justificadoras da interferência são portanto graves. Estabelecendo-se desse modo com segurança primeiramente a intensidade da interferência como leve e o grau de importância do motivo da interferência como alta, pode o resultado do exame da proporcionalidade ser designado, com o Tribunal Constitucional Federal, como "evidente".[29]

---

[27] R. Alexy (nota 1), Theorie der Grundrechte, p. 146.
[28] BVerfGE, 95, p. 173.
[29] BVerfGE, 95, p. 173 (p. 187).

140 | Teoria Discursiva do Direito · *Robert Alexy*

A doutrina da decisão sobre o tabaco se confirma quando se analisam outros casos. Um caso de um tipo verdadeiramente distinto é a decisão *Titanic*. A amplamente conhecida revista satírica *Titanic* designou um oficial da reserva paraplégico que, apesar de sua deficiência, conseguiu sua convocação para um treinamento militar, primeiramente como "assassino nato", e então como "aleijado". Uma corte alemã condenou a revista *Titanic* a uma reparação de dano no valor de 12 mil Marcos Alemães. A revista *Titanic* apresentou uma reclamação constitucional. O Tribunal Constitucional Federal realizou uma "ponderação (referente ao caso)"[30] entre a liberdade de opinião da revista e os direitos de personalidade do oficial. Esse caso também pode ser reconstruído com a ajuda da escala triádica leve-média-grave. A formação de uma tal escala triádica não é porém suficiente para se mostrar que a ponderação é racional. Para esse fim é preciso mostrar que classificações desse tipo podem ser inseridas em um sistema inferencial ou de conclusões que, como um todo, está conectado ao conceito de correção. No caso de subsunção sob uma regra, o sistema de conclusões subjacente pode ser expresso através de um esquema dedutivo, o esquema da "justificação interna", que se formula com a ajuda dos enunciados e predicados da lógica e da lógica deôntica, e que pode ser inserido em uma teoria do discurso jurídico.[31] Tem importância central tanto para a teoria do discurso jurídico quanto para a teoria dos direitos fundamentais que exista, para a ponderação, uma contraparte desse esquema dedutivo.[32] Essa contraparte é a fórmula do peso.

O núcleo e ao mesmo tempo a forma mais simples da fórmula do peso reza:

$$G_{i,j} = \frac{I_i}{I_j}$$

Nessa fórmula faltam ainda as variáveis para os pesos abstratos dos princípios colidentes (G_i, G_j) e as variáveis para a certeza das suposições empíricas sobre o que a respectiva medida significa, no caso concreto, para a não-realização de um princípio e a realização do outro princípio (S_i, S_j). Porém aqui pode-se deixar de lado isso, de modo que a forma simples acima indicada pode substituir a forma completa[33]

---

[30] BVerfGE, 86, p. 1 (p. 11).

[31] R. Alexy (nota 2), Theorie der juristischen Argumentation, p. 273-283.

[32] R. Alexy, On Balancing and Subsumption. A Structural Comparison, in: Ratio Juris, 16, 2003, p. 448.

[33] Sobre isso cf. R. Alexy, Die Gewichtsformel, in: Gedächtnisschrift f. Jürgen Sonnenschein, J. Jickeli/P. Kreutz/D. Reuter (orgs.), Berlin, 2003, p. 783-791.

Parte II · Cap. 3 – A CONSTRUÇÃO DOS DIREITOS FUNDAMENTAIS | 141

$$G_{i,j} = \frac{I_i \cdot G_i \cdot S_i}{I_j \cdot G_j \cdot S_j}$$

Tanto na forma mais simples quanto na forma completa, I_i representa a intensidade da interferência no princípio P_i, que é, no nosso caso, o princípio garantidor da liberdade de opinião da revista *Titanic*. I_j representa a importância do cumprimento do princípio oposto P_j, ou seja, aqui o princípio que tem por objeto os direitos de personalidade do oficial paralítico. $G_{i,j}$ representa, por fim, o peso concreto do princípio cuja violação é examinada, ou seja, P_i. A fórmula do peso expressa que o peso concreto de um princípio é um peso relativo. Ela faz isso de forma simples, definindo o peso concreto como quociente entre a intensidade da interferência nesse princípio (P_i) e a importância concreta do princípio oposto (P_j).

É forçosa a objeção de que só se pode falar em quocientes em conexão com números e que números não são empregados na ponderação em direito constitucional. A resposta a essa objeção pode começar com a constatação de que as fórmulas lógicas que são empregadas para expressar a estrutura da subsunção também não são utilizadas na argumentação jurídica, o que não modifica o fato de elas serem o melhor meio de se explicitar a estrutura inferencial da aplicação de regras. O mesmo é verdade para a representação da estrutura inferencial de aplicação dos princípios com a ajuda de números que são inseridos para as variáveis da fórmula do peso.

Os três valores do modelo triádico – leve-médio-grave – podem ser representados através de *l, m* e *s*. O modelo triádico de modo algum exaure as possibilidades da ordenação em escala. A ponderação pode começar quando uma escala com dois valores, *l* e *s*, está disponível. Ponderar só é impossível se todas as coisas possuírem o mesmo valor.[34] No mais há inúmeras possibilidades de refinamento da escala. Especialmente interessante é uma escala triádica dupla, que trabalha com nove níveis: (1) *ll*, (2) *lm*, (3) *ls*, (4) *ml*, (5) *mm*, (6) *ms*, (7) *sl*, (8) *sm*, (9) *ss*. De importância suprema é que sejam estabelecidos limites para o refinamento. Classificações são juízos. Qualquer um entende proposições como "a interferência é leve (*l*)" ou "a interferência é uma interferência média grave (*ms*)". Mas o que se deveria entender pela proposição "a interferência é uma interferência do tipo leve grave médio (*lsm*)", que seria possível através

---

[34] Sobre isso cf. A. Barak, The Judge in a Democracy, Princeton-Oxford, 2006, p. 166: "não se pode ponderar sem uma escala".

142 | Teoria Discursiva do Direito · *Robert Alexy*

da adição de uma terceira tríade? Só é possível fundamentar aquilo que se compreende. A fundamentabilidade de proposições sobre intensidade é condição da racionalidade da ponderação. Disso se segue que o escalonamento trabalha, no âmbito dos direitos fundamentais, com escalas relativamente rudimentares. Afinal é a natureza do direito, aqui do direito constitucional, que estabelece limites ao refinamento do escalonamento e exclui completamente escalonamentos do tipo infinitesimal.[35] Medições calculáveis com ajuda do contínuo de pontos entre 0 e 1 estão, portanto, fora de questão.

Se a fórmula do peso deve expressar a estrutura inferencial da ponderação, mesmo escalas rudimentares não são possíveis sem a classificação de números. Há inúmeras possibilidades de atribuir uma ordenação numérica aos três valores do nosso modelo triádico. Uma possibilidade verdadeiramente simples e, ao mesmo tempo, altamente instrutiva é a progressão geométrica 2^0, 2^1 e 2^2, ou seja, 1, 2 e 4.[36] Na decisão *Titanic* o Tribunal Constitucional Federal classificou a intensidade da interferência (I_i) na liberdade de opinião (P_i) como grave (s). A importância da proteção dos direitos de personalidade (P_j) do oficial (I_j) no caso da designação "assassino nato" teve, em virtude do contexto altamente satírico, classificação de valor médio (m), tendendo na verdade a um valor leve. Se introduzirmos, para s e m, os valores correspondentes de nossa progressão geométrica, o peso concreto de $P_i(G_{i,j})$ assume o valor 4/2, ou seja, 2. Se, ao contrário, I_i fosse m e I_j fosse s, o valor seria 2/4, ou seja, 1/2. A precedência de P_i é assim expressa através de um peso concreto maior que 1, a de P_j através de um peso concreto menor que 1. Em todos os casos o empate ou impasse é o valor 1.

A designação do oficial como "aleijado" foi, ao contrário, considerada pelo Tribunal como interferência grave (s) na personalidade. Desse modo surgiu um impasse, que teve como consequência o insucesso da reclamação constitucional da revista *Titanic* no que diz respeito à imposição da reparação de dano por causa da designação "aleijado". No caso da designação "assassino nato" a liberdade de opinião prevaleceu, de modo que a reparação de dano foi, nesse ponto, desproporcional, ou

---

[35] R. Alexy, Verfassungsrecht und einfaches Recht – Verfassungsgerichtsbarkeit und Fachgerichtsbarkeit, in: VVDStRL, 61, 2002, p. 25 s.

[36] A grande vantagem da progressão geométrica consiste no fato de ela representar da melhor maneira a crescente força de resistência dos direitos quando a intensidade da interferência é crescente, o que constitui a base da refutação à objeção dogmática que se refere à redução da força dos direitos fundamentais. Cf. R. Alexy (nota 32), On Balancing and Subsumption. A Structural Comparison, p. 787.

Parte II · Cap. 3 – A CONSTRUÇÃO DOS DIREITOS FUNDAMENTAIS | 143

seja, inconstitucional, e a reclamação constitucional foi, nessa medida, fundamentada.

A racionalidade de um esquema inferencial depende essencialmente da questão se ele combina premissas que, enquanto tais, podem por sua vez ser fundamentadas. Na fórmula do peso as premissas são representadas por números, que designam juízos. Um tal juízo constitui a afirmação de que a designação pública de uma pessoa gravemente deficiente como "aleijado" representa uma lesão grave ao direito de personalidade. Com essa afirmação é levantada uma pretensão de correção que pode ser justificada em um discurso. A comensurabilidade das classificações em ambos os lados da ponderação é assegurada pelo fato de o discurso ser conduzido a partir de um ponto de vista uniforme: o ponto de vista da constituição.[37] O Tribunal Constitucional Federal fundamenta sua classificação com o fato de que a designação de "aleijado" seria, hoje em dia, compreendida como expressão de desprezo e humilhação.[38] Naturalmente pode-se discutir isso, assim como muita coisa no direito. Mas a possibilidade de se discutir algo não implica irracionalidade. Se assim fosse, não só a ponderação, mas também a argumentação jurídica enquanto tal seria irracional. É correto, ao contrário, que a fundamentabilidade, independentemente do fato de ela não poder ser identificada com a provabilidade, implica racionalidade e com isso uma objetividade que se localiza entre a certeza e o arbítrio.

O objetivo foi alcançado. A ponderação prova-se como uma forma de argumento[39] do discurso jurídico racional,[40] o que é suficiente para enfraquecer a objeção da irracionalidade especificamente voltada contra a ponderação. Naturalmente poder-se-ia ainda questionar de forma bastante geral a possibilidade da argumentação jurídica racional, bem como se pensar em entrar, com base naquilo que até aqui foi explicado, na refutação das objeções dos seis outros grupos. Mas não mais há

---

[37] R. Alexy (nota 32), On Balancing and Subsumption. A Structural Comparison, p. 781 s.

[38] BVerfGE, 86, p. 1 (p. 13)

[39] R. Alexy (nota 2), Theorie der juristischen Argumentation, p. 123. O mesmo soa quando em Barak (nota 34), The Judge in a Democracy, p. 173, diz-se: "a ponderação introduz ordem no pensamento jurídico". Cf. ainda Barak (nota 34), The Judge in a Democracy, p. 164.

[40] Como esquema inferencial expressado através da fórmula do peso a ponderação é uma estrutura formal que, enquanto tal, não contém substância. O emprego da fórmula do peso exige porém que seja, nas variáveis da fórmula do peso, inserido conteúdo, que se torna explícito através de juízos sobre a intensidade das interferências, os pesos abstratos e a certeza das suposições empíricas. Por essa razão, pode-se dizer que ponderar é procedimentalmente substancial.

oportunidade para isso aqui. Deve ser suficiente estabelecer que, de todo modo, a objeção da irracionalidade, da qual todo o resto depende, pode ser eliminada. Com isso dá-se o passo mais importante para a defesa da construção dos direitos fundamentais em princípios.

PARTE III

TEORIA DOS PRINCÍPIOS E APLICAÇÃO DO DIREITO

Capítulo

1

SOBRE O CONCEITO DE PRINCÍPIO JURÍDICO*

1.1. INTRODUÇÃO

Há pouco tempo H. L. A. Hart falou sobre sinais de uma mudança de época.[1] Um período de 200 anos da teoria do direito e da filosofia política anglo-saxônica, que foi introduzido por Bentham e que teria sido marcado pelo utilitarismo e pela separação entre direito e moral, estaria terminando. Como sinais dessa mudança Hart indica, por um lado, as teorias de Rawls[2] e Nozick,[3] que se opõem ao utilitarismo, e, por outro lado, a teoria de Dworkin, seu sucessor em Oxford, que se opõe ao positivismo jurídico. A crítica de Ronald Dworkin ao positivismo apoia-se essencialmente em sua teoria dos princípios jurídicos. Analisar o conceito de princípio jurídico a partir de uma discussão com Dworkin não só oferece a vantagem de permitir discutir, no contexto da crítica de uma teoria abrangente e sutil, algumas das várias questões ainda não resolvidas[4] que se conectam a esse conceito, mas também abre a possibilidade de investigar um pouco mais a suposição de Hart.

---
*   Traduzido a partir do original em alemão *Zum Begriff des Rechtsprinzips*, publicado originalmente em Rechtstheorie, Beiheft 1, 1979, p. 59-87.
[1]   H. L. A. Hart, Law in the Perspective of Philosophy: 1776 – 1976, in: New York University Law Review, 51, 1976, p. 541.
[2]   J. Rawls, A Theory of Justice, Cambridge/Ma., 1971.
[3]   R. Nozick, Anarchy, State and Utopia, New York, 1974.
[4]   Cf. a consideração de Weinberger, que considera "a representação adequada das formas de princípios jurídicos", "até o momento, um problema sem solução" (O. Weinberger,

Dworkin desenvolveu suas concepções sobre o *status* lógico, a fundamentabilidade e o emprego dos princípios no contexto de um "ataque geral contra o positivismo",[5] para o qual a teoria de Hart[6] lhe serviu como alvo. O objeto de sua crítica é constituído por três teses, que, segundo Dworkin, constituem o esqueleto fundamental não só da teoria de Hart, mas de toda teoria positivista.[7] A primeira tese diz respeito à estrutura e à fronteira do sistema jurídico. Segundo ela o direito de uma sociedade é constituído exclusivamente por regras que podem ser identificadas e diferenciadas de outras regras sociais, especialmente de regras morais, com base em critérios que não dizem respeito a seu conteúdo, mas sim à sua origem (*pedigree*). O exemplo principal para um tal critério de identificação é a regra de reconhecimento de Hart. A segunda tese resulta da primeira. Se o direito consiste exclusivamente em um conjunto de regras válidas de acordo com o critério de identificação e se existem casos, como salienta Hart,[8] nos quais essas regras, por causa de sua vagueza, não vinculam, através de uma consequência jurídica, aquele que decide, então ele deve decidir de acordo com critérios não pertencentes ao ordenamento jurídico, uma vez que o direito não lhe fornece qualquer critério. Se, contudo, alguém só pode decidir com base em critérios não pertencentes ao ordenamento jurídico, ele então não está, através de sua decisão, ligado ao ordenamento jurídico, e tem portanto poder discricionário (*discretion*).[9] A terceira tese se relaciona ao

---

  Die Logischen Grundlagen der erkenntniskritischen Jurisprudenz, in: Rechtstheorie, 9, 1978, p. 131 s.).

[5] R. Dworkin, The Model Of Rules I, in: R. Dworkin, Taking Rights Seriously, London, 1977, p. 22 (publicado originalmente sob o título The Model of Rules, in: Chicago Law Review, 35, 1967, p. 14 ss.; reimpresso sob o título Is Law a System of Rules?, in: Essays in Legal Philosophy, R. Summers (org.), Oxford, 1968, p. 25 ss.; Law, Reason and Justice, G. Huges (org.), New York, 1969, p. 3 ss.; The Philosophy of Law, R. Dworkin (org.), Oxford, 1977, p. 38 ss.).

[6] H. L. A. Hart, The Concept of Law, Oxford, 1961.

[7] R. Dworkin (nota 5), The model of Rules I, p. 17.

[8] H. L. A. Hart (nota 6), The concept of Law, p. 121 ss.

[9] Dworkin diferencia três formas de poder discricionário (*discretion*). Poder discricionário em um primeiro sentido fraco ocorre quando a aplicação de uma regra não pode ocorrer mecanicamente, pressupondo a faculdade de julgar. Poder discricionário em um segundo sentido fraco é dado quando o julgador constitui a última instância, ou seja, a decisão não pode mais ser cassada. Poder discricionário em um terceiro sentido forte possui aquele que não está vinculado a critérios estabelecidos pela autoridade à qual ele está submetido (cf. R. Dworkin (nota 5), The Model of Rules I, p. 31 ss.; R. Dworkin, Judicial Discretion, in: The Journal of Philosophy 55, 1963, p. 624 ss.). Dworkin se contrapõe somente à tese de que o juiz teria poder discricionário no terceiro sentido. Sobre o conceito de poder discricionário em Dworkin, que não será discutido aqui, cf.

Parte III · Cap. 1 – SOBRE O CONCEITO DE PRINCÍPIO JURÍDICO | **149**

conceito de obrigação jurídica. Segundo ela, só se pode falar que alguém tem uma obrigação jurídica (e, em consequência disso, um terceiro tem um direito) quando há uma regra que exprima tal obrigação.[10] Disso se segue que em casos difíceis, nos quais o juiz deve, no sentido da segunda tese, construir pela primeira vez uma regra, com base em seu poder discricionário, como se fosse um legislador, ele não exprime meramente uma obrigação já existente, mas, ao contrário, uma obrigação que não existia até sua sentença e que é com ela pela primeira vez estabelecida.[11]

O ponto central do ataque de Dworkin a teorias desse tipo constitui a tese de que os indivíduos têm direito independentemente do fato de regras anteriores correspondentes terem sido criadas.[12] *Descobrir* esses direitos, e não *criar* novos direitos, seria a tarefa do juiz.[13] Além disso, em casos difíceis (*hard cases*), haveria apenas uma resposta correta.[14] Embora não haja um procedimento para provar conclusivamente essa resposta em cada caso, disso não decorreria que nem sempre exatamente uma afirmação sobre direitos seja verdadeira.[15-16] Contudo haveria procedimentos que informam a resposta correta, e assim critérios de julgamento da correção ou da verdade de afirmações sobre direitos, mesmo em casos duvidosos. Verdadeira ou correta seria a resposta que fosse justificada da melhor forma possível pela mais sólida teoria do di-

---

G. C. MacCallum, Dworkin on Judicial Discretion, in: The Journal of Philosophy, 55, 1963, p. 638 ss.; N. B. Reynolds, Dworkin as Quixote, in: University of Pennsylvania Law Review, 123, 1974/75, p. 574 ss.; K. Greenawalt, Discretion and Judicial Decision: The Elusive Quest for the Fetters that bind Judges, in: Columbia Law Review, 75, 1975, p. 365 ss.

[10] Cf. também H. L. A. Hart, Definition and Theory in Jurisprudence, Oxford, 1953, p. 16.

[11] R. Dworkin (nota 5), The Model of Rules, p. 17, 44.

[12] R. Dworkin (nota 5), Taking Rights Seriously, Introduction, p. XI.

[13] R. Dworkin, Hard Cases, in: R. Dworkin (nota 5), Taking Rights Seriously, p. 81 (publicado pela primeira vez in: Harvard Law Review, 88, 1975, p. 1057 ss.).

[14] R. Dworkin, No Right Answer?, in: Law Morality and Society – Festschrift f. H. L. A. Hart, P.M.S. Hacker/J. Raz (orgs.), Oxford, 1977, p. 58 ss. Sobre uma crítica a isso cf.: Dworkin's "Rights Thesis", in: Michigan Law Review 74, 1976, p. 1191 ss.

[15] Sobre o emprego da expressão "verdadeira(o)" em Dworkin, cf. R. Dworkin (nota 14), No Right Answer?, p. 82. As afirmações de Dworkin sobre direitos são afirmações normativas. A questão se de fato é adequado considerá-los "verdadeiros" pode ser deixada aqui aberta, pois não há nada na teoria de Dworkin que dependa essencialmente do uso da expressão "verdadeira(o)". Ela pode em geral ser substituída, por exemplo, por "correto".

[16] R. Dworkin (nota 14), No Right Answer?, p. 76 ss.; R. Dworkin (nota 13), Hard Cases, p. 81. Crítica sobre isso: A. D. Woozley, No Right Answer, in: The Philosophical Quarterly, 29, 1979, p. 25 ss.

reito (*soundest theory of law*).[17] No contexto de uma teoria como essa os princípios desempenhariam um papel decisivo. A mais sólida teoria seria aquela que contém princípios e atribuições de pesos a princípios que melhor justifiquem as prescrições da constituição, as normas estabelecidas e os precedentes.[18] Dworkin entende por "princípios" todos os padrões que, não sendo regras, podem servir como argumentos para direitos individuais.[19] As três teses do positivismo, que segundo Dworkin são defeituosas, decorreriam de um desconhecimento tanto do papel que os princípios de fato desempenham[20] quanto também do papel que eles têm que desempenhar[21] na argumentação jurídica. O significado dos princípios seria já evidente a partir do fato de várias decisões poderem neles se apoiar e se mostra de forma ainda mais clara através do fato de normas jurídicas poderem ser restringidas ou suprimidas através deles.[22] Princípios devem consequentemente ser vistos como uma parte do ordenamento jurídico. O ordenamento jurídico não seria portanto um sistema composto exclusivamente por regras jurídicas. Além disso não seria possível identificar os princípios através de uma regra *social* de

---

[17]   Esse critério foi formulado por Dworkin de diversas maneiras. Sobre isso cf. R. Dworkin, The Model of Rules II, p. 82, in: R. Dworkin (nota 5), Taking Rights Seriously (publicado pela primeira vez sob o título: Social rules and Legal Theory, in: The Yale Law Journal, 81, 1972, p. 855 ss.).

[18]   Sobre isso cf. R. Dworkin (nota 5), The Model of Rules I, p. 66; R. Dworkin (nota 13), Hard Cases, p. 116 ss.

[19]   R. Dworkin (nota 13), Hard Cases, p. 90. Aos princípios Dworkin contrapõe as políticas. Dentre elas Dworkin compreende objetivos coletivos sociais (R. Dworkin (nota 13), Hard Cases, p. 82). As políticas desempenhariam um papel apenas limitado na resposta à pergunta sobre quais direitos os indivíduos possuem. Segundo Dworkin, elas poderiam ser levadas em consideração, enquanto fins (*purposes*), somente no contexto da aplicação de normas estatuídas (R. Dworkin (nota 13), Hard Cases, p. 107 ss.), e em casos de grande urgência (R. Dworkin (nota 13), Hard Cases, p. 92). A distinção de Dworkin entre princípios e políticas não deixa de ser problemática. Para uma crítica a ela, cf. Dworkin's "Right Thesis" (nota 14), p. 1.172 ss., 1.177, em que a existência de uma diferença relevante é questionada: "quer os juízes apresentem argumentos de princípio ou argumentos de política (pela definição de Dworkin), eles estão na verdade fazendo essencialmente a mesma coisa". Nele também se encontra a representação do desenvolvimento da distinção entre princípios e políticas por Dworkin, que nem sempre foi encontrada com a mencionada nitidez (Dworkin's "Rights Thesis" (nota 14), p. 1.173, nota 40). Não é necessário porém adentrar aqui nos problemas dessa distinção de Dworkin, pois a resposta às questões a serem aqui abordadas não depende dela.

[20]   R. Dworkin (nota 5), The Model of Rules I, p. 22.

[21]   Dworkin caracteriza sua teoria tanto como descritiva quanto como normativa (R. Dworkin (nota 13), Hard Cases, p. 123).

[22]   R. Dworkin (nota 5), The Model of Rules I (nota 5), p. 37 s.

Parte III · Cap. 1 – SOBRE O CONCEITO DE PRINCÍPIO JURÍDICO | 151

reconhecimento.[23] A identificação dos respectivos princípios a se levar em conta pressuporia considerações essencialmente morais.[24] Assim, a primeira tese seria falsa. A insustentabilidade da segunda tese resultaria do fato de os princípios, diferentemente das regras, oferecerem sempre apoio ao juiz. Quando uma resposta com base em uma regra não for possível, seria ela dada com base em princípios.[25] Como eles pertencem ao ordenamento jurídico, o juiz nunca teria poder discricionário, no sentido de não estar vinculado ao ordenamento jurídico. Por fim, a terceira tese seria falsa, pois o juiz não inventaria sua resposta, mas, com base nos princípios, descobriria quais direitos as partes possuem.[26]

Esse esboço rudimentar da teoria de Dworkin já deixa claro o papel que os princípios nela desempenham. Das várias questões que tal teoria levanta, devem ser abordadas a seguir apenas aquelas referentes ao *status* lógico, à fundamentação e à aplicação dos princípios. Com isso deverá ficar em primeiro plano a análise do conceito de princípio jurídico e sua delimitação em relação ao conceito de norma jurídica ou de regra jurídica. Em conexão a essa análise deverão ser abordadas algumas conclusões dela decorrentes para a teoria da fundamentação e da aplicação dos princípios.

1.2. A DISTINÇÃO ENTRE REGRAS E PRINCÍPIOS

Segundo Dworkin, há entre regras e princípios uma diferença lógica. O termo "lógica" é empregado em um sentido amplo, que abrange também características gerais da estrutura da norma. Já que dificilmente pode-se esperar, aqui, mal-entendidos, deve ser seguida a termino-

---

[23] R. Dworkin (nota 17), The Model of Rules II, p. 59 ss. Outra concepção sobre esse ponto possui Sartorius, que defende ser possível um critério de teste para a identificação de princípios que pertencem ao ordenamento jurídico: "Há um critério definitivo através do qual se pode, em princípio, determinar se qualquer padrão dado é um padrão jurídico; um critério que se conforma aproximadamente ao espírito, se não à letra da regra de reconhecimento de Hart". Sartorius admite porém que "o preenchimento real de um tal critério definitivo seria uma tarefa complexa e exigente para qualquer sistema jurídico maduro, isso se ele for, na verdade, uma possibilidade prática". (R. Sartorius. Social Policy and Judicial legislation, in: American Philosophical Quarterly, 8, 1971, p. 155 s.). Também Raz defende a concepção de que a existência de princípios não obriga a abandonar o pensamento de uma regra de reconhecimento. Raz quer incluir os princípios na regra de reconhecimento como "costumes judiciais" (judicial costums) (J. Raz, Legal Principles and the Limits of Law, in: The Yale Law Journal, 81, 1972, p. 851 ss.). Sobre uma crítica a Sartorius e Raz ver R. Dworkin (nota 17), The Model of Rules II, p. 59 ss., 64 ss.
[24] R. Dworkin (nota 17), The Model of Rules II, p. 67 s.
[25] R. Dworkin (nota 5), The Model of Rules I, p. 35 s.
[26] R. Dworkin (nota 5), The Model of Rules I, p. 44.

logia de Dworkin. A primeira parte da tese da diferença lógica significa que as regras são aplicáveis de um modo "tudo ou nada" (*all-or-nothing fashion*). Quando as características do antecedente da norma ocorrem, haveria apenas duas possibilidades. Ou a regra seria válida, e a consequência jurídica deveria ser aceita, ou ela não seria válida, e então ela em nenhuma medida resolveria o conflito.[27] O fato de uma regra poder ter exceções (*exceptions*) não afetaria seu caráter tudo ou nada.[28] Uma formulação completa da regra deveria conter todas as exceções. As exceções seriam, por conseguinte, parte integrante da regra. Ocorrendo a exceção, seguir-se-ia forçosamente que a regra, à qual a exceção pertence, não seria aplicável. Mesmo podendo as exceções ser bem numerosas, seria possível, pelo menos teoricamente, mencioná-las integralmente.[29]

Princípios, por outro lado, não determinariam necessariamente a decisão,[30] mesmo quando se pode neles separar o antecedente normativo e a consequência jurídica, e as condições do antecedente são preenchidas. Eles simplesmente contêm razões que indicam uma ou outra decisão, que eles sugerem.[31] Outros princípios podem ter precedência sobre eles. Os contraexemplos (*counter-instances*) encontrados em relação aos princípios não poderiam ser tratados, como no caso das regras, como exceções. Seria impossível abranger as exceções em uma formulação integral dos princípios, e, portanto, aplicar o princípio como uma regra, de um modo tudo ou nada. Diferentemente das exceções às regras, não seriam os contraexemplos a princípios sequer teoricamente enumeráveis.[32]

A primeira parte da tese da distinção de Dworkin implica uma segunda. De acordo com ela, os princípios têm uma dimensão que as regras não têm, uma dimensão de peso (*dimension of weight*),[33] que se mostraria em seu comportamento no caso de colisão. Quando dois princípios colidem, o princípio que possui o maior peso relativo decidiria, sem que, com isso, o princípio com o menor peso relativo se tornasse inválido. Nas circunstâncias de outro caso poderiam os pesos ser atribuídos inversamente. Diferentemente ocorreria com um conflito entre regras, em que, por exemplo, quando uma regra comanda algo que outra regra proíbe

---

[27] R. Dworkin (nota 5), The Model of Rules I, p. 24.

[28] R. Dworkin (nota 5), The Model of Rules I, p. 25.

[29] R. Dworkin (nota 5), The Model of Rules I, p. 25.

[30] R. Dworkin (nota 5), The Model of Rules I, p. 25.

[31] R. Dworkin (nota 5), The Model of Rules I, p. 26; R. Dworkin (nota 17), The model of Rules II, p. 72.

[32] R. Dworkin (nota 5), The Model of Rules I, p. 25.

[33] R. Dworkin (nota 5), The Model of Rules I, p. 26.

Parte III · Cap. 1 – SOBRE O CONCEITO DE PRINCÍPIO JURÍDICO | **153**

sem que uma das regras estatua uma exceção à outra,[34] sempre pelo menos uma delas seria inválida. Seria indiferente como se decide o que vale. Isso poderia ocorrer segundo uma regra como "lex posterior derogat legi priori" ou de acordo com a regra que é apoiada pelo princípio mais importante.[35] O que seria decisivo é que tal decisão seria uma decisão sobre a validade, o que significa que a regra inválida, diferentemente de um princípio preterido, seria retirada do ordenamento jurídico.

Isso deixa claro que a distinção de Dworkin não é uma distinção em graus. Os critérios de distinção não são comparativos, mas estritamente classificatórios. Isso significa que a frequentemente problemática[36] distinção de acordo com o grau de generalidade,[37] que ainda será abordada, é rejeitada por Dworkin.[38] Considerando a concepção de Dworkin, justifica-se falar de uma "tese da separação rigorosa". A *tese da separação rigorosa* significa que a distinção entre regras e princípios não é uma distinção em graus, mas sim que regras e princípios são padrões normativos com estruturas lógicas completamente diversas. Se um padrão pode ser uma regra ou um princípio, então ele sempre é ou uma regra ou um princípio. Como alternativa à tese da separação rigorosa interessam duas teses: a tese da separação fraca e a tese da conformidade. A tese da *conformidade* significa que entre regras e princípios não existe diferença lógica, e na verdade sequer diferença lógica no sentido amplo acima mencionado. Todas as qualidades lógicas que podem aparecer naquilo que tradicionalmente se denomina "princípio" podem também aparecer naquilo que se denomina "regra" ou "norma". Por outro lado, a *tese da separação fraca*, assim como a tese da separação rigorosa, tem como conteúdo o fato de que regras e princípios podem ser diferenciados através de aspectos lógicos. Essa diferença é porém uma diferença em graus.[39]

---

[34] R. Dworkin (nota 5), The Model of Rules II, p. 74.

[35] R. Dworkin (nota 5), The Model of Rules I, p. 27.

[36] Cf. J. Raz (nota 23), Legal Principles and the Limits of Law, p. 838; G. C. Christie, The Model of Principles, in: Duke Law journal, 1968, p. 669; G. Hughes, Rules, Policy and Decision making, in: The Yale Law Journal, 77, 1968, p. 419.

[37] Uma regra é tão mais geral quanto menos específicas forem as condutas por ela abrangidas. Assim, a regra "nunca se deve mentir" possui um grau relativamente alto de generalidade, e a regra "dizer à sua esposa sempre a verdade em questões relativas a dinheiro" possui um grau relativamente mais baixo de generalidade. Sobre isso cf. R. M. Hare, Freedom and Reason, Oxford, 1963, p. 39 s., bem como R. M. Hare, Principles, in: Proceedings of the Aristotelian Society, 73, 1972/73, p. 2 s.

[38] R. Dworkin (nota 17), The Model of Rules II, p. 78.

[39] As três teses se excluem no sentido de que elas não podem valer ao mesmo tempo para os mesmos objetos. Isso não significa porém que elas não possam ser aplicáveis a coisas

As três teses se relacionam em um sentido amplo, que inclui na estrutura lógica das regras e dos princípios coisas como as formas da aplicação e as formas da colisão. Ao lado de tais tipos de critério, ou em concorrência com eles, muitos outros critérios de distinção podem ser pensados e são frequentemente mencionados. Assim poderia se cogitar distinguir regras e princípios de acordo com o modo de sua formação, por exemplo se elas foram criadas ou expandidas,[40] de acordo com o caráter explícito de seu conteúdo de valor,[41] de acordo com seu conteúdo moral, sua relação com a ideia de direito[42] ou com uma lei jurídica superior,[43] de acordo com seu significado para o ordenamento jurídico[44] ou de acordo com a certeza de seu reconhecimento, com sua validade geral ou com sua ubiquidade. Interessam também outros critérios de distinção lógicos em sentido amplo. Assim foi sugerido distinguir regras e princípios considerando se eles são fundamentos para regras ou regras em si mesmas,[45] ou ainda de acordo com seu objeto de regulamentação, por exemplo, se eles são regras de argumentação ou regras de comportamento.[46] A frequentemente salientada multiplicidade dos tipos de

---

diversas. A maior medida de aplicabilidade paralela ocorreria em um modelo em que três formas de regras ou três formas de princípios fossem distinguidos, de modo que três pares pudessem ser construídos, correspondendo respectivamente a cada uma das três relações de distinguibilidade. Aqui defende-se porém a concepção de que tal modelo é inexato. Além disso, a tese da separação fraca é compatibilizada com a forte através de um abrandamento. Um exemplo para tal tese da separação fraca abrandada é a tese de que a diferença é não *somente* mas *frequentemente também* uma diferença de grau de generalidade.

[40] S. I. Shuman, Justification of Judicial Decisions, in: Essays in Honor of Hans Kelsen, The California Law Review, 59, 1971, p. 723, 729; T. Eckhoff, Guiding Standards in Legal Reasoning, in: Current Legal Problems, 29, 1976, p. 209 s.

[41] C.-W. Canaris, Systemdenken und Systembegriff in der Jurisprudenz, Berlin, 1969, p. 50.

[42] K. Larenz, Methodenlehre der Rechtswissenschaft, 4ª ed., München, 1979, p. 207, 410.

[43] H. J. Wolff, Rechtsgrundsätze und verfassungsgestaltende Grundentscheidungen als Rechtsquellen, in: Festschrift f. W. Jellinek, O. Bachoff /M. Drath /O. Gönnenwein /E. Walz (orgs.), München, 1955, p. 37 ss.

[44] K. Larenz (nota 42), Methodenlehre der Rechtswissenschaft, p. 464; A. Peczenik, Principles of Law. The search for Legal Theory, in: Rechtstheorie, 2, 1971, p. 30. Sobre isso cf. também S. Wronkowska/M. Zielinski/Z. Ziembiński, Rechtsprinzipien. Grundlegende Probleme, in: Zasady prawa, Warschau, 1974, p. 226. Na medida em que o conceito de significado para o ordenamento jurídico pode ser reconduzido às relações lógicas entre princípios e regras (sobre isso cf. A. Peczenik, Principles of Law. The search for Legal Theory, p. 31 s.), trata-se também, no caso desse critério, de um critério lógico em sentido amplo.

[45] J Raz (nota 23), Legal Principles and the Limits of Law, p. 839.

[46] H. Gross, Standards as Law, in: Annual Survey of American Law, 1968/69, p. 578; T. Eckhoff (nota 40), Guiding Standards in Legal Reasoning, p. 207.

Parte III · Cap. 1 – SOBRE O CONCEITO DE PRINCÍPIO JURÍDICO | 155

princípios vai de encontro à multiplicidade desses critérios. O catálogo mais colorido é apresentado por Esser, que distingue os princípios em axiomáticos, retóricos e dogmáticos,[47] imanentes e informativos,[48] princípios jurídicos e princípios do direito,[49] e princípios de construção e de valor,[50] dentre outros.[51-52]

Pode-se supor que a adequabilidade dos critérios mencionados também depende de suas relações aos diversos tipos de princípios. Se, em face dessa situação, a distinção lógica em sentido amplo entre regras e princípios discutida por Dworkin está no ponto central, então a análise da tese da separação rigorosa de Dworkin promete ser um bom ponto de partida para a análise e a avaliação também dos outros critérios.

É verdade que Dworkin elaborou aprofundadamente a tese da separação rigorosa, mas ele não é seu único partidário. No âmbito da cultura germânica ela foi defendida de forma nítida por Esser, que acentua não depender a distinção entre regras e princípios do grau de generalidade,[53] mas sim da "qualidade".[54] A "proposição jurídica moderna do sistema

---

[47] J. Esser, Grundsatz und Norm in der richterlichen Fortbildung des Privatrechts, 3ª ed., Tübingen, 1974, p. 47 s.

[48] J. Esser (nota 47), Grundsatz und Norm in der richterlichen Fortbildung des Privatrechts, p. 73 ss.

[49] J. Esser (nota 47), Grundsatz und Norm in der richterlichen Fortbildung des Privatrechts, p. 90.

[50] J. Esser (nota 47), Grundsatz und Norm in der richterlichen Fortbildung des Privatrechts, p. 156.

[51] Sobre outras classificações dos princípios, cf. A Peczenik, Principles of Law (Nota 44), p. 17 ss., que diferencia (1) "princípios ou 'leis' da lógica", (2) "princípios de justiça", (3) "princípios semi-lógicos" e (4) "princípios jurídicos formulados instrumentalmente", (5) princípios "semelhantes aos instrumentalmente formulados" e (6) "todos os outros princípios".

[52] É preciso distinguir dessas classificações a concepção dos princípios como proposições descritivas e diretivas ou normativas (sobre isso cf. S. Wronkowska/M. Zielinski/Z. Ziembiński, Rechtsprinzipien (Nota 44), p. 225). Na medida em que toda norma pode ser reproduzida por uma proposição descritiva ("proposição jurídica" no sentido de Kelsen; cf. H. Kelsen, Reine Rechtslehre, 2ª ed., Wien 1960, p. 73 ss.), corresponde a todo princípio diretivo um princípio descritivo. Duvidoso é se a recíproca é verdadeira. Isso é válido especialmente para "referências sumária(s) a um grande número de leis" (sobre isso cf. J. Raz (nota 23), Legal Principles and the Limits of Law, p. 828 s.).

[53] J. Esser (nota 47), Grundsatz und Norm, p. 51. Esser intervém claramente na tese de Simonius, de que princípios se comportam em relação a normas jurídicas do mesmo modo como princípios de nível superior se comportam em relação a princípios de nível inferior (A. Simonius, Über Bedeutung, Herkunft und Wandlung der Grundsätze des Privatrechts, in: Zeitschrift f. Schweizerisches Recht, N. F., 71, 1972, p. 239).

[54] J. Esser (nota 47), Grundsatz und Norm, p. 95.

continental" é caracterizada aproximadamente como questão de tudo ou nada, do seguinte modo: ela "deve ser 'aplicável', ou seja, no que diz respeito a seu alcance e a seus efeitos, ela deve ser estipulada através de critérios assinalados por um conjunto de servidores públicos, de forma verificável, como dados ou não-dados".[55] Ao invés disso, o princípio não conteria "uma diretiva obrigatória de forma imediata para um determinado âmbito de questões",[56] sendo ele "não propriamente uma 'diretiva', mas sim fundamento, critério e justificação da diretiva".[57] Larenz adotou a mesma posição em relação a esse tema.[58] Também o teorema da colisão de Dworkin se encontra em Esser e em Larenz, e teve uma outra elaboração em Canaris. De acordo com ele, enquanto de duas normas que se contradizem pelo menos uma é inválida,[59] os princípios, que são caracterizados como "fórmulas com efeitos opostos",[60] ostentam "seu verdadeiro conteúdo de sentido antes em uma combinação recíproca de complementação e limitação".[61] Portanto pode ser dito, sem se entrar em outras qualificações,[62] bem como em alguns comentários que poderiam sugerir enfraquecimentos,[63] que os referidos autores defendem os

---

[55] J. Esser (nota 47), Grundsatz und Norm, p. 51.

[56] J. Esser (nota 47), Grundsatz und Norm, p. 50.

[57] J. Esser (nota 47), Grundsatz und Norm, p. 51 s.

[58] K. Larenz, Richtiges Recht. Grundzüge einer Rechtsethik, München, 1979, p. 24 s.; K. Larenz (nota 42), Methodenlehre der Rechtswissenschaft, p. 458.

[59] C.-W. Canaris (nota 41), Systemdenken und Systembegriff, p. 26, 116 s.; K. Larenz (nota 42), Methodenlehre der Rechtswissenschaft, p. 250.

[60] J. Esser (nota 47), Grundsatz und Norm, p. 80.

[61] C.-W. Canaris (nota 41), Systemdenken und Systembegriff, p. 55.

[62] Aqui deve-se pensar na distinção de Larenz entre princípios "abertos" e "princípios na forma de proposições jurídicas" (K. Larenz (nota 42), Methodenlehre der Rechtswissenschaft, p. 463 s.). Um princípio seria um princípio na forma de uma proposição jurídica quando fosse condensado em uma regra imediatamente aplicável (K. Larenz (nota 42), Methodenlehre der Rechtswissenschaft, p. 463). Exemplos de princípios na forma de proposições jurídicas seriam a máxima da ausência de forma contratual e a máxima "nulla poena sine lege" (K. Larenz (nota 42), Methodenlehre der Rechtswissenschaft, p. 464). Os princípios na forma de proposições jurídicas devem ser diferenciados de normas jurídicas com antecedente formulado de forma muito ampla, na medida em que a eles cabe um papel destacado (K. Larenz (nota 42), Methodenlehre der Rechtswissenschaft, p. 464), ou seja, devem ser diferenciados das normas jurídicas com base em seu conteúdo ou no papel que eles desempenham no ordenamento jurídico, não porém com base em sua forma. Por isso, de acordo com a divisão de Dworkin, eles devem ser considerados regras.

[63] Enfraquecimentos poderiam sugerir exteriorizações, que se relacionam a diferenças imprecisas. Assim afirma Larenz que "a fronteira entre princípios 'abertos' e princípios 'na forma de proposições jurídicas' é imprecisa. O ponto em que um princípio já

Parte III · Cap. 1 – SOBRE O CONCEITO DE PRINCÍPIO JURÍDICO | 157

elementos essenciais da tese da separação rigorosa. Nessa medida, uma análise dessa tese, na forma como defendida por Dworkin, é também uma discussão das concepções desses autores.

1.2.1. O caráter tudo ou nada

A primeira parte da tese da separação de Dworkin, a tese de que regras são uma questão de tudo ou nada, depende de sua tese de que as exceções a uma regra são em princípio enumeráveis. Se não for possível, como afirma Dworkin, enumerar as exceções, pelo menos em princípio, então uma formulação completa da regra não é possível. Se porém uma formulação completa da regra não for possível, não se pode somente com base nos respectivos pressupostos conhecidos da regra assumir com segurança a consequência jurídica. Sempre é possível que o caso dê ensejo à inclusão de uma nova exceção na forma de uma característica negativa no antecedente da regra.[64] Ocorrendo isso, não será a regra, em sua formulação até então conhecida, aplicada.

---

se concretizou amplamente e pode ser considerado um princípio na forma de uma proposição jurídica não pode ser demarcado com exatidão" (K. Larenz (nota 42), Methodenlehre der Rechtswissenschaft, p. 464). Canaris também fala ocasionalmente sobre transições imprecisas: "trata-se porém apenas de níveis diferentes de um fenômeno de concretização contínuo", que, como aquele do valor ao princípio, "mostra transições imprecisas"(C.-W. Canaris (nota 41), Systemdenken und Systembegriff, p. 51).

[64] Trata-se, com isso, de um caso de redução através de adição conjuntiva de uma característica negada. Esse conceito pode ser explicado da seguinte maneira: a regra N: $\forall x\,(Tx \to ORx)$, seria aplicável no caso a, porque a é um T (Ta). Porém ORa, o comando (O), que R deve suceder a a (Ra), não é considerado apropriado. N não deve contudo ser considerada inválida, pois em inúmeros casos de Tx a consequência ORx é adequada. Apenas quando, como no caso a, circunstâncias especiais (M) se apresentam, não deve ORx valer. A redução de N pretendida com isso é alcançada através da adição conjuntiva da característica de exceção negada M. N se transforma em N': $\forall x\,(Tx \wedge \neg Mx \to ORx)$. N' é a redução de N através de $\neg M$. Contra o caráter tudo ou nada conta, em outra hipótese, sob outra condição, não apenas essa possibilidade de redução, mas também a possibilidade de extensão através de adição disjuntiva. Esse conceito pode ser explicado da seguinte maneira: a regra N: $\forall x\,(Tx \to ORx)$, não seria aplicável, porque a não é um T. Porém, ORa deve valer, porque considerando as razões que justificam a norma N, a é suficientemente semelhante a um indivíduo T. Emes (Ms) devem portanto ser tratados como tês (Ts). A pretendida ampliação de N é alcançada através da adição disjuntiva de M. N se transforma em N'': $\forall x\,(Tx \vee Mx \to ORx)$. N'' é a extensão de N através de M. A hipótese mencionada consiste então no seguinte: quando da possibilidade de extensão resultar um argumento contra o caráter tudo ou nada, N'' deve ser compreendida em primeiro lugar como uma norma e, em segundo lugar, como um complemento de N. Esse poderia sem dúvida

Com certeza poder-se-ia pensar que isso não afeta seu caráter tudo ou nada, pois, em tais casos, em sua nova formulação, ela seria aplicada ou não aplicada. A tese de que as exceções são em princípio enumeráveis se relacionaria não somente às exceções conhecidas até então, mas, mais que isso, a todas as exceções em que se possa pensar. Porém, contam contra essa variante da tese tudo ou nada suas consequências sistemáticas. O fato de a existência de uma regra supor todas as suas possíveis exceções significa que toda regra contém todos os casos de aplicação em todos os universos possíveis para ela. Se é razoável aceitar isso no que diz respeito a regras, deve ser razoável também aceitar isso no que diz respeito a princípios. Entre regras que contêm todos os casos de aplicação em todos os universos possíveis e princípios que contêm todos os contraexemplos em todos os universos possíveis existe, no que diz respeito à possibilidade de enumeração, quando muito uma diferença de grau. A tese da separação rigorosa deveria ser então abandonada. Se essa consequência deve ser evitada, é preciso partir da variante da tese tudo ou nada que se apoia nas exceções conhecidas.

É possível pensar em sistemas normativos que são constituídos exclusivamente por regras que não aceitam exceções, exceto aquelas que tiverem sido estatuídas, ou seja, contenham uma regra que proíba restrições a regras através de cláusulas de exceção. Os ordenamentos jurídicos modernos, aos quais Dworkin se refere, não são porém sistemas normativos desse tipo. Uma análise da prática ensina isso.[65] Além disso, o fato de, em inúmeros casos, não se poder ter certeza de que mais uma nova exceção deve ser estatuída,[66] pode ser explicado através da relação entre regras e princípios. O próprio Dworkin salienta que, com base em um princípio, toda regra pode tornar-se inaplicável em circunstâncias especiais.[67] Com isso, exatamente a existência dos princípios afasta a hipótese do caráter tudo ou nada como critério de distinção entre regras e princípios.

Se a inaplicabilidade de uma regra com base em um princípio não significa que ela se torna simplesmente inválida, então isso significa que, com base no princípio, uma cláusula de exceção à regra é estatuída.[68] Se

---

ser o caso, pois N" não significa nada mais que $\forall x\ (Tx \to ORx) \land \forall x(Mx \to ORx)$, ou seja, que ambas as normas $\forall x\ (Tx \to ORx)$ e $\forall x\ (Mx \to ORx)$.

[65] Cf., por exemplo, BGHZ 4, p. 153; 59 p. 236.

[66] Sobre isso cf. G. C. Christie (nota 36), The Model of Principles, p. 658; R. S. Bell, Understanding the Model of Rules: Toward a Reconciliation of Dworkin and Positivism, in: The Yale Law Journal, 81, 1972, p. 929, 945.

[67] R. Dworkin (nota 5), the Model of Rules I, p. 37 s.; cf. também J. Raz (nota 23), Legal Principles and the Limits of Law, p. 837.

[68] C. Tapper, A Note on Principles, in: The Modern Law Review, 34, 1971, p. 630 s.

Parte III · Cap. 1 – SOBRE O CONCEITO DE PRINCÍPIO JURÍDICO | 159

se aceita que os contraexemplos a princípios não são enumeráveis, então deve também se aceitar que os casos de sua aplicação não são enumeráveis. Se os casos da aplicação de princípios não são enumeráveis e se a aplicação de princípios pode conduzir a exceções a regras, então, em virtude disso, não podem as exceções a regras ser enumeráveis. Se princípios não são aplicáveis em um modo tudo ou nada, em virtude disso as regras também não são.

Com certeza há procedimentos simples para salvar o caráter tudo ou nada das regras. Em vez de tentar completar as regras através da inclusão, em suas formulações, de pressupostos de exceção completos, o que, como demonstrado, sob condições aceitáveis não é possível, pode-se tentar alcançar esse objetivo através da inserção de cláusulas gerais de reserva. Assim é possível facilmente acrescentar às características conhecidas do antecedente de uma regra cláusulas como "e se, não em conformidade com um princípio, outra coisa for juridicamente comandada" ou "e se, não a partir de razões jurídicas observadas, coisas diferentes exigem". A regra se transforma imediatamente em um fenômeno tudo ou nada. Quando as características conhecidas se apresentam e quando nenhum princípio comanda algo diferente, ou quando nenhuma razão jurídica observada exige algo diferente, resulta então necessariamente a consequência jurídica.

Essa tentativa de salvamento apresenta porém desvantagens. A menor delas consiste em que a verificação do cumprimento da cláusula se iguala à verificação da aplicabilidade de um princípio. Assim, regras com cláusulas gerais de reserva têm, na verdade, a mesma função que regras sem cláusulas e princípios possuem. No caso das regras com cláusulas gerais de reserva, o caráter tudo ou nada consegue ser efetivo quando as questões realmente decisivas são respondidas. No contexto da tese tudo ou nada esse é porém geralmente o caso. A tese diz respeito pura e simplesmente ao fato de que quando os pressupostos de uma regra são preenchidos, independentemente do modo como eles foram concebidos em seus pormenores, a consequência jurídica deve ser realizada. Regras com cláusulas gerais de reserva constituem simplesmente um caso extremo em que a fraqueza técnica[69] da tese tudo ou nada se mostra de forma muito clara. Elas se parecem com regras que contêm expressões

---

[69] Uma teoria é em sentido técnico tanto mais fraca, quanto menos com ela se afirma. Sob o ponto de vista da fundamentação, a fraqueza técnica significa, sem dúvida, força. Quanto mais fraca é uma afirmação, a menos objeções ela está exposta. Com a fraqueza progressiva perde ela porém em relevância. Vale portanto o postulado de otimizar ambos os valores, o da força técnica e o da força de fundamentação.

como "razoável", "justa", "contra os costumes", "reprovável" e outras, como a regra do parágrafo 1º da lei de proteção aos animais (ninguém pode, sem motivos razoáveis, causar dor, sofrimento ou dano a um animal).[70] Porém, também no caso de normas que não contêm expressões desse tipo, pode-se mostrar, com toda clareza, a fraqueza técnica da tese tudo ou nada. Assim, nos casos de vagueza da justificação de uma afirmação interpretativa, frequentemente são necessários argumentos que mal podem ser diferenciados dos argumentos que é preciso apresentar para o cumprimento de cláusulas gerais de reserva.[71] O caráter tudo ou nada consegue ser efetivo apenas quando a interpretação é conhecida. Assim, a primeira desvantagem não é, antes de mais nada, algo provocado através da inserção de cláusulas de reserva, mas simplesmente uma consequência particularmente acentuada da formulação tecnicamente fraca da tese tudo ou nada.

A verdadeira desvantagem da inclusão de cláusulas gerais de reserva consiste nas consequências que dela resultam. Se regras com cláusulas como "e se, não em conformidade com um princípio, outra coisa for juridicamente comandada" podem ser estabelecidas, o correspondente é possível em relação a princípios. Mas se princípios com uma condição como "se nenhum outro princípio, com resultado contraditório, tiver precedência" são estabelecidos, então também os princípios são aplicáveis de um modo tudo ou nada. Se, em um caso concreto, verifica-se que nenhum princípio com resultado contraditório tem precedência sobre um respectivo princípio, então a decisão decorre necessariamente deste princípio.

Disso resulta que quando se abdica de cláusulas de reserva, tanto regras quanto princípios não são questão de tudo ou nada. Mas quando do elas são empregadas, tanto regras quanto princípios são aplicáveis desse modo tudo ou nada. O mero caráter tudo ou nada não constitui assim, independentemente do que se decida, um critério de distinção entre regras e princípios.

1.2.2. O teorema da colisão

Também na discussão do segundo critério de distinção, o teorema da colisão, é conveniente não perder de vista a possibilidade de reconstruir regras e princípios com ou sem cláusulas de reserva. Tais cláusulas de re-

---

[70] Dworkin afirma que tais regras desempenham o papel lógico de uma regra e o papel substancial de princípios (R. Dworkin (nota 5), The Model of Rules I, p. 28).

[71] Cf. R. Alexy, Theorie der juristischen Argumentation, Frankfurt/M., 1978, p. 283 ss.

Parte III · Cap. 1 – SOBRE O CONCEITO DE PRINCÍPIO JURÍDICO | 161

serva constituem um instrumental analítico que permite aqui representar propriedades significativas das regras e dos princípios no plano de suas formulações, e com isso discuti-los de forma mais precisa. O emprego de cláusulas apresenta, além disso, a vantagem de poder abranger diferenças que se baseiam simplesmente no modo de representação das regras e dos princípios enquanto tais.

1.2.2.1. Colisões de regras

Muitas contradições[72] entre regras sem cláusulas eliminam-se através da inserção de exceções. Se é proibido abandonar a sala antes de a campainha soar e obrigatório abandoná-la quando há um alarme de incêndio, é fácil reconhecer esta como exceção àquela. Raz entende que tais constelações, ele se refere à relação entre a prescrição de legítima defesa e as prescrições penais especiais, assemelham-se, em princípio, a colisões de princípios. Existiria apenas a diferença de que em conflitos de regras a relação de prioridade valeria para todos os casos, enquanto no caso de princípios ela poderia se modificar caso a caso.[73] Isso fundamenta porém uma diferença em princípio do procedimento de colisão. O fato de uma regra sempre prevalecer sobre outra em determinados casos, sem com isso retirar desta seu vigor, significa que ela estatui uma exceção. Pelo menos a partir do momento em que é certo que uma das regras justifica uma exceção à outra, não se pode mais falar em um conflito entre as regras.[74] O conflito é eliminado de vez, do mesmo modo quando se elimina do ordenamento jurídico uma entre duas regras contraditórias. Com os princípios ocorre de forma diferente. Em outro caso pode ser válida uma outra relação de prioridade.

---

[72]   Sobre as diferentes formas de contradições entre regras ou normas, bem como suas expressões, cf. O. Weinberger, Rechtslogik, Wien-New York, 1970, p. 214 ss.; Chr. e O. Weinberger, Grundzüge der Normenlogik und ihre semantische Basis, in: Rechtstheorie, 10, 1979, p. 43 ss. Seja acentuado aqui apenas, como mostra o exemplo que segue no texto, que contradições frequentemente dependem da situação. A proibição de abandonar a sala antes de a campainha soar e o comando de abandoná-la quando há um alarme de incêndio se contradizem somente relativamente a situações em que, ao mesmo tempo, a campainha ainda não soou e o alarme de incêndio foi dado. A possibilidade dessa contradição depende com certeza de pressupostos lógicos: a possibilidade lógica de que ao mesmo tempo tanto uma quanto a outra ocorram.

[73]   J. Raz (nota 23), Legal Principles and the Limits of Law, p. 832 s.

[74]   Deve-se concordar, nesse ponto, com a crítica de Dworkin a Raz, quando ele fala de uma "noção bizarra sobre o que é um conflito" (R. Dworkin (nota 17), the Model of Rules II, p. 74).

162 | Teoria Discursiva do Direito • *Robert Alexy*

Quando porém a eliminação de uma contradição através da inserção de uma exceção não é possível, pelo menos uma das regras deve ser inválida. A possibilidade de manter ambas as regras como partes efetivas do ordenamento jurídico e decidir, em um caso concreto, de acordo com o peso, está excluída. Um juiz não pode considerar simultaneamente válidas e nem pode simultaneamente aplicar duas regras cujas hipóteses de incidência ocorrem em um caso, regras essas que possuem consequências jurídicas contraditórias. O fato de uma regra ser válida e aplicável a um caso *significa* que sua consequência vale. Se ambas as regras devessem ser simultaneamente consideradas válidas e aplicáveis, deveriam então ser proferidos, em uma decisão, dois juízos concretos de dever ser jurídico[75] que se contradizem. Essa possibilidade, do modo específico como fundamentada,[76] deve ser excluída. Por isso o teorema da colisão de Dworkin é verdadeiro para regras sem cláusulas de reserva.

A possibilidade de uma contradição solucionável no sentido do teorema da colisão dá-se então também quando se reconstrói regras com cláusulas de reserva. Se são empregadas cláusulas que se relacionam a princípios, que tenham assim o conteúdo "e se, não em conformidade com um princípio, outra coisa for juridicamente comandada", o número de casos em que uma contradição ocorre será pois reduzido. Assim, por exemplo, quando o princípio que apoia uma regra cumpre a cláusula da outra regra, somente uma é aplicável, não a outra. A partir da descrição da situação em que a inaplicabilidade ocorre, podem-se obter nesse caso as características para a formulação de uma exceção.

Existem porém também casos em que as cláusulas não chegam a ser relevantes, e assim os princípios não determinam outra solução além daquela de que as regras contraditórias sem cláusulas prescrevem. Tais casos acontecem sempre que os princípios que apoiam as regras que se chocam possuem o mesmo peso. Porém, eles também podem acontecer quando o peso dos princípios que apoiam as regras se diferenciam e especialmente quando os motivos a favor de uma regra são somente um pouco mais fortes que os motivos a favor da outra, pois somente isso ainda não significa que as cláusulas foram cumpridas. Se esse último é realmente o caso, depende não somente dos princípios que apoiam ou não apoiam as regras, mas também dos princípios e/ou regras que dizem respeito à legitimidade das restrições e à tarefa das regras. Aqui mostra-se uma di-

---

[75] Sobre isso cf. K. Engisch, Logische Studien zur Gesetzeanwendung, 3ª ed., Heidelberg, 1963, p. 3 ss.

[76] Cf., por exemplo, G. H. v. Wright, Norm and Action, London, 1963, p. 135, 141 ss.; A. Ross, Directives and Norms, London, 1968, p. 169 ss.

Parte III · Cap. 1 – SOBRE O CONCEITO DE PRINCÍPIO JURÍDICO | **163**

ferença entre cláusulas em regras e cláusulas em princípios, que, como ainda será demonstrado, possui considerável importância. Em tais casos, apesar dos pesos diferenciados dos motivos a favor das regras enquanto tais, é preciso constatar uma contradição. Então, o fato de essa contradição, considerando que ela deve ser eliminada, poder ser solucionada também com base no critério do peso apenas um pouco maior dos motivos, significa outra coisa, que não se refere ao fato de que uma contradição ocorre. Com isso, também as regras com cláusulas de reserva que se relacionam a princípios no sentido do teorema da colisão podem se contradizer, o que porém certamente ocorrerá em proporções muito pequenas.

Além da reconstrução de regras sem cláusulas de reserva e da reconstrução com cláusulas de reserva relacionadas a princípios é possível se pensar em uma terceira forma de reconstrução. As cláusulas poderiam se relacionar a regras em vez de princípios, tendo portanto como conteúdo algo como "e se, não em conformidade com uma outra regra, outra coisa for comandada". Aqui não se alude porém ao teorema da colisão. Uma tal cláusula de reserva simples relacionada a regras leva simplesmente ao fato de que cada uma das regras contraditórias entre si qualifica a outra como aplicável. A contradição não é com isso eliminada. Também cláusulas qualificadas relacionadas a regras não oferecem uma alternativa. Tais cláusulas podem ser absolutas ou relativas ao caso. Quando são absolutas, possuindo um conteúdo como "e se, não através de uma regra contrária a essa regra mais importante em todos os casos, outra coisa for comandada", com a distinção de uma regra como mais importante em todos os casos, será a outra regra declarada inválida, ou será estatuída uma exceção a ela. A contradição, no sentido do teorema da colisão, está eliminada. Se elas são relativas, possuindo como conteúdo algo como "e se não através de uma regra contrária a essa regra mais importante no caso concreto, outra coisa for comandada", então significam essas duas regras juntas nada mais que uma regra que, desse modo, coloca à disposição duas consequências jurídicas que se excluem mutuamente, que devem ser escolhidas em casos isolados, de acordo com a importância. Um exemplo de uma tal regra seria algo como a regra "quando chover deve-se fechar ou abrir a janela, dependendo do que for mais importante". Mas assim não há mais uma colisão, mas sim uma nova regra. Essa regra pode colidir com outras regras, no sentido do teorema da colisão. Com certeza poderia se achar que a escolha que é necessária de acordo com essa nova regra corresponde à ponderação entre dois princípios. Embora não se possa negar um certo parentesco, há porém uma importante diferença. Uma escolha entre duas possibilidades de ação abertas por uma tal regra é por esse motivo algo diferente de uma ponderação entre dois princípios, pois ambas as regras, que são reunidas nessa regra, não fornecem motivos para a decisão, mas simplesmente determinam que se deve decidir com base em razões. A reconstrução de regras com cláusulas de reserva relacionadas a regras não se refere portanto ao teorema da colisão.

Em suma é preciso assinalar que o teorema da colisão é válido para regras. Na verdade, quando se emprega cláusulas relacionadas a princípios, desaparecem inúmeras colisões. Há porém também casos que devem ser resolvidos no sentido do teorema, de modo que ele permaneça aplicável. Toda reconstrução sempre significa que ou ocorre uma contradição que deve ser solucionada de acordo com o teorema da colisão ou que um conflito de tal tipo não mais existe.

1.2.2.2. Colisões de princípios

Contra a validade do teorema da colisão no âmbito dos princípios,[77] ou seja, contra se dever aplicar, em caso de colisão de princípios, o princípio que tem o maior peso no caso concreto, sem que isso signifique que o princípio que cedeu seja inválido, pode-se, em primeiro lugar, facilmente argumentar com base em exemplos.

Um exemplo adequado como objeto de demonstração, devido a seu caráter extremo, fornece o próprio Dworkin, através de um "princípio abstrato de igualdade", que ele formula como princípio não efetivo do direito de responsabilidade e que também ao mesmo tempo se relaciona ao direito das obrigações.[78] Esse princípio determina que em caso de interrupção de serviços o mais rico deve suportar os danos. Que um tal princípio colida com os princípios do direito das obrigações, independentemente do modo como eles são formulados isoladamente, não precisa ser mencionado. O que é importante é somente que essa colisão é uma colisão diferente daquela colisão entre o princípio da auto-organização ou da auto-obrigação e o princípio da confiança, que deve ser superada

---

[77] Até agora se renunciou a esclarecer os conceitos de regra e de princípio em geral. A seguir deve-se permanecer assim. Uma vez que, no caso de regras e princípios, trata-se de subespécies de prescrições ou, quando se apoia em sua função de critério de julgamento, trata-se de padrões, não é razoável um esclarecimento desses conceitos sem o auxílio de critérios de distinção, como discutidos aqui. A uma análise das diversas formas de regras e princípios bem como de seus elementos deve-se aqui também renunciar (sobre uma análise do conceito de regra, cf. G. H. von Wright (nota 76), Norm and Action, p. 70 ss.; A. Ross (nota 76), Directives and Norms, p. 106 ss.

[78] R. Dworkin (nota 13), Hard Cases, p. 116.

Parte III · Cap. 1 – SOBRE O CONCEITO DE PRINCÍPIO JURÍDICO | **165**

no âmbito dos negócios jurídicos.[79] O teorema da colisão é verdadeiro em relação a este último. Ambos devem ser considerados. No primeiro caso é diferente. Os princípios do direito das obrigações excluem o princípio da responsabilidade do mais rico. Do modo como eles se constituem, podem apenas eles ou esse princípio valer. Com isso, a colisão deve ser resolvida como uma contradição entre regras. Assim, há colisões entre princípios que devem ser tratadas como contradições entre regras.

Contra isso não se pode objetar que a prescrição da responsabilidade do mais rico não seria um princípio, mas sim uma regra que contradiz as regras do direito das obrigações, não constituindo, assim, uma colisão de princípios. Essa prescrição constitui uma contraparte aos princípios do direito das obrigações e poderia teoricamente interagir com eles.[80]

Porém, outra objeção é possível. Nela, o conceito de pertinência ao ordenamento jurídico tem um papel especial. Podem ser distinguidas formulações diversas desse conceito. Para fins da argumentação aqui exposta deverá ser empregado um conceito bastante amplo de pertinência, sem que com isso se afirme que essa variante é adequada para todos os fins. De acordo com isso, um princípio pertenceria já então ao ordenamento jurídico quando existir pelo menos um caso em seu âmbito em que exista justificadamente uma razão para a decisão. A objeção começa com uma concessão. Na verdade há casos nos quais, entre dois princípios, apenas um pode pertencer ao ordenamento jurídico e, nesse sentido, pode valer. Colisões desse tipo, em que se trataria da pertinência ao ordenamento jurídico, devem ser diferenciadas de colisões entre princípios cuja pertinência ao ordenamento jurídico estaria fora de questão. Para estas vale o teorema da colisão. O que é interessante nessa objeção é que ocorre uma significativa modificação do problema. Enquanto até então parecia que as colisões entre princípios seriam equivalentes em geral a contradições entre regras, apresentam-se as colisões entre princípios, de agora em diante, em um outro plano categorial. Tanto no caso das regras quanto no caso dos princípios pode-se, no caso de uma contradição, tratar de qual regra ou qual princípio pertence ao ordenamento jurídico. Além disso, no caso de princípios cuja pertinência ao ordenamento jurídico é certa, pode ainda se tratar de a qual deles, em casos isolados, convém a prioridade. Essa objeção deve ser aceita como

---

[79] Cf. por exemplo, K. Larenz (nota 58), Richtiges Recht, p. 81 ss.

[80] Nesse ponto deve-se notar que, sobre a trivialização da ideia das contrapartes, sempre uma contradição entre princípios pode ser facilmente reconstruída. Basta negar o princípio como um todo.

166 | Teoria Discursiva do Direito · *Robert Alexy*

restrição do âmbito de validade do teorema da colisão. A seguir, deve-se perguntar se isso é correto no sentido do teorema da colisão.

Novamente pode-se facilmente encontrar exemplos que também não são abrangidos pelo teorema da colisão restrito. Ele nunca é aplicável a todos os princípios absolutos. Princípios absolutos são princípios dos quais não se pode dizer que, em virtude de seu menor peso em um caso concreto, eles devam ceder a outros princípios. Se, como faz Dworkin,[81] concebem-se as prescrições da Constituição como prescrições que possam mostrar o comportamento lógico de princípios, pode-se mencionar, como exemplo de uma prescrição desse tipo, o artigo 1º, parágrafo 1º, proposição 1 da Lei Fundamental: "a dignidade do ser humano é inviolável". O caráter absoluto de tais princípios é, com certeza, em grande medida uma questão técnica. Na verdade nenhum tribunal pode, por exemplo, dizer, em um caso concreto, que a proteção da existência do estado teria prioridade sobre a proteção à dignidade humana, justificando assim uma violação à dignidade humana. Na interpretação do conceito de inviolabilidade da dignidade humana são necessários porém argumentos que não se distinguem estruturalmente daqueles argumentos que devem ser expostos na fundamentação de uma relação de precedência entre princípios. Nesse sentido, é típica a seguinte determinação do Tribunal Constitucional Federal na decisão sobre a escuta: "no que diz respeito ao denominado princípio da inviolabilidade da dignidade humana, do artigo 1º da Lei Fundamental [...], tudo depende assim da fixação de quais as circunstâncias em que a dignidade humana pode ser violada. Evidentemente não se pode fazer afirmativas gerais sobre essa violação, mas sempre somente considerando o caso concreto."[82] Isso não pode significar que se deve decidir caso a caso, mas somente que, quando as antigas determinações específicas não são suficientes, o conteúdo do conceito de violação da dignidade humana deve, considerando cada novo caso, continuar a ser determinado mais especificamente.[83] Isso significa, sob o ponto de vista do manejo formal da prescrição, nada mais que aquilo que ocorre quando uma expressão aberta de uma regra é determinada mais precisamente através de uma regra semântica.[84] Assim, o teorema

---

[81] R. Dworkin (nota 13), Hard Cases, p. 93. Cf. também K. Larenz (nota 58), Richtiges Recht, p. 136 ss.

[82] BVerfGE, 30, p. 1 (p. 25).

[83] Cf. R. Alexy (nota 71), Theorie der juristischen Argumentation (nota 71), p. 274 ss.

[84] R. Alexy (nota 71), Theorie der juristischen Argumentation, p. 279, 290. Uma vez que princípios absolutos somente nessa forma oferecem uma possibilidade com certeza frequentemente muito ampla de realização, não conhecendo assim nem exceções nem

Parte III · Cap. 1 – SOBRE O CONCEITO DE PRINCÍPIO JURÍDICO | **167**

da colisão não é adequado para a distinção entre princípios absolutos e regras. Ele deve portanto ser mais uma vez restringido.

Há de se perguntar se, pelo menos com essas duas restrições, ele pode ser sustentado. Esse é o caso quando se reconstroem princípios sem cláusulas de reserva. Se, ao contrário, empregam-se cláusulas, as colisões podem ser excluídas. Isso se mostra claramente com base na ponderação de bens do Tribunal Constitucional Federal. Na decisão do caso Lebach,[85] tratava-se de se saber se um documentário sobre um delito criminal grave, no qual o nome e a foto dos envolvidos são mostrados, fere os direitos de um dos participantes, se o documentário é transmitido pela televisão pouco tempo antes de sua soltura da prisão. O Tribunal Constitucional Federal respondeu a essa questão na forma de uma ponderação "entre a proteção da personalidade, garantida no artigo 2º, parágrafo 1º, em conexão com o artigo 1º, parágrafo 1º da Lei Fundamental e a liberdade de informar através de radiodifusão, prevista no artigo 5º, parágrafo 1º, proposição 2 da Lei Fundamental."[86] Considere-se a primeira N_1 e a segunda N_2. Se houvesse apenas N_1 a transmissão seria proibida; se houvesse apenas N_2 ela seria permitida. Consideradas isoladamente, N_1 e N_2 conduzem assim a uma contradição. Típico do caráter lógico de normas de direito fundamental é que a corte constitucional não fala de uma contradição, mas sim de uma situação de tensão. Se N_1 ou N_2 "merece a precedência" deve ser "averiguado através da ponderação de bens no caso concreto".[87] O procedimento da corte corresponde assim exatamente ao teorema da colisão de Dworkin.

É bem possível porém uma outra reconstrução. A caracterização da colisão como uma situação de tensão significa que a proibição não pode ser deduzida sem problemas a partir de N_1 e também que a permissão não pode ser deduzida sem problemas a partir de N_2. N_1 implica a primeira e N_2 implica a segunda somente sob o pressuposto de que a partir de considerações referentes a uma prescrição contrária, respectivamente

---

contraexemplos no sentido de Dworkin, possuem eles um papel especial também no contexto da tese tudo ou nada. Eles possuem um caráter tudo ou nada estrito. Aqui se mostra de forma especialmente clara a fraqueza técnica da tese tudo ou nada, mencionada acima. Se essa tese fosse plausível, deveria ela, por essa razão, no que diz respeito a princípios absolutos, ser restringida.

[85] BVerfGE, 35, p. 202. Sobre uma análise ampla dessa decisão cf. R. Alexy, Die logische Analyse juristischer Entscheidungen, in: Juristische Argumentation, ARSP, Beiheft 4, 1980.

[86] BVerfGE, 35, p. 202 (p. 219).

[87] BVerfGE, 35, p. 202 (p. 219).

aqui N_2 e N_1, nada diferente resulta. Se isso for compreendido como uma cláusula de reserva na formulação da prescrição, a colisão desaparece.

Sugere-se imediatamente a objeção de que isso não muda essencialmente nada. Não faria diferença alguma uma situação de ponderação ser reconstruída de modo que a ponderação ocorresse entre duas prescrições ou então que exatamente essa ponderação ocorra por causa de uma das prescrições. Essa objeção é em certa medida correta. Porém ela tem que se ocupar do fato de que não só entre princípios, mas também entre regras, colisões de cláusulas de reserva relacionadas a princípios podem ser eliminadas. Como a reconstrução de cláusulas não é nada mais que a representação de qualidades que não são expressas nas formulações sem cláusulas, é preciso então, se o teorema da colisão duplamente restrito deve servir para a distinção, que haja uma diferença entre princípios e cláusulas relacionadas a princípios em regras, que, além disso, encontram-se tanto nas regras quanto nos princípios.

1.2.3. O caráter *prima facie* de regras e princípios

Tal diferença pode ser vista no diferente caráter *prima facie* de regras e princípios.[88] Com as regras, em casos normais, em que os pressupostos conhecidos ocorrem, sucede a consequência jurídica. Quem, com base em um princípio, quer fazer uma exceção a uma regra, suporta o ônus da argumentação, de forma semelhante ao que ocorre quando se afastam precedentes ou quando se afastam regulamentações em geral.[89] No caso de princípios, que podem ser restringidos por outros princípios, é diferente. Uma regra jurídica válida contém, ao contrário de princípios, uma determinação para a decisão de casos que tem que ser deixada de lado se um princípio deve ter a precedência; Princípios não contêm determinações desse tipo. Quando se afirma que regras possuem uma existência histórica, porque com elas se chegou a uma tal determinação, pode-se afirmar que princípios, no que diz respeito a seu conteúdo determinativo em relação a outros princípios, não possuem uma existência histórica. Em seu conteúdo determinativo relativamente a casos eles são, nessa medida, em princípio todos iguais. Não há pois motivo algum

---

[88] Sobre o caráter *prima facie* das regras cf., por exemplo, M.G. Singer, Generalization in Ethics, New York, 1961, p. 98 ss. A tese de Raz, de que regras e princípios possuem um mesmo dever ser *prima facie*, é equivocada (J. Raz (nota 23), Legal Principles and the Limits of Law, p. 836).

[89] Sobre isso cf. R. Alexy (nota 71), Theorie der juristischen Argumentation, p. 242 ss., 305, 336 ss.

Parte III · Cap. 1 – SOBRE O CONCEITO DE PRINCÍPIO JURÍDICO | **169**

para, de antemão, dar-se precedência a um princípio. Consequentemente aquele que quer, com base em princípios, chegar pela primeira vez a uma determinação, deve, quando surgem dúvidas, demonstrar que os princípios contrários recuam.[90]

O diferente caráter das cláusulas de reserva e com isso o legítimo núcleo do teorema da colisão de Dworkin podem assim ser explicados através do diferente caráter *prima facie*. Seria interessante se este último tomasse por base uma qualidade lógica no sentido amplo mencionado acima, que pudesse então, de agora em diante, explicar esse tema.

1.2.4. Dever ser real e ideal

Um candidato auspicioso a uma tal qualidade pode ser visto no fato de que prescrições que apresentam, em caso de colisão, o comportamento que Dworkin considera característico dos princípios, comandam, proíbem ou permitem algo que pode ser mais ou menos cumprido. Uma regra como a do parágrafo 5º, inciso I do Código de Trânsito, "deve-se ultrapassar pela esquerda", pode apenas ser observada ou não-observada.[91]

---

[90] O diferente caráter *prima facie* ilumina a tese de Raz, de que as diferentes formas de comportamento de regras e princípios são "um resultado de política jurídica" (J. Raz (nota 23), Legal Principles and the Limits of Law, p. 834, 842). Sejam introduzidos os conceitos de *dureza* e *maciez* de um ordenamento jurídico. Um aspecto desses conceitos pode ser grosseiramente esclarecido do seguinte modo. Um ordenamento jurídico é tão mais macio, quanto maior for o papel que os princípios desempenham nele. Deixa-se aqui aberto como deve ser determinada a extensão do papel que princípios e regras desempenham no ordenamento jurídico. A dureza ou maciez de um ordenamento jurídico ou de uma de suas partes pode ser um postulado político. Isso não significa porém, como entende Raz, que as diferentes formas de comportamento de regras e princípios sejam resultado de uma política. As diferentes qualidades de regras e princípios são antes pressupostos para que eles possam servir a diferentes políticas: as regras possam servir à segurança e os princípios possam servir à flexibilidade. Além disso, a disputa sobre a dureza necessária do ordenamento jurídico não é um tema novo; cf. O. Behrends, Institutionelles und prinzipielles Denken im römischen Privatrecht, in: Zeitschrift der Savigny-Stiftung f. Rechtsgeschichte, Romanistische Abteilung, 25, 1978, p. 187 ss.

[91] O parágrafo 5º, inciso I do Código de Trânsito é uma regra em que isso se torna especialmente claro. Só se pode ultrapassar pela esquerda ou pela direita. A característica de só poder ser cumprida ou descumprida não se limita a regras de um tipo tão simples como essa. Ela não depende de a ação comandada (proibida, permitida) só poder ser executada ou não-executada. Também regras que prescrevem ações que podem ser executadas em graus diversos podem possuir essa característica. Elas possuem essa característica quando um grau determinado da ação ou de uma forma de comportamento é comandado (proibido, permitido). Constituem exemplos as prescrições que se relacionam a comportamentos negligentes. É exigido não um grau

170 | Teoria Discursiva do Direito • *Robert Alexy*

Ao contrário, uma prescrição como "a liberdade de informação deve ser protegida" pode, em face de prescrições colidentes, ser cumprida em maior ou menor medida. Quando a proteção da liberdade de informação é comandada, não é comandado protegê-la em qualquer medida determinada, mas sim na maior medida possível, em relação às possibilidades jurídicas e fáticas. Isso se exprime claramente através do princípio da proporcionalidade.[92] Característico dessas prescrições é portanto o fato de elas conterem comandos de otimização. Nesse ponto, princípios colidentes se assemelham a prescrições de fins, como a do parágrafo 1º da Lei de Estabilidade, que determina a busca, ao mesmo tempo, da estabilidade do nível de preços, de uma alta taxa de demanda, do equilíbrio do comércio exterior e de um crescimento econômico constante e adequado. Em vez de comandos de otimização, em alusão por exemplo ao emprego desses conceitos por Moore, v. Wright e Scheler,[93] poderia

---

máximo de cuidado, mas sim, de acordo com a área do direito, um grau determinado de cuidado. Na verdade podem surgir questões duvidosas no que diz respeito à medida do cuidado comandada em casos concretos, mas isso é possível na aplicação de toda norma, e não constitui algo especial. No esclarecimento dessas questões duvidosas trata-se precisamente de saber se a medida de cuidado comandada pela prescrição foi cumprida ou não. Essa maneira de pôr o problema é típica de uma regra.

[92] Cf. por exemplo BVerfGE 35, p. 202 (p. 226). Sobre o princípio da proporcionalidade cf. L. Hirschberg, Der Grundsatz der Verhältnismäßigkeit als allgemeiner Rechtsgrundsatz, Göttinger Habilitationsschrift, 1978, manuscrito.

[93] Os autores citados certamente não empregam sempre esse conceito no sentido exato em que ele aparece aqui. Moore estabelece a distinção entre comandos que dizem respeito àquilo que está sob o poder do agente e comandos que dizem respeito a algo que não está sob seu poder, como por exemplo sentimentos. "Um é um conjunto de regras que determina [...] que é sempre um dever praticar ou evitar certas ações, e com isso determina que a vontade do agente sempre tem o poder de fazer ou de evitá-las, enquanto o outro tipo determina que isso e aquilo seria um dever se *estivesse* em nosso poder, sem de modo algum determinar que sempre está em nosso poder" (G. E. Moore, The Nature of Moral Philosophy, in: G. E. Moore, Philosophical Studies, London, 1922, p. 319 s.). Se alguém se refere a isso ao invés de se referir às possibilidades fáticas e jurídicas, o conceito de dever ser ideal de Moore se aproxima daquele aqui empregado. G. H. v. Wright relaciona o conceito de ideal àquilo que deve ser, em oposição àquilo que deve ser feito. Seus exemplos mostram que com isso ele não pensava em situações simples como a janela está fechada, mas em situações que só podem em geral ser alcançadas aproximativamente, tal como as virtudes da justiça, da moderação e da coragem (G. H. v. Wright (nota 76), Norm and Action, p. 14 s., 112 s.). Isso aproxima seu conceito de ideal daquele aqui utilizado. Scheler coloca o dever ser ideal em oposição ao dever ser normativo. Exemplos de proposições que expressam um dever ser ideal são "o injusto não deve ser" e "o bem deve ser" (M. Scheler, Der Formalismus in der Ethik und die materiale Wertethik, 5ª ed., Bern-München, 1966, p. 194, 218). Ao contrário, quando se fala de "dever" ou de "norma", deve sempre existir um dever ser normativo, imperativo

Parte III · Cap. 1 – SOBRE O CONCEITO DE PRINCÍPIO JURÍDICO | **171**

se falar em "dever ser ideal" ou em "ideais". Por causa de suas conotações múltiplas e impregnadas de tradição esses conceitos certamente sugerem mal-entendidos. Quando esses conceitos são aqui empregados, o são no seguinte sentido geral e fraco: um dever ser ideal é todo dever ser que não prevê que aquilo que é devido é possível fática e juridicamente em toda sua extensão, mas que exige porém cumprimento o mais amplo ou aproximativo possível. Ao contrário, pode o caráter de prescrições que só podem ser cumpridas ou descumpridas ser caracterizado como "dever ser real".[94] Esse conceito de dever ser ideal pode ser usado para esclarecer o caráter *prima facie* especial dos princípios e, com isso, seu comportamento em caso de colisão e o caráter especial de suas cláusulas de reserva. Enquanto ideais, os princípios dependem, em sua realização, tanto das possibilidades fáticas quanto das possibilidades jurídicas, definidas através de outros princípios. Por isso, uma afirmação sobre o seu conteúdo normativo real presume sempre uma afirmação sobre as possibilidades fáticas e jurídicas. O caráter *prima facie* de uma simples afirmação relacionada a um ideal é por isso claramente mais fraco do que o de uma afirmação relacionada a uma regra, pois a última, enquanto codificação das exigências que decorrem quase sempre de mais ideais, contém já uma averiguação das possibilidades fáticas e jurídicas.

Além disso, muitos dos critérios de distinção acima citados podem ser analisados com ajuda desses conceitos. Isso vale especialmente para o critério da generalidade. Um motivo para o fato de os princípios apresentarem, em regra, um maior grau de generalidade, apoia-se no fato de eles não se referirem ainda aos limites das possibilidades dos mundos fático e normativo. Sugerem-se explicações sobre a regular ou habitual coincidência de outras propriedades, tais como o modo especial de formação, o caráter explícito do conteúdo valorativo, o conteúdo moral, a referência à ideia de direito, o seu modo de emprego como razões para regras, o significado para o ordenamento jurídico, a certeza de seu reconhecimento e a ubiquidade. Não é possível tratar dessas propriedades aqui. Devem ser acentuadas apenas duas coisas. Em primeiro lugar, o critério do dever ser ideal é superior ao teorema da colisão não só porque o explica, sendo por isso mais profundo, mas também porque ele, diferen-

---

ou real (M. Scheler, Der Formalismus in der Ethik und die materiale Wertethik, p. 211 ss.). O parentesco com a distinção aqui utilizada é também, nesse caso, clara.

[94] A distinção entre dever ser ideal e real não implica serem necessários dois operadores deônticos. Comandos ideais e reais de tipo mais simples podem ambos ser representados através de "Op". Se, considerando Op, deve-se falar em um dever ser ideal ou real, depende exclusivamente de p.

172 | Teoria Discursiva do Direito · *Robert Alexy*

temente do teorema da colisão, abrange também princípios formulados de forma absoluta.[95] Em segundo lugar, quando se quer tomar esses conceitos de forma tão ampla, é oferecido um critério lógico de distinção entre regras e princípios que corresponde à tese da separação rigorosa. Toda prescrição contém ou um dever ser ideal ou um dever ser real.[96]

1.3. FUNDAMENTAÇÃO E APLICAÇÃO DE PRINCÍPIOS

O que foi dito até aqui tem consequências imediatas para a teoria da fundamentação e da aplicação dos princípios. A questão da fundamentação dos princípios pode ser dividida em várias questões. Aqui deve ser colocada apenas a questão da pertinência ao ordenamento jurídico, no sentido bastante amplo acima explicado.[97] Essa questão tem dois aspectos. Pode-se indagar sobre a mera pertinência, independentemente do peso, ou seja, sobre princípios com cláusulas de reserva relacionadas a princípios. Pode-se porém também se indagar sobre os pesos relativos e, desse

---

[95] Princípios formulados de forma absoluta possuem uma estrutura mais complicada do que os princípios relativos, analisados neste estudo. Quando aqui se afirma que o critério do dever ser ideal abrange também princípios absolutos, afirma-se simplesmente que esse critério abrange um aspecto essencial da estrutura também desses princípios.

[96] Nem tudo que é designado "princípio" é, de acordo com esse critério, um princípio. Assim, por exemplo, a prescrição "nulla poena sine lege" ou "um ato só pode ser punido quando a punibilidade tiver sido determinada por lei anterior à prática do ato" (artigo 103, parágrafo 2º da Lei Fundamental; parágrafo 1º do Código Penal) deve ser classificada como uma regra. Porém é difícil querer renunciar a designá-la princípio, em virtude de seu significado para o ordenamento jurídico. Com base nisso Larenz sugeriu (cf. a nota 62 acima) distinguir princípios abertos e princípios na forma de proposições jurídicas. O critério sugerido vale assim apenas para uma classe parcial de prescrições que podem ser designadas "princípios". Isso não diminui sua importância. Por um lado, essa classe parcial é muito extensa e, por outro lado, trata-se, no caso dela, de uma classe especial distinta, cujas prescrições possuem uma estrutura lógica diferente do resto das prescrições que contam para o ordenamento jurídico. Essa estrutura lógica especial exige que essas prescrições desempenhem, na argumentação jurídica, um papel diferente das regras. Não deve ser excluída a existência de outros critérios que justificam designar uma prescrição como "princípio". É também possível imaginar que existam critérios que comandem restringir essa designação. Só é preciso diferenciar cuidadosamente os tipos de princípios. Não por furor classificatório, mas porque da estrutura das prescrições a serem designadas como princípios depende tanto a posição que elas ocupam no ordenamento jurídico quanto o emprego delas na argumentação jurídica. Seja notado que a distinção aqui encontrada entre regras e princípios apresenta um certo parentesco com a distinção entre programas e valores apresentada por Luhmann (cf. N. Luhmann, Positives Recht und Ideologie, in: N. Luhmann, Soziologische Aufklärung, Bd. 1, 3ª ed., Opladen, 1972, p. 190 s.; N. Luhmann, Rechtssoziologie, Bd. 1, Reinbek bei Hamburg, 1972, p. 88 s.).

[97] Cf. Acima, p. 184.

Parte III · Cap. 1 – SOBRE O CONCEITO DE PRINCÍPIO JURÍDICO | 173

modo, sobre as relações entre princípios. A resposta à primeira questão é fácil, mas não vale muito; a resposta à segunda questão tem muito valor, mas é difícil. É relativamente fácil responder à primeira questão porque, em virtude da cláusula de reserva, para a pertinência é suficiente que um princípio seja corretamente relevante em qualquer ponto do seu âmbito de aplicação. Somente se o princípio sempre for restringido corretamente em seu âmbito de aplicação não pertence ele ao ordenamento jurídico, seja porque o princípio sem cláusula de reserva é incompatível com todos os precedentes aceitáveis e todas as normas, seja porque princípios contrários são mais pesados em todos os casos. Com a fundamentação da pertinência nesse sentido não se ganha praticamente nada. Não se obtém nada além de um catálogo de *topoi*, que contém quase tudo.[98] Se os princípios devem oferecer mais que pontos de vista, é necessária uma determinação dos graus de cumprimento comandados ou das relações entre princípios. Deve-se executar o passo do vasto mundo do dever ser ideal em direção ao mundo estrito do dever ser real. Nesse sentido Dworkin estabelece a exigência de o juiz desenvolver uma "teoria do direito", que contenha também os pesos relativos (*relative weights*) dos princípios.[99] Essa teoria do direito supõe ser possível compor e fundamentar relações úteis entre princípios. Se isso é de fato possível, depende do modo como as relações entre princípios podem ser estabelecidas.

Relações entre princípios podem ser construídas com base em condições de precedência. A já mencionada decisão do caso Lebach oferece um exemplo disso. Em um primeiro nível, a corte estabelece que tanto a proteção da personalidade (N_1) quanto a liberdade de informar através de radiodifusão (N_2) não "podem exigir uma precedência absoluta".[100] Entre N_1 e N_2 não existe pois uma relação absoluta de precedência. Num segundo nível chega-se à conclusão de que para a informação atual sobre atos criminosos (essa condição será designada como C_1) "o interesse na informação em geral (merece) a precedência";[101] N_2 deve ter a preferência sobre N_1 sob a condição C_1, quer dizer, em geral, ou seja, caso não existam outras circunstâncias que exijam algo diferente. No terceiro e mais concreto nível se decide finalmente que uma "reportagem de televisão repetida, não mais respaldada pelo interesse atual na informação, sobre

---

[98]   Cf. R. Dworkin (nota 17), The Model of Rules II, p. 68: "...é difícil pensar em um único princípio [...] que não encontraria algum lugar [...]".

[99]   R. Dworkin (nota 17), The Model of Rules II, p. 66; R. Dworkin, Hard Cases (nota 13), p. 105 ss.

[100]   BverfGE, 35, p. 202 (p. 225).

[101]   BFerfGE, 35, p. 202 (p. 231).

um ato criminoso grave, é com certeza inadmissível, quando coloca em risco a ressocialização do autor".[102] Sob essas condições, que podem ser resumidas sob C_2, deve assim N_1 ter a preferência sob N_2.[103]

Uma teoria perfeita sobre as relações entre princípios seria uma teoria que inclui todas as relações pensáveis entre princípios, em um grau de generalidade que corresponde ao terceiro nível ou, caso necessário para a decisão de casos concretos, em um nível ainda mais baixo. Essa teoria conteria a solução de todos os casos. Uma tal teoria não só não pode ser construída do ponto de vista fático; ela também não seria mais uma verdadeira teoria dos princípios, mas sim um sistema de regras, que abrange tudo, ou seja, uma perfeita proposta de codificação. Isso porque uma constatação como aquela, que no caso de uma reportagem de televisão repetida, não mais respaldada pelo interesse atual na informação, sobre um ato criminoso grave, que coloca em risco a ressocialização do autor, a proteção da personalidade tem precedência sobre a liberdade de informação, significa nada mais que a regra que determina que, nesse caso, a reportagem é proibida.[104]

Isso vale, com reservas, para todos os níveis de generalidade, até o primeiro. Já que uma teoria sobre as relações entre princípios que se limite ao primeiro nível não oferece nada mais que um catálogo de pertinência, e já que uma teoria exclusivamente de terceiro nível não é porém possível, a teoria pode, se construída, como no exemplo, com base em condições de precedência, consistir apenas uma mistura de relações de níveis diferentes. Mas então ela não é perfeita, pois não contém todas as relações entre princípios. Ela não responde todas as questões que ela foi criada para responder. Existiria uma alternativa a esse modelo não muito atrativo se fosse possível uma ordenação cardinal ou ordinal dos princípios

---

[102] BVerfGE, 35, p. 202 (p. 237).

[103] Sobre uma representação detalhada cf. R. Alexy (nota 85), Die logische Analyse juristischer Entscheidungen, 2.3.1–2.3.3. Com base na análise dessas decisões se mostra em quais formas de argumento os princípios podem ser empregados (sobre o conceito de formas de argumento cf. R. Alexy (nota 71), Theorie der juristischen Argumentation, p. 123). Tanto $N1$ quanto $N2$ não podem jamais ser empregadas como regras em esquemas dedutivos (cf. as formas (4), (J.1.1), (J.1.2), R. Alexy (nota 85), Die logische Analyse juristischer Entscheidungen, p. 246, 274, 279). No caso de conclusões incompatíveis, ou seja, em caso de colisões, é necessário o estabelecimento de uma relação de precedência, em regra condicionada (por exemplo, $(N1 \ P \ N2)C2$; cf. a forma (4.6), R. Alexy (nota 85), Die logische Analyse juristischer Entscheidungen, p. 249). $C2$ corresponde ao antecedente de uma regra, a partir da qual é dedutível, nos esquemas dedutíveis (J.1.1) e (J.1.2), a mesma consequência jurídica que é dedutível a partir de $N1$.

[104] R. Alexy (nota 85), Die logische Analyse juristischer Entscheidungen, 2.3.2.

Parte III · Cap. 1 – SOBRE O CONCEITO DE PRINCÍPIO JURÍDICO | **175**

com base em seus pesos. Contra essa possibilidade já foi porém exposto um feixe inteiro de razões convincentes, ao qual se faz referência aqui.[105] Assim, uma útil teoria desse tipo pressupõe uma ordem transitiva ou uma função que, considerando graus de cumprimento, fornece, com base nas relações aceitas até então, exatamente uma resposta em novos casos, também no caso de colisões de mais princípios, o que, como já mostrou Steiner, não é possível.[106] Sugerem-se não só as dificuldades teóricas desse modelo; deve-se considerar teorias sobre relações, que são construídas a partir de condições de precedência. Isso é também conveniente porque essas teorias, como modelo de reconstrução, permitem exames que, independentemente da durabilidade de modelos alternativos, são significativos. Um deles é que não existe uma diferença fundamental entre a fundamentação das relações entre princípios abaixo do nível mais geral e a aplicação de princípios cuja relação, no que diz respeito ao caso a ser decidido, ainda não está estabelecida. Em ambos os casos pergunta-se, no que diz respeito a determinadas circunstâncias, a qual princípio é devida a precedência. Com isso, a resposta sempre pode ser reformulada em uma regra, em que as circunstâncias aparecem como antecedente.

Essa equivalência entre regras e relações de princípios, que são formuladas sob condições, afirma que assim como a partir das respectivas regras válidas não podem ser deduzidas regras necessárias para a solução de todos os casos, tampouco a partir das respectivas relações aceitas sejam dedutíveis todas as novas relações. Sempre é possível que uma nova característica, em conjunto com as já conhecidas, produza as condições para uma nova relação. A equivalência significa especialmente que assim como a partir de uma regra geral com finalidade de determinação em sua abertura semântica não pode ser deduzida uma regra mais especial, tampouco a partir de uma relação geral possa ser deduzida, com esse fim, uma relação mais especial. Se as relações a serem pressupostas não respondem todas as questões, não podem as respostas das questões não resolvidas delas ser derivadas.

Em uma teoria que é composta por princípios e relações, poderiam resultar, a partir das velhas relações com base em princípios, novas relações. Assim se apresenta como candidato para a fundamentação de uma nova relação entre dois princípios (P_1 e P_2) um terceiro princípio (P_3).

---

[105] Cf., por exemplo, B. Schlink, Abwägung im Verfassungsrecht, Berlin, 1976, p. 130 ss., 154 ss.; J. M. Steiner, Judicial Discretion and the Concept of Law, in: Cambridge Law Journal, 35, 1976, p. 152 ss.

[106] J. M. Steiner (nota 105), Judicial Discretion and the Concept of Law, p. 153 ss.

Que P_1, com base em P_3, tenha preferência sobre P_2, não significa nada mais que o fato de P_1 e P_3 juntos terem preferência sobre P_2. Para essa nova relação pode novamente ser exigida uma fundamentação. Se for aduzido P_4, apresenta-se então o mesmo problema, e assim por diante. O quadro apresentado por Dworkin, de que princípios nesse nível "na verdade estão juntos mas não estão unidos",[107] obscurece o problema ao invés de contribuir para sua solução.

Do material a ser pressuposto, na medida em que ele é constituído por regras, princípios e relações entre princípios, não se derivam, assim, sem a aceitação de outras premissas, as relações entre princípios que são necessárias para a decisão de casos duvidosos. Isso enfraquece a ideia de Dworkin de "suporte institucional", segundo a qual a mais sólida teoria do direito é aquela que contém a classe "de princípios e os pesos a cada um atribuídos", que justifiquem da melhor forma os precedentes, as normas estatuídas e a constituição,[108] bem como a utilidade da ideia de um holismo jurídico por ele claramente invocada. Porém, em sua forma pura, não defende também Dworkin essa ideia, que serve de base a inúmeras fórmulas frequentemente usadas, como a "coesão interna de valores do ordenamento jurídico",[109] o "todo de sentido do ordenamento jurídico"[110] ou o "sistema do ordenamento jurídico",[111] e cuja fascinação reside no pensamento de um regime autônomo do material jurídico. O próprio Dworkin salienta que o "teste do suporte institucional" não prevê "uma base mecânica, histórica ou moralmente neutra para se estabelecer uma teoria do direito como a mais sólida", e continua: "Na verdade, ele não permite que sequer um único jurista distinga um conjunto de princípios jurídicos de seus princípios morais ou políticos mais amplos".[112] Com isso é concedido aos padrões da moral um papel essencial no processo jurídico de decisão. Assim, devem por exemplo os "argumentos de moralidade política" poder superar a força dos precedentes.[113] A isso corresponde a tese geral de Dworkin de "que questões referentes à ciência do direito são, em seu núcleo, questões de princípio *moral*, e não fatos jurídicos ou

---

[107] R. Dworkin (nota 5), The Model of Rules I, p. 41.

[108] R. Dworkin (nota 17), The Model of Rules II, p. 66.

[109] Fr. Wieacker, Zur Topikdiskussion in der zeitgenössischen deutschen Rechtswissenschaft, in: Xenion, Festschrift f. P. J. Zepos, E. v. Caemmerer/J. H. Kaiser/G. Kegel/W. Müller-Freienfels/H. J. Wolff (orgs.), Athen, 1973, p. 408.

[110] K. Larenz (nota 42), Methodenlehre der Rechtswissenschat, p. 420.

[111] BVerfGE, 34, p. 269 (p. 292); NJW, 1979, p. 305 (p. 307).

[112] R. Dworkin (nota 17), The Model of Rules II, p. 68.

[113] R. Dworkin (nota 13), Hard Cases, p. 122.

Parte III · Cap. 1 – SOBRE O CONCEITO DE PRINCÍPIO JURÍDICO | **177**

estratégia."[114] Com isso uma teoria do direito inclui elementos que são, do ponto de vista do holismo jurídico, externos: argumentos morais ou teorias da moral.

Sem dúvida Dworkin procura também nesse contexto produzir mais uma integração no ordenamento jurídico. O juiz não estaria autorizado a julgar de acordo com a suas noções pessoais de valor; ele deveria permanecer na "moralidade da comunidade", que ele entende como "a moralidade política pressuposta pelas leis e instituições da comunidade".[115] Ele precisa porém ao mesmo tempo conceder que o conteúdo da moralidade da comunidade, que não pode ser confundida com as ampliadas convicções de fato,[116] não raro é contestada. Acertadamente ele a caracteriza como "o que alega cada uma das reivindicações concorrentes".[117] No que diz respeito a essas reivindicações, supondo por exemplo que elas dizem respeito aos conceitos de justiça que contam para a moralidade política, sobretudo em devendo se tratar de "verdade ou solidez",[118] só se pode decidir através da inclusão de argumentos morais ou práticos em geral. Não se consegue isso satisfatoriamente através da ideia da mais sólida teoria do direito que pode ser construída essencialmente a partir de princípios, nem com o conceito de moralidade da comunidade, a ela ligada. Se a tese de Dworkin de que as questões essenciais da ciência do direito são "questões de teoria moral",[119] tese essa que provocou a suposição de Hart de uma mudança de época na filosofia do direito, deve valer, pode-se suficientemente apenas desdobrar sua interessante referência a pontos de vista holísticos em uma teoria que abranja, na teoria da argumentação jurídica, a teoria da argumentação moral ou prática em geral, fundamentando aquela nesta.[120] A teoria de Dworkin deveria pelo menos ser completada por uma tal teoria. Isso teria possivelmente consequências para sua tese de que sempre há somente uma resposta correta e para sua tese de que o juiz não possui poder discricionário. A essa altura não é possível aqui porém adentrar mais nisso.

---

[114] R. Dworkin, Jurisprudence, in: R. Dworkin (nota 5), Taking Rights Seriously, p. 7 (grifo meu).

[115] R. Dworkin (nota 13), Hard Cases, p. 126.

[116] R. Dworkin, Hard Cases (nota 13), p. 129.

[117] R. Dworkin, Hard Cases (nota 13), p. 129.

[118] R. Dworkin, Hard Cases (nota 13), p. 124.

[119] R. Dworkin, Jurisprudence (nota 114), p. 7.

[120] Sobre uma tal teoria, cf. R. Alexy, Theorie der Juristischen Argumentation (nota 71), p. 17 ss. 261 ss.

Capítulo 2

DEVER SER IDEAL*

Contra a construção dos direitos fundamentais em princípios, bem como contra a teoria dos princípios como sistema de enunciados normativos, foram levantadas inúmeras objeções. Por um lado, elas são de tipos muito diferentes mas, por outro lado, apesar de sua variedade, elas se conectam em maior ou menor medida. Para não se perder de vista essa situação recomenda-se uma classificação. Parece adequada uma divisão em sete grupos ou tipos, a saber: (1) objeções teórico-normativas, que tratam da existência e da estrutura dos princípios, bem como de sua distinção em relação a regras, (2) objeções teórico-argumentativas, que se voltam para a questão sobre se a ponderação constitui uma fundamentação ou argumentação racional, (3) objeções dogmáticas referentes a direitos fundamentais, por exemplo aquelas que veem na ponderação um perigo de dissolução ou atrofia de direitos fundamentais, (4) objeções institucionais que, ao contrário, temem um inchaço de direito fundamentais, que teria a consequência institucional de transformar o estado legislativo parlamentar em um estado jurisdicional constitucional, (5) objeções teórico-interpretativas, que abordam se e como é possível fundamentar que a construção em princípios constitui uma interpretação correta de um catálogo de direitos fundamentais jurídico-positivos, (6) objeções teóricas referentes à validade, que sustentam que a teoria dos princípios aboliria o vínculo com a constituição e a lei, dissolvendo a estrutura escalonada do direito e, por

---

* Traduzido a partir do original em alemão *Ideales Sollen*, publicado originalmente em Grundrechte, Prinzipien und Argumentation, L. Clérico/J.-R. Sieckmann (orgs.), Baden-Baden, 2009, p. 21-38.

fim, (7) objeções teórico-científicas, que afirmam que a teoria dos princípios, como dogmática jurídica, seria inepta ou insuficiente. Não só é impossível tratar aqui de objeções de todos esses tipos, como também, dentro dos grupos, deve ser feita uma escolha. Eu vou me concentrar em duas objeções teórico-normativas e em duas objeções teórico-argumentativas.

2.1. DUAS OBJEÇÕES TEÓRICO-NORMATIVAS

2.1.1. Dever ser ideal

Uma objeção inicial pode ser exprimida através da questão sobre se a definição dos princípios como comandos de otimização,[1] central para a teoria dos princípios, não aboliria a distinção entre regras e princípios,[2] que é igualmente central. Sieckmann e Aarnio corretamente acentuaram que comandos de otimização são regras, ou seja, comandos definitivos, na medida em que eles exigem definitivamente a otimização e não uma medida ótima de otimização a ser determinada através das circunstâncias.[3] Poscher acredita poder ver aqui uma "(auto)refutação teórico-jurídica" da teoria dos princípios.[4] Procurei solucionar esse problema através da distinção entre *comandos a serem otimizados* e *comandos a otimizar*.[5] Os comandos de otimização, enquanto comandos de otimizar, expressam um dever ser definitivo e, nesse sentido, real. Os princípios, enquanto comandos a serem otimizados, contêm, ao contrário, somente um dever ser ideal[6] ou *prima facie*. Poscher objetou que a ideia de um dever ser ideal seria supérflua, "porque não [seria preciso], para a reconstrução de comandos de otimização, comandos a serem otimizados, mas sim objetos a serem otimizados".[7] Os comandos de otimização se refeririam, "em regra",[8] não a

---

[1]   R. Alexy, Theorie der Grundrechte, 3ª ed., Frankfurt/M., 1996 (2ª reimpressão), p. 75 s.

[2]   R. Alexy (nota 1), Theorie der Grundrechte, p. 76 s.

[3]   J.-R. Sieckmann, Regelmodelle und Prinzipienmodelle des Rechtssystems, Baden-Baden, 1990, p. 65; A. Aarnio, Taking Rules Seriously, in: Law and the State in Modern Times, W. Maihofer/G. Sprenger (orgs.), ARSP, 42, 1990, p. 187.

[4]   R. Poscher, Grundrechte als Abwehrrechte, Tübingen, 2003, p. 78.

[5]   R. Alexy, Zur Struktur der Rechtsprinzipien, in: Regeln, Prinzipien und Elemente im System des Rechts, B. Schilcher/P. Koller/B.-C. Funk (orgs.), Wien, 2000, p. 38 s.

[6]   Sobre a ideia de dever ser ideal cf. R. Alexy, Zum Begriff des Rechtsprinzips, in: Argumentation und Hermeneutik in der Jurisprudenz, W. Krawietz/K. Opalek/A. Peczenik/A. Schramm (orgs.), 1, 1979, p. 79-82 (neste volume, Parte III, Capítulo 1, p 188-191.)

[7]   R. Poscher, Einsichten, Irrtümer und Selbstmissverständnis der Prinzipientheorie, in: Die Prinzipientheorie der Grundrechte, J.-R. Sieckmann (org.), Baden-Baden, 2007, p. 69.

[8]   R. Poscher (nota 7), Einsichten, Irrtümer und Selbstmissverständnis der Prinzipientheorie, p. 69.

objetos normativos, mas sim empíricos, por exemplo, no caso do artigo 2º, parágrafo 2º, proposição 1 da Lei Fundamental, à vida e à inviolabilidade corporal. Ao lado dessa objeção do caráter supérfluo é posta a objeção da obscuridade ontológica. O dever ser ideal seria classificado como uma "esfera misteriosa".[9] Além disso, o laço entre comandos de otimização e comandos ideais a serem otimizados é classificado como uma "tentativa de salvamento muito artificial".[10] A objeção culmina finalmente com uma afirmação negativa de existência. A teoria dos princípios não poderia provar a "existência de seu objeto". Ela seria, por isso, uma "teoria sem objeto".[11]

A objeção ontológica é a mais radical. Se ela estiver correta, a objeção do caráter supérfluo também estará, pois o que não existe não pode não ser supérfluo. A questão inicial deve portanto ser se existe um dever ser ideal.

2.1.1.1. A existência do dever ser ideal

Um dever ser é um conteúdo de pensamento que pode ser expresso com a ajuda dos modais deônticos comando, proibição e permissão, assim como com a ajuda das modalidades mais complexas direitos subjetivos e competências, que podem ser criadas a partir do relacionamento e da potencialização desses modais.[12] O modal fundamental é o comando. A norma de comando mais simples tem a forma:

(1) p é comandado,

que, com a ajuda do operador deôntico "O", pode ser anotada como

(2) Op.

Seja atribuído a Op o conteúdo

(3) é comandado ajudar aos necessitados.

Se (3) possui o caráter de regra, ou seja, se ela expressa um dever ser definitivo ou real, então (3) exige que, em todos os casos em que

---

[9]   R. Poscher (nota 7), Einsichten, Irrtümer und Selbstmissverständnis der Prinzipientheorie, p. 70.

[10] R. Poscher (nota 7), Einsichten, Irrtümer und Selbstmissverständnis der Prinzipientheorie, p. 69.

[11] R. Poscher (nota 7), Einsichten, Irrtümer und Selbstmissverständnis der Prinzipientheorie, p. 70.

[12] R. Alexy, Alf Ross' Begriff der Kompetenz, in: Gedächtnisschrift f. Jörn Eckert, A. Hoyer/H. Hattenhauer/R. Meyer-Pritz/W. Schubert (orgs.), Baden-Baden, 2008, p. 55-62.

alguém necessita, ele seja ajudado, quaisquer que sejam os outros deveres e direitos que conflitem com esse comando. Se, ao contrário, (3) tem o caráter de princípio, ou seja, se ela expressa um dever ser ideal ou *prima facie*, então (3) exige que se ajude alguém apenas sob a condição de que não se leve em conta ou se abstraia tudo o que pode entrar em conflito. Assim, o dever ser ideal é um dever ser abstrato ainda não relacionado às limitadas possibilidades dos mundos empírico e normativo. Não relacionar algo às oposições do mundo significa tratar esse algo como se ele representasse o todo ou tudo que conta. O dever ser ideal pode assim também ser denominado "dever ser *pro tanto*".[13] Todo dever ser *pro tanto* é, porém, ao mesmo tempo, um dever ser *prima facie*, se o conceito de dever ser *prima facie* é compreendido de modo que ele se relacione a um dever ser que se tem em vista quando alguém se limita a apenas um aspecto de um conflito de normas.[14]

A questão é se existe um dever ser ideal nesse sentido indicado. Há dois conceitos de existência de uma norma, um fraco e um forte. De acordo com o conceito fraco uma norma existe quando ela consiste em um conteúdo que pode ser apreendido. Isso corresponde ao conceito semântico de norma.[15] Ora, é possível compreender aquilo que a proposição normativa (3) expressa se ela não significar que é absoluta ou definitivamente comandado ajudar aos necessitados, mas sim que isso é, em si, comandado em princípio ou *prima facie*. Que uma norma nesse sentido fraco existe, ou seja, que ela é pensável ou compreensível, não diz porém muito. Para a ação e a decisão são interessantes apenas as normas que também existem no sentido forte. Uma norma existe em sentido forte quando ela vale. Pode-se tratar, no caso dessa validade, tanto de uma validade jurídica, de uma validade social, ou ainda de uma validade moral.[16] Parece possível que o comando *prima facie* de ajudar aos necessitados valha moralmente. Ele vale moralmente se ele pode ser fundamentado, e muitas coisas indicam que esse é o caso. Sendo esse o caso, isso é suficiente para a existência em sentido forte. Além disso,

---

[13] Cf. S. L. Hurley, Natural Reasons, New York-Oxford, 1989, p. 130, 261; N. Jansen, Die Struktur der Gerechtigkeit, Baden-Baden, 1998, p. 101.

[14] Esse conceito de dever ser *prima facie* não tem um caráter meramente epistêmico. Ele não se relaciona a algo que é comandado somente aparentemente, mas sim a algo que de fato é comandado, mas que pode, considerando-se todas as circunstâncias, ser retirado. Sobre isso cf. J. Searle, *Prima Facie* Obligations, in: Practical Reasoning, J. Raz (org.), Oxford, 1978, p. 81 ss.; S. L. Hurley, Natural Reasons (nota 13), p. 130 ss.

[15] R. Alexy (nota 1), Theorie der Grundrechte, p. 42-47.

[16] Sobre isso cf. R. Alexy, Begriff und Geltung des Rechts, 4ª ed., Freiburg-München, 2005, p. 139-143.

Parte III · Cap. 2 – DEVER SER IDEAL | **183**

dificilmente duvida-se que comandos *prima facie* sejam socialmente eficazes e estabelecidos em conformidade com o ordenamento, ou seja, possam valer social e juridicamente, e de fato valham. Assim, o dever ser ideal pode existir também em um sentido forte. A objeção ontológica pode assim ser afastada. O conceito de dever ser ideal não é misterioso, obscuro, nem vazio. Há princípios na forma de normas que expressam um dever ser ideal. Com isso a teoria dos princípios possui um objeto. Esse objeto não é, além disso, qualquer objeto, mas sim um objeto que possui, no reino das normas, um significado considerável.

2.1.1.2. O_i

Resta a objeção do caráter supérfluo, que afirma que tanto o comando de otimização e os objetos empíricos da otimização quanto as normas a serem otimizadas enquanto normas que expressam um dever ser ideal são supérfluos. À primeira vista essa objeção parece ser legítima, pois existe a possibilidade de transformar o objeto de um comando como (3), ou seja, a ajuda aos necessitados, imediatamente em um objeto de uma otimização. A partir de

(2) O*p*

Ter-se-ia então

(4) O *Opt p*.

"*p*" seria, em (4), um objeto empírico de otimização, ou seja, um objeto não-normativo. Há porém também a possibilidade de se construir o comando de otimização de modo que o objeto da otimização obtenha um caráter normativo. Esse é o caso quando se transforma o comando de se ajudar aos necessitados, ou seja (2), em objeto da otimização. O comando de otimização assume então a seguinte forma:

(5) O *Opt* O*p*.

(5) expressa a ideia de que comandos de otimização, ao contrário de comandos a serem otimizados, localizam-se em um segundo plano, um metaplano.[17] O objeto do comando, ou seja, aquilo que é comandado, compreende assim dois elementos: a otimização (*Opt*) e o objeto da otimização, a norma a ser otimizada (O*p*). O comando de otimização

---

[17] R. Alexy (nota 5), Zur Struktur der Rechtsprinzipien, p. 39.

surge tanto no caso de (4) quanto no caso de (5) a partir da qualificação do objeto do comando como otimização. A diferença consiste apenas no objeto da otimização. O comando de otimização, enquanto tal, permanece, em ambos os casos, um comando definitivo ou real.

O ponto decisivo é então que se pode qualificar não só o objeto do comando. A própria modalidade do comando está disponível a uma qualificação.[18] Se a qualificação consiste em uma idealização, isso leva ao dever ser ideal.[19] A idealização da modalidade do comando pode ser expressada através de "O$_i$".[20] "Idealização" significa abstrair direitos e deveres conflitantes. O fato de (3) dever ser compreendida como expressão de um dever ser ideal pode ser anotado do seguinte modo:

(6) O$_i p$.

Entre comandos de otimização como regras e o dever ser ideal, ou seja, o princípio enquanto tal, existe uma relação de implicação recíproca. O dever ser ideal implica o comando de otimização, e este implica, por outro lado, aquele.[21] Essa relação de implicação recíproca pode ser anotada, no que diz respeito à relação entre (6) e (5),[22] do seguinte modo:

---

[18] Com isso eu abandono a tese manifestada em 1979, de que dever ser ideal e dever ser real seriam uma questão referente ao objeto do comando e que não diriam respeito à modalidade deôntica enquanto tal. Cf. R. Alexy (nota 6), Zum Begriff des Rechtsprinzips, p. 81, nota 94 (neste volume, Parte III, Capítulo I, p. 181).

[19] Além da qualificação do objeto do comando aqui considerada e da modalidade deôntica, há uma terceira possibilidade de qualificação: a da validade ou do operador da validade. Uma interessante variante sobre isso encontra-se em M. Reßing, Prinzipien als Normen mit zwei Geltungsebenen. Zur Unterscheidung von Regeln und Prinzipien, in: ARSP, 95, 2009, p. 28 ss. Sieckmann toma um quarto caminho no qual ele renuncia a uma indexação e aposta na iteração entre operador de comando e operador de validade. Cf. J.-R. Sieckmann, Recht als normatives System. Die Prinzipientheorie des Rechts, Baden-Baden, 2009, p. 26 ss., 51 ss.

[20] A indexação aqui efetuada distingue-se fundamentalmente da de Susan Hurley. Em Hurley trata-se de uma indexação concreta. Ela cita como exemplo uma colisão entre a justiça e a cordialidade. Se a justiça exige ¬q e a cordialidade exige q, uma contradição poderia ser evitada criando-se para cada um dos dois princípios um operador deôntico próprio: "estamos na realidade operando com tantos operadores deônticos distintos quanto há razões de ação discretas". S. L. Hurley (nota 13), Natural Reasons, p. 127. A colisão entre a justiça e a cordialidade levaria assim a "Ok q e Oj ¬q", o que de fato não é contraditório. S. L. Hurley (nota 13), Natural Reasons, p. 130. "Oi" tem, ao contrário, um caráter abstrato. Ele se encontraria tanto na reconstrução do princípio da justiça quanto na reconstrução do princípio da cordialidade. Como ainda deverá se mostrar, é necessário, por razões sistemáticas, que com isso surja uma contradição.

[21] R. Alexy (nota 5), Zur Struktur der Rechtsprinzipien, p. 39.

[22] Sobre a relação entre (6) e (4), cf. abaixo.

Parte III · Cap. 2 – DEVER SER IDEAL | **185**

(7) O *Opt* O*p* ↔ O$_i$*p*.

Essa equivalência expressa que o comando de otimização e o dever ser ideal são dois lados da mesma moeda.[23] A questão agora é se uma tal construção, e com ela o conceito de dever ser ideal, é supérflua. Essa pergunta só pode ser respondida quando fica claro o que O$_i$*p* significa. Assim, é primeiro necessário verificar se O$_i$*p* expressa fundamentalmente algo que tem sentido. Se esse não for o caso, o dever ser ideal expressado através de O$_i$*p* dificilmente poderia não ser supérfluo.

Jan Sieckmann defendeu recentemente a concepção de que a "indexação de operadores deônticos" não seria adequada para a reconstrução de "conflitos de normas que levam a ponderações".[24] Se isso for verdade, o operador indexado perde seu significado para a teoria dos princípios. Ele não poderia mais ter um papel significativo na ponderação. Segundo Sieckmann, há duas possibilidades. A primeira consiste em não se exigir que os comandos indexados incompatíveis sejam cumpridos ao mesmo tempo. Então não haveria, "na perspectiva do agente, qualquer problema".[25] Sieckmann parece querer dizer com isso que, sob essa condição, não existem conflitos de normas que precisam ser solucionados e, nesse sentido, não existem verdadeiros conflitos de normas. Mas, ao contrário, um comando "de se satisfazer todos os comandos indexados [...] não [poderia] ser um dever ser indexado, porque ele [estaria] relacionado a toda forma de dever ser indexado".[26] Isso parece dever ser compreendido de modo que um dentre todos os comandos indexados que se relacionam a comandos de cumprimento retira ou abole o índice. A alternativa de Sieckmann falha porém em relação ao ponto decisivo de uma indexação

---

[23] R. Alexy (nota 5), Zur Struktur der Rechtsprinzipien, p. 39. Jan Sieckmann objetou, contra a oposição entre comandos de otimização e comandos a serem otimizados, que aquilo que se deveria otimizar conteria não só comandos, mas também "proibições, permissões e competências". J.-R. Sieckmann (nota 19), Recht als normatives System. Die Prinzipientheorie des Rechts, p.23. A isso é preciso responder que "Oi" representa todas as modalidades deônticas. Que se fale em um "comando" a ser otimizado tem como razão não só a simplificação do discurso, mas também o fato de todas as outras modalidades sobre operações de negação, relativização e potencialização poderem ser obtidas a partir do operador de comando.

[24] J.-R. Sieckmann (nota 19), Recht als normatives System. Die Prinzipientheorie des Rechts, p. 45.

[25] J.-R. Sieckmann (nota 19), Recht als normatives System. Die Prinzipientheorie des Rechts, p. 45.

[26] J.-R. Sieckmann (nota 19), Recht als normatives System. Die Prinzipientheorie des Rechts, p. 45.

de operadores deônticos, no modo que eles são concebidos aqui. Segundo Sieckmman parece se depender de se, por trás dos comandos indexados, há ou não um outro comando não indexado, ou seja, se ocorre uma interação de comandos ou não. Na primeira alternativa o dever ser indexado "não [parece oferecer] problemas", se, por trás dele, não há um comando de cumprimento. Isso soa como se o dever ser indexado, ou seja, o dever ser ideal, não fosse nada enquanto por trás dele não estivesse um outro dever ser. Isso subestimaria porém o significado independente do dever ser ideal. Enquanto dever ser ideal, todo princípio exige uma solução do caso que a ele corresponda, ou seja, um dever ser concreto que corresponda a ele. Para isso não é necessário um outro comando de cumprimento por trás dele. Na segunda alternativa é aceito um comando de cumprimento por trás de todo dever ser indexado, ou seja, por trás de todo dever ser ideal. Se esse comando de cumprimento for interpretado como comando de cumprimento definitivo que se relaciona diretamente ao conteúdo normativo *p*, de fato remove-se com o índice ao mesmo tempo o caráter ideal. Novamente, é certo porém que a aceitação de um tal comando de cumprimento subestima a independência do dever ser ideal expressado através do índice. O dever ser ideal expressado através do operador de comando indexado é um verdadeiro dever ser, que em casos de conflito implica dever ser concreto, que porém deve poder ser avaliado de acordo com as possibilidades do mundo, do jeito que ele é. O dever ser ideal abstrato é uma razão para esse dever ser concreto. Exatamente por isso o dever ser ideal é adequado para se reconstruir conflitos de normas que devem ser resolvidos através da ponderação.

Pode servir como exemplo a decisão do caso *Titanic*, do Tribunal Constitucional Federal.[27] A revista satírica *Titanic* designou um oficial da reserva paraplégico que conseguiu sua convocação para um treinamento militar, primeiramente como "assassino nato" e então, em uma edição posterior, como "aleijado". Como resultado de uma ação proposta pelo oficial da reserva, o Tribunal Superior em Dusseldorf condenou a revista *Titanic* a uma indenização no valor de 12 mil Marcos Alemães. A reclamação constitucional da revista *Titanic* obteve êxito no que dizia respeito à designação "assassino nato". No que dizia respeito à designação "aleijado" ela não obteve êxito.

Nenhuma norma, consequentemente nenhum princípio, pode ser aplicado sem subsunção.[28] O conceito de expressão de uma opinião de-

---

[27] BVerfG, 86, p. 1.
[28] R. Alexy, Two or Three, in: ARSP, Beiheft 119, 2010. (neste volume Parte III, Capítulo III).

Parte III · **Cap. 2** – DEVER SER IDEAL | **187**

fine ao mesmo tempo o âmbito de proteção do direito fundamental à liberdade de opinião e o pressuposto normativo do princípio da liberdade de opinião. Esse princípio pode ser construído tanto como norma permissiva de direito fundamental quanto como norma proibitiva, endereçada ao estado, referente a um direito fundamental.[29] Aqui deve ser abordada apenas a norma permissiva. Ela pode ser expressa da seguinte forma:

(8) $\forall x \, (T_1 x \rightarrow P_i Rx)$.

Lê-se (8) da seguinte forma: para todo x vale $(\forall x)$, se x constitui uma expressão de opinião (T_1), então $(\rightarrow)$ é *prima facie* permitido (P_i) que x seja executada (R).[30] O Tribunal Constitucional Federal classificou, com razão, tanto a designação do oficial da reserva como "assassino nato" quanto sua designação como "aleijado", como expressão de uma opinião (T_1). Deve-se aqui primeiramente tratar da primeira designação. Quando se coloca "*a*" no lugar da designação assassino nato, tem-se então:

(9) $T_1 a$.

De (8) e (9) segue-se porém, de acordo com o esquema fundamental da subsunção:

(10) $P_i Ra$.

(10) reza: é permitido *prima facie* (P_i) designar o oficial como "assassino nato" (Ra). O que há de especial em (10) é que (10) tem um caráter tanto concreto quanto ideal, que se expressa através do índice.

O princípio da liberdade de opinião, expressado através de (8), colide com o direito geral da personalidade, garantido através do artigo 2º, parágrafo 1º, em conexão com o artigo 1º, parágrafo 1º da Lei Fundamental. Também a sua estrutura lógica é complexa. Aqui é suficiente uma simplificação rudimentar que leva a uma contraparte do princípio colidente da liberdade de opinião:

(11) $\forall x \, (T_2 x \rightarrow \neg P_i Rx)$.

---

[29] Cf. R. Alexy (nota 1), Theorie der Grundrechte, p. 273-278.

[30] Na equivalência (7), que combina o comando de otimização e o dever ser ideal, encontra-se o operador de comando indexado Oi e não o operador de permissão P_i. Oi poderia facilmente encontrar aplicação também em (8). Dever-se-ia apenas substituir P_i por $\neg O_i \neg$.

188 | Teoria Discursiva do Direito · *Robert Alexy*

(11) deve ser lida como se segue: para todo x vale ($\forall x$); se *x* constitui uma interferência no direito da personalidade (T_2), então (→) não é *prima facie* permitido ($\neg P_i$) que *x* seja executada (*R*). Tome-se a designação "assassino nato" (*a*) sob T_2:

(12) $T_2 a$,

segue-se então, novamente de acordo com o esquema fundamental da subsunção,

(13) $\neg P_i Ra$.

Isso significa porém que surgiu, no plano do juízo de dever ser concreto, uma contradição: uma vez que não só (13), mas também (10) vale, vale:

(14) $P_i Ra \wedge \neg P_i Ra$.

Coloca-se a questão se essa contradição mostra que a reconstrução do dever ser ideal com a ajuda de operadores deônticos indexados é inadequada ou até mesmo sem sentido. A resposta é não.

Há contudo observações de Sieckmann que indicam o contrário. Assim, se "ponderações constituem processos racionais de fundamentação de normas", elas não poderiam "levar a contradições lógicas".[31] Sieckmann demonstra isso com base em um exemplo, em que também se trata da colisão da liberdade de opinião com o direito da personalidade. Seu argumento é instrutivo em relação ao fato de que uma "contradição não [é] aceitável".[32] Ela não deve ser aceitável "porque um sistema normativo contraditório não cumpre sua função de guiar a ação".[33] Porém, exatamente com isso o ponto decisivo é subestimado. No plano do dever ser ideal não se trata ainda de comandos de ação diretos e definitivos, mas sim de razões para esses comandos definitivos. Por isso a contradição expressada através de (14) não seria aceitável somente se em (14) já se tratasse do dever ser definitivo ou real, o que pode ser ex-

---

[31] J.-R. Sieckmann (nota 19), Recht als normatives System. Die Prinzipientheorie des Rechts, p. 42
[32] J.-R. Sieckmann (nota 19), Recht als normatives System. Die Prinzipientheorie des Rechts, p. 43.
[33] J.-R. Sieckmann (nota 19), Recht als normatives System. Die Prinzipientheorie des Rechts, p. 43.

Parte III · Cap. 2 – DEVER SER IDEAL | **189**

presso com a ajuda do correspondente operador deôntico indexado "P_r" do seguinte modo:

(15) $P_r Ra \land \neg P_r Ra$.

Sieckmann entende porém que o resultado só pode ser a de fato inaceitável contradição no âmbito do dever ser definitivo (15), se princípios são concebidos como enunciados ou proposições, como aqui acontece. A razão para isso parece ser que enunciados afirmam sempre a "validade definitiva".[34] Do "caráter dos princípios, que vai dos comandos ideais aos definitivos", seguir-se-ia como argumento o fato de "eles não poderem ser concebidos diretamente na forma de enunciados".[35] É preciso refutar isso. A proposição de que toda expressão de opinião é permitida em princípio ou *pro tanto* pode ser correta ou verdadeira. Por isso ela expressa um enunciado normativo que, caso correto ou verdadeiro, corresponde a um fato normativo. A proposição "*X* é devido em um sentido ideal" é verdadeira exatamente quando *X* é devido em um sentido ideal.[36] A idealidade é assim consistente com a proposicionalidade. Isso não muda em nada o fato de o contato do mundo ideal com o real levar a contradições. Ao contrário, essas contradições são necessárias para explicar a capacidade dos princípios colidirem e a necessidade da ponderação de princípios.[37] A contradição

(14) $P_i Ra \land \neg P_i Ra$

expressa aquilo que Sieckmann denomina um "dilema prático".[38] Ele surge do primeiro contato do plano ideal com o real, que ocorre na forma das duas subsunções indicadas acima, e mostra o que ocorreria se o ideal fosse tomado como real, ou seja, se de (14) se passasse a

---

[34] J.-R. Sieckmann (nota 19), Recht als normatives System. Die Prinzipientheorie des Rechts, p. 41.

[35] J.-R. Sieckmann (nota 19), Recht als normatives System. Die Prinzipientheorie des Rechts, p. 48.

[36] Sobre isso cf. R. Alexy, Recht, Vernunft, Diskurs, Frankfurt/M., p. 118. Sendo a proposição "*X* é devido em um sentido ideal" verdadeira, pode-se então dizer que ela afirma definitivamente que algo é devido *prima facie*.

[37] Cf. J. Searle (nota 14), *Prima Facie* Obligations, p. 85: "a noção de um genuíno conflito moral é a noção de uma situação em que não existe um mundo possível que satisfaça todas as obrigações de alguém."

[38] J.-R. Sieckmann (nota 19), Recht als normatives System. Die Prinzipientheorie des Rechts, p. 49.

(15) $P_r Ra \land \neg P_r Ra$.[39]

O ideal leva, se conectado de forma inquebrantável ao real, a contradições inaceitáveis. Por isso deve-se separá-los. Com isso se expressa não só a capacidade dos princípios de colidirem, mas também a necessidade de sua ponderação. Resolver a colisão de princípios e com isso a contradição é algo que Sieckmann apropriadamente designa como um postulado da racionalidade.[40] Isso exige uma ponderação, ou seja, uma otimização. É essa conexão necessária entre dever ser ideal e otimização que se expressa através da equivalência

(7) $OOpt\, Op \leftrightarrow O_i p$.

A implicação recíproca mostra que a natureza do dever ser ideal também se reflete nas regras que dizem como a otimização deve ser efetuada de modo racional. A essas regras pertencem a lei da colisão[41] e a lei da ponderação,[42] na forma expressada na fórmula do peso.[43-44] Se antes tem-se presente esse contexto que realizaria o dever ser ideal na forma de O_i, pode-se então dizer que essa reconstrução não só faz sentido, mas também que ela tem as vantagens da simplicidade e da utilidade prática.

2.1.1.3. A normatividade dos objetos da ponderação

O fato de uma coisa ter sentido, ser simples e ser praticável não significa que ela não seja supérflua. Pode ser que os problemas ligados aos princípios pudessem ser resolvidos mais facilmente se alguém se apoiasse apenas em comandos de otimização e renunciasse completamente ao conceito de comandos a serem otimizados, e com isso ao dever ser ideal reconstruído através de O_i. Nessa direção caminha a tese de Poscher, de que

---

[39] Em uma citação literária soa do seguinte modo:
"Levemente juntos moram os pensamentos,
mas duramente, no espaço, chocam-se as coisas"
F. Schiller, Wallensteins Tod, 2º ato, 2ª cena.

[40] J.-R. Sieckmann (nota 19), Recht als normatives System. Die Prinzipientheorie des Rechts, p. 49.

[41] R. Alexy (nota 1), Theorie der Grundrechte, p. 83 s.

[42] R. Alexy (nota 1), Theorie der Grundrechte, p. 146.

[43] R. Alexy, Die Gewichtsformel, in: Gedächtnisschrift f. J. Sonnenschein, J. Jickeli/P. Kreutz/D. Reuter (orgs.), Berlin, 2003, p. 790.

[44] Talvez se pudesse aqui falar em uma espécie de definição usual ou implícita de dever ser ideal. Sobre isso cf. W. Dubislav, Die Definition, 4ª ed. (reimpressão não alterada da 3ª ed. de 1931), Hamburg, 1981, p. 39 s.

Parte III · Cap. 2 – DEVER SER IDEAL | **191**

ao lado do comando de otimização, pelo menos em regra, haveria como objetos da otimização apenas objetos empíricos como a saúde e a vida.[45] "Tudo pode ser otimizado, até mesmo a doença e a morte, o cumprimento, a largura, a altura, a temperatura, o tempo etc."[46] Decisivo seria apenas que a coisas de tais tipos se juntaria um comando de otimização a elas relacionado. O comando de otimização teria então a forma já mencionada

(4) O *Opt p*.

Se isso deve significar que em casos de colisão de direitos fundamentais não se trata de uma colisão de normas, mas meramente de um problema normal de preferência, é preciso responder que direitos fundamentais consistem em normas e que colisões entre eles só podem ser reconstruídas adequadamente como colisões de normas. Uma reconstrução na qual a colisão enquanto tal não exiba já uma dimensão normativa – que aparece nas contradições entre normas – não corresponderia às expectativas da normatividade dos direitos fundamentais.

Ora, alguém poderia querer dizer que o problema da normatividade seria também solucionável quando alguém se limita aos comandos de otimização. Esse seria o caso se o comando de otimização transferisse um dever ser a tais objetos de ponderação não-normativos, como, por exemplo, a vida ou a saúde. Ora, tal transferência de fato acontece. Se é devido otimizar a saúde, então a saúde é devida. Mas isso não fundamenta qualquer objeção à tese do dever ser ideal. Ao contrário, a apoia. Aquilo que é transferido só pode ser um dever ser ideal. Assim vale a proposição:

(16) O *Opt p* $\leftrightarrow$ O$_i$*p*.

(16) expressa que a existência de um comando de otimização é uma condição suficiente para a existência de um dever ser ideal.

2.1.1.4. *A inviolabilidade do princípio retrocedente*

A adequação e com isso o caráter não supérfluo do conceito de dever ser ideal mostra-se também em seu poder de explicar inúmeros outros fenômenos. Especial significado possui o fenômeno da inviolabilidade

---

[45] R. Poscher (nota 7), Einsichten, Irrtümer und Selbstmissverständnis der Prinzipientheorie, p. 69.

[46] R. Poscher (nota 7), Einsichten, Irrtümer und Selbstmissverständnis der Prinzipientheorie, p. 69.

do princípio retrocedente. No caso da designação "aleijado", na decisão *Titanic*, a liberdade de opinião retrocedeu. Coloque-se *"b"* para a designação "aleijado"; então

(17) PR*b*

não vale. Ora, essa norma do caso concreto parece seguir-se logicamente, de acordo com o esquema da subsunção, do princípio da liberdade de opinião (8), junto com a descrição das circunstâncias

(18) $T_i b$.

Se porém a conclusão (17) não vale, pelo menos uma das premissas não deveria, de acordo com o modo *tollendo tollens*, valer. Uma vez que não há qualquer dúvida sobre a descrição das circunstâncias (18), a invalidade poderia se referir apenas ao princípio da liberdade de opinião (8). Estaria em questão tanto uma invalidade total quanto uma invalidade parcial produzidas pela inserção de uma cláusula de exceção. Ora, mas é característico das colisões entre princípios que o princípio retrocedente não seja violado por uma perda de validade total nem por uma perda de validade parcial. Exatamente isso pode ser explicado através do conceito de dever ser ideal.

(17) PR*b*

é ambígua. "PR*b*" pode estar no lugar tanto da permissão ideal ou *prima facie*

(17') $P_i R b$

quanto da permissão real ou definitiva

(17") $P_r R b$.

O princípio da liberdade de opinião (8) pode, antes de uma ponderação, fundamentar apenas uma permissão ideal. Esse princípio só é capaz de fundamentar uma permissão definitiva ou real quando ele triunfa na ponderação. Sua força ideal transforma-se então em uma força real. Se o princípio é derrotado na ponderação, ele não pode fundamentar um

Parte III · Cap. 2 – DEVER SER IDEAL | 193

dever ser definitivo. Apesar da derrota ele continua implicando um dever ser ideal.[47] A derrota na ponderação não significa então que agora

(18) $\neg P_i Rb$

vale. O princípio da liberdade de opinião implica na verdade, como no caso da permissão ideal,

(17′) $P_i Rb$.

Na verdade vale, após a derrota na ponderação,

(19) $\neg P_r Rb$.

A negação de (19),

(17″) $P_r Rb$,

não está porém implícita no princípio da liberdade de opinião (8) enquanto tal, ou seja, antes da ponderação. Assim não se pode, com base em (19), chegar a uma violação do princípio da liberdade de opinião (8) na maneira do *modus tollendo tollens*.

2.1.1.5. O dever ser ideal e a construção de direito fundamental

Até aqui tratou-se de da prioridade teórico-normativa do conceito de dever ser ideal. Não menos importante é seu significado dogmático referente a direitos fundamentais. Isso se mostra por exemplo na construção da relação entre um direito fundamental e as restrições ao direito fundamental. De acordo com a construção teórica externa há duas coisas: em primeiro lugar o direito em si, que não foi restringido ou limitado, e, em segundo lugar, aquilo que resta do direito depois da inserção da restrição, o direito restringido.[48] O direito em si corresponde ao dever ser ideal, o direito restringido ao dever ser real. Segundo a construção teórica interna não há, ao contrário, duas coisas, o direito e sua limitação, mas apenas uma: o direito com um conteúdo determinado. Nessa construção somente o dever ser real gera resultados. Esse desaparecimento

---

[47] Uma vez que também o princípio oposto implica um dever ser ideal, pode-se dizer que o dever ser ideal é um dever ser que suporta contradições.

[48] R. Alexy (nota 1), Theorie der Grundrechte, p. 250.

194 | Teoria Discursiva do Direito • *Robert Alexy*

da dimensão ideal tem como consequência a eliminação da ponderação. Ela é substituída por questões como "o que o direito humano em questão realmente é".[49] Se se deve ou não extrair o estabelecimento daquilo que é devido definitivamente por meio de tais determinações conceituais através de uma ponderação depende da questão teórico-argumentativa sobre se a ponderação é um processo racional. Antes de se entrar em dois aspectos dessa questão, seja primeiramente considerada uma outra objeção teórico-normativa.

2.1.2. O caráter normativo do dever ser ideal

A segunda objeção teórico-normativa a ser considerada aqui não se dirige à existência do dever ser ideal ou à sua apreensibilidade com a ajuda de modalidades deônticas indexadas, mas sim a seu caráter normativo. Assim Klement afirmou, em primeiro lugar, que uma norma é "uma conexão de um conteúdo normativo com um dever ser" e, em segundo lugar, que não haveria, "por isso, no plano do conceito de norma, [...] espaço para uma distinção entre um dever ser 'definitivo' e um dever ser *prima facie*",[50] pois "o dever ser de uma norma sempre é 'definitivo'".[51] Com a primeira tese, ou seja, a tese de que normas consistem em conexões entre um conteúdo normativo e um dever ser, deve-se concordar. A partir do fato de que normas essencialmente consistem em um dever ser não decorre contudo a segunda, ou seja, que se deve excluir uma distinção entre dever ser definitivo ou real e dever ser ideal ou *prima facie*. Também o dever ser ideal é, como explicado, um dever ser. Para se excluir o dever ser ideal do conceito de norma são necessários portanto outros argumentos.

Segundo Klement, o argumento decisivo, que se orienta por Esser, afirma que princípios não possuiriam a qualidade de norma, porque eles constituiriam somente "estágios preliminares [...] no caminho para a norma".[52] Eles seriam "apenas elementos da outra operação de pensamento, fatores de um cálculo, cujo final é uma norma".[53] Eles não seriam "normas, pois não possibilitam, tomados em si, a identificação imediata de comportamentos ilícitos".[54] Quem classifica princípios como normas

---

[49]   R. Dworkin, Is Democracy Possible Here?, Princeton, 2006, p. 49.

[50]   J. H. Klement, Vom Nutzen einer Theorie, die alles erklärt, in: JZ, 2008, p. 760.

[51]   J. H. Klement (nota 50), Vom Nutzen einer Theorie, die alles erklärt, p. 760.

[52]   J. H. Klement (nota 50), Vom Nutzen einer Theorie, die alles erklärt, p. 760.

[53]   J. H. Klement (nota 50), Vom Nutzen einer Theorie, die alles erklärt, p. 760.

[54]   J. H. Klement (nota 50), Vom Nutzen einer Theorie, die alles erklärt, p. 760.

rompe assim "o conceito homogêneo de norma".[55] Pode-se denominar esse argumento o "argumento dos estágios preliminares".[56]

Para se avaliar a força desse argumento deve-se perguntar qual é a característica essencial do conceito de norma. Essa característica deve ser uma propriedade que é comum aos diversos tipos de norma. Já foi explicado que essa característica só pode ser o conceito de dever ser. O argumento dos estágios preliminares de Klement afirma que somente o dever ser definitivo ou real, não o dever ser ideal ou *prima facie*, pode ter caráter normativo. Se seguíssemos Klement ocorreria uma interessante modificação na relação entre o conceito de norma e o conceito de dever ser. Os dois conceitos receberiam extensões diferentes. Não haveria norma sem dever ser, porém haveria dever ser sem norma. Na verdade o dever ser continuaria sendo um elemento necessário do conceito de norma, mas perderia o caráter de elemento suficiente. Sua posição dominante seria ocupada pelo conceito de definitividade.

Ora, pode ser que existam razões para conectar o conceito de norma com o conceito de definitividade. Mas há também razões para não descosturar sua conexão com o conceito de dever ser em suas duas variantes. Assim, há inúmeros atos de estabelecimento de normas cujo resultado não é um dever ser definitivo, mas somente um dever ser *prima facie*. Assim, por exemplo, "todos têm o direito à vida e à inviolabilidade corporal", ou seja, o artigo 2º, parágrafo 2º, proposição 1 da Lei Fundamental, como evidencia a cláusula de restrição do artigo 2º, parágrafo 2º, proposição 3, "nesses direitos só se pode interferir com base em lei", não estatui um dever ser definitivo. O artigo 2º, parágrafo 2º, proposição 1 da Lei Fundamental não tem, por essa razão, caráter de norma?

Ainda mais importante que isso é um segundo ponto. O direito é um sistema normativo. Se a definitividade for conectada ao conceito de norma, chegar-se-ia à conclusão de que o sistema jurídico é constituído exclusivamente por tais resultados de procedimentos decisórios que possuem caráter definitivo. Com isso se perde porém de vista a natureza do direito. Ela é essencialmente definida pelo fato de o direito possuir necessariamente não só uma dimensão real, mas também uma dimensão ideal.[57] Se o direito possui porém duas dimensões, parece então

---

[55]   J. H. Klement (nota 50), Vom Nutzen einer Theorie, die alles erklärt, p. 760.

[56]   Sobre isso cf. a distinção de Raz entre "os estágios deliberativo e executivo". J. Raz, Ethics in the Public Domain, ed. revisada, Oxford, 1995, p. 208.

[57]   R. Alexy, On the Concept and Nature of Law, in: Ratio Juris, 21, 2008, p. 292 ss. A bidimensionalidade alcança o conceito da ilicitude jurídica. Princípios, tomados em

adequado considerar ambas normativas. Um conceito de norma que corresponde a elas da melhor forma é um conceito que inclua tanto o dever ser real quanto o dever ser ideal.

2.2. DUAS OBJEÇÕES TEÓRICO-ARGUMENTATIVAS

Nas objeções teórico-argumentativas a questão é se a ponderação constitui uma fundamentação ou argumentação racional. Essa questão possui importância central para a teoria dos princípios, pois se ponderar não fosse racional ou fosse irracional, dificilmente valeria a pena ocupar-se dos problemas da teoria dos princípios no campo das outras objeções. Assim, o peso da questão sobre o dever ser ideal despencaria. Essa posição central no campo do problema é a razão para eu ter tratado repetidamente, nos últimos anos, da questão da racionalidade ou, como também pode-se dizer, da questão da objetividade da ponderação. O resultado é a fórmula do peso[58] e sua interpretação como forma de argumento do discurso prático racional.[59] Isso não fez porém silenciar as objeções. Duas delas devem ser abordadas aqui.

2.2.1. O intuicionismo

Alexander Somek objetou, contra a lei da ponderação, que contém, ainda que de forma não tão clara,[60] o núcleo da fórmula do peso, que ela não passaria de uma "formalização do intuicionismo moral".[61] A ele se juntaram Jestaedt[62] e Poscher.[63]

A resposta à objeção do intuicionismo depende do que se deve entender por "intuicionismo". Podem ser distinguidos dois significados: um

---

si, não são capazes na verdade de dizer o que é ilícito definitivamente, mas eles dizem o que é ilícito *prima facie*.

[58]   R. Alexy (nota 43), Die Gewichtsformel, p. 790.

[59]   R. Alexy, On Balancing and Subsumption. A structural Comparison, in: Ratio Juris, 16, 2003, p. 448.

[60]   Cf. R. Alexy (nota 43), Die Gewichtsformel, p. 778-780, 788.

[61]   A. Somek, Rechtliches Wissen, Frankfurt/M., 2006, p. 135; cf. ainda A. Somek, Abwägungsregeln. Ein didaktischer Beitrag zur Grundrechtsdogmatik, in: Politische Ziele und juristische Argumentation, C. Hiebaum/P. Koller (orgs.), ARSP, 92, 2003, p. 114.

[62]   M. Jestaedt, Die Abwägungslehre – ihre Stärken und ihre Schwächen, in: Staat im Wort. Festschrift f. Josef Isensee, O. Depenheuer/M. Heintzen/M. Jestaedt/P. Axer (orgs.), Heidelberg, 2007, p. 267.

[63]   R. Poscher (nota 7), Einsichten, Irrtümer und Selbstmissverständnis der Prinzipientheorie, p. 76.

Parte III · **Cap. 2** – DEVER SER IDEAL | **197**

metaético e um metodológico. Na variante metaética,[64] a objeção do intuicionismo afirma que a classificação da intensidade da interferência e dos pesos abstratos exigidos pela fórmula do peso são nada além de manifestações de experiências de evidências no final das contas subjetivas. Essa objeção se escuta em Poscher, quando ele fala em "intuições que não mais podem ser esclarecidas sobre os princípios a serem ponderados".[65] A ele deve-se responder que as classificações possuem o caráter de juízos que levantam uma pretensão de correção, que, ao contrário de evidências, deve ser desempenhada com argumentos. A racionalidade da ponderação se apoia essencialmente nessa proposicionalidade.[66]

Naturalmente pode-se afirmar que não existiria argumentação racional sobre a correção prática. Isso teria amplas consequências para todas as formas da argumentação jurídica em que são necessárias valorações que não podem ser necessariamente tiradas do material autoritativo. Além disso, a objeção não mais se dirigiria à racionalidade da ponderação. À variante metaética da objeção do intuicionismo pode-se por isso responder que não se trata de experiências de evidências, mas sim de juízos, e que esses juízos são racionais na medida em que discursos práticos racionais são possíveis.[67]

A variante metodológica da objeção do intuicionismo foi cunhada por Rawls, a quem também Somek se refere.[68] Segundo Rawls, aquele que soluciona colisões de princípios através de ponderação em vez de através de "regras de prioridade" é já um intuicionista.[69] A regra de prioridade mais significativa de Rawls é a precedência estrita ou, como ele afirma, "léxica",[70] de seu primeiro princípio da justiça, que tem por objeto a liberdade, sobre o segundo princípio da justiça, que aponta para a igualdade social e econômica. A variante metodológica do intuicionismo trata assim imediatamente do problema de se colisões entre a liberdade e outros direitos e bens devem ser resolvidas com base em regras estritas ou com

---

[64] Sobre isso cf. R. Alexy, Theorie der juristischen Argumentation, 3ª ed., Frankfurt/M., 1996 (3ª reimpressão, 2008), p. 58-60.

[65] R. Poscher (nota 7), Einsichten, Irrtümer und Selbstmissverständnis der Prinzipientheorie, p. 76.

[66] R. Alexy, Abwägung, Verfassungsgerichtbarkeit und Repräsentation, in: Politik und Recht, Politische Vierteljahresschrift, M. Becker/R. Zimmerling (orgs.), Sonderheft 36, 2006, p. 254.

[67] R. Alexy (nota 66), Abwägung, Verfassungsgerichtbarkeit und Repräsentation, p. 254.

[68] A. Somek (nota 61), Rechtliches Wissen, p. 135.

[69] J. Rawls, A Theory of Justice, Cambridge/Ma., 1971, p. 34.

[70] J. Rawls (nota 69), A Theory of Justice, p. 302.

198 | Teoria Discursiva do Direito · *Robert Alexy*

base em uma ponderação. Isso leva porém do problema geral sobre se e em que medida a ponderação é racional à questão dependente desse problema, mas não a ele idêntica, sobre se uma construção dos direitos fundamentais em regras é mais racional que uma construção em princípios. Para se responder a essa pergunta dever-se-ia confrontar os custos e ganhos de racionalidade da construção em regras e da construção em princípios. Na lista dos custos da construção em regras de Rawls deveria se colocar por exemplo a renúncia aos direitos fundamentais à liberdade geral de ação e aos direitos sociais, que colidem entre si.[71] Porém não se deve dar seguimento a isso aqui. Pode ser suficiente a observação de que por trás da variante metodológica da objeção do intuicionismo não está nada além da tese ligada à objeção geral do irracionalismo, que afirma que a construção em regras é mais racional que a construção em princípios. Sobre isso o suficiente já foi dito em outros contextos.[72]

2.2.2. O escalonamento

A segunda objeção teórico-argumentativa trata de problemas de escalonamento. A fórmula do peso pressupõe a possibilidade do escalonamento da intensidade das interferências (I_i, I_j) e dos pesos abstratos (G_i, G_j), bem como da certeza das suposições empíricas sobre o que a respectiva medida significa, no caso concreto, para a não-realização de um princípio e para a realização do outro princípio (S_i, S_j).[73] Eu sugeri, como uma escala nem sempre, porém muitas vezes adequada, a escala "leve" (l), "média" (m) e "grave" (s), e atribuí a ela os valores da progressão geométrica 2^0, 2^1, 2^2, ou seja, 1, 2 e 4.[74] Riehm sustenta que isso é "um meio inadequado de precisão da precedência da ponderação".[75] No centro de sua crítica está a distinção entre valores pontuais e âmbito de valor. Os três valores para "leve", "média" e "grave" não seriam, na verdade, valores pontuais, mas representariam, cada um, um âmbito de valor ou um espectro de valores. O valor "leve", expresso na escala geométrica através de 2^0, ou seja, 1, cobriria o âmbito de 0 até cerca de $2^{0,49}$, ou seja, 1,41; o valor "média", expresso através de 2^1, ou seja, 2,

---

[71] Cf. R. Alexy, John Rawls' Theorie der Grundfreiheiten, in: Zur Idee des politischen Liberalismus, Philosophische Gesellschaft Bad Homburg/W. Hinsch (orgs.), Frankfurt/M., 1997, p. 273 s.

[72] Cf., por exemplo, R. Alexy (nota 1), Theorie der Grundrechte, p. 104-125.

[73] R. Alexy (nota 43), Die Gewichtsformel, p. 790.

[74] R. Alexy (nota 43), Die Gewichtsformel, p. 785.

[75] T. Riehm, Abwägungsentscheidungen in der praktischen Rechtsanwendung. Argumentation – Beweis – Wertung, München, 2006, p. 66.

Parte III · Cap. 2 – DEVER SER IDEAL | **199**

cobriria o âmbito de $2^{0,5}$, ou seja, 1,42, até cerca de $2^{1,49}$, ou seja, 2,82; o valor "grave", expresso através de 2^2, ou seja, 4, cobriria o âmbito de $2^{1,5}$, ou seja, 2,83, até 4.[76] Isso significaria que a atribuição de 1, 2 e 4 de modo algum sempre expressa "o grau 'verdadeiro' ou o valor pontual 'real'".[77] Isso seria porém uma violação do postulado da identidade de iguais valores,[78] fundamental para a escala, e teria consequências fatais. A fórmula do peso, conectada ao escalonamento triádico, violaria a lei comutativa, ou seja, a regra $a \cdot b = b \cdot a$, pois o valor de uma interferência leve (l) a um princípio que possui peso abstrato mais alto (grave) (s) de modo algum precisa ser idêntica ao valor de uma interferência grave (s) a um princípio que possui peso abstrato leve (l).[79] Isso de fato é verdade, quando se admite que os três valores l, m e s representam âmbitos de valor. Quando se coloca, para a interferência leve ao princípio P_i, um valor inferior do espectro das interferências leves, por exemplo, 0,1, e para seu peso abstrato um valor inferior do espectro dos pesos mais altos, por exemplo 2,9, obtém-se, no lado de P_i, através da multiplicação exigida pela fórmula do peso, o valor 0,29. Se, ao contrário, atribui-se a P_j a área mais alta do respectivo espectro, em que se representa s por cerca de 3,9 e l por cerca de 1,4, obtém-se então 5,46. Com isso a comutatividade vem abaixo.

Riehm ainda vai mais longe, afirmando que também a lei da linearidade é violada. Essa lei diz que a partir de $a > b$, para todo $c > 0$, segue-se que $a \cdot c > b \cdot c$. Se l e m representam âmbitos de valor e isso é compreendido de modo que, para l e m, respectivamente quaisquer valores do âmbito de valor podem ser atribuídos, então de fato uma multiplicação de l por m pode ter um resultado maior que uma multiplicação de m por m. Quando se chega, no caso de $l \cdot m$, ao limite superior, pode-se atingir cerca de 3,98. Quando por outro lado se volta para o limite inferior de $m \cdot m$, pode-se perfeitamente descer a 2,02.[80] 1 · 2 seria assim 3,98 e 2 · 2 seria 2,02. O mundo da matemática viria abaixo.

---

[76] T. Riehm (nota 75), Abwägungsentscheidungen in der praktischen Rechtsanwendung. Argumentation – Beweis – Wertung, p. 67.

[77] T. Riehm (nota 75), Abwägungsentscheidungen in der praktischen Rechtsanwendung. Argumentation – Beweis – Wertung, p. 67.

[78] T. Riehm (nota 75), Abwägungsentscheidungen in der praktischen Rechtsanwendung. Argumentation – Beweis – Wertung, p. 67.

[79] T. Riehm (nota 75), Abwägungsentscheidungen in der praktischen Rechtsanwendung. Argumentation – Beweis – Wertung, p. 73.

[80] T. Riehm (nota 75), Abwägungsentscheidungen in der praktischen Rechtsanwendung. Argumentation – Beweis – Wertung, p. 73.

A resposta a essa objeção afirma que os problemas apontados por Riehm decorrem de suposições sobre o escalonamento no direito com as quais não é necessário concordar. Com isso trata-se da questão da representação matemática da estrutura do direito. Constitui uma suposição fundamental do escalonamento ligado à fórmula do peso o fato de, no direito, no que diz respeito a ele próprio, serem possíveis apenas escalas discretas rudimentares e não escalas infinitesimais, ou seja, não são possíveis escalas contínuas. O motivo para isso está na natureza argumentativa do direito que encontra expressão no postulado da proposicionalidade. Classificações são proposições ou juízos que requerem fundamentação. Só se pode fundamentar aquilo que se compreende. Pode-se compreender a proposição "a interferência na liberdade de opinião é leve". O mesmo vale para a proposição formulada com base em um escalonamento triádico duplo "a interferência na liberdade de opinião é uma interferência média grave". O que se afirmaria porém com a proposição "a interferência na liberdade de opinião é uma interferência grave leve média? Se fosse contestado o fato de essa proposição ser incompreensível, bastaria apenas ir a uma quarta tríade, de modo que chegássemos a expressões como "a interferência é uma interferência leve grave leve média". Talvez existam mecanismos psíquicos que permitam aqui reagir concordando ou discordando, por exemplo mecanismos de representação através de números. Essa proposição não pode porém ser objeto de uma fundamentação racional.

Assim o resultado é claro. Pode-se então resumir que o valor pontual é o "valor real" e não apenas o "ponto central de um âmbito de valor em uma escala de valores na verdade fluida".[81] Todos os problemas matemáticos colocados em jogo por Riehm desaparecem. Esse resultado também é absolutamente compatível com o fato de haver casos em que se recomenda empregar uma escala mais refinada, por exemplo uma escala triádica dupla.[82] Também uma escala triádica dupla não é uma escala "fluida".

Naturalmente surgem problemas de refinamento quando no lado de P_i é possível um escalonamento refinado mas, ao contrário, no lado de P_j não. Mas também esses problemas parecem ser solucionáveis. Seja observável, no lado de P_i, uma interferência muito grave (ss), e, no lado de P_j, ao contrário, só meramente grave (s). A interferência só meramente grave (s) em P_j pode ser relacionada, com base na escala triádica dupla, à in-

---

[81] T. Riehm (nota 75), Abwägungsentscheidungen in der praktischen Rechtsanwendung. Argumentation – Beweis – Wertung, p. 73.

[82] R. Alexy (nota 43), Die Gewichtsformel, p. 786 s.

Parte III · Cap. 2 – DEVER SER IDEAL | **201**

terferência muito grave (*ss*) em P_i, de modo que ela seja classificada no âmbito das interferências graves de valor médio, ou seja, *sm*. P_i triunfa então por causa do valor *ss*.

Esse último argumento possibilita responder a uma outra objeção de Riehm. Riehm afirma que ocorreria uma "transição camuflada de uma escala ordinal a uma escala cardinal".[83] Ele parte da decisão *Titanic*, por mim usada como exemplo. Nesse exemplo eu classifico, concordando com o Tribunal Constitucional Federal, a designação do oficial da reserva paraplégico como "aleijado" como grave. Riehm afirma que isso seria apenas uma "atribuição *relativa* de peso", e não uma "atribuição *absoluta* de peso", como uma escala cardinal exigiria.[84] Isso ficaria evidente pelo fato de que tais "ofensas verbais", comparadas a uma "cruel tortura psicológica", deveriam ser classificadas como "violações leves à personalidade".[85] Ora, naturalmente é verdade que a designação de alguém como "aleijado" é uma interferência mais leve que a tortura psicológica. Nessa medida uma classificação ordinal clara é possível. Porém isso não muda nada no que diz respeito à possibilidade de um escalonamento cardinal. Assim, pode-se perfeitamente classificar a designação "aleijado", que no contexto dado é degradante, a partir de uma escala triádica dupla, como uma interferência na verdade grave, mas, no âmbito das interferências graves, ainda porém como uma interferência leve (*sl*), e atribuir à tortura psicológica o valor de uma interferência muito grave (*ss*). A coisa estaria assim, partindo-se de reflexões ordinais, cardinalizada. Desse modo, o "padrão de quantificação"[86] exigido por Riehm é o ponto de vista da constituição, que produz comensurabilidade.[87] Com isso os problemas de escalonamento não estão, na verdade, todos resolvidos, mas talvez fique visível como uma solução poderia ser encontrada.

---

[83] T. Riehm (nota 75), Abwägungsentscheidungen in der praktischen Rechtsanwendung. Argumentation – Beweis – Wertung, p. 66.

[84] T. Riehm (nota 75), Abwägungsentscheidungen in der praktischen Rechtsanwendung. Argumentation – Beweis – Wertung, p. 66.

[85] T. Riehm (nota 75), Abwägungsentscheidungen in der praktischen Rechtsanwendung. Argumentation – Beweis – Wertung, p. 66 s.

[86] T. Riehm (nota 75), Abwägungsentscheidungen in der praktischen Rechtsanwendung. Argumentation – Beweis – Wertung, p. 67.

[87] R. Alexy (nota 43), Die Gewichtsformel, p. 781 s.

Capítulo 3

DOIS OU TRÊS?*

3.1. A QUESTÃO

Nas últimas 15 linhas de um artigo sobre a teoria da produção do direito de Arthur Kaufmann, publicado em 2005, eu argumentei, ou melhor – as 15 linhas não compreendiam nem argumentos nem explicações –, eu conjecturei que existe, junto com a subsunção e a ponderação, uma terceira operação básica na aplicação do direito: a analogia ou a comparação entre casos.[1] A estrutura formal da subsunção pode ser representada através de um esquema dedutivo, a fórmula da subsunção, e a estrutura formal da ponderação pode ser representada através de um esquema aritmético, a fórmula do peso.[2] No artigo sobre Kaufmann, eu sugiro que a analogia pode ser vista como um terceiro esquema. Eu tentei apreender seus fundamentos através de duas regras diametralmente opostas que, levemente modificadas no que diz respeito à sua representação formal, rezam:

A_1: em todo caso c_i, pode ser aduzido qualquer caso c_j, sob o argumento de que c_i compartilha com c_j as características $F_1^j, \ldots,$

---

* Traduzido a partir do original em inglês *Two or Three?*, publicado originalmente em On The Nature of Legal Principles, Proceedings of the Special Workshop held at the 23rd Congress of the International Association for Philosophy of Law and Social Philosophy (IVR), Kraków, 2007, Martin Borowski (org.), ARSP, Beiheft 119, Stuttgart, Franz Steiner Verlag, 2010, p. 9-18.

[1] R. Alexy, Arthur Kaufmanns Theorie der Rechtsgewinnung, in: Verantwortetes Recht, U. Neumann/W. Hassemer/U. Schroth (org.), Stuttgart, 2005, p. 65 s.

[2] R. Alexy, On Balancing and Subsumption. A structural Comparison, in: Ratio Juris, 16, 2003, p. 433 s., 446.

F_n^j, e que c_i, por essa razão e porque é válida a regra $F_1^j, \ldots,$ $F_n^j \to Q$, deve ser tratado, do mesmo modo que c_j, como tendo o efeito Q.

A_2: em todo caso em que é apresentado um argumento na forma A_1, pode-se alegar que c_i pode ser distinguido de c_j pelas características $F_1^i, \ldots, F_n^i$, e que c_i, por essa razão e porque é válida a regra $F_1^i, \ldots, F_n^i \to \neg Q$, não deve ser tratado, diferentemente de c_j, como tendo o efeito Q.[3]

Essa proposta foi criticada por Bartosz Brożek e Carsten Bäcker. Ambos alegam que A_1 e A_2 não representam adequadamente o raciocínio analógico. Um alvo principal das objeções deles se volta para as regras $F_1^j, \ldots, F_n^j \to Q$ e $F_1^i, \ldots, F_n^i \to \neg Q$. Brożek sustenta que se $F_1^j, \ldots, F_n^j \to Q$ é uma "regra jurídica válida", então, como ele afirma, "a regra se aplica direta e explicitamente a ambos os casos".[4] Isso significaria porém que "não há necessidade alguma do raciocínio analógico aqui".[5] Bäcker expressa uma objeção semelhante, contestando que a questão em A_1 não é que os dois casos são semelhantes, mas sim que existe uma única regra que se aplica a ambos.[6] O fato de as duas regras em A_1 e A_2 levarem a uma contradição é considerado como o resultado de um conflito comum entre regras, que deve ser resolvido através da ponderação. Uma comparação de casos não possui um papel essencial aqui.[7]

Brożek adiciona duas objeções. Em primeiro lugar, o esquema da analogia não diz nada sobre como solucionar o conflito que decorre da aplicação tanto de A_1 quanto de A_2 e, em segundo lugar, ele também não diz nada sobre como a comparação ou analogia está relacionada às duas outras operações básicas, ou seja, a subsunção e a ponderação.[8]

3.2. A IDEIA DE OPERAÇÃO BÁSICA

A questão se existem duas ou três operações básicas pressupõe que faz sentido se falar em operações básicas na aplicação do direito. Para começar, por que deveríamos conceber a subsunção como uma operação básica? A resposta é que a subsunção é uma operação que necessa-

---

[3] R. Alexy (nota 1), Arthur Kaufmanns Theorie der Rechtsgewinnung, p. 65.

[4] B. Brożek, Analogy in Legal Discourse, in: ARSP, 94, 2008, p. 199.

[5] B. Brożek (nota 4), Analogy in Legal Discourse, p. 199.

[6] C. Bäcker, Begründen und Entscheiden, Baden-Baden, 2008, p. 298.

[7] C. Bäcker (nota 6), Begründen und Entscheiden, p. 299.

[8] B. Brożek (nota 4), Analogy in Legal Discourse, p. 199.

Parte III · Cap. 3 – DOIS OU TRÊS? | 205

riamente tem que ser executada de acordo com uma ou outra versão do esquema geral que rege todos os casos em que regras jurídicas devem ser aplicadas. O esquema reza:

(1) $\forall x\,(Tx \rightarrow ORx)$
(2) $\forall x\,(M^1x \rightarrow Tx)$
(3) $\forall x\,(M^2x \rightarrow M^1x)$

.

.

.

(n + 2) $\forall x\,(Sx \rightarrow M^nx)$
(n + 3) Sa
(n + 4) ORa $(1) - (n + 3)$

Esse esquema, que pode ser denominado "fórmula da subsunção",[9] possui três características distintivas que o qualificam como um esquema básico. Ele é formal, necessário e específico. O seu caráter específico decorre do fato de ele se desenvolver de acordo com um tipo específico de regra, nesse caso as regras da lógica. Ele é, em segundo lugar, necessário, porque deve ser empregado, em uma ou outra versão, em todos os casos em que regras jurídicas devem ser aplicadas e, em terceiro lugar ele é completamente formal. O último ponto implica que o esquema da subsunção exige saturação[10] através de argumentos substanciais que, na maioria dos casos, têm uma estrutura diversa da subsunção. Esses argumentos adicionais podem muito bem compreender ponderação[11] e comparação.[12] Contudo, o fato de a subsunção enquanto forma básica de argumento estar necessariamente conectada com argumentos de outras formas de modo algum priva esse esquema de seu caráter básico. A ideia de uma operação básica ou de um esquema básico é compatível até mesmo com a forma mais radical de holismo.

Tudo isso comporta também ponderação. O esquema básico da ponderação é a fórmula do peso:[13]

---

[9]   R. Alexy (nota 2), On Balancing and Subsumption, p. 434.
[10]   R. Alexy, A Theory of Legal Argumentation, R. Adler/N. MacCormick (trads.), Oxford, 1989, p. 238.
[11]   Cf. H. Stück, Subsumption und Abwägung, ARSP, 84, 1998, p. 414 ss.
[12]   R. Alexy (nota 1), Arthur Kaufmanns Theorie der Rechtsgewinnung, p. 64.
[13]   R. Alexy, The Weight Formula, in: Studies in the Philosophy of Law, 3ª ed., J. Stelmach/B. Brożek/W. Zaluski (org.), Krakow, 2007, p. 25.

$$G_{i,j} = \frac{I_i \cdot G_i \cdot S_i}{I_j \cdot G_j \cdot S_j}$$

Essa fórmula representa uma estrutura argumentativa complexa. Em casos-padrão, em que apenas dois princípios estão envolvidos, a ponderação começa com a subsunção do caso a dois princípios concorrentes (P_i, P_j), e continua com uma atribuição de valores, em primeiro lugar à intensidade da interferência (I_i, I_j) a P_i e a P_j, em segundo lugar aos pesos abstratos (G_i, G_j) de ambos os princípios e, em terceiro lugar, ao grau de certeza das suposições empíricas (S_i, S_j) que dizem respeito ao que a medida em questão significa para a não-realização de P_i e para a realização de P_j. Uma vez atribuídos números a essas variáveis, o cálculo do peso concreto de $P_i (G_{i,j})$ não é mais difícil que uma dedução, já que a classe de premissas está completa. Suponha-se que sob as circunstâncias do caso (C) o peso concreto $(G_{i,j})$ de P_i é maior que 1.[14] P_i tem então, sob as circunstâncias do caso (C), precedência sobre $P_j : (P_i \mathbf{P} P_j)$ C. De acordo com a lei da ponderação, isso significa que é válida uma regra que tem C como antecedente e as consequências jurídicas (Q) de P_i, no caso concreto, como consequente: $C \rightarrow Q$.[15] O caso pode agora ser subsumido sob essa regra. Isso mostra que a subsunção está não só no começo da ponderação, mas também no fim.

Repita-se, essa conexão entre ponderação e subsunção de modo algum retira da ponderação seu caráter básico. A ponderação funciona, em primeiro lugar, de acordo com um tipo específico de regra, nesse caso as regras da aritmética, em segundo lugar, ela deve ser empregada em todos os casos em que princípios jurídicos devem ser aplicados, ou seja, em que ela é necessária e, em terceiro lugar, ela é formal, porque pode ser conectada, em princípio, com todos os outros argumentos de todas as formas. A questão é se isso se aplica também à analogia ou comparação. Possui também a comparação de casos um caráter formal, necessário e específico do mesmo modo como a subsunção e a ponderação possuem? Isso depende da estrutura da comparação de casos.

3.3. A ESTRUTURA DA COMPARAÇÃO DE CASOS

Brożek utiliza como exemplo variações do famoso caso dos veículos no parque, de H. L. A. Hart.[16] Farei o mesmo, porém com algumas mo-

---

[14] Sobre os detalhes cf. R. Alexy (nota 2), On Balancing and Subsumption. A structural Comparison, p. 444 s.

[15] R. Alexy, A Theory of Constitutional Rights, J. Rivers (trad.), Oxford, 2002, p. 54.

[16] H. L. A. Hart, The Concept of Law, 2ª ed., Oxford, 1994, p. 128 s.

dificações. Comecemos com a suposição de que as autoridades locais expediram a regra do exemplo de Hart:

(R_1) nenhum veículo pode ser levado ao parque.[17]

No caso de um motorista de automóvel indisciplinado, um tribunal já terá aplicado a regra. A seguinte regra pode portanto ser considerada estabelecida tanto pela legislação quanto pelo precedente:

(R_2) nenhum automóvel pode entrar no parque.

Entretanto, o mesmo tribunal declarou que bicicletas devem ser consideradas não submetidas à regra (R_1), pois andar de bicicleta, em primeiro lugar, é uma atividade de lazer protegida pela liberdade de ação e, em segundo lugar, não gera poluição nem barulho. Um certo grau de perigo para os pedestres é reconhecido, mas é antes considerado baixo. A seguinte regra pode assim ser considerada como uma regra estabelecida que decorre do precedente:

(R_3) bicicletas podem entrar no parque.

Agora aparece um novo caso diante do tribunal. O piloto de uma scooter é acusado de ter violado a regra de veículos (R_1). O motociclista alega que pilotar uma scooter no parque é tão semelhante a andar de bicicleta que deve também ser permitido. Pilotar uma scooter também é uma atividade de lazer, e o perigo para os pedestres é, grosso modo, o mesmo que o perigo em caso de uma bicicleta. Seu oponente alega que o caso da scooter se assemelha mais ao caso de um automóvel que ao caso de uma bicicleta. Automóveis e scooters são barulhentos e poluem. Essa comparação conta como ponto decisivo.

É fácil reconstruir essa argumentação através do esquema da analogia. Aquele que está pilotando uma scooter usa A_1. Ele alega um caso c_i, o caso da bicicleta, com o argumento de que seu caso c_i, o caso da lambreta, é semelhante ao caso da bicicleta porque compartilha com o caso da bicicleta (c_j) as características de atividade de lazer (F_1^j) e baixo nível de perigo para os pedestres (F_2^j). O princípio da liberdade de ação (P_1) exige que em todos os casos em que essas duas características estiverem presentes deva ser permitida a entrada no parque (Q), ou seja, deve ser aplicada a regra

(R_4) $F_1^j \wedge F_2^j \rightarrow Q$.

---

[17] H. L. A. Hart (nota 16), The Concept of Law, p. 128.

208 | Teoria Discursiva do Direito · *Robert Alexy*

A resposta do oponente do nosso motociclista em parte segue A_2 e em parte vai além dela. Isso indica que A_2 precisa ser reformulada. O oponente segue A_2 na medida em que ele se limita a dizer que existe uma característica no caso da scooter (c_i) que não existe no caso da bicicleta (c_j), a saber, o uso de um motor, que é barulhento e polui (F_1^i). "Paz e tranquilidade no parque",[18] como uma condição da saúde e do bem-estar dos visitantes comuns, exige que todos os veículos barulhentos e poluentes sejam excluídos do parque, ou seja, é exigido que a regra

(R_5) $F_1^i \rightarrow \neg Q$

seja aplicada.

Esse argumento enfatiza uma característica (F_1^i) que é típica do caso da scooter (c_i), mas que não está presente no caso da bicicleta (c_j). Assim, contesta-se a semelhança através da indicação de uma diferença sem com isso se referir a um terceiro caso. Essa pode ser denominada a versão *negativa* de A_2. Contudo, no nosso caso está disponível também uma versão *positiva*. O oponente pode argumentar que o caso da scooter (c_i) é semelhante ao caso do automóvel (c_k), pois eles compartilham o uso de um motor, que gera barulho e poluição (F_1^i). Se alguém desejasse expressar a referência ao caso do automóvel (c_k), então, ao invés de "F_1^i", poderia ser usada a expressão "F_1^k". "F_1^i" e "F_1^k" designam a mesma coisa, a saber, o uso do motor que gera barulho e poluição, ou seja, $F_1^i = F_1^k$. Desse modo, a regra do caso do automóvel (c_k) pode ser expressa através de

(R_6) $F_1^k \rightarrow \neg Q,$

que, devido à identidade entre F_1^i e F_1^k, é equivalente a (R_5). A versão positiva de A_2 pode agora ser expressada através da exigência de que (R_6) também deve ser aplicada no caso da scooter.

O fato de o contra-argumento poder adquirir tanto uma forma negativa quanto uma forma positiva mostra que A_2 tem que ser reformulada. Mas antes de fazer isso as objeções de Brożek e Bäcker podem ser consideradas à luz da nossa reconstrução do caso da scooter.

3.4. CASO E REGRA

Tanto Brożek quanto Bäcker criticam o modo pelo qual o esquema da analogia incorpora regras, em nosso exemplo as regras $F_1^j \wedge F_2^j \rightarrow Q$,

---

[18]   H. L. A. Hart (nota 16), The Concept of Law, p. 129.

$F_1{}^i \to \neg Q$ ou $F_1{}^k \to \neg Q$. Bäcker sustenta que "o argumento em A$_1$ é portanto não o caso, mas sim a regra".[19] A objeção de Brożek é mais complexa. Ele afirma que se $F_1{}^i \to \neg Q$ ou $F_1{}^k \to \neg Q$[20] é uma "regra jurídica válida", então "não há necessidade alguma do raciocínio analógico".[21] Esse não é, contudo, seu argumento decisivo. Seu argumento decisivo é que "não há regra jurídica alguma dizendo que veículos barulhentos e poluentes não podem entrar no parque. As características que ambos os casos 'compartilham' não constituem o antecedente de uma regra jurídica válida."[22]

No artigo sobre Kaufmann eu incluí em A$_1$ a premissa "porque é válida a regra $F_1{}^j, \ldots, F_n{}^j \to Q$" ("weil die Regel $M_g, \ldots, M_n \to R_m$ gelte"),[23] e A$_2$ contém sua contraparte. De fato poder-se-ia interpretar isso, como faz Brożek, como uma referência a uma regra jurídica válida. Isso não é porém exatamente o que eu quis dizer. É possível que um intérprete do caso precedente c_j seja o primeiro a identificar as características comuns ou não-comuns que são aduzidas em A$_1$ ou A$_2$. Assim,

(R_3) bicicletas podem entrar no parque

pode ser uma regra jurídica válida estabelecida pelo precedente, enquanto

(R'_4) veículos que servem a um fim de lazer ($F_1{}^j$) e não representam grande perigo para os pedestres ($F_2{}^j$) podem entrar no parque (Q)

pode ser uma regra que, até agora, não foi estabelecida por nenhum fato social. No que diz respeito a isso, Brożek está certo ao sustentar que "as características que ambos os casos 'compartilham' não constituem um antecedente de uma regra jurídica válida."[24] Mas isso não significa que as características comuns aduzidas em A$_1$ não estejam em uma relação com uma regra juridicamente relevante. Aduzir características como razões para uma certa consequência jurídica significa pressupor uma regra que as contém como antecedente. Isso é um corolário do princípio da universalizabilidade.[25]

---

[19] C. Bäcker (nota 6), Begründen und Entscheiden, p. 298 (trad. R. A.).
[20] Brożek utiliza outra formulação, baseada na versão alemã do artigo sobre Kaufmann.
[21] B. Brożek (nota 4), Analogy in Legal Discourse, p. 199.
[22] B. Brożek (nota 4), Analogy in Legal Discourse, p. 199.
[23] R. Alexy (nota 1), Arthur Kaufmanns Theorie der Rechtsgewinnung, p. 65.
[24] B. Brożek (nota 4), Analogy in Legal Discourse, p. 199.
[25] R. Alexy (nota 10), A Theory of Legal Argumentation, p. 65-69.

210 | Teoria Discursiva do Direito · *Robert Alexy*

Frequentemente tem sido observado que casos possuem um número ilimitado de características, e isso sugere que eles muito frequentemente compartilham uma característica ou outra, como que aleatoriamente. Um compartilhamento aleatório não tem porém qualquer relevância jurídica. Tanto semáforos que exigem que se pare quanto scooters podem ser ambos feitos de metal, mas isso não implica que alguém tem que parar diante de uma scooter. As características em A_1 e A_2 adquirem sua relevância em virtude do fato de estarem relacionadas a razões que embasam as regras que as contêm como antecedentes. Essas regras geralmente possuem o caráter de princípios. Desse modo, casos, regras e princípios estão intrinsecamente conectados. A comparação ou analogia é uma estrutura argumentativa[26] que une essas três dimensões. A fim de evitar mal-entendidos, as cláusulas de validade em A_1 e A_2 devem ser modificadas, a saber, substituindo-se as formulações "porque é válida a regra $F_1^j, \ldots, F_n^j \to Q$" e "porque é válida a regra $F_1^i, \ldots, F_n^i \to \neg Q$" pelas cláusulas "porque há razões para a regra $F_1^j, \ldots, F_n^j \to Q$" e "porque há razões para a regra $F_1^i, \ldots, F_n^i \to \neg Q$". Isso pode ajudar a tornar claro que a comparação e, com ela a analogia, é uma questão de argumento ou, para ser mais preciso, uma questão de argumentos concorrentes.

Sobre essas bases pode ser dada uma resposta à objeção de Bäcker de que somente a regra em A_1 e não o caso é aquilo que conta. O caso por trás da regra é importante por duas razões. O caso pode apoiar a regra, mas possui também os meios para colocar a regra em risco. Depois da decisão do tribunal que teve como efeito bicicletas poderem entrar no parque, a situação jurídica foi modificada. Alguém que pilota uma scooter e que nunca tinha pensado que teria permissão para entrar no parque passa a ter esperança. A mera ideia de que bicicletas poderiam entrar no parque não geraria isso. Essa é a dimensão real ou factual dos precedentes. O caso representa porém também um perigo para a regra. Um ponto central do caso da bicicleta é que bicicletas não representam um grande perigo para pedestres. Acidentes graves, em que o fato de uma bicicleta que se aproxima não faz barulho algum teve um papel decisivo, podem com certeza enfraquecer a suposição de que bicicletas são pouco perigosas para pedestres. A velha regra do caso

(R_3)   bicicletas podem entrar no parque

não pode mais ser mantida no novo caso que tem que ser decidido agora, e a regra

---

[26]   R. Alexy (nota 10), A Theory of Legal Argumentation, p. 92.

(R'_4) veículos que servem a um fim de lazer ($F_1{}^j$) e não representam grande perigo para os pedestres ($F_2{}^j$) podem entrar no
parque (Q),

longe de ser uma regra que pode estar relacionada a um caso concreto, é agora apenas uma ideia abstrata. Essa dialética de apoiar e colocar
em risco mostra que as regras que são usadas em comparações dependem essencialmente de casos. Por essa razão, casos de fato decididos,
ou seja, precedentes, são não só ferramentas heurísticas (como podem
ser os casos inventados, ou seja, casos introduzidos apenas como exemplos). Eles possuem, devido ao caráter autoritativo dos precedentes, um
status genuíno na argumentação jurídica.

3.5. CASO E PRINCÍPIO

Com já notado, Brożek introduz uma outra objeção contra o esquema
da analogia expressado em A_1 e A_2. Ele segue a linha de que esse esquema não diz nada sobre como resolver o conflito decorrente da aplicação
tanto de A_1 quanto de A_2, bem como nada sobre como a comparação
ou a analogia poderia estar relacionada à subsunção e à ponderação.[27]

De fato, o esquema enquanto tal não diz nada sobre a questão levantada por Brożek, mas essa não é a tarefa do esquema enquanto esquema. No
que diz respeito à subsunção, já se falou algo acima, quando a relação entre
caso e regra foi considerada. Aqui interessa apenas a relação entre o esquema da analogia e princípios, ou seja, entre a comparação e a ponderação.

Brożek propõe responder a questão sobre qual das semelhanças
concorrentes é decisiva com apelo à ponderação, algo com o que eu con-
cordo plenamente. O esquema da analogia só pode funcionar se estiver
conectado à ponderação como forma básica da aplicação de princípios.
A questão é como entender isso.

Já foi mencionado que as características em A_1 e em A_2 adquirem
sua relevância em virtude do fato de estarem relacionadas a razões que
embasam as regras que as contêm como antecedentes e que essas razões normalmente possuem o caráter de princípios. Isso significa que os
objetos da ponderação são princípios que apoiam a seleção de certas
características $F_1{}^j, \ldots, F_n{}^j$ ou $F_1{}^i, \ldots, F_n{}^i$ como razões para as consequências jurídicas Q ou $\neg Q$ e, desse modo, como antecedentes das regras
$F_1{}^j, \ldots, F_n{}^j \to Q$ e $F_1{}^i, \ldots, F_n{}^i \to \neg Q$. Em nosso exemplo essas regras adqui-
riram as seguintes formas:

---

[27] B. Brożek (nota 4), Analogy in Legal Discourse, p. 199.

$(R_4)\ F_1^{\,j} \wedge F_2^{\,j} \rightarrow Q$ (permissão)

e

$(R_5)\ F_1^{\,i} \rightarrow \neg Q$ (proibição).

(R_4) é apoiada pelo princípio da liberdade de ação (P_1), que inclui atividades de lazer, e (R_5) é apoiada pelo princípio da paz e tranquilidade no parque (P_2). (P_1), tomado isoladamente, exige as consequências jurídicas de (R_4), ou seja, Q; P_2, novamente tomado isoladamente, exige as consequências jurídicas de (R_5), ou seja, $\neg Q$. O fato de Q e $\neg Q$ estarem em contradição entre si mostra que os princípios P_1 e P_2 colidem no caso da scooter.

Uma colisão entre princípios tem que ser solucionada – se nenhum dos dois princípios deve ser abandonado de uma vez por todas – através do estabelecimento de uma relação concreta de precedência.[28] Uma relação de precedência é concreta se o princípio P_i tem precedência sobre o princípio P_j não de forma absoluta ou incondicionada mas sob certas circunstâncias ou condições (C).

Eu vou supor que no caso da scooter o princípio da paz e tranquilidade no parque (P_2) tem precedência sobre o princípio da liberdade de ação (P_1). Essa relação concreta de precedência tem que ser fundamentada na linha descrita pela fórmula do peso,[29] mas essa questão não será mais considerada aqui. O único ponto que interessa aqui é como o esquema da analogia se conecta à ponderação, e isso aponta para a questão daquilo que no esquema da analogia deve ser substituído por C na relação concreta de precedência:

(1) $(P_2\ \mathbf{P}\ P_1)\ C$.

Três possibilidades se apresentam. A primeira é simplesmente identificar C com uma breve descrição do caso c_i, ou seja, através de algo como "scooter no parque". Se essa breve descrição do caso é representada por c_i, a relação de precedência adquire a seguinte forma:

(2) $(P_2\ \mathbf{P}\ P_1)\ C_i$.

(2) pode ser denominada a regra do caso.

As outras duas construções partem do caso para suas características. A primeira se refere simplesmente à característica ou às características – porém decisiva(s) – do procedimento, no nosso caso a $F_1^{\,i}$:

---

[28]   R. Alexy (nota 15), A Theory of Constitutional Rights, p. 54.
[29]   R. Alexy (nota 13), The Weight Formula.

Parte III · Cap. 3 – DOIS OU TRÊS? | 213

(3) $(P_2 \mathbf{P} P_1) F_1^i.$

Essa é a "regra característica da precedência". A construção mais complexa substitui o conjunto de todas as características relevantes, no nosso caso, o conjunto de F_1^j, F_2^j e F_1^i por C:

(4) $(P_2 \mathbf{P} P_1) F_1^j \wedge F_2^j \wedge F_1^i.$

Essa regra poderia ser denominada "regra da característica relevante".

Em muitos casos, uma referência a meras regras de casos ou a regras características de procedimentos pode ser suficiente. Contudo, em casos difíceis, a construção da característica relevante será indispensável, pois somente essa construção revela completamente o que se conseguiu através da conexão entre comparação e ponderação. Nesse sentido, somente a regra da característica relevante revela a profunda estrutura do caso.

3.6. REFORMULAÇÃO DO ESQUEMA DA ANALOGIA

Uma reformulação do esquema da analogia já foi introduzida: a substituição das cláusulas "porque é válida a regra $F_1^j, \ldots, F_n^j \to Q$" em A_1 e "porque é válida a regra $F_1^i, \ldots, F_n^i \to \neg Q$" em A_2 por "porque há razões para a regra $F_1^j, \ldots, F_n^j \to Q$" e, respectivamente, "porque há razões para a regra $F_1^i, \ldots, F_n^i \to \neg Q$". Uma segunda reformulação foi apenas delineada: a suplementação da versão negativa apresentada no artigo sobre Kaufmann através de uma versão positiva. Através dessas duas reformulações o esquema da analogia adquire a seguinte forma:

A_1:   em todo caso c_i, pode ser aduzido qualquer caso c_j, sob o argumento de que c_i compartilha com c_j as características $F_1^j, \ldots, F_n^j$, e que c_i, por essa razão e porque há razões para a regra $F_1^j, \ldots, F_n^j \to Q$, deve ser tratado, do mesmo modo que c_j, como tendo o efeito Q.

A_2:   em todo caso em que é apresentado um argumento na forma A_1, dois contra-argumentos podem ser apresentados:

$A_{2.1}$:   pode-se alegar que c_i pode ser distinguido de c_j pelas características $F_1^i, \ldots, F_n^i$, e que c_i, por essa razão, e porque há razões a favor da regra $F_1^i, \ldots, F_n^i \to \neg Q$, deve ser tratado, diferentemente de c_j, como tendo o efeito $\neg Q$;

$A_{2.2}$:   pode-se alegar que c_i compartilha com c_k as características $F_1^k, \ldots, F_n^k$, e que c_i, por essa razão, e porque há razões a favor da regra $F_1^k, \ldots, F_n^k \to \neg Q$, deve ser tratado, do mesmo modo que c_k, como tendo o efeito $\neg Q$;

3.7. O CARÁTER BÁSICO DO ESQUEMA DA ANALOGIA

Na seção 3.2 deste ensaio observei que um esquema precisa ter três características distintivas para ser classificado com um esquema básico: ele deve ser formal, necessário e específico. Dois critérios identificam o esquema da analogia como um esquema formal. O primeiro é que o esquema não diz nada sobre que características $F_1^i, \ldots, F_n^i, F_1^j, \ldots, F_n^j$ e $F_1^k, \ldots, F_n^k$ podem aparecer como antecedente das regras a que se referem A_1 e A_2, e, nessa conexão, não se diz nada sobre quais características devem ser consideradas relevantes. O segundo critério que diz respeito ao caráter formal é o seguinte: o esquema não diz nada sobre a questão de se o argumento de acordo com A_1 ou o argumento de acordo com A_2 prevalece, ou seja, ele não diz nada sobre quais características são decisivas. A característica formal é confirmada pelo fato de a comparação poder muito bem começar com $A_{2.2}$. $A_{2.2}$ troca então de papel com A_1. $A_{2.1}$ se referiria a características distintivas que dizem respeito a c_k, ou seja, c_k teria que desempenhar o papel de c_j em A_1. O consequente da regra em $A_{2.1}$ seria então Q e não $\neg Q$. A necessidade do esquema da analogia decorre do fato de não ser possível se referir racionalmente a outros casos sem usar o esquema. O seu caráter específico, por fim, decorre da dialética de referências a características de outros casos. A dialética de referências a características de outros casos se expressa na oposição diametral entre A_1 e A_2, a segunda representada através da versão reformulada do esquema da analogia em $A_{2.1}$ e $A_{2.2}$. Estabelecer relações positivas entre casos com base em características comuns e relações negativas entre casos com base em características distintas significa decidir casos através da determinação de sua posição em um conjunto de casos. No que diz respeito a isso o esquema da analogia é uma exigência da ideia de coerência. Com certeza o esquema da analogia não pode, sozinho, alcançar a coerência. A dialética de referência a características de outros casos, como se mostrou acima, não pode ser solucionada racionalmente sem ponderação. Nesse sentido, comparações estão necessariamente conectadas a ponderações. Conexões necessárias entre esquemas básicos não retiram porém seu caráter específico, como se notou acima. Se fosse o contrário, nem mesmo a ponderação seria específica, porque ela está, em seu começo bem como em seu final, conectada à subsunção. O esquema da analogia não é portanto apenas formal e necessário, mas também específico. Isso é mais que suficiente para qualificar a comparação como uma terceira operação básica do direito.

PARTE IV

O CONCEITO DE DIREITO

Capítulo 1

CRÍTICA AO POSITIVISMO JURÍDICO*

A questão central na disputa sobre o positivismo jurídico reza: há uma conexão necessária entre direito e moral? A resposta a essa pergunta tem enormes consequências. Elas alcançam desde a definição do conceito de direito, passando pela concepção de sistema jurídico, e vão até a teoria da argumentação jurídica. No final das contas, trata-se da compreensão do direito e da auto-compreensão da ciência do direito e da prática jurídica. Isso explica porque até agora, apesar de grande esforço teórico, não pôde ser encontrada uma solução geral satisfatória.

Minha tese afirma que existe uma conexão necessária entre direito e moral, em relação à qual o positivismo jurídico falha enquanto teoria abrangente. A fim de explicar e fundamentar essa tese será, em primeiro lugar, lançado um olhar sobre a tese positivista da separação e sobre a tese a ela oposta, a tese não-positivista da conexão. Depois disso será apresentado um quadro conceitual no qual as duas teses deverão ser discutidas. Sobre essas bases pode então ser apontada uma legitimidade limitada do positivismo. Por fim procuro mostrar que o positivismo não tem razão no ponto decisivo.

---

* Traduzido a partir do original em alemão *Zur Kritik des Rechtspositivismus*, publicado originalmente em Rechtspositivismus und Wertbezug des Rechts. Vorträge der Tagung der deutschen Sektion der internationalen Vereinigung f. Rechts- und Sozialphilosophie (IVR) in der Bundesrepublik Deutschland, Göttingen, 12.-14. Oktober 1988, Ralf Dreier (org.). Stuttgart: Franz Steiner, 1990, p. 9-26.

1.1. A TESE DA SEPARAÇÃO E A TESE DA CONEXÃO

Todas as teorias positivistas defendem a *tese da separação*. Ela afirma que o conceito de direito deve ser definido sem a inclusão de qualquer elemento moral. Assim, restam a uma teoria positivista somente dois elementos definitórios: a legalidade autoritativa e a eficácia social.[1] As inúmeras variantes do positivismo jurídico[2] resultam de diferentes interpretações e atribuições de pesos a esses dois elementos definitórios.[3]

Todas as teorias não-positivistas defendem, ao contrário, a *tese da conexão*. Ela afirma que o conceito de direito deve ser definido de modo que contenha elementos morais. Com isso, nenhum não-positivista que deve ser levado a sério exclui do conceito de direito os elementos da legalidade autoritativa e da eficácia social. O que os distingue dos positivistas é antes a concepção de que o conceito de direito deve ser definido de modo que ele contenha, além dessas características que se ajustam aos fatos, também elementos morais. Aqui, novamente, são possíveis as mais diversas interpretações e atribuições de pesos.

As teses da separação e da conexão afirmam como se deve definir o conceito de direito. Desse modo, elas formulam o resultado de uma argumentação, sem porém já expressar os argumentos que as apoiam. Os argumentos que podem ser apresentados para apoiá-las podem ser divididos em três grupos: analíticos, normativos e empíricos. Aqui serão considerados apenas argumentos analíticos e normativos. Certamente eles se encontram no centro da discussão sobre o positivismo jurídico.[4]

---

[1] Ambos os elementos da definição se baseiam na dimensão da validade. Ora, há a possiblidade de se definir o conceito de direito excluindo-se a dimensão da validade (sobre isso cf. 1.2.1). Uma teoria positivista que quer fazer uso dessa possibilidade deveria assim oferecer um elemento definitório não moral que não se relaciona à dimensão da validade. Não se tratará porém disso aqui.

[2] Sobre isso cf. W. Ott, Der Rechtspositivismus, Berlin, 1976, p. 33-98.

[3] Cf. R. Dreier, Der Begriff des Rechts, in: NJW, 1986, p. 890.

[4] No caso de argumentos empíricos, pode se tratar daqueles que se apoiam na descrição de determinado uso da linguagem ou em determinada prática, ou daqueles que se apoiam em necessidades fáticas. Argumentos do primeiro tipo podem apenas demonstrar que uma conexão entre direito e moral é necessária para um determinado uso da linguagem ou para determinada prática, mas não a necessidade dessa conexão enquanto tal. Para se mostrar esta última deve-se distinguir de algum modo o uso da linguagem ou a prática analisadas. Argumentos do segundo tipo podem se apoiar em teses empíricas, como aquela de que um sistema jurídico que não protege a vida, a liberdade ou a propriedade de alguns sujeitos de direito não têm perspectiva de validade duradoura. A proteção da vida, da liberdade e da propriedade é porém também uma exigência moral. Pode-se assim dizer que o cumprimento de determinadas exigências morais mínimas é

Parte IV · Cap. 1 – CRÍTICA AO POSITIVISMO JURÍDICO | 219

O argumento analítico mais importante a favor da tese positivista da separação afirma que não existe uma conexão conceitualmente necessária entre direito e moral. Frequentemente esse argumento é denominado "tese da separação". Não haveria nada a se objetar contra ele se não houvesse o perigo de esse argumento analítico ser confundido com a tese de que o conceito de direito deveria ser definido sem referência à moral.[5] Já que ambos não devem ser confundidos, deve-se reconhecer que um não-positivista, ou seja, um defensor da tese da conexão, pode muito bem aceitar, com um positivista, que não existe uma conexão conceitualmente necessária. Ele pode apoiar em argumentos não analíticos sua tese de que o conceito de direito deve ser definido através da inclusão de elementos morais. São possíveis, como argumentos não analíticos, além dos argumentos empíricos aqui não abordados, sobretudo argumentos normativos. A tese da separação ou a tese da conexão são apoiadas através de um argumento *normativo* quando se demonstra que a inclusão ou a exclusão de elementos morais no conceito de direito seria necessária para se alcançar determinado objetivo ou para se cumprir determinada norma. Separações ou conexões fundamentadas desse modo podem ser denominadas "normativamente necessárias".[6] Trata-se assim de argumentos normativos quando, por exemplo, argumenta-se que só a tese da separação conduziria à clareza linguístico-conceitual ou que somente ela garantiria a segurança jurídica, ou ainda quando se assevera que com a ajuda da tese da conexão os problemas da injustiça legal poderiam ser solucionados da melhor forma.[7]

---

faticamente necessário para a validade duradoura de um sistema jurídico (cf. H. L. A. Hart, The Concept of Law, Oxford, 1961, p. 188 ss.). No que diz respeito ao problema da conexão conceitual necessária entre direito e moral, o argumento empírico é incompleto também nessa variante. Para, a partir da tese de que o cumprimento de determinadas exigências morais mínimas é faticamente necessário para a validade duradoura de um sistema jurídico, alcançar-se a tese de que essas exigências devem ser incorporadas no conceito de direito, são necessárias outras premissas.

[5] Uma tal mistura encontra-se por exemplo em N. Hoerster, Zur Verteidigung des Rechtspositivismus, in: NJW, 1986, p. 2.480.

[6] Deve-se diferenciar estritamente a necessidade normativa da necessidade conceitual. O fato de algo ser normativamente necessário não significa nada mais que o fato de algo ser comandado. Pode-se contestar a validade de um comando sem se entrar em contradição, mas não a existência de uma necessidade conceitual. Assim fica claro que a necessidade normativa é necessidade apenas em um sentido amplo.

[7] Para uma compilação de argumentos normativos a favor e contra o positivismo jurídico cf. W. Ott, Die Radbruch'sche Formel. Pro und Contra, in: Zeitschrift f. Schweizerisches Recht, N. F. 107, 1988, p. 345-356.

Nos debates mais recentes sobre o conceito de direito é disseminada a concepção de que o termo "direito" seria em tal medida ambíguo e vago a ponto de a disputa sobre o positivismo jurídico não poder ser determinada através de uma análise conceitual.[8] Nessa disputa se trata, para usar as palavras de Hoerster, de "uma determinação normativa, de uma proposta definitória."[9] Tais construções conceituais só podem ser justificadas, do ponto de vista definitório, através de argumentos normativos ou de considerações de conveniência. Assim deve-se salientar que não se está afirmando que o conceito de direito é aberto em todos os sentidos, o que significaria que, com base em considerações normativas, basicamente qualquer fixação do seu significado pode ser feita. Afirma-se simplesmente uma abertura no que diz respeito à conexão entre direito e moral. Essa tese é equivalente à tese de que uma conexão entre direito e moral não é nem conceitualmente necessária nem conceitualmente impossível.

Para o positivismo, há bons motivos para se transferir o problema para o nível normativo. A tese positivista da separação afirma que o conceito de direito deve ser definido sem a inclusão de elementos morais, não só em algumas formas de uso, mas em todos os usos. Nessa versão universal a tese da separação poderia então ser sustentada por argumentos analíticos somente se uma inclusão de elementos morais no conceito de direito fosse conceitualmente impossível em todos os seus usos. Como esse não é o caso, é preciso reconhecer que há situações em que uma proposição como "a norma N foi estabelecida em conformidade com o ordenamento e é socialmente eficaz, mas não é direito, porque ela ofende princípios fundamentais" não contém uma contradição, e que a pergunta "a norma N foi estabelecida em conformidade com o ordenamento e é socialmente eficaz, mas, além disso, é ela direito?" não é sem sentido. Quando muito, argumentos analíticos sozinhos podem demonstrar que há alguns usos do termo "direito" em que uma inclusão de elementos morais é conceitualmente impossível. Mas não é isso que afirma a tese positivista da separação.

Por isso um positivista deve, se ele quer defender sua versão universal da tese da separação com chance de êxito, formular duas afirmações. Em primeiro lugar, ele deve contestar, em um nível analítico, toda conexão conceitualmente necessária entre direito e moral e, em segundo lugar, afirmar, em um nível normativo, que os melhores moti-

---

[8]   Cf., entre vários, W. Ott (nota 2), Der Rechtspositivismus, 1976, p. 163-169.

[9]   N. Hoerster (nota 5), Zur Verteidigung des Rechtspositivismus, p. 2.481; N. Hoerster, Die Rechtsphilosophische Lehre von Rechtsbegriff, in: Juristische Schulung, 1987, p. 187 s.

vos justificam uma definição que não considera a moral. Por outro lado, um não-positivista defende sua tese da conexão com êxito se ele refuta uma dessas duas afirmações. Ele refuta a primeira afirmação se puder mostrar que há alguma conexão conceitualmente necessária entre direito e moral. Tentar isso, dado o peso de argumentos conceituais, é especialmente atrativo. Por isso, a seguir, tratar-se-á somente de conexões conceitualmente necessárias.

1.2. UM QUADRO CONCEITUAL

A fundamentação da minha tese de que há uma conexão conceitualmente necessária entre direito e moral ocorrerá em um quadro conceitual que consiste em quatro distinções.

1.2.1. Conceito e validade

A primeira distinção é aquela entre um conceito de direito que inclui o conceito de validade e um conceito de direito que não o faz.[10] Que existe motivo para essa distinção é fácil reconhecer. Assim pode-se dizer, sem se entrar em contradição: "*N* é uma norma jurídica, mas *N* não vale/não vale mais/não vale ainda". Além disso, é possível imaginar um sistema jurídico ideal e então, sem cometer uma contradição, notar que "esse sistema jurídico nunca terá validade". Por outro lado, aquele que se apoia no direito válido não precisa falar na validade. Ele pode simplesmente dizer: "o direito requer isso". Assim, é claro que é possível tanto um conceito de direito que inclui o conceito de validade quanto um que não o faça.

Para a discussão sobre o positivismo recomenda-se escolher um conceito de direito que inclua o conceito de validade. Desse modo pode-se evitar uma trivialização do problema, que consiste em definir o direito como uma classe de normas do comportamento exterior,[11] sem antes relacioná-lo à dimensão da validade, e então afirmar que não poderia haver uma conexão conceitualmente necessária entre direito e moral porque seria possível imaginar normas do comportamento exterior com qualquer conteúdo. A inclusão do conceito de validade no conceito de direito significa uma inclusão do contexto institucional de produção, aplicação e execução do direito nesse conceito. Esse contexto pode ser significativo para a questão da conexão conceitualmente necessária.

---

[10] Sobre isso cf. H. Kantorowicz, Der Begriff des Rechts, Göttingen, (ano omitido), p. 32 ss.

[11] Sobre isso cf. R. Dreier, Neues Naturrecht oder Rechtspositivismus?, in: Rechtstheorie 18, 1987, p. 374 s.

1.2.2. Norma e procedimento

A segunda distinção é aquela entre o sistema jurídico como um sistema de normas e o sistema jurídico como um sistema de procedimentos.[12] Como um sistema de procedimentos, o sistema jurídico é um sistema de ações que se apoia em regras e guiado por regras, através das quais normas são estabelecidas, fundamentadas, interpretadas, aplicadas e executadas. Na medida em que a tese da conexão se refere ao sistema jurídico como sistema de normas ela se refere a resultados ou produtos, independentemente dos modos de procedimentos de produção de normas. Por isso pode-se dizer que ela tem, nessa medida, o lado *externo* do sistema jurídico como objeto. Ao contrário, trata-se do lado *interno*, quando se afirma uma conexão necessária entre o sistema jurídico como um sistema de procedimentos e a moral.

1.2.3. Observador e participante

A terceira distinção é aquela entre a perspectiva do observador e a do participante. Essa dicotomia é ambígua.[13] Ela será, aqui, empregada de acordo com a seguinte interpretação: adota a *perspectiva do participante* aquele que, em um sistema jurídico, apresenta argumentos sobre aquilo que esse sistema jurídico comanda, proíbe e permite, bem como sobre suas atribuições de poder. No centro da perspectiva do participante está o juiz. Quando outros participantes, por exemplo cientistas do direito, advogados ou cidadãos interessados no sistema jurídico, apresentam argumentos a favor ou contra determinado conteúdo do sistema jurídico, eles se referem, no final das contas, a como um juiz deveria decidir se ele quisesse decidir de forma correta. Adota a *perspectiva do observador* aquele que não pergunta qual é a decisão correta em determinado sistema jurídico, mas como em determinado sistema jurídico de fato se decide. Um exemplo de um tal observador é o americano branco de Nobert Hoerster, que quer viajar com sua esposa negra pela África do Sul e pensa sobre detalhes jurídicos de sua viagem.[14]

---

[12] Sobre o sistema jurídico como sistema de procedimentos cf. R. Alexy, Die Idee einer prozeduralen Theorie der juristischen Argumentation, in: Rechtstheorie, Beiheft 2, 1981, p. 185 ss. A distinção de Fuller entre "o esforço de propósito que entra na produção do direito e o direito que de fato emerge desse esforço" poderia se aproximar da distinção aqui encontrada entre norma e procedimento. Cf. L. L. Fuller, The Morality of Law, rev. ed., New Haven-London, 1969, p. 193.

[13] Cf. N. MacCormick, Legal Reasoning and Legal Theory, Oxford, 1978, p. 275-292.

[14] N. Hoerster (nota 5), Zur Verteidigung des Rechtspositivismus, p. 2.481.

1.2.4. Definição e ideal

A quarta distinção relaciona-se a duas formas distintas de conexões necessárias entre direito e moral. A primeira será denominada "definitória" e a segunda "qualificatória". Trata-se de uma conexão conceitual *definitória* quando se afirma que normas ou sistemas normativos que não cumprem determinado critério moral não são, por motivos conceituais, normas jurídicas ou sistemas jurídicos. Trata-se de uma conexão *qualificatória* quando se afirma que normas ou sistemas normativos que não cumprem determinado critério moral podem na verdade ser normas jurídicas ou sistemas jurídicos, mas são, por motivos conceituais, normas jurídicas ou sistemas jurídicos defeituosos. Decisivo é que o defeito que é afirmado é um defeito jurídico e não meramente um defeito moral. Argumentos que apontam uma conexão conceitualmente qualificatória se apoiam na suposição de que, na realidade de um sistema jurídico, estão contidos ideais juridicamente necessários. Ao invés de uma conexão "qualificatória" poder-se-ia falar assim também em uma "conexão ideal".

1.2.5. Combinações

O quadro conceitual apresentado deixa claro que a tese de que existe entre direito e moral uma conexão necessária pode querer dizer muitas coisas diferentes. Quando às quatro distinções do quadro conceitual, a saber as distinções entre um conceito de direito sem considerar a validade e um conceito de direito que considera a validade, entre norma e procedimento, entre observador e participante e entre conexões definitória e qualificatória, acrescenta-se a distinção entre uma conexão conceitual e uma conexão normativa,[15] são então possíveis 32 combinações das características contidas nessas distinções. Para cada combinação pode-se formular tanto a tese de que existe uma conexão necessária quanto a tese de que ela não existe. Surgem assim 64 teses. Ora, no que diz respeito ao problema da conexão, há sem dúvida entre essas 64 teses algumas relações de implicação, de modo que a veracidade ou falsidade de algumas teses tem como consequência a veracidade ou falsidade de outras. Além disso, é possível que algumas combinações sejam conceitualmente impossíveis. Isso não muda porém nada na compreensão fundamental de que, na disputa sobre relações necessárias entre direito e moral, trata-se

---

[15] Acima foram introduzidas a conexão definitória e a conexão qualificatória como duas formas de conexão conceitualmente necessárias. Isso serve à simplificação. Para se poder combinar essa distinção com o conceito de conexão normativamente necessária deve-se dela retirar a característica da necessidade conceitual, o que não gera nenhuma dificuldade.

224 | Teoria Discursiva do Direito • *Robert Alexy*

de uma multiplicidade de afirmações diferentes. Uma explicação para a falta de resultados dessa disputa poderia ser que seus participantes frequentemente não reconhecem que a tese que eles defendem é diversa daquela que eles atacam, de modo que eles não se entendem. Essa explicação ganha plausibilidade quando se considera ainda que ao lado das cinco distinções aqui consideradas são pensáveis outras, de modo que o número de teses possíveis poderia subir bem acima de 64.

Aqui, a variedade de teses foi reduzida a dois sentidos: em primeiro lugar devem ser investigadas somente conexões conceitualmente necessárias e, além isso, em segundo lugar, deve ser assumido um conceito de direito que inclui o conceito de validade. Assim restam apenas oito combinações e respectivamente 16 teses. Uma outra simplificação parece adequada. Dentre as oito combinações devem ser abordadas apenas as duas extremas.

A primeira escolhe quem considera o direito exclusivamente como um sistema de normas e assim adota a perspectiva do participante e indaga sobre uma conexão conceitualmente definitória, ou seja, sobre se uma ofensa contra um critério moral retira, por motivos conceituais, o caráter de normas jurídicas das normas desse sistema ou o caráter de sistema jurídico do sistema normativo como um todo. Quem quer responder a essa pergunta afirmativamente deve mostrar que o caráter jurídico de normas ou de sistemas normativos é perdido, por motivos conceituais, quando se ultrapassa um determinado limiar de incorreção ou de injustiça. Exatamente essa tese da perda da qualidade jurídica quando se ultrapassa qualquer que seja o limiar de injustiça a ser determinado será denominada, seguindo-se Dreier, "argumento da injustiça".[16] Assim, é preciso salientar que o argumento da injustiça pode aparecer em variantes bem diferentes. Em Dreier ele aponta para uma conexão normativamente necessária, fundamentada sob a perspectiva do participante.[17] Essa variante pode ser denominada "interna" e "normativa". Aqui será abordada exclusivamente a conexão conceitualmente necessária a ser avaliada sob a perspectiva do observador. Com isso coloca-se em discussão meramente uma variante do argumento da injustiça que pode ser classificada como "externa" e "analítica".

A contraparte da perspectiva identificada através dos conceitos de norma, observador e definição é a perspectiva caracterizada pelos conceitos de procedimento, participante e ideal. Quem quer demonstrar, a partir desse ponto de vista, uma conexão conceitualmente necessária

---

[16]   Cf. R. Dreier (nota 3), Der Begriff des Rechts, p. 891.
[17]   Cf. R. Dreier (nota 3), Der Begriff des Rechts, p. 894.

Parte IV · Cap. 1 – CRÍTICA AO POSITIVISMO JURÍDICO | 225

entre direito e moral, pode procurar mostrar que, no processo da criação e da aplicação do direito, sob a perspectiva dos participantes, levanta-se uma pretensão de correção que inclui uma pretensão de correção moral. Essa tese será denominada "argumento da correção". Embora se trate, em ambos os casos, de uma conexão conceitualmente necessária, aquela do argumento da injustiça pode ser designada "dura" e a do argumento da correção "macia". Inicialmente será considerada a tese dura.

1.3. O ARGUMENTO DA INJUSTIÇA

O argumento da injustiça pode ser relacionado a normas isoladas de um sistema jurídico ou a sistemas jurídicos como um todo.

1.3.1. Normas isoladas

A versão mais conhecida do argumento da injustiça relacionada a normas isoladas vem de Gustav Radbruch. Sua famosa fórmula reza:

> O conflito entre a justiça e a segurança jurídica pode ser resolvido de modo que o direito positivo, assegurado através de um estatuto e do poder, tem então a precedência, mesmo quando seu conteúdo for injusto e inconveniente, a não ser que a contradição da lei positiva em relação à justiça atinja uma medida tão intolerável que a lei, enquanto 'direito injusto', tem que ceder à justiça.[18]

A discussão sobre essa fórmula é realizada quase exclusivamente[19] através de argumentos normativos. Assim a fórmula é, para Radbruch, o resultado de uma ponderação entre os valores da justiça e da segurança jurídica,[20] portanto o resultado de uma consideração normativa. A absorção

---

[18] G. Radbruch, Gesetzliches Unrecht und übergesetzliches Recht (1946), in: Radbruch, Rechtsphilosophie, 7ª ed., Stuttgart, 1970, p. 353. Sobre a recepção da fórmula de Radbruch pela jurisprudência da República Federal da Alemanha cf. BVerfGE 3, p. 58 (p. 119); 3, p. 225 (p. 233); 6, p. 132 (p. 198); 6, p. 389 (p. 414 ss.); 23, p. 98 (p.106); 54, p. 53 (p.67 ss.); BGHZ 3, p. 94 (p. 107); 23, p. 175 (p. 181); BGHSt 2, p. 173 (p. 177); 2, p. 234 (p. 238); 3, p. 357 (p. 362 ss.).

[19] Constitui uma exceção a tese de Radbruch, de que "portanto não se pode definir o direito, e também o direito positivo, de outra forma a não ser como um ordenamento e um estatuto que, de acordo com seu sentido, tem que servir à justiça (G. Radbruch (nota 18), Gesetzliches Unrecht und übergesetzliches Recht (1946), p. 353). Na obra tardia de Radbruch essa tese passa a levar, pela primeira vez, a uma conexão definitória. Como antes ela tinha um significado apenas qualificatório, deve-se reconhecer que Radbruch a defendeu junto com a tese da separação (cf. G. Radbruch (nota 18), Rechtsphilosophie, p. 123, 178 ss.).

[20] G. Radbruch (nota 18), Rechtsphilosophie, p. 352 ss.

de elementos morais no conceito de direito por ele sugerida seria necessária para armar os juristas contra as provocações de um estado injusto.[21] Segundo Dreier, a fórmula de Radbruch parece ser necessária para, após a repressão de um regime injusto, quando o novo legislador permanece inerte, poder-se então também remover suas consequências jurídicas.[22] Também os críticos não se apoiam em argumentos conceituais. Hart menciona, a favor da tese da separação, as vantagens da clareza linguístico--conceitual e da honestidade,[23] e Hoerster duvida que uma proposta de definição jusfilosófica possibilite a resistência contra a injustiça legal.[24]

Aqui interessa apenas se a fórmula de Radbruch, do ponto de vista de um observador que considera um sistema jurídico exclusivamente como um sistema de normas, expressa uma conexão conceitualmente necessária ou uma conexão conceitualmente impossível. Pode servir como exemplo a Regulamentação nº 11, da Lei de Cidadania do *Reich*, de 25 de novembro de 1941, através da qual foi retirada de judeus imigrados, por motivos racistas, a nacionalidade alemã. O Tribunal Constitucional Federal alemão considerou essa Regulamentação nula *ab initio*.[25] Como descreveria um observador contemporâneo ao sistema jurídico nacional-socialista, por exemplo um jurista estrangeiro que quer redigir um relatório sobre o sistema jurídico do Nacional-socialismo para um periódico jurídico de seu país, o caso do Judeu *A*, que perdeu a nacionalidade? Qualquer pessoa em seu país entenderia, sem que fosse preciso adicionar quaisquer explicações, a frase

(1)   *A* perdeu, de acordo com o direito alemão, a nacionalidade.

Na frase

(2)   *A* não perdeu, de acordo com o direito alemão, a nacionalidade,

não é esse o caso. Se não fossem adicionadas a essa frase outras informações, ela informaria de forma incorreta ou geraria confusão. Isso já mostra que, na constelação aqui considerada, uma inclusão de elementos morais no conceito de direito não é necessária. Há antes motivo para

---

[21]   G. Radbruch (nota 18), Rechtsphilosophie, p. 354 ss.

[22]   Dreier (nota 3), Der Begriff des Rechts, p. 891.

[23]   H. L. A. Hart, Positivism and the Separation of Law and Morals, in: Harvard Law Review, 71, 1958, p. 619 ss.

[24]   N. Hoerster (nota 9), Die Rechtsphilosophische Lehre von Rechtsbegriff, p. 185.

[25]   BVerfGE 23, p. 98 (p. 106).

Parte IV · Cap. 1 – CRÍTICA AO POSITIVISMO JURÍDICO | **227**

se perguntar se, nessa constelação, uma tal inclusão é conceitualmente impossível. Suponha-se que o relatório do nosso observador contém a seguinte afirmação:

> (3)   *A* não perdeu, de acordo com o direito alemão, a nacionalidade, embora todas as cortes e autoridades alemãs considerem, apoiando-se em uma norma que foi estabelecida em conformidade com os critérios de validade do sistema jurídico eficaz na Alemanha, que *A* a perdeu.

Pode-se supor que essa afirmação, na constelação considerada, contém uma contradição. Com isso fica claro que há um emprego da expressão "direito" sob a perspectiva do observador, segundo a qual uma inclusão definitória de elementos morais no conceito de direito é, no que diz respeito a normas isoladas, não só conceitualmente não necessária como, mais que isso, conceitualmente impossível. Contra ela não se pode objetar que nosso observador possa simplesmente concluir seu relatório com a seguinte questão aberta:

> (4)   de acordo com os critérios válidos no direito alemão, *A* perdeu regularmente a nacionalidade, e essa perda da nacionalidade é também socialmente eficaz, mas é ela direito?

Com essa pergunta a posição do observador é abandonada. Além disso, não fica claro se ainda se trata de uma conexão definitória ou se já se trata de uma conexão classificatória. Assim, essa pergunta vai além da constelação aqui considerada. É preciso por isso sustentar que a tese da conexão de Radbruch não pode, na constelação do observador aqui considerada, que diz respeito a normas isoladas e requer uma conexão definitória, apoiar-se em uma conexão conceitualmente necessária entre direito e moral. Assim, é preciso acentuar que embora o positivismo tenha razão no caso das variantes externa e analítica do argumento da injustiça em caso de normas isoladas, nada ainda se pode concluir no que diz respeito à legitimação das variantes interna e normativa.

1.3.2. Sistemas jurídicos

O que é válido para normas isoladas pode não valer para um sistema jurídico como um todo.[26] Deve-se por isso perguntar se entre sistemas

---

[26]   Sobre isso cf. H. L. A. Hart (nota 23), *Positivism and the Separation of Law and Morals*, p. 621.

jurídicos com um todo e a moral existe uma relação conceitualmente necessária. Novamente essa questão deve ser posta do ponto de vista de um observador que considera o direito exclusivamente como um sistema de normas e requer uma conexão definitória.

Podem ser distinguidas duas espécies de exigências morais que podem existir em uma relação necessária com o sistema jurídico: formais e materiais. Exemplo de uma teoria que afirma uma conexão necessária entre critérios morais formais e o sistema jurídico é a teoria da moral interna do direito de Fuller (*internal moral of law*). Aqui Fuller leva em conta os princípios do estado de direito (*legality*), como a generalidade da lei (*generality of law*), a publicidade (*promulgation*) e a proibição de retroatividade (*retroactive laws*).[27] Por outro lado, trata-se de uma conexão entre critérios morais materiais e o sistema jurídico quando Otfried Höffe afirma que sistemas normativos que não cumprem determinados critérios fundamentais de justiça não são ordenamentos jurídicos.[28] Esses critérios fundamentais de justiça são determinados por ele através do princípio da vantagem distributiva, que incluiu o princípio da segurança coletiva, que, dentre outras coisas, exige uma proibição direcionada a todos os membros do sistema jurídico contra homicídio doloso e culposo, bem como contra roubo e furto.[29]

Na discussão de tais conexões é preciso diferenciar claramente conexões fáticas de conexões conceituais.[30] Que um sistema jurídico que não contenha normas gerais, que contenha apenas normas secretas ou exclusivamente normas retroativas ou que não proteja a vida, a liberdade ou a propriedade de seus membros não tem, em vista das características do mundo e das pessoas, chance alguma de validade duradoura e, nesse sentido, de existência duradoura, é um fato simples, mas muito importante, que porém não será investigado aqui. A questão é antes se um tal sistema se encaixa no conceito de sistema jurídico.

Há dois tipos de ordenamentos sociais que, independentemente de poderem ou não ostentar validade duradoura, não são, já por motivos conceituais, sistemas jurídicos: ordenamentos sem sentido e ordena-

---

[27]   L. L. Fuller (nota 12), The Morality of Law, p. 46 ss.

[28]   O. Höffe, Politische Gerechtigkeit, Frankfurt/M. 1987, p. 159, 170.

[29]   O. Höffe (nota 28), Politische Gerechtigkeit, p. 169 ss.

[30]   Kelsen aponta uma conexão meramente fática, quando indica um "mínimo de segurança coletiva" como "condição para uma eficácia relativamente duradoura", não porém como elemento moral necessário do conceito de direito (H. Kelsen, Reine Rechtslehre, 2ª ed., Wien, 1960, p. 49 s.).

Parte IV · Cap. 1 – CRÍTICA AO POSITIVISMO JURÍDICO | 229

mentos predatórios ou rapinantes. Apresenta-se um ordenamento *sem sentido* quando um grupo de indivíduos é governado de um modo que não são reconhecidos fins consistentes do ou dos governados ou quando não é possível uma busca duradoura de fins dos governados. Imagine um número muito grande de pessoas que é governado por um grupo de malfeitores armados. Os governados não têm direito algum. Dentro do grupo dos malfeitores é permitida qualquer prática de violência. Além dessa norma permissiva não está em vigor qualquer norma geral.[31] Os malfeitores dão aos governados ordens às vezes contraditórias, sempre variáveis e às vezes impossíveis de serem cumpridas. Quando os governados seguem uma ordem, fazem-no exclusivamente por medo da violência. Já por motivos conceituais, tal ordenamento não é um sistema jurídico.

O ordenamento sem sentido transforma-se em ordenamento *predatório* ou rapinante quando os malfeitores evoluem a bandidos organizados. Isso requer pelo menos que entre os malfeitores sejam introduzidas uma proibição de violência e uma hierarquia de comando. Assuma-se ainda que para os governados é expedido um sistema de regras que tem como finalidade única garantir que eles sejam permanentemente objeto conveniente de exploração. Um exemplo extremo: a fonte principal de renda dos bandidos consiste no fato de eles regularmente matarem governados para vender seus órgãos. Para terem disponíveis para esse fim as vítimas mais saudáveis eles proíbem que os governados fumem, bebam e pratiquem atos de violência. Direitos dos governados em relação aos bandidos não fundamentam essas regras. A finalidade da exploração é clara para todos. Os bandidos não fazem o menor esforço para disfarçá-la. É possível discutir se o sistema normativo válido entre os bandidos é um sistema jurídico, mas o sistema como um todo já não é, de todo modo, um sistema jurídico.[32] Para explicar isso, será considerado agora um terceiro ordenamento.

A longo prazo o ordenamento predatório não se mostra conveniente. Os bandidos tentam então conseguir uma legitimação. Eles evoluem a governantes e, assim, o ordenamento predatório evolui a um *sistema de domínio*. Eles mantêm a exploração dos governados. Porém, os atos

---

[31] Kelsen não falaria aqui nem mesmo em um "bando de salteadores", porque entre os malfeitores, por causa da ausência da proibição de violência, não existe comunidade e por isso não existe um bando (H. Kelsen (nota 30), Reine Rechtslehre, p. 48).

[32] O sistema dos bandidos é um caso em que o argumento do bando de salteadores de Santo Agostinho leva à perda da qualidade jurídica. Cf. Santo Agostinho, De civitate dei, IV, 4: "Remota itaque iustitia quid sunt regna nisi magna latrocinia? quia et latrocinia quid sunt nisi parva regna?".

de exploração ocorrem de acordo com uma prática guiada por regras. É afirmado que essa prática seria correta porque ela serve a um fim mais elevado, a saber, o desenvolvimento do povo. Homicídios e roubos de indivíduos governados, que de fato servem apenas aos interesses dos governantes de explorar, são possíveis a qualquer tempo. Porém eles são punidos se não forem praticados através de determinada forma, qual seja, com base na decisão unânime de três membros do grupo dos governantes, e se não forem publicamente justificados através da finalidade de desenvolvimento do povo. Muitos governados aceitam essa justificação, e a maioria dos governantes acredita nela.

Com essa evolução é ultrapassado um limiar. O sistema é, sem dúvida, extremamente injusto. Contudo não está mais conceitualmente excluída a possibilidade de denominá-lo um "sistema jurídico". Assim coloca-se a questão: o que diferencia o sistema de domínio do sistema de malfeitores e do sistema de bandidos? Essa diferença não é constituída pelo fato de quaisquer regras gerais serem válidas. Esse já é o caso no sistema de bandidos. Ela também não consiste no fato de o sistema de domínio ser vantajoso para todos na mesma medida, ainda que somente no nível mínimo da proteção da vida, da liberdade e da propriedade, pois também nele homicídios e roubos que têm como vítimas os governados continuam possíveis. O ponto decisivo é antes que uma *pretensão de correção* é ancorada na prática do sistema de domínio e levantada em relação a todos. Essa pretensão de correção é um elemento necessário do conceito de direito. A conexão entre direito e moral é produzida através dela. É preciso fundamentar isso agora. Se tal fundamentação obtiver êxito, o positivismo falha no que diz respeito a sistemas jurídicos, mesmo na constelação a ele favorável, que é caracterizada através dos conceitos de norma, observador e definição.

1.4. O ARGUMENTO DA CORREÇÃO

No último exemplo o sistema jurídico já era mais que um mero sistema de normas postas e eficazes. A partir de agora será adotada uma perspectiva completamente nova que é definida pela pergunta se existe uma conexão conceitualmente necessária pelo menos do tipo qualificatória quando se compreende o sistema jurídico também como um sistema de procedimentos e quando ele é considerado sob a perspectiva de um participante, por exemplo o juiz.

Minha resposta positiva a essa pergunta se apoia em três teorias: a teoria da pretensão, a teoria dos princípios e a teoria do discurso na

Parte IV · Cap. 1 – CRÍTICA AO POSITIVISMO JURÍDICO | 231

forma da tese do caso especial. Essas três teorias expressam aspectos diversos da ideia de correção jurídica. Essa ideia conduz a uma conexão conceitualmente necessária entre direito e moral.

O argumento da correção se parece consideravelmente com o argumento dos princípios de Dreier, que consiste em três teses: a tese da incorporação, a tese da abertura e a tese da otimização. A tese da incorporação afirma que "em todos os sistemas jurídicos desenvolvidos [...] estariam incorporados princípios ético-jurídicos."[33] A tese da abertura reza: "em virtude dessa incorporação, o direito positivo de sistemas jurídicos desenvolvidos está aberto em grande medida à argumentação ético-jurídica."[34] A tese da otimização significa, para sistemas jurídicos, "que a realização aproximada de um ideal jurídico estaria estatuída, para eles, como dever jurídico",[35] o que significa, para o juiz, que em casos de vagueza e de colisão, ele "não só não precisa recorrer a padrões extrajurídicos, como também não pode fazê-lo, porque todos os padrões relevantes apresentam-se a ele através de princípios válidos juridicamente."[36]

O argumento apoiado em princípios foi criticado por Hoerster e Höffe. Se e quais princípios pertencem a um sistema jurídico seria uma questão do direito positivo, e quando eles pertencessem ao sistema jurídico eles não romperiam o conceito de direito positivista.[37] Para responder a essa objeção é preciso aperfeiçoar o argumento dos princípios de Dreier no que diz respeito a três coisas: em primeiro lugar, é preciso completá-lo com a teoria da pretensão. Isso constitui o fundamento do argumento como um todo. Em segundo lugar, é preciso universalizar o argumento dos princípios, para se passar de uma incorporação contingente a uma incorporação necessária. Isso ocorre na teoria dos princípios. Em terceiro lugar, é preciso conectar a teoria dos princípios com a teoria do discurso, na forma da tese do caso especial. Desse modo é criada uma conexão entre o direito e a moral correta.

1.4.1. A teoria da pretensão

A teoria da pretensão afirma que tanto normas jurídicas isoladas e decisões jurídicas isoladas quanto sistemas jurídicos como um todo

---

[33] R. Dreier, Rechtsbegriff und Rechtsidee, Frankfurt/M. 1986, p. 28 s.

[34] R. Dreier (nota 33), Rechtsbegriff und Rechtsidee, p. 30.

[35] R. Dreier (nota 33), Rechtsbegriff und Rechtsidee, p. 30.

[36] R. Dreier (nota 33), Rechtsbegriff und Rechtsidee, p. 31.

[37] N. Hoerster (nota 9), Die Rechtsphilosophische Lehre von Rechtsbegriff, p. 186; O. Höffe (nota 28), Politische Gerechtigkeit, p. 126 s.

levantam necessariamente uma pretensão de correção. Sistemas normativos que não levantam essa pretensão explícita ou implicitamente não são sistemas jurídicos; nessa medida, a teoria da pretensão tem um significado definitório. Sistemas jurídicos que levantam essa pretensão mas não a cumprem são sistemas jurídicos defeituosos; nessa medida, a teoria da pretensão tem um significado qualificatório. A teoria da pretensão chega a um significado exclusivamente qualificatório no caso de normas jurídicas isoladas e decisões jurídicas isoladas; elas são juridicamente defeituosas quando não levantam ou não cumprem a pretensão de correção.[38]

A teoria da pretensão pode ser atacada de duas maneiras. Em primeiro lugar, pode-se negar que essa pretensão se conecta conceitualmente ao direito e, em segundo lugar, pode-se afirmar que essa pretensão, caso ela se conecte conceitualmente ao direito, possui um conteúdo trivial, que não inclui qualquer implicação moral.

Para enfraquecer a primeira objeção, considerem-se dois exemplos. No primeiro se trata do primeiro artigo de uma nova constituição do estado *X*, no qual a minoria oprime a maioria. A minoria quer continuar desfrutando as vantagens da opressão sobre a maioria, mas quer também ser sincera. Assim, sua assembleia constituinte aprova, como primeiro artigo da constituição, a seguinte proposição:

(1) *X* é uma república soberana, federal e injusta.

Há algo defeituoso nesse artigo da constituição.[39] A questão é em que consiste o defeito.

Poder-se-ia afirmar que o defeito consiste no fato de esse artigo ser inoportuno. A minoria quer manter o *status quo* injusto. Porém, as chances de se alcançar esse objetivo caem se ela pelo menos não alegar que esse *status quo* é justo. Um tal *defeito técnico* de fato existe. Ele porém ainda não explica o caráter defeituoso desse artigo. Suponha-se que o novo artigo, através da cláusula republicana, abole uma monarquia an-

---

[38] Quando, além disso, quer-se demonstrar que falta a elas o caráter jurídico ou a validade jurídica, isso só pode ser feito através de argumentos normativos. Esse é o lugar em que a versão de Dreier do argumento da injustiça deve ser colocado. Com isso, pode ser significativo para a força do argumento normativo o fato de ele, já por motivos conceituais, lidar com algo defeituoso.

[39] Para um argumento semelhante cf. N. MacCormick, Law, Morality and Positivism, in: N. MacCormick/O. Weinberger, An Institutional Theory of Law, Dordrecht-Boston-Lancaster-Tokyo 1986, p. 141.

Parte IV · Cap. 1 – CRÍTICA AO POSITIVISMO JURÍDICO | **233**

tes existente. Suponha-se ainda que a maioria oprimida admira o monarca anterior, razão pela qual o *status quo* daquele momento anterior é tão fortemente colocado em risco tanto através do estabelecimento da república quanto através da designação do estado como "injusto". Se a introdução da cláusula da injustiça fosse um defeito técnico, então o legislador constituinte cometeria, com a cláusula da república, o mesmo erro da cláusula da injustiça. Porém esse não é o caso.

Deve então haver uma outra explicação para o caráter defeituoso do artigo. Poder-se-ia supor um *caráter moralmente defeituoso*. Um tal caráter moralmente defeituoso certamente ocorre no caso; não é porém fácil perceber que essa também não é uma explicação completa. Suponha-se que a injustiça consista no fato de pessoas de determinada raça serem privadas de determinados direitos. Sob o ponto de vista do defeito moral não haveria diferença se a cláusula da injustiça fosse cancelada e substituída por um segundo artigo que privasse as pessoas dessa raça desses direitos. Sob o ponto de vista do caráter defeituoso continuaria havendo porém uma diferença.

A explicação para isso poderia estar no fato de uma convenção disseminada mas não necessária sobre a redação de textos constitucionais ter sido violada, ou seja, há um *defeito convencional*. Sem dúvida tal convenção é aqui violada, mas também essa violação sozinha não constitui uma explicação completa. A regra que foi violada é mais que uma mera convenção. Pode-se reconhecer isso em virtude de ela não poder ser modificada mesmo quando as circunstâncias e preferências são modificadas. Ela é antes constitutiva para a prática de produção da constituição. Isso fica claro em virtude de um artigo como

(2) *X* é um estado justo

ser redundante em uma constituição.

Assim, resta um *defeito conceitual*. Ao ato de produção de uma constituição está necessariamente conectada uma pretensão de correção que é, nesse caso, sobretudo uma pretensão de justiça: o legislador constituinte comete uma contradição performativa quando o conteúdo de seu ato legislativo-constitucional nega essa pretensão, embora ele a levante ao praticar esse ato.[40]

---

[40] Há, aqui, uma certa analogia com o famoso exemplo de Austin: "o gato está no tapete, mas eu não acredito que ele esteja" (J. L. Austin, How to do Things with Words, London-

234 | Teoria Discursiva do Direito · *Robert Alexy*

No segundo exemplo o juiz produz a seguinte sentença:

(3)   O acusado é condenado à pena de prisão perpétua, o que é errado.

Essa proposição requer interpretação. Com ela pode o juiz querer dizer que sua sentença contradiz o direito positivo. Ele pode porém também querer dizer que ela na verdade corresponde ao direito positivo, mas é injusta. Essas e outras interpretações levam a inúmeros problemas que não serão abordados aqui. Interessa somente a seguinte interpretação:

(4)   O acusado é condenado à pena de prisão perpétua, o que constitui uma interpretação errada do direito válido.

Com essa sentença o juiz sem dúvida abandona seu papel social e viola regras do direito positivo que certamente em todo sistema jurídico o obrigam a interpretar o direito válido de forma correta. Ele também violaria regras sociais se proclamasse a sentença sem ter antes se barbeado e estivesse usando uma toga suja, e a sentença violaria regras do direito positivo se a interpretação fosse de fato incorreta mas o juiz acreditasse e alegasse que ela é correta. Por outro lado teria sido também cometido um erro se o juiz tivesse equivocadamente suposto que sua interpretação é falsa e o anúncio desse equívoco na sentença não violasse o direito positivo. Isso deixa claro que aquilo que se apresenta aqui é mais que uma violação a regras sociais ou jurídicas.[41] O juiz comete uma contradição performativa e, nesse sentido, um erro conceitual. Com uma decisão judicial já é levantada a pretensão de que o direito seja aplicado de forma correta, embora essa pretensão possa ser cumprida em pouca medida. A pretensão levantada através do cumprimento do ato institucional de sentenciar é contradito pelo conteúdo da sentença.

Ambos exemplos mostram que o participante de um sistema jurídico necessariamente levanta, em níveis diferentes, uma pretensão de correção. Com isso ainda não é porém afirmado que essa pretensão conduz a uma conexão conceitualmente necessária entre direito e moral. Para demonstrá-la deve ser considerada agora a teoria dos princípios.

Oxford-New York, 1962, p. 48 ss.; J. L. Austin, The Meaning of a Word, in: J. L. Austin, Philosophical Papers, 2ª ed., London-Oxford-New York, 1970, p. 63 ss.).

[41]   Neumann tem outra concepção. U. Neumann, Juristische Argumentationslehre, Darmstadt 1986, p. 87 s. Assim, Neumann se refere ao seguinte exemplo: "em nome do povo, o senhor N é sentenciado a 10 anos de prisão, embora não existam bons motivos para isso".

Parte IV · Cap. 1 – CRÍTICA AO POSITIVISMO JURÍDICO | 235

1.4.2. A teoria dos princípios

A distinção entre regras e princípios constitui a base da teoria dos princípios.[42] Regras são normas que, cumpridas determinadas condições, comandam, proíbem ou permitem algo de forma definitiva ou atribuem poder para algo de forma definitiva. Elas podem então simplificadamente ser denominadas *"comandos definitivos"*. Sua forma de aplicação característica é a subsunção. Por outro lado, princípios são *comandos de otimização*. Enquanto tais, eles são normas que comandam que algo seja realizado na maior medida possível em relação às possibilidades fáticas e jurídicas. Isso significa que eles podem ser cumpridos em graus diversos e que a medida exigida de seu cumprimento depende não só das possibilidades fáticas, mas também das jurídicas. As possibilidades jurídicas do cumprimento de um princípio, além de serem determinadas por regras, são determinadas essencialmente por princípios opostos. Isso implica que princípios podem e precisam ser ponderados. A ponderação é a forma característica de aplicação dos princípios. O caminho dessa distinção teórico-normativa a uma conexão necessária entre direito e moral passa por três teses, que serão denominadas "tese da incorporação", "tese moral" e "tese da coerência".

1.4.2.1. A tese da incorporação

A tese da incorporação afirma que todo sistema jurídico minimamente desenvolvido contém necessariamente princípios.[43] Uma incorporação é facilmente percebida quando se trata de um sistema jurídico completamente desenvolvido. O sistema jurídico da República Federal da Alemanha oferece um exemplo instrutivo. Com os princípios da dignidade humana (artigo 1º, parágrafo 1º da Lei Fundamental), da liberdade (artigo 2º, parágrafo 1º da Lei Fundamental), da igualdade (artigo 3º, parágrafo 1º da Lei Fundamental), do estado de direito, da democracia e do estado social (artigos 20 e 28, parágrafo 1º, proposição 1 da Lei Fundamental), sua Lei Fundamental incorporou ao sistema jurídico da República Federal da Alemanha os princípios da moral moderna do

---

[42] Sobre essa distinção, cf., com mais evidências, R. Alexy, Theorie der Grundrechte, Baden-Baden, 1985 (Frankfurt/M. 1986), p. 71 ss.

[43] Essa variante da tese da incorporação distingue-se da versão de Dreier em dois aspectos. Dreier relaciona sua tese a princípios jurídicos. Aqui se trata pura e simplesmente de princípios. Além disso, Dreier afirma a incorporação apenas para sistemas jurídicos desenvolvidos. Aqui a tese é estendida a todos os sistemas jurídicos minimamente desenvolvidos. (cf. R. Dreier (nota 33), Rechtsbegriff und Rechtsidee, p. 28 ss.)

236 | Teoria Discursiva do Direito • *Robert Alexy*

direito e do estado. O mesmo vale, a despeito das variadas técnicas de incorporação e diferentes avaliações, para todos os sistemas jurídicos democráticos e que afirmam o estado de direito. Outros tipos de sistemas jurídicos são caracterizados por outros princípios. Assim, pertenciam ao sistema jurídico nacional-socialista, como princípios do direito positivo, os princípios da raça e do Führer.

Nenhum positivista contestará isso, desde que ele admita que também princípios, e não somente regras pertencem ao ordenamento jurídico. Porém ele contestará que disso resulte qualquer conexão conceitualmente necessária entre direito e moral. Sua tese afirma que toda incorporação de princípios é uma questão exclusivamente de direito positivo.[44] Essa tese pode ser dividida em duas subteses. Se um sistema jurídico incorpora quaisquer princípios seria, afirma a primeira subtese, uma questão de direito positivo e, nesse sentido, uma questão contingente. Quais princípios são incorporados seria, afirma a segunda subtese, uma questão de direito positivo e, nesse sentido, uma questão relativa. Somente a primeira tese, que pode ser denominada "tese da incorporação contingente", contradiz a tese da incorporação aqui defendida, que afirma a incorporação necessária de princípios. Por isso, inicialmente somente ela será abordada. A segunda, que pode ser denominada "tese da incorporação relativa", será discutida mais tarde.

A pergunta sobre se todos os sistemas jurídicos necessariamente contêm normas com estrutura de princípios deve ser respondida sob a perspectiva de um participante, a saber, um juiz que tem que decidir um caso difícil, ou seja, um caso cuja solução não se pode extrair facilmente do material autoritativo estabelecido. Um critério para se saber se o juiz se apoia em princípios é perguntar se ele realiza uma ponderação. É válida a seguinte proposição: quando alguém se apoia em princípios ele tem que realizar ponderações, e quando alguém realiza ponderações ele se apoia necessariamente em princípios. A primeira parte dessa proposição pode ser fundamentada com a estrutura dos princípios como comandos de otimização, que encontram as fronteiras de sua capacidade de realização em princípios opostos. A fundamentação da segunda parte consiste em uma referência à estrutura da ponderação. Uma ponderação é precisamente necessária quando existem razões opostas que, tomadas em si, constituem boas razões para uma decisão e que levam não facilmente a

---

[44] N. Hoerster (nota 9), Die Rechtsphilosophische Lehre von Rechtsbegriff, p. 186; N. Hoerster (nota 5), Zur Verteidigung des Rechtspositivismus, p. 2.481; nesse sentido também O. Höffe (nota 28), Politische Gerechtigkeit, p. 126 ss.

Parte IV · Cap. 1 – CRÍTICA AO POSITIVISMO JURÍDICO | 237

uma decisão definitiva porque há outras razões que exigem *prima facie* outra decisão. Tais razões são princípios ou se apoiam em princípios.[45] Significa isso que todos os sistemas jurídicos em que os juízes, em casos duvidosos, realizam uma ponderação, contêm princípios?

Contra isso poder-se-ia objetar que o mero fato de se ponderar ainda não significa que os princípios ponderados pertencem ao sistema jurídico. Os princípios seriam simplesmente princípios morais ou antes princípios que devem ser qualificados de outro modo, e a necessidade de ponderação seria um postulado da racionalidade extrajurídica. A isso pode-se objetar que o sistema jurídico é considerado aqui não somente como um sistema de normas, no sentido de resultados, mas também como um sistema de procedimentos, e que, sob a perspectiva do participante, os motivos que ele considera no procedimento de decisão e de fundamentação pertencem ao procedimento e assim ao sistema. Certamente um seguidor de uma teoria dura do sistema jurídico não vai aqui ainda dar-se por satisfeito com isso. Para refutá-lo é necessário mais que a referência ao *mero fato* de o juiz executar determinados procedimentos de decisão e fundamentação. Deve ser explicado que isso é *juridicamente comandado*. A chave para isso é a pretensão de correção. Uma decisão judicial levanta necessariamente a pretensão de correção. Por causa da conexão necessária com a decisão judicial essa pretensão é uma pretensão jurídica e não somente uma pretensão meramente moral. A essa pretensão jurídica de correção corresponde um dever jurídico de cumpri-la, qualquer que seja a consequência jurídica da violação desse dever. Para se cumprir a pretensão de correção em um caso duvidoso, em que dois princípios colidentes exigem soluções diferentes, é preciso declarar a invalidade de um dos princípios, ou seja, declarar que ele não pode ter peso mais em nenhum caso, ou realizar uma ponderação. Assim a pretensão de correção necessariamente não é preenchida quando se afirma que, considerando todos os aspectos, aquele princípio fornece as melhores razões, mas, contudo, a precedência será conferida ao outro princípio. Assim, fica claro que em todos os sistemas jurídicos em que

---

[45] Günther tem a opinião de que a distinção entre regras e princípios como uma distinção teórico-normativa deve ser abandonada e, no lugar dela, deve ser reconstruída uma distinção sobre o tipo e a forma de aplicação da norma (K. Günther, Der Sinn für Angemessenheit, Frankfurt/M. 1988, p. 272 ss.). A isso é preciso objetar que um modelo que puder representar a distinção tanto no plano da norma quanto no plano da aplicação é mais rico. Adicionam-se ainda várias vantagens. Pense-se por exemplo na possibilidade de se reconstruir a restrição de um direito com ajuda do conceito de princípio. (sobre isso cf. Alexy (nota 42), p. 249 ss.).

238 | Teoria Discursiva do Direito • *Robert Alexy*

a ponderação é possível são juridicamente comandadas ponderações e com isso a consideração de princípios. Isso significa que em todos os sistemas jurídicos em que a ponderação é possível princípios são, por motivos jurídicos, elementos necessários do sistema jurídico. Por motivos jurídicos o procedimento pertence, nesses sistemas, ao sistema jurídico.

Constitui uma questão interessante saber se existiram sistemas jurídicos em que nenhum caso foi considerado duvidoso, de modo que em nenhum caso uma ponderação foi cogitada. E trata-se de um problema conceitual sistematicamente significativo se um tal sistema é na verdade um sistema jurídico. Essas questões não serão porém investigadas aqui. Caso esse sistema pudesse ser um sistema jurídico, ele não seria, de todo modo, nem mesmo um sistema jurídico minimamente desenvolvido. Assim vale a seguinte proposição: a partir de um estágio mínimo de desenvolvimento, todos os sistemas jurídicos contêm princípios. Quando a seguir se falar que todos os sistemas jurídicos necessariamente contêm princípios, deve-se compreender isso no sentido da restrição contida nessa proposição.

1.4.2.2. A tese moral

Do fato de todos os sistemas jurídicos a partir de um estágio mínimo de desenvolvimento conterem necessariamente princípios não se segue ainda que exista uma conexão necessária entre direito e moral. Assim, por exemplo, o mero fato de que numerosos sistemas jurídicos, a saber os sistemas jurídicos democráticos que afirmam o estado de direito, terem incorporado os princípios da moral moderna do direito e do estado não fundamenta ainda uma conexão necessária entre direito e moral. O positivista pode afirmar que a incorporação fundamenta esses princípios exatamente no direito positivo, sendo, nessa medida, relativa.

Para se poder passar da tese da incorporação a uma conexão necessária entre direito e moral é preciso dar dois passos. No primeiro passo é preciso mostrar que a presença de princípios no sistema jurídico leva a uma conexão necessária entre o direito e uma moral qualquer. Essa tese será denominada aqui "tese moral". Em um segundo passo procurar-se-á mostrar que a conexão necessária entre o direito e uma moral qualquer leva a uma conexão necessária entre o direito e a moral correta.

O primeiro passo não causa problemas. Em casos difíceis trata-se de encontrar uma resposta a uma questão prática, ou seja, a questão sobre o que deve ser. Entre os princípios que oferecem uma resposta para essa questão sempre se encontram aqueles que pertencem a uma moral qualquer, se por "moral" não se compreende ainda a moral correta. A tese mo-

Parte IV · Cap. 1 – CRÍTICA AO POSITIVISMO JURÍDICO | **239**

ral contém assim uma afirmação relativamente fraca. Ela afirma simplesmente que entre os sistemas jurídicos em questão e uma moral qualquer existe uma conexão necessária. Contudo a tese é mais forte que a visão amplamente divulgada de que sistemas jurídicos sempre são influenciados pela moral a eles subjacente. A tese moral defende não meramente uma conexão fática, mas sim uma conexão conceitualmente necessária.

Essencialmente mais difícil de fundamentar é o fato de que a conexão necessária entre o direito e uma moral qualquer leva a uma conexão necessária entre o direito e a moral correta. Um primeiro elemento dessa conexão resulta da terceira tese da teoria dos princípios, a tese da coerência.

1.4.2.3. A tese da coerência

Todo princípio exige, enquanto comando de otimização, sua mais ampla realização possível. Essa exigência encontra seu limite nas exigências opostas de princípios colidentes. Disso se segue que se sistemas jurídicos necessariamente levantam a pretensão de correção e se sistemas jurídicos necessariamente contêm princípios, vale necessariamente nos sistemas jurídicos o comando jurídico de desenvolver um sistema em que todos os princípios a serem considerados estão contidos e são corretamente avaliados. Essa é a tese da coerência. A tese da coerência inclui a tese da otimização[46] de Dreier.

Não é necessário aqui expor o conceito de coerência mais de perto.[47] Mesmo sem uma tal análise pode ser apontado onde está o significado da coerência para a correção de uma moral. Uma moral é incorreta na medida em que ela não é coerente. Assim, sistemas jurídicos contêm, em virtude da pretensão de correção, necessariamente a exigência jurídica de que os sistemas morais aos quais eles necessariamente se referem sejam coerentes. Uma decisão jurídica é necessariamente juridicamente errada quando ela se apoia em uma moral incoerente. Essa não é uma conexão definitória, mas sim uma conexão qualificatória, no sentido exposto acima.

---

[46] R. Dreier (nota 33), Rechtsbegriff und Rechtsidee, p. 30 s.

[47] Sobre isso cf., do ponto de vista geral, N. Rescher, The Coherence Theory of Truth, Oxford, 1973; N. Rescher, Cognitive Systematization, Oxford, 1979, bem como, do ponto de vista jurídico, A. Aarnio, The Rational as Reasonable, Dordrecht-Boston-Lancaster-Tokyo, 1987, p. 198 ss.; N. MacCormick (nota 13), Legal Reasoning and Legal Theory, p. 152 ss.; R. Dworkin, Law's Empire, Cambridge/Ma.-London, 1986, p. 228 ss.; A. Peczenik, Grundlagen der juristischen Argumentation, Wien-New York, 1983, p. 176 ss.; R. Alexy/A. Peczenik, The Concept of Coherence, in: Ratio Juris, 3, 1990.

240 | Teoria Discursiva do Direito · *Robert Alexy*

A exigência de coerência ainda não produz uma conexão necessária completamente desenvolvida entre o direito e a moral correta, pois pode ser que uma moral seja coerente ou suficientemente coerente,[48] mas deve contudo ser julgada incorreta. Todavia ela conduz a um critério de correção que não é cumprido por qualquer moral. Para se conseguir mais que isso é preciso agora abordar, após a teoria da pretensão e a teoria dos princípios, a terceira teoria que apoia o argumento da correção: a teoria do discurso na forma da tese do caso especial.

1.4.3. A teoria do discurso

O ponto de partida é, novamente, a pretensão de correção. A pretensão de correção implica uma pretensão de fundamentabilidade. Ora, são pensáveis diferentes fundamentações de decisões judiciais. O espectro vai desde meras menções a tradições e a autoridades até a argumentação racional que leva em consideração todos os aspectos. O ponto decisivo é que a pretensão de fundamentabilidade abre uma perspectiva crítica. O fato de uma decisão judicial não ser fundamentada, ser fundamentada de acordo com padrões que são classificados como irracionais ou ser mal fundamentada ainda não lhe retira o caráter de uma decisão judicial. Nessa medida a pretensão de fundamentabilidade não tem um caráter definitório, mas sim qualificatório. A pretensão de fundamentabilidade cria porém a possibilidade de se apresentar argumentos que se mostram melhores e que podem levar a mudanças da prática de fundamentação. Desse modo, a pretensão de fundamentabilidade necessariamente levantada resgata a possibilidade de desenvolvimento de níveis de fundamentação mais elevados, que são alcançados em sistemas jurídicos modernos.

Pelo menos no que diz respeito ao ato de fundamentar, quem fundamenta algo pelo menos finge aceitar os outros como iguais e não exercer coação nem se apoiar em coação exercida por outros. Ele alega ainda poder defender sua afirmação não só contra os respectivos destinatários da fundamentação, mas, além disso, contra qualquer um. Essa exigência por igualdade e universalidade constitui a base de uma ética procedimental apoiada na ideia de generalizabilidade, a ética do discurso.[49] A conexão que a teoria do discurso funda entre os conceitos de correção, fundamen-

---

[48] Sobre o caráter gradual da coerência cf. R. Alexy/A. Peczenik (nota 47), The Concept of Coherence.

[49] Cf. J. Habermas, Diskursethik – Notizen zu einem Begründungsprogram, in: J. Habermas, Moralbewußtsein und kommunikatives Handeln, Frankfurt/M., 1983, p. 53 ss.; R. Alexy, Theorie der juristischen Argumentation, Frankfurt/M., 1978 (1983), p.

Parte IV · Cap. 1 – CRÍTICA AO POSITIVISMO JURÍDICO | 241

tação e generalizabilidade pode, com a ajuda da tese de que o discurso jurídico é um caso especial do discurso prático geral,[50] ser transferida para o direito. Se essa tese for verdadeira, pode ser produzida uma conexão necessária entre o direito e uma moral universalística que vale imediatamente para os sistemas jurídicos modernos e que, para os sistemas jurídicos pré-modernos, possivelmente poderia ser fundamentada no contexto de uma teoria normativa da evolução jurídica. Se, além disso, for verdadeira a tese, que aqui pode ser apenas afirmada, de que a moral universalística que encontrou sua expressão jurídico-positiva nos direitos fundamentais e no princípio da democracia é a moral ou uma moral correta, terá então sido encontrada uma conexão necessária entre o direito e a moral correta.

Contra a tese do caso especial foram levantadas inúmeras objeções.[51] Na medida em que elas se referem à interpretação de procedimentos jurídicos institucionalizados como discursos, elas devem aqui ser deixadas de lado. Aqui importa apenas saber se a argumentação jurídica enquanto tal, ou seja, independentemente de procedimentos institucionalizados nos quais ela acontece, é, se ela levar a resultados obrigatórios, uma argumentação que deve ser apontada como uma contribuição atual ou potencial para um discurso prático.

O problema mais importante resulta do fato de que não se pretende que decisões jurídicas sejam corretamente fundamentáveis de um modo absoluto, mas sim que seja possível, no contexto do respectivo ordenamento jurídico válido, fundamentá-las de forma correta, o que ocorre quando elas podem ser fundamentadas racionalmente, levando-se em consideração a lei, o precedente e a dogmática.[52] Ulfrid Neumann afirma que essas limitações, que são constitutivas da argumentação jurídica, levam a uma diferença qualitativa entre a argumentação jurídica e a argumentação prática geral. Ele fundamenta isso no fato de a argumentação jurídica poder se apoiar em uma lei irracional.[53] Essa dissociação

---

221 ss.; R. Alexy, Probleme der Diskurstheorie, in Zeitschrift f. philosophische Forschung 43, 1989, p. 81 ss.

[50] Sobre isso cf. R. Alexy (nota 49), Theorie der juristischen Argumentation, p. 263 ss.; J. Habermas, Theorie des kommunikativen Handelns, Bd. 1, Frankfurt/M., 1981, p. 62 s.; J. Habermas, Wie ist Legitimität durch Legalität möglich?, in: Kritische Justiz 20, 1987, p. 15; N. MacCormick (nota 13), Legal Reasoning and Legal Theory, p. 272 ss.; M. Kriele, Recht und praktische Vernunft, Göttingen, 1979, p. 34.

[51] Cf., por exemplo, U. Neumann (nota 41), Juristische Argumentationslehre, p. 84 ss.; A. Kaufmann, Über die Wissenschaftlichkeit der Rechtswissenschaft, in: ARSP, 72, 1986, p. 436 s.; K. Tuori, Legitimität des modernen Rechts, in: Rechtstheorie 20, 1989, p. 238 ss.

[52] R. Alexy (nota 49), Theorie der juristischen Argumentation, p. 264, 272, 351 s.

[53] U. Neumann (nota 41), Juristische Argumentationslehre, p. 90.

entre a racionalidade discursiva e a racionalidade jurídica é precipitada. Ela não se dá conta de dois aspectos. O primeiro é que, diante da abertura dos resultados de discursos práticos gerais, podem ser mencionados fundamentos racionais para a introdução de procedimentos de decisão institucionalizados, como a legislação parlamentar, de modo que o limite autoritativo do discurso jurídico não retire deles o caráter de um procedimento racional.[54] O segundo e aqui mais importante aspecto é que uma decisão jurídica que corretamente aplica uma lei irracional ou injusta não cumpre, em todos os aspectos, a pretensão de correção com ela necessariamente levantada. Uma vez que essa pretensão não tem um significado definitório no que diz respeito a decisões isoladas, quando a lei irracional ou injusta vale juridicamente a decisão é, na verdade, uma decisão juridicamente válida. E ainda é possível que princípios formais,[55] como o princípio da segurança jurídica e o princípio da separação de poderes, exijam a observância da lei irracional ou injusta. Contudo, por causa do caráter qualificatório da pretensão de correção, a decisão é uma decisão que padece de um defeito jurídico. Ela não é uma decisão juridicamente perfeita.

Com isso completa-se meu argumento a favor de uma conexão conceitualmente necessária entre direito e moral. Seu ponto principal é a pretensão de correção. Ela tem, para sistemas jurídicos como um todo, um significado meramente definitório. Por outro lado ela tem um caráter qualificatório, que se torna claro quando o sistema jurídico é considerado, sob a perspectiva de um participante, um sistema também de procedimentos. A exposição dessa pretensão, por um lado, no contexto da teoria dos princípios e, por outro lado, no contexto da teoria do discurso, deixa claro que o direito ostenta uma dimensão ideal conceitualmente necessária, que pode ser desdobrada no contexto de uma moral universalística procedimental.

---

[54]   R. Alexy (nota 12), Die Idee einer prozeduralen Theorie der juristischen Argumentation, p. 185 ss. J. Habermas (nota 50), Wie ist Legitimität durch Legalität möglich?, p. 13s.
[55]   Sobre o conceito e o significado dos princípios formais, cf. R. Alexy (nota 42), Theorie der Grundrechte, p. 120.

Capítulo 2

DEFESA DE UM CONCEITO DE DIREITO NÃO-POSITIVISTA*

A questão sobre a relação entre direito e moral pode ser posta de duas maneiras: uma positiva e uma negativa. Trata-se do aspecto positivo do tema quando se discute se existe, deve-se existir ou dever-se-ia existir uma correspondência de conteúdo entre normas do direito e da moral e se é tarefa do direito garantir o comportamento moral.[1] O aspecto negativo é abordado quando a questão é se normas estabelecidas em conformidade com o ordenamento e/ou normas socialmente eficazes perdem seu caráter jurídico ou sua validade jurídica quando elas ofendem normas morais.[2] Esse é o problema do positivismo jurídico em sentido estrito e próprio. Aqui será tratada apenas essa questão.

2.1. A TESE DA SEPARAÇÃO E A TESE DA CONEXÃO

Na disputa sobre o positivismo jurídico trata-se de duas teses: a tese da separação e a tese da conexão. Todos os positivistas jurídicos defen-

---

* Traduzido a partir do original em alemão *Zur Verteidigung eines nichtpositivistischen Rechtsbegriffs*, publicado originalmente em öffentliche oder private Moral? Festschrift f. Ernesto Garzón Valdés. Berlin: Duncker & Humblot, 1992, p. 85-108.

[1] Sobre isso cf. G. Patzig, Moral und Recht, in: G. Patzig, Ethik ohne Metaphysik, Göttingen, 1971 (2ª ed., Göttingen, 1983), p. 7 ss.; R. Alexy, Recht und Moral, in: Festschrift f. Günther Patzig, W. Carl/L. Krüger (orgs.).

[2] A seguir será empregado um conceito de direito que inclui a validade jurídica. Por isso, só se falará principalmente no caráter ou no conceito de direito. Para os motivos para isso cf. R. Alexy, Zur Kritik des Rechtspositivismus, in: ARSP, Beiheft 37, 1990, p. 12 (neste volume, Parte IV, Capítulo I, p. 245-246).

dem a tese da separação. Ela afirma que o conceito de direito deve ser definido sem a inclusão de qualquer elemento moral. Assim, restam a uma teoria positivista somente dois elementos definitórios: a legalidade autoritativa e a eficácia social. As inúmeras variantes do positivismo jurídico resultam de diferentes interpretações e atribuições de peso a esses dois elementos definitórios.[3]

Todos os não-positivistas defendem, ao contrário, a tese da conexão. Ela afirma que o conceito de direito deve ser definido através da inclusão de elementos morais. Com isso, nenhum positivista que deve ser levado a sério exclui do conceito de direito os elementos da legalidade autoritativa e da eficácia social. O que os distingue dos positivistas é antes a concepção de que o conceito de direito deve ser definido de modo que ele contenha, além dessas características que se ajustam aos fatos, também elementos morais. Aqui, novamente, são possíveis as mais diversas interpretações e atribuições de pesos. Todos os não-positivistas aceitam porém que a famosa fórmula do grande positivista jurídico Kelsen, "assim, qualquer conteúdo pode ser direito",[4] não é correta.

2.2. DISTINÇÕES

A disputa sobre o positivismo jurídico dura mais de dois mil anos,[5] sem que exista uma solução que todos estejam preparados para aceitar. Essa é uma característica típica de um debate filosófico. Seria porém uma falácia retirar disso a conclusão de que progressos não são possíveis e de que tudo gira em círculos. Progressos são possíveis quando se distingue aquilo que deve ser distinguido, e então, com base nessas distinções, teses são formuladas e fundamentadas.

2.2.1. Argumentos analíticos e normativos

A primeira distinção essencial é aquela entre, por um lado, a tese positivista da separação e a tese não-positivista da conexão e, por outro lado, os argumentos que podem ser mencionados a favor ou contra es-

---

[3]   Cf. R. Dreier, Der Begriff des Rechts, in: R. Dreier, Rechts – Staat – Vernunft, Frankfurt/M., 1991, p. 95 ss.

[4]   H. Kelsen, Reine Rechtslehre, 2ª ed., Wien, 1960, p. 201.

[5]   Assim têm sido dadas, até hoje, só para citar um exemplo, diferentes respostas à pergunta de Alcibíades a Péricles, relatada por Xenofonte, "também quando um tirano usurpa o estado e determina aos cidadãos o que eles devem fazer, trata-se de uma lei?", quando se entende por "lei" uma lei juridicamente válida, (Xenophon, Memorabilien, A. Leising (trad.), 5ª ed., Berlin, 1917, p.16).

Parte IV · Cap. 2 – DEFESA DE UM CONCEITO DE DIREITO NÃO-POSITIVISTA | 245

sas teses. Ambas as teses formulam o resultado de uma argumentação, sem porém já expressar os argumentos que as apoiam. Esses argumentos podem ser divididos em dois grupos: analíticos e normativos.[6]

Um argumento *analítico* é apresentado quando se afirma que a inclusão de elementos morais no conceito de direito seria necessária, impossível ou simplesmente possível conceitualmente. Por outro lado, a tese da separação ou a tese da conexão são apoiadas através de um argumento *normativo* quando se demonstra que a inclusão ou a exclusão de elementos morais no conceito de direito seria necessária para se alcançar determinado objetivo ou para se cumprir determinada norma.

Nos debates mais recentes sobre o conceito de direito é disseminada a concepção de que o termo "direito" seria em tal medida ambíguo e vago a ponto de a disputa sobre o positivismo jurídico não poder ser determinada através de uma análise conceitual.[7] Assim deve-se tratar, segundo Hoerster, exclusivamente de "uma determinação normativa, de uma proposta definitória."[8] Tais construções conceituais só podem ser justificadas, do ponto de vista definitório, através de argumentos normativos ou de considerações de conveniência. Assim, Hoerster afirma que a inclusão de elementos morais no conceito de direito, ou seja, um conceito de direito não-positivista, não é nem conceitualmente necessária nem conceitualmente impossível. Se essa afirmação for verdadeira, a disputa sobre o positivismo jurídico não pode ser decidida através de argumentos conceituais. Argumentos analíticos podem demonstrar apenas que

---

[6] Poder-se-ia pensar em um terceiro grupo, a saber, argumentos empíricos. Mas, olhando mais de perto, mostra-se porém que, quando se trata da definição do conceito de direito no sentido da tese da separação ou da tese da conexão, os argumentos empíricos são partes componentes de argumentos analíticos ou normativos. A tese de que um sistema jurídico que não protege a vida, a liberdade ou a propriedade de alguns sujeitos de direito não tem perspectiva de validade duradoura é um tese empírica. A proteção da vida, da liberdade e da propriedade é porém também uma exigência moral. Pode-se assim dizer que o cumprimento de determinadas exigências morais mínimas é faticamente necessário para a validade duradoura de um sistema jurídico. O argumento empírico conduz até exatamente a esse ponto, e não vai além. Para se construir as pontes até o conceito do direito é preciso introduzir um argumento analítico que diz que, por motivos conceituais, apenas sistemas que têm validade duradoura são sistemas jurídicos. A inserção de um argumento empírico em um argumento normativo acontece então, por outro lado, quando é mencionada, como argumento a favor de uma determinada definição de direito, a tese empírica de que determinados objetivos como a sobrevivência só podem ser alcançados quando o direito ostenta determinado conteúdo, bem como a premissa normativa de que esse objetivo deve ser alcançado.

[7] Cf., entre vários, W. Ott, Der Rechtspositivismus, Berlin, 1976, p. 163-169.

[8] N. Hoerster, Zur Verteidigung des Rechtspositivismus, in: NJW, 1986, p. 2.481.

246 | Teoria Discursiva do Direito · *Robert Alexy*

tanto o positivismo quanto o não-positivismo são igualmente conceitualmente possíveis. Decisivos são somente os argumentos normativos.

Procurei, em outro lugar, explicar que essa tese não é correta.[9] Há conexões necessárias entre o direito e a moral. Eu não quero porém tratar disso aqui. Ao invés disso deve ser dada ênfase especial aos argumentos normativos a favor e contra um conceito de direito não-positivista. Contudo trata-se de muito mais que uma mera inclusão de argumentos normativos nos argumentos analíticos. Os argumentos analíticos ou conceituais possuem, em primeiro lugar, um alcance apenas limitado e, em segundo lugar, uma força limitada.[10] Por motivos sistemáticos são necessários, fora do âmbito dos argumentos conceituais e para a ampliação de sua força, argumentos normativos para a defesa da tese não-positivista da conexão.

2.2.2. Normas isoladas e sistema jurídico como um todo

A segunda distinção é aquela entre *normas isoladas* e *sistemas jurídicos como um todo*. Essa distinção é necessária porque a questão da relação entre direito e moral deve ser respondida de forma diferente quando se trata de normas isoladas de quando se trata de sistemas jurídicos como um todo.[11] Aqui serão abordadas apenas normas isoladas.

A versão mais conhecida da tese da conexão relacionada a normas isoladas vem de Gustav Radbruch. Sua famosa fórmula reza:

> O conflito entre a justiça e a segurança jurídica pode ser resolvido de modo que o direito positivo, assegurado através de um estatuto e do poder, tem então a precedência, mesmo quando seu conteúdo for injusto e inconveniente, a não ser que a contradição da lei positiva em relação à justiça atinja uma medida tão intolerável que a lei, enquanto 'direito injusto', tem que ceder à justiça.[12]

Essa fórmula possibilita, especialmente à luz de outras observações de Radbruch, diferentes interpretações. Ela será considerada na seguinte interpretação:

---

[9] R. Alexy (nota 2), Zur Kritik des Rechtspositivismus, p. 9 ss. (neste volume, Parte IV, Capítulo I, p. 241 ss.).

[10] R. Alexy (nota 2), Zur Kritik des Rechtspositivismus, p. 26 (neste volume, Parte IV, Capítulo I, p. 269).

[11] R. Alexy (nota 2), Zur Kritik des Rechtspositivismus, p. 16 ss. (neste volume, Parte IV, Capítulo I, p. 253).

[12] G. Radbruch, Gesetzliches Unrecht und übergesetzliches Recht (1946), in: G. Radbruch, Rechtsphilosophie, 8ª ed., Stuttgart, 1973, p. 345.

Parte IV · Cap. 2 – DEFESA DE UM CONCEITO DE DIREITO NÃO-POSITIVISTA | **247**

Normas isoladas de um sistema jurídico perdem, quando ultrapassam um determinado limiar de incorreção ou de injustiça, seu caráter jurídico.[13]

Quando, a seguir, falar-se na "tese não-positivista da conexão", estar-se-á referindo a essa tese. A versão da tese da conexão que será defendida aqui não afirma portanto que uma norma já perde seu caráter jurídico por ser simplesmente injusta. O limiar é colocado mais acima. O caráter jurídico é na verdade perdido após a incorreção ou a injustiça alcançar, como formula Radbruch, uma "medida intolerável".

A fórmula de Radbruch foi aplicada pela jurisprudência da República Federal da Alemanha para a solução das injustiças do Nacional-socialismo.[14] Se os argumentos aqui aduzidos a seu favor forem convincentes, ela é recomendada como critério de julgamento do caráter jurídico das normas estabelecidas em conformidade com o ordenamento e socialmente eficazes da antiga RDA.[15]

2.2.3. O Argumento da injustiça e o argumento dos princípios

A terceira distinção é aquela entre o argumento da injustiça e o argumento dos princípios. O *argumento da injustiça* é idêntico à fórmula de Radbruch.[16] Ele tem como objeto uma situação de exceção do sistema jurídico: a de leis extremamente injustas. O *argumento dos princípios* aponta, ao contrário, para o dia a dia do sistema jurídico. Ele afirma que todo sistema jurídico desenvolvido contém princípios que, já com base em sua estrutura, estabelecem, no processo da aplicação jurídica, uma conexão necessária entre direito e moral.[17] Aqui será abordado apenas o argumento da injustiça.

---

[13] Na nota 2 foi estipulado que aqui será empregado um conceito de direito que inclui o conceito de validade jurídica. A perda do caráter jurídico implica assim a perda da validade jurídica. Seria possível interpretar a tese da conexão de modo que somente a validade jurídica fosse perdida. Isso não será porém feito aqui, pelos motivos que se relacionam à nota 2.

[14] BVerfGE 3, p. 58 (p. 119); 3, p. 225 (p. 233); 6, p. 132 (p. 198); 6, p. 389 (p. 414 ss.); 23, p. 98 (p.106); 54, p. 53 (p.67 ss.); BGHZ 3, p. 94 (p. 107); 23, p. 175 (p. 181); BGHSt 2, p. 173 (p. 177); 2, p. 234 (p. 238); 3, p. 357 (p. 362 ss.). Sobre isso cf. B. Schumacher, Rezeption und Kritik der Radbruchschen Formel, Dissertação, Göttingen, 1985.

[15] Cf. R. Alexy, Diskussionsbeitrag, in: VVDStRL, 51, 1992, p. 132 ss.

[16] R. Alexy (nota 2), Zur Kritik des Rechtspositivismus, p. 14 ss. (neste volume, Parte IV, Capítulo I, p. 250 ss.).

[17] R. Dreier, Rechtsbegriff und Rechtsidee, Frankfurt/M., 1986, p. 26 ss.; nesse sentido, também F. Bydlinski, Juristische Methodenlehre und Rechtsbegriff, Wien-New York, 1982, p. 289 ss., que denomina seu argumento "argumento metodológico".

248 | Teoria Discursiva do Direito · *Robert Alexy*

2.2.4. Conexões classificatória e qualificatória

A quarta distinção se relaciona a duas formas de conexão entre o direito e a moral: a classificatória[18] e a qualificatória. Trata-se de uma *conexão classificatória* quando se afirma que normas ou sistemas normativos que não satisfazem um determinado critério moral não são normas jurídicas ou sistemas jurídicos. Por outro lado, é afirmada apenas uma *conexão qualificatória* quando se diz que normas ou sistemas normativos que não satisfazem um determinado critério moral podem ser normas jurídicas ou sistemas jurídicos, mas são normas jurídicas ou sistemas jurídicos defeituosos. Decisivo é que o defeito que é alegado seja um defeito jurídico e não simplesmente um defeito moral. A fórmula de Radbruch aponta para uma conexão classificatória. Por isso ela estará no centro das próximas considerações.

2.2.5. Norma e procedimento

A quinta distinção é aquela entre o sistema jurídico como um sistema de normas e o sistema jurídico como um sistema de procedimentos.[19] Como um sistema de *procedimentos* o sistema jurídico é um sistema de ações que se apoia em regras e guiado por regras, através das quais normas são estabelecidas, fundamentadas, interpretadas, aplicadas e executadas. Como sistema de *normas* o sistema jurídico é um sistema de resultados ou produtos de normas, independentemente dos modos de procedimentos de produção de normas. Pode-se dizer que aquele que toma o sistema jurídico como um sistema de normas refere-se a seu lado externo. Ao contrário, trata-se do lado interno quando o sistema jurídico é considerado como sistema de procedimentos.

2.2.6. Perspectivas do observador e do participante

De grande significado é a sexta distinção: aquela entre a perspectiva do observador e a do participante. Essa dicotomia é ambígua.[20] Ela será, aqui, empregada de acordo com a seguinte interpretação: adota

---

[18] No passado, falei de uma conexão "definitória" ao invés de uma conexão "classificatória"; cf. R. Alexy (nota 2), Zur Kritik des Rechtspositivismus, p. 13 (neste volume, Parte IV, Capítulo I, p. 249). A mudança da terminologia é necessária, porque também a conexão qualificatória é elemento de uma definição completa do direito.

[19] Sobre o sistema jurídico como um sistema de procedimentos cf. R. Alexy, Die Idee einer prozeduralen Theorie der juristischen Argumentation, in Rechtstheorie, Beiheft, 2, 1981, p. 185 ss. A distinção de Fuller entre "o esforço de propósito que entra na produção do direito e o direito que de fato emerge desse esforço" poderia se aproximar da distinção aqui encontrada entre norma e procedimento. Cf. L. L. Fuller, The Morality of Law, ed. Revisada, New Haven-London, 1969, p. 193.

[20] Cf. N. MacCormick, Legal Reasoning and Legal Theory, Oxford, 1978, p. 275-292.

Parte IV · Cap. 2 – DEFESA DE UM CONCEITO DE DIREITO NÃO-POSITIVISTA | **249**

a *perspectiva do participante* aquele que, em um sistema jurídico, apresenta argumentos sobre aquilo que esse sistema jurídico comanda, proíbe e permite, bem como sobre suas atribuições de poder. No centro da perspectiva do participante está o juiz. Quando outros participantes, por exemplo cientistas do direito, advogados ou cidadãos interessados no sistema jurídico, apresentam argumentos a favor ou contra determinado conteúdo do sistema jurídico, eles se referem, no final das contas, a como um juiz deveria decidir se ele quisesse decidir de forma correta. Ao contrário, adota a *perspectiva do observador* aquele que não pergunta qual é a decisão correta em determinado sistema jurídico, mas como em determinado sistema jurídico de fato se decide. Um exemplo de um tal observador é o americano branco de Norbert Hoerster, que quer viajar com sua esposa negra pela África do Sul, sob a vigência das leis do *Apartheid*, e que pensa nos detalhes jurídicos de sua viagem.[21]

2.2.7. Tese

Procurei mostrar, em outro lugar, que a fórmula de Radbruch deve ser rejeitada do ponto de vista de um observador,[22] o que significa que a contemporânea tese positivista da separação defendida sobretudo por Norbert Hoerster é correta quando se adota a perspectiva do observador e se consideram normas isoladas. Com isso não é afirmado porém ainda nada sobre a correção ou a falsidade da fórmula de Radbruch do ponto de vista de um participante. Essa questão permaneceria expressamente aberta.[23] Aqui tratar-se-á somente dela. Minha tese reza:

> Os melhores argumentos normativos indicam que, do ponto de vista de um participante, normas isoladas de um sistema jurídico perdem seu caráter jurídico quando são extremamente injustas.

2.3. O ARGUMENTO DA CORREÇÃO

O argumento da correção constitui a base para a fundamentação da minha tese.[24] O argumento da correção afirma que tanto normas jurídicas isoladas e decisões jurídicas isoladas quanto sistemas jurídicos como um

---

[21] N. Hoerster, Zur Verteidigung des Rechtspositivismus (nota 8), p. 2.481.

[22] R. Alexy (nota 2), Zur Kritik des Rechtspositivismus, p. 15 s. (neste volume, Parte IV, Capítulo I, p. 250 ss.).

[23] R. Alexy (nota 2), Zur Kritik des Rechtspositivismus, p. 16 (neste volume, Parte IV, Capítulo I, p. 253).

[24] Em R. Alexy (nota 2), Zur Kritik des Rechtspositivismus, p. 18 s. (neste volume, Parte IV, Capítulo I, p. 256), a expressão "argumento da correção" é empregada em um sentido mais amplo que aquele em que é empregado aqui. De agora em diante usarei esse termo

250 | Teoria Discursiva do Direito · *Robert Alexy*

todo levantam uma pretensão de correção. Isso pode ser fundamentado através de um argumento analítico.[25] Aqui serão consideradas apenas normas jurídicas isoladas. Para elas a pretensão de correção tem um significado exclusivamente qualificatório.[26] Normas isoladas de um sistema jurídico que não levantam uma pretensão de correção ou não a satisfazem são juridicamente defeituosas, mas não perdem por causa disso seu caráter jurídico ou sua validade jurídica. Para que isso ocorra, deve a injustiça satisfazer a fórmula de Radbruch, ou seja, ultrapassar o limiar da injustiça extrema. O argumento da correção oferece portanto uma saída para a justificação da fórmula de Radbruch. A justificação como tal deve porém consistir em argumentos normativos.

2.4. OITO ARGUMENTOS

Os variados pontos de vista que podem ser apresentados a favor ou contra a fórmula de Radbruch podem ser resumidos em oito argumentos: os argumentos linguístico, da clareza, da efetividade, da segurança jurídica, do relativismo, da democracia, da inutilidade e da honestidade.

2.4.1. O argumento linguístico

Considerando a ambiguidade e a vagueza do termo "direito", um argumento analítico ou linguístico conclusivo não pode ser apresentado tanto a favor quanto contra a fórmula de Radbruch. Pode porém ser defendida a tese normativa, cuja inclusão de elementos morais no conceito de direito por ela exigida conduziria a uma fixação linguisticamente inadequada. Pode servir como exemplo a Regulamentação nº 11, da Lei de Cidadania do *Reich*, de 25 de novembro de 1941, através da qual foi retirada de judeus imigrados, por motivos racistas, a nacionalidade alemã. O Tribunal Constitucional Federal considerou essa Regulamentação nula *ab initio* porque ela foi um dos inúmeros meios de "aniquilar psíquica e materialmente, de acordo com critérios racistas, uma parte determinada da própria população, incluindo mulheres e crianças."[27] Hoerster criticou o não-positivista, por exemplo aquele que não quer classificar a Regu-

---

para aquilo que antes denominei "teoria da pretensão" (R. Alexy (nota 2), Zur Kritik des Rechtspositivismus, p. 19 (neste volume, Parte IV, Capítulo I, p. 257)).

[25] Esse argumento se refere a R. Alexy (nota 2), Zur Kritik des Rechtspositivismus, p. 19-21 (neste volume, Parte IV, Capítulo I, p. 257-259).

[26] Isso é válido também no caso de decisões jurídicas isoladas. A pretensão de correção tem um sentido classificatório somente para sistemas de normas como um todo. Sobre isso cf. R. Alexy (nota 2), Zur Kritik des Rechtspositivismus, p. 17 s. (neste volume, Parte IV, Capítulo I, p. 254).

[27] BVerfGE 23, p. 98 (p. 106).

Parte IV · Cap. 2 – DEFESA DE UM CONCEITO DE DIREITO NÃO-POSITIVISTA | 251

lamentação nº 11 como direito, pois ele falharia "em dizer qual palavra comum da nossa língua poderia substituir, em sua função axiologicamente neutra, o conceito de direito por ele moralmente impregnado."[28] O não-positivista perderia a possibilidade de identificar uma norma como a Regulamentação nº 11 de uma forma em geral compreensível. Isso só poderia ocorrer sem problemas se ela fosse identificada como "direito".

Acima foi notado que esse argumento é convincente do ponto de vista de um observador.[29] A coisa muda porém quando se assume a perspectiva do participante. Isso pode ser mostrado com a ajuda da dicotomia entre norma e procedimento. O observador vê a Regulamentação nº 11 como *resultado* de um procedimento de produção do direito, no qual outras pessoas tomaram parte. Do mesmo modo uma sentença baseada nela é para ele o resultado de um procedimento, especificamente o procedimento de aplicação de uma norma, do qual ele não participou. Se a norma e a sentença concordam, não há para ele motivo para não identificar ambos como "direito". Se ambos não concordam, ele se coloca diante da questão sobre se deve descrever uma contradição entre norma e sentença ou se deve diagnosticar um direito judicial derrogatório. Da perspectiva do participante surge um outro retrato. É verdade que a Regulamentação nº 11 é, também para o participante, por exemplo o juiz, inicialmente o resultado de um procedimento de criação do direito. Mas ela é, para ele, isso, apenas para que ela possa ter uma outra propriedade. Essa propriedade consiste no fato de ela ser o ponto de partida de um procedimento de aplicação normativa em que ele toma parte e cujo resultado concorda com a pretensão de correção.

Não se trata ainda, nesse ponto, de argumentos substanciais, mas somente do emprego adequado do termo "direito". O argumento linguístico não deve assim prejudicar argumentos substanciais, o que significa que ele deve ser compatível com diferentes teses substanciais. Quando se aceita a tese de que há bons motivos jurídicos para que o juiz não aplique a Regulamentação nº 11, produzindo-se assim uma decisão que contradiz seu teor literal, não seria adequado, sob esse pressuposto, que o juiz afirmasse que a Regulamentação nº 11 é direito. Uma vez que ele decide com base em razões jurídicas, ele deve considerar também sua sentença como direito. E uma vez que ela contradiz a Regulamentação nº 11, a classificação dessa Regulamentação como "direito" teria como consequência o fato de ele ter que afirmar que normas contraditórias uma à outra, a saber, a norma geral estatuída através da Regulamentação e a norma individual

---

[28] N. Hoerster, Die rechtsphilosophische Lehre vom Rechtsbegriff, in: JuS, 1987, p. 187.

[29] 2.2.7.

expressada na sentença, devem ser consideradas "direito". Essa contradição pode ser resolvida sem problemas se o juiz afirmar que a Regulamentação nº 11 seria direito *"prima facie"*, mas, no resultado, não seria direito. Com isso se expressa que o seu caráter jurídico seria negado no curso do procedimento de aplicação. Se há bons motivos jurídicos para não se aplicar a Regulamentação nº 11, o juiz não só pode afirmar que ela, no resultado, não é direito, como deve fazê-lo para evitar uma contradição. Assim, o argumento linguístico de Hoerster estaria correto somente se nunca pudesse haver bons motivos jurídicos para se decidir contra o teor de uma lei extremamente injusta. Se, em alguns casos, podem existir tais motivos, o argumento linguístico de Hoerster é falso sob a perspectiva do participante. A possibilidade de não existirem bons motivos jurídicos de tal tipo é porém uma questão substancial, que não pode ser decidida com base em uma reflexão sobre o uso adequado da linguagem. Isso significa que o argumento linguístico de Hoerster não pode fundamentar qualquer objeção contra a inclusão de elementos morais em um conceito de direito adequado sob a perspectiva do participante. Ao contrário, se motivos substanciais justificam uma tal inclusão, o uso linguístico tem que segui-los.

2.4.2. O argumento da clareza

O segundo argumento na disputa sobre a fórmula de Radbruch é o argumento da clareza. Ele encontrou sua formulação clássica em Hart:

> Pois se nós seguirmos a opinião de Radbruch e, com ele e com a justiça alemã, expressarmos nosso protesto contra leis abomináveis, e que certas normas, por serem moralmente intoleráveis, não podem ser direito, traremos assim confusão a uma das mais fortes – porque mais simples – formas de crítica moral. Se tomarmos a linguagem clara do utilitarismo, falaremos que leis positivas podem ser direito, porém direito muito abominável para merecer observância. Esse é um julgamento moral que todos compreendem e que reivindica ampla observância moral imediata. Mas quando fazemos valer nosso protesto de modo que essa coisa abominável não seja direito, afirmamos algo que as pessoas não acreditam e que, quando elas estão preparadas em geral para pensar a respeito, chama a atenção para toda uma profusão de disputas filosóficas, antes que se pudesse aceitá-las [...]. Se nos são disponíveis os ricos meios da linguagem clara, não deveríamos apresentar a crítica moral a normas como tese de uma filosofia contestável.[30]

---

[30] H. L. A. Hart, Der Positivismus und die Trennung von Recht und Moral, in: H. L. A. Hart, Recht und Moral, Göttingen, 1971, p. 45 s.; de forma semelhante, N. Hoerster (nota 28), Die rechtsphilosophische Lehre vom Rechtsbegriff, p. 187 s.

Parte IV · Cap. 2 – DEFESA DE UM CONCEITO DE DIREITO NÃO-POSITIVISTA | **253**

À primeira vista não se pode negar certa legitimidade a essa objeção. Um conceito de direito positivista que renuncia a toda influência de elementos morais é mais simples e em todo caso nessa medida mais claro que um conceito de direito que contém elementos morais. Por outro lado, há porém de se considerar que a clareza, entendida como simplicidade, não é o único objetivo de uma construção conceitual. A simplicidade não pode ter o custo da adequação.[31] Além disso, um conceito complexo pode ser claro. É difícil supor que juristas ficarão confusos com a inclusão de elementos morais no conceito de direito.[32] Eles estão acostumados a tratar de conceitos muito mais complicados. No que diz respeito aos cidadãos, a falta de clareza não emerge, em primeiro lugar, da inclusão de elementos morais no conceito de direito. A afirmação de que a própria injustiça extrema é direito pode confundi-los. A falta de clareza é causada muito mais pelo fato de a linha de fronteira entre normas extremamente injustas e normas não extremamente injustas não ser, em muitos casos, fácil de se demarcar. Esse não é porém um problema referente ao argumento da clareza, mas sim ao argumento da segurança jurídica. No caso do argumento da clareza a questão é apenas se em geral elementos morais devem ser incluídos no conceito de direito.

Isso significa que o argumento da clareza, apresentado por Hart e Hoerster, não se dirige a indeterminações conceituais de tipo geral. Trata-se antes de como um conflito entre direito e moral deve ser compreendido conceitualmente. Hart e Hoerster não querem solucionar o conflito mesmo em casos de injustiça extrema. O que o direito exige seria uma coisa, o que a moral demanda seria outra. A moral poderia permitir ou exigir que o juiz, enquanto ser humano e cidadão, recuse obediência ao direito. Àquele que negou obediência restaria o direito. Toda outra representação encobriria "a verdadeira natureza do problema que nos é posto".[33] O positivista poderia discutir as questões ligadas à injustiça legal "vagamente, como aquilo que elas são, a saber, questões de ética." O não-positivista, ao contrário, "ao transferir o caráter ético, por definição, ao conceito de direito, corre o risco de encobri-lo."[34]

É correta essa objeção do disfarce, do encobrimento e da ocultação do problema? A resposta é não. O não-positivista não nega o caráter ético

---

[31]   Cf. W. Ott, Die Radbruch'sche Formel, Pro und Contra, in: Zeitschrift f. Schweizerisches Recht, N.F. 107, 1988, p. 343.

[32]   W. Ott (nota 31), Die Radbruch'sche Formel, Pro und Contra, p. 349 s.

[33]   H. L. A. Hart (nota 30), Der Positivismus und die Trennung von Recht und Moral, p. 44.

[34]   N. Hoerster (nota 28), Die rechtsphilosophische Lehre vom Rechtsbegriff, p. 187.

254 | Teoria Discursiva do Direito · *Robert Alexy*

do problema. Ele afirma simplesmente que o problema ético é, em casos de extrema injustiça, também um problema jurídico. Disso se segue que ele retira consequências jurídicas de seu juízo moral. Sua argumentação pode, no que diz respeito ao conteúdo, concordar com a do positivista, e ele tem que, como o positivista, deixar seu argumento aberto e colocá-lo em discussão. O fato de ele, em casos de injustiça extrema, não permanecer no ponto de vista da moral, passando dele ao ponto de vista do direito, não constitui ocultação do problema, mas sim expressão de uma tese material. Essa tese não pode ser atacada com o argumento formal da clareza, mas apenas com argumentos substanciais.

Resta a objeção da "filosofia contestável", que "chama a atenção para toda uma profusão de disputas filosóficas",[35] e que assim poderia gerar falta de clareza e confusão. Essa objeção pode porém ser dirigida também ao positivismo. Ele também expressa uma determinada filosofia do direito que se pode contestar. Nessa disputa, tanto positivismo quanto não-positivismo se colocam fundamentalmente um contra o outro. A pretensão de correção necessariamente conectada ao direito, que sustenta o não-positivismo, mostra que o positivismo não pode reivindicar para si algo como uma pressuposição de correção. Assim também o argumento da clareza não possibilita uma ataque ao não-positivismo.

2.4.3. O argumento da efetividade

Radbruch foi, antes do período do Nacional-socialismo, positivista.[36] Depois de 1945, ele mudou sua concepção e defendeu a opinião de que o positivismo teria "tornado os juristas assim como o povo indefesos contra leis tão arbitrárias, tão cruéis, tão criminosas".[37] A inclusão de elementos morais no conceito de direito por ele então defendida deveria "armar [...] os juristas contra o retorno de um tal estado injusto."[38] Hart objetou que seria ingênuo supor que um conceito de direito não-positivista poderia ter algum efeito contra algo como a injustiça legal.[39] Hoerster especificou isso na efetividade do argumento relacionado ao conceito de direito não-positivista. Segundo ele, as expectativas que Radbruch combina ao conceito de direito não-positivista se apoiam em uma "enorme

---

[35] H. L. A. Hart (nota 30), Der Positivismus und die Trennung von Recht und Moral, p. 46.

[36] G. Radbruch, Rechtsphilosophie, 8ª ed., Stuttgart, 1973, p. 174 ss.

[37] G. Radbruch, Fünf Minuten Rechtsphilosophie (1945), in: Radbruch (nota 36), Rechtsphilosophie, p. 327.

[38] G. Radbruch (nota 12), Gesetzliches Unrecht und übergesetzliches Recht, p. 347

[39] Cf. H. L. A. Hart (nota 30), Der Positivismus und die Trennung von Recht und Moral, p. 42; H. L. A. Hart, The Concept of Law, Oxford, 1961, p. 205.

Parte IV · Cap. 2 – DEFESA DE UM CONCEITO DE DIREITO NÃO-POSITIVISTA | **255**

superestimação"[40] dos efeitos que o teórico ou o filósofo do direito tem sobre o comportamento dos cidadãos e dos juristas:

> Pois não se pode mudar a realidade através de uma mera definição de um conceito. Uma lei moralmente questionável, promulgada porém no contexto de um ordenamento jurídico válido, possui, a partir de então, considere-a o filósofo do direito 'direito válido' ou não, apesar de sua imoralidade, propriedades que uma lei livre de objeções morais também possui: ela atingiu um estado de conformidade com a constituição válida. Ela será aplicada e executada pelos funcionários que lidam com o direito. E quem recusar obedecê-la, por exemplo por causa de seu caráter imoral, deve contar com as consequências de um ilícito jurídico. Todos esses fatos também não podem ser criados a partir do mundo, através da opção pela definição do conceito de direito antipositivista impregnada de moral.[41]

A tese de que um conceito de direito não-positivista não tem efeitos contra a injustiça legal pode ser refinada na afirmação de que ele não só não apoia a luta contra a injustiça legal, como a dificulta. O positivismo favoreceria, através de sua separação estrita entre deveres jurídicos e deveres morais, uma postura crítica em relação ao direito. Ao contrário, aquele que começa com a inclusão de elementos morais no direito correria o risco de identificar de forma acrítica exigências morais e exigências jurídicas. Assim, Kelsen recusa a tese de que "somente um ordenamento social moral é direito",

> porque ela, em sua aplicação fática através de uma jurisprudência dominante em determinada comunidade jurídica, termina por conduzir a uma legitimação acrítica do ordenamento estatal coercitivo constituído dessa comunidade.[42]

É preciso distinguir, no contexto do argumento da efetividade, duas teses. A primeira afirma que um conceito de direito não-positivista não poderia gerar qualquer efeito contra a injustiça legal. A segunda diz que um conceito de direito não-positivista contém o perigo de legitimar de forma acrítica a injustiça legal. A segunda tese vai mais longe. Ela será abordada primeiramente.

O risco de uma legitimação acrítica existiria se a tese não-positivista afirmasse que uma norma seria uma norma jurídica somente se o seu

---

[40] N. Hoerster (nota 28), Die rechtsphilosophische Lehre vom Rechtsbegriff, p. 185.
[41] N. Hoerster (nota 28), Die rechtsphilosophische Lehre vom Rechtsbegriff, p. 186.
[42] H. Kelsen (nota 4), Reine Rechtslehre, p. 71. No mesmo sentido, N. Hoerster, Zur Verteidigung der rechtspositivistischen Trennungsthese, in: ARSP, Beiheft 37, 1990, p. 32.

conteúdo correspondesse à moral. Essa é a variante da tese da conexão que Kelsen e Hoerster têm em mente quando eles formulam a objeção da legitimação acrítica. Assim, Kelsen fala na "tese de que o direito, de acordo com sua essência, é moral";[43] segundo Hoerster, a tese da conexão afirma que "uma norma é então jurídica, somente quando ela é moral", que seria equivalente à proposição: "quando uma norma é jurídica, ela é moral".[44] Quando se assume essa versão da tese da conexão, que pode ser denominada "forte", todo jurista que identifica uma norma como norma jurídica deve justificadamente classificá-la ao mesmo tempo como moral. Isso de fato conteria um risco de legitimação acrítica.

A objeção da legitimação acrítica subestima porém que um não-positivista não precisa defender a tese da conexão forte, que contém o postulado de uma concordância de conteúdo de toda norma jurídica com a moral. A fórmula de Radbruch afirma expressamente "que o direito positivo, assegurado através de um estatuto e do poder, tem então a precedência, mesmo quando seu conteúdo for injusto e inconveniente."[45] Segundo ela, o caráter jurídico é então perdido quando a contradição entre direito e moral atinge uma medida "intolerável", ou seja, extrema. Essa tese pode ser denominada "tese da conexão fraca".

A tese da conexão fraca não conduz a uma identificação do direito com a moral. De acordo com ela, normas injustas e assim imorais podem ser direito. Com isso ela possibilita, assim como o positivismo jurídico, uma crítica moral do direito e permite na mesma medida que este uma postura crítica. A diferença consiste somente no fato de que a partir de um determinado limiar perde-se o caráter jurídico. Poder-se-ia afirmar que isso já é suficiente para uma legitimação acrítica: juristas se inclinariam a dizer que esse limiar não teria sido cruzado e que o seu sistema jurídico possuiria pelo menos uma legitimação moral mínima. A isso deve porém se opor o caráter do limiar: trata-se de injustiça extrema. Uma formulação exemplar encontra-se na já mencionada decisão do Tribunal Constitucional Federal sobre a nacionalidade:

> A tentativa de aniquilar psíquica e materialmente, de acordo com critérios racistas, uma parte determinada da própria população, incluindo mulheres e crianças, não tem nada em comum com o direito e a justiça.[46]

---

[43]   H. Kelsen (nota 4), Reine Rechtslehre, p. 71.

[44]   N. Hoerster (nota 42), Zur Verteidigung der rechtspositivistischen Trennungsthese, p. 32.

[45]   G. Radbruch (nota 12), Gesetzliches Unrecht und übergesetzliches Recht (1946), p. 345.

[46]   BVerGE 23, p. 98 (p. 106).

Parte IV · **Cap. 2** – DEFESA DE UM CONCEITO DE DIREITO NÃO-POSITIVISTA | **257**

Se juízos morais com pretensão de obrigatoriedade intersubjetiva são fundamentáveis, então certamente aqueles juízos que expressam que a persecução de tais objetivos é extremamente imoral e injusta também são. O limiar a partir do qual as normas perdem o caráter jurídico é delimitado através de exigências morais mínimas. O direito fundamental à vida e à inviolabilidade corporal é um exemplo. Afirme-se que, em todo caso, tais exigências morais são passíveis de uma fundamentação racional.[47] Se essa afirmação estiver correta, dificilmente pode-se temer algo como uma "legitimação acrítica" de normas que estejam acima do limiar da injustiça extrema. Ela pelo menos dificultaria tal legitimação. Isso poderia ser uma razão pela qual atos bárbaros de injustiça frequentemente são executados não através de formas jurídicas estabelecidas em conformidade com um ordenamento jurídico, mas sim com base em ordens mais ou menos secretas.[48]

Portanto, é preciso insistir em dois resultados. A tese da conexão fraca, que encontra sua expressão, por exemplo, na fórmula de Radbruch, não fundamenta, em primeiro lugar, abaixo do limiar da injustiça extrema, o perigo de uma legitimação acrítica, pois nesse caso uma contradição entre direito e moral não remove o caráter jurídico. Em segundo lugar, não há, acima desse limiar, perigo algum de uma legitimação acrítica, se as exigências morais mínimas que o limiar delimita são passíveis de uma fundamentação racional. De resto, adicionar-se-ia que uma legitimação acrítica do direito válido em determinado momento também é possível sob o ponto de vista positivista da separação conceitual estrita entre direito e moral, pois também com base em uma separação conceitual pode ser afirmada uma correspondência de conteúdo.

A segunda objeção que é feita contra o conceito de direito não positivista, no contexto do argumento da efetividade, diz que um tal conceito de direito não poderia mostrar qualquer efeito contra a injustiça legal. A objeção da inefetividade é em certa medida legítima. Deve-se aceitar, com Hart e Hoerster, que tais definições do conceito de direito, desenvolvidas no plano da teoria e da filosofia do direito, não podem mudar a realidade. Não há uma diferença essencial se um juiz, em um estado injusto, refere-se a Hart e com base em motivos *morais* se recusa a aplicar uma lei extremamente injusta ou se ele o faz, com Radbruch, referindo-

---

[47] Cf. R. Alexy, Eine diskurstheoretische Konzeption der praktischen Vernunft, in: ARSP, Beiheft 51, 1993.

[48] Sobre isso Cf. W. Ott, Der Euthanasie-Befehl Hitlers vom 1. September 1939 im Lichte der rechtspositivistischen Theorien, in: Staatsrecht in Theorie und Praxis, Festschrift. f. Robert Walter, H. Mayer e.a. (org.), Wien, 1991, p. 519 ss.

-se a motivos *jurídicos*.[49] Em ambos os casos ele tem que considerar as vítimas, e a disposição de chamar para si a responsabilidade depende de outros fatores, não da definição do conceito de direito.

Porém existem, sob o ponto de vista da efetividade, diferenças. Uma primeira é clara quando se considera não o juiz isolado, mas a prática jurídica.[50] Quando, na prática jurídica, há um consenso de que o cumprimento de determinadas exigências mínimas de justiça é necessariamente condição para o caráter jurídico de ordenamentos estatais, está à disposição uma argumentação ancorada na prática jurídica, não somente uma argumentação moral, que faz resistência aos atos de um regime injusto. Não se pode porém ter ilusão no que diz respeito às chances de êxito de uma tal resistência. Um regime injusto razoavelmente exitoso tem condições de rapidamente destruir o consenso da prática jurídica através de intimidação, mudança de pessoal e recompensa àqueles que demonstram disposição de aderir. Porém, é possível pensar que isso não funcione em um regime injusto fraco, em especial em sua fase inicial. Esse é um efeito relativamente limitado, mas é um efeito. Importante é que, mesmo se a aceitação desse efeito relativamente limitado se mostrasse equivocada, não surgiria nenhuma objeção convincente contra o conceito de direito não-positivista. Para defender sua posição, o não-positivista não precisa mostrar que seu conceito de direito constitui uma garantia melhor contra a injustiça legal em um estado injusto que o conceito do positivista. É suficiente que, com base em seu conceito de direito, a injustiça legal não seja combatida de forma menos efetiva que com base em um conceito de direito positivista. Esse com certeza é o caso. Por que seria a injustiça legal combatida de forma menos efetiva quando ela não fosse considerada direito do que quando ela fosse considerada direito?

Quando um estado injusto acaba de se estabelecer, conceitos de direito não possuem mais muito efeito. Logo depois do colapso de um tal estado mostram-se diferenças essenciais. Contudo há um leve efeito do conceito de direito não-positivista, que não deixa de ser importante, que pode ser eficaz contra a injustiça legal também em estados injustos estabelecidos e exitosos. Ele pode ser denominado "efeito de risco". A situação de um juiz ou de outro funcionário público em um estado injusto se apresenta de forma diferente conforme ele tenha motivos para interpretá-la à luz de um conceito de direito positivista ou não-positivista. Tome-se um juiz que se vê diante da questão sobre se deveria produzir uma sentença penal terrorista, que é encoberta através de uma injustiça

---

[49]   Cf. W. Ott (nota 31), Die Radbruch'sche Formel, Pro und Contra, p. 346.
[50]   Cf. W. Ott (nota 31), Die Radbruch'sche Formel, Pro und Contra, p. 347.

Parte IV · Cap. 2 – DEFESA DE UM CONCEITO DE DIREITO NÃO-POSITIVISTA | **259**

legal. Ele não é um santo nem tampouco herói. O destino do acusado lhe interessa pouco, o seu lhe interessa mais. Considerando todas as experiências históricas, ele não pode excluir a possibilidade de o estado injusto entrar em colapso e pensa o que poderá ocorrer com ele. Se ele puder supor que será predominantemente ou em geral aceito um conceito de direito não-positivista, segundo o qual a norma sobre a qual ele pode apoiar a decisão terrorista não é direito, ele corre um risco relativamente alto de mais tarde não poder se justificar e por isso ser processado. O risco diminui se ele puder ter certeza de que seu comportamento será julgado mais tarde com base em um conceito de direito positivista. O risco não desaparece completamente porque pode ser promulgada uma lei retroativa, com base na qual ele pode ser responsabilizado. Mas esse risco não é tão grande. Por causa dos problemas que leis retroativas geram para o estado de direito é bem possível que tal lei não seja expedida e, caso ela seja, ele pode ainda tentar se defender alegando ter se comportado com base no direito então em vigor. Isso deixa claro que uma aceitação preponderante ou geral de um conceito de direito não-positivista aumenta o risco para aquelas pessoas que, em um estado injusto, praticaram ou participaram de atos legalmente injustos. Isso pode significar que também naquelas pessoas que não veem nenhum motivo em si para não participar da injustiça ou que valorizariam uma tal participação em si surja ou se fortaleça um incentivo para não tomar parte na injustiça ou pelo menos para dela participar em menor medida. A aceitação preponderante ou geral de um conceito de direito não-positivista pode, desse modo, ter efeitos até mesmo em um estado injusto. Em geral pode-se por isso dizer que, sob o ponto de vista da repressão de injustiças legais, os efeitos práticos do conceito de direito não-positivista não são, de todo modo, piores que os do conceito de direito positivista e, em alguns aspectos, são até mesmo melhores.

2.4.4. O argumento da segurança jurídica

Um quarto argumento contra o conceito de direito não-positivista afirma que ele colocaria em risco a segurança jurídica. Esse argumento de fato atinge aquela variante do não-positivismo que assume uma tese da conexão forte, que diz que toda injustiça levaria à perda do caráter jurídico. Quando a todos se concede autoridade para, com apelo a seu juízo de justiça, não obedecer às leis, o argumento da segurança jurídica se fortalece como argumento do anarquismo. Isso não precisa porém ocorrer, pois nenhum não-positivista que deva ser levado a sério defende tal opinião. Aqui se trata somente da pergunta sobre se um conceito de direito que permite retirar o caráter jurídico não em todos os casos de injustiça, mas somente nos casos de injustiça extrema, coloca em risco a segurança jurídica. Deve-se responder que não.

Se há juízos de justiça que são racionalmente fundamentáveis, pode-se então dizer que aquele que, com base em uma fundamentação racional, vê que uma ação é injusta, reconhece essa injustiça. Então vale a seguinte proposição: quanto mais extrema a injustiça, mais certo é o seu reconhecimento. Essa proposição conecta o aspecto fático como o aspecto teórico-cognitivo. Ela fornece uma justificação para que o Tribunal Constitucional Federal, na decisão sobre a nacionalidade, não somente afirme que a Regulamentação nº 11 da Lei de Cidadania do *Reich* teria alcançado uma "medida intolerável", mas também que isso seria "evidente".[51] É bem verdade que pode haver casos nos quais não se pode falar com absoluta certeza se ocorre uma injustiça extrema. Porém, em comparação com a insegurança com a qual o reconhecimento do direito geralmente está conectado isso não é importante. A tese não-positivista da conexão leva, assim, quando muito, a uma perda mínima da segurança jurídica.

No julgamento da questão sobre a aceitabilidade dessa perda mínima da segurança jurídica deve-se levar em consideração que a segurança jurídica é um valor elevado, mas não o único. O valor da segurança jurídica deve ser ponderado em face do valor da justiça material.[52] A fórmula de Radbruch chega a uma ponderação que dá a precedência à segurança jurídica e então, em casos extremos, inverte a relação de precedência. Contra isso só se pode objetar algo aquele que considera a segurança jurídica um princípio absoluto,[53] o que, como toda busca de um princípio absoluto, tem algo de fanatismo.

2.4.5. O argumento do relativismo

O argumento do relativismo refina o argumento da segurança jurídica. Ele afirma não só que a fronteira entre injustiça extrema e injustiça não extrema é difícil de se reconhecer, mas também que todo juízo de justiça, portanto também aqueles sobre uma injustiça extrema, não é passível de uma fundamentação racional ou de um reconhecimento objetivo. Essa é a tese do relativismo radical. Se essa tese for verdadeira, a inclusão de elementos morais no conceito de direito significa nada mais que se oferecer ao juiz a possibilidade de decidir contra a lei nos casos

---

[51] BVerfGE, 23, p. 98 (p. 106).
[52] G. Radbruch (nota 12), Gesetzliches Unrecht und übergesetzliches Recht, p. 345.
[53] Sobre o conceito de princípio absoluto cf. R. Alexy, Theorie der Grundrechte, Baden-Baden, 1985 (Frankfurt/M., 1986), p. 94 ss.

Parte IV · Cap. 2 – DEFESA DE UM CONCEITO DE DIREITO NÃO-POSITIVISTA | **261**

em que suas preferências pessoais são afetadas de forma especialmente intensa. Hoerster descreveu isso de forma drástica:

> Não existe nenhuma garantia ou sequer possibilidade de que aquela moral que o juiz ou o cidadão em questão incorpore em seu conceito de direito seja de fato uma moral "esclarecida" [...]. Nada em geral [...] advoga a favor de que as representações morais de qualquer indivíduo determinado ou de qualquer sociedade determinada sejam mais esclarecidas em qualquer sentido (por exemplo mais humanas ou mais justas) que as normas jurídico-positivas do estado correspondente. Há precisamente não só, como os opositores do positivismo jurídico sempre voltam a sugerir, os juízes ou os cidadãos que confrontados com "leis nazistas" prefeririam seguir uma moral humanitária. Há, do mesmo modo, juízes ou cidadãos que confrontados com leis democráticas (por exemplo da República de Weimar ou de Bonn) prefeririam seguir uma moral nazista![54]

O argumento do relativismo torna explícito aquilo que no argumento da efetividade e no argumento da segurança jurídica já seria visível: o não-positivismo assume pelo menos uma ética não relativista rudimentar. Não por acaso Radbruch fundamentou, antes de 1933, sua concepção positivista através do relativismo, ou seja, através da tese de que uma fundamentação intersubjetivamente conclusiva de proposições morais não é possível:

> Mas então se provou impossível responder à pergunta sobre o fim do direito senão através da enumeração das variadas opiniões partidárias sobre o assunto – e exatamente por causa dessa impossibilidade de um direito natural pode ser fundamentada a validade do direito; o relativismo, até aqui apenas o método do nosso exame, entra, agora, como membro da construção do nosso sistema.[55]

Depois de 1945 Radbruch retira do ceticismo relativista um grupo básico de direitos humanos e fundamentais:

> Certamente eles são isoladamente cercados de muita dúvida, mas o trabalho dos séculos elaborou um grupo sólido, reunido com tão ampla aceitação nas denominadas declarações de direitos do ho-

---

[54] N. Hoerster (nota 8), Zur Verteidigung des Rechtspositivismus, p. 2.482.
[55] G. Radbruch (nota 36), Rechtsphilosophie, p. 175.

mem e do cidadão, que no que diz respeito a muitos deles, somente um ceticismo deliberado pode ainda manter dúvidas.[56]

A referência à experiência histórica – "o trabalho dos séculos", e a um consenso "com aceitação tão ampla" não é ainda uma refutação do relativismo, embora a referência a esses fatos sugira, para a prática jurídica nacional, supranacional e internacional, tal refutação. Um cético pode objetar que o desenvolvimento dos pontos de vista morais nos últimos séculos ou milênios foi um erro e que seria possível que todos ou quase todos estejam errados. Para eliminar essa objeção cética é preciso mostrar que uma proposição como

(1)   a aniquilação psíquica e material de uma minoria da população por motivos racistas é uma injustiça extrema

pode ser fundamentada racionalmente, enquanto uma proposição como

(2)   a aniquilação psíquica e material de uma minoria da população por motivos racistas não é uma injustiça extrema

pode ser racionalmente refutada. O problema do positivismo jurídico leva-nos com isso ao problema metaético da fundamentabilidade de juízos morais. Esse problema não pode ser discutido aqui. Deve-se assim manter a afirmação de que, em todo caso, uma proposição como (1) pode ser fundamentada racionalmente e uma proposição como (2) pode ser racionalmente refutada. Se essa afirmação estiver correta, a objeção do relativismo é enfraquecida. Se essa afirmação não fosse verdadeira, poder-se-ia ainda, contra o relativismo, somente fazer referência a um consenso hoje amplo,[57] que tomado somente em si não é na verdade uma refutação em sentido estrito, mas que, no que diz respeito à prática jurídica, aproxima-se de uma refutação, como já mencionado.

A preocupação de Hoerster, de que um juiz possa argumentar, com base em uma "moral nazista", contra leis democráticas que atingiram a condição de justas, significaria que ele teria falhado no que diz respeito a um amplo consenso sobre os direitos fundamentais, pelo menos em um estado que se encontra na tradição dos direitos humanos ou que a inaugurou. Além disso, se juízos racionalmente fundamentados sobre injusti-

---

[56]   G. Radbruch (nota 37), Fünf Minuten Rechtsphilosophie (1945), p. 328.
[57]   Cf. W. Ott (nota 31), Die Radbruch'sche Formel, Pro und Contra, p. 352.

Parte IV · Cap. 2 – DEFESA DE UM CONCEITO DE DIREITO NÃO-POSITIVISTA | **263**

ça extrema são possíveis, há motivos racionais para não se argumentar, com base em uma "moral nazista", contra leis que atingiram o estado de democráticas. Um risco grave de que um juiz, apelando a um conceito de direito não-positivista, retire o caráter jurídico de leis justas por causa de uma violação intolerável contra uma "moral nazista" existe apenas em uma sociedade que já se devotou majoritariamente a uma "moral nazista". O fato de o não-positivismo poder, em uma tal sociedade, ser mal utilizado dessa maneira é uma desvantagem, que porém não é muito grave. Quando uma "moral nazista" começa a ser dominante, leis que a contradizem em uma medida extrema não são mantidas por muito tempo.

2.4.6. O argumento da democracia

Aquilo que foi dito aqui sobre o argumento do relativismo pode ser relacionado a uma outra objeção possível contra o conceito de direito não-positivista: a objeção da democracia. Ela afirma que o conceito de direito não-positivista contém o perigo de que, através do apelo à justiça, o juiz se posicione contra as decisões do legislador democraticamente legitimado.[58] Uma vez que com isso se trata de uma intervenção do judiciário na área do legislativo, essa objeção pode ser também formulada como objeção da separação de poderes.

Essa objeção perde sua força quando se leva em consideração que o conceito de direito não-positivista permite a supressão do caráter jurídico somente em casos de injustiça extrema. Ele funciona somente em uma área central. O controle judicial constitucional de lesões a direitos fundamentais em estados democráticos constitucionais vai materialmente mais longe. Quem apresenta o argumento da democracia ou da separação de poderes contra a tese da conexão fraca aqui defendida deve com isso recusar toda relação controlável judicialmente entre o legislador e os direitos fundamentais.

2.4.7. O argumento da inutilidade

A fórmula de Radbruch tem um significado prático sobretudo depois do colapso de um governo injusto. A decisão do Tribunal Constitucional Federal sobre a nacionalidade é um exemplo disso. O argumento da inutilidade afirma que a injustiça legal poderia ser considerada não

---

[58] Cf., por exemplo, I. Maus, Die Trennung von Recht und Moral als Begrenzung des Rechts, in: Rechtstheorie, 20, 1989, p. 193: "O argumento moral pode então facilmente ser mal utlizado como substituto da democracia."

264 | Teoria Discursiva do Direito · *Robert Alexy*

através da supressão da qualidade jurídica, mas sim de um outro modo. Assim, o novo legislador tem nas mãos a possibilidade de compensar a injustiça legal através de uma lei retroativa.[59]

Para se estimar corretamente o argumento da inutilidade é preciso distinguir casos de direito penal daqueles que não são de direito penal. O parágrafo 2º do artigo 103 da Lei Fundamental formula a máxima jurídica elementar "nulla poena sine lege" como norma do direito constitucional positivo. Com isso está o legislador ordinário proibido de editar normas penais retroativas. Isso pode ser generalizado. Se a Lei Fundamental atribuiu à máxima "nulla poena sine lege" *status* constitucional, não se pode, no âmbito do direito penal, alegar que a promulgação de uma lei ordinária retroativa tornaria o emprego de um conceito de direito não-positivista inútil. Ora, certamente poder-se-ia pensar em uma mudança da constituição que permitisse, em casos de injustiça extrema, exceções à máxima "nulla poena sine lege", e assim também à máxima "nullum crimen sine lege". Sob a vigência de uma constituição que, como a Lei Fundamental, artigo 79, parágrafo 3º, retira do constituinte derivado a competência de mudar princípios elementares do estado de direito, seria porém uma tal exceção pelo menos problemática. A esse problema jurídico acrescenta--se um problema fático. Mesmo se fosse permitido munir a máxima "nulla poena sine lege" com uma cláusula de exceção, é extremamente questionável se uma tal cláusula teria a maioria qualificada necessária para uma mudança na constituição. Tudo isso mostra que a mera reprovação ao legislador não constitui prova, em todos os sistemas jurídicos e sob todas as circunstâncias, a favor da inutilidade da fórmula de Radbruch.

Se a máxima "nulla poena sine lege" tem *status* constitucional e é inalterável ou se ela, sem possuir *status* constitucional formal, não puder, como máxima jurídica fundamental, ser restringida, então, em casos de direito penal, o verdadeiro problema não é o da inutilidade de um conceito de direito não-positivista, mas sim a questão de se o emprego de um tal conceito de direito não conduziria a uma *exclusão* da máxima "nulla poena sine lege". Esse problema certamente não é idêntico ao problema da inutilidade. Ele será tratado no contexto do próximo argumento, o argumento da honestidade.

O argumento da utilidade deve então, em essência, ser restrito a casos fora do âmbito do direito penal. Aqui existe fundamentalmente a possibilidade de se resolver o problema da injustiça legal através de leis

---

[59] Cf. H. L. A. Hart (nota 30), Der Positivismus und die Trennung von Recht und Moral, p. 44.

Parte IV · Cap. 2 – DEFESA DE UM CONCEITO DE DIREITO NÃO-POSITIVISTA | **265**

retroativas. A questão é porém o que o juiz deve fazer quando o legislador, quaisquer que sejam os motivos, permanece inerte e quando a injustiça legal não pode ser considerada, a partir do novo direito constitucional válido, insignificante para a decisão que se aguarda. Deve o juiz produzir decisões que se baseiam em injustiça extrema e constituem injustiça extrema? Poder-se-ia dizer que o juiz deve fazer isso para provocar o legislador a promulgar leis retroativas. Mas isso significaria, em inúmeros casos, especialmente no direito civil, que, a fim de que o legislador reagisse, seria imposta aos cidadãos atingidos uma decisão a eles desfavorável, que se baseia em injustiça extrema e que é extremamente injusta. Desse modo o cidadão seria duradoura ou temporariamente tratado como meio para provocação da atividade legislativa. Isso não é compatível com seus direitos fundamentais. Isso já mostra que a menção a uma mera possibilidade de uma lei retroativa não é suficiente para demonstrar a inutilidade do emprego de um conceito de direito não-positivista. Quando o legislador não faz uso dessa possibilidade e quando a injustiça legal não pode ser considerada, a partir do novo direito constitucional válido, insignificante para a decisão que se aguarda, o emprego de um conceito de direito não-positivista é útil para preservar os direitos fundamentais do cidadão.

Acrescenta-se a esse argumento, que se baseia nos direitos dos cidadãos, um segundo, que se apoia na pretensão de correção. Toda decisão judicial levanta, como explicado acima, necessariamente uma pretensão de correção. Uma decisão que se baseia em uma injustiça extrema e constitui injustiça extrema não alcança essa pretensão de correção. Há, pois, dois motivos que enfraquecem o argumento da inutilidade fora do âmbito do direito penal e que advogam a favor da necessidade de um conceito de direito não-positivista: o respeito aos direitos do cidadão e a pretensão de correção.

2.4.8. O argumento da honestidade

O argumento da honestidade afirma que o conceito de direito não--positivista conduziria, em casos de direito penal, a uma exclusão da máxima "nulla poena sine lege". Hart ilustra esse argumento com a ajuda de um caso decidido por um Tribunal Superior Estadual em Bamberg, em 1949.[60] Uma mulher, que queria se livrar de seu marido, declarou às autoridades, em 1944, que ele teria feito, durante um exercício militar, observações negativas sobre Hitler. O marido foi preso e, de acordo com regulamenta-

---

[60] OLG Bamberg, in: Süddeutsche Juristen Zeitung, 1950, Coluna 207.

266 | Teoria Discursiva do Direito · *Robert Alexy*

ções que consideravam tais manifestações puníveis, condenado à morte, não tendo porém sido executado, mas sim enviado para cumprimento condicional da pena no fronte. Em 1949, a mulher foi processada por privação de liberdade. O Tribunal Superior Estadual em Bamberg, ao qual o caso finalmente chegou, considerou a mulher culpada. A justiça adotou a concepção de que a sentença de morte tinha sido legal, pois uma vez que as leis penais nacionais-socialistas sobre as quais ela se baseava exigiam somente "uma abstenção, a saber, ficar em silêncio", tal sentença não teria sido produzida com base em uma "lei claramente contraditória ao direito natural".[61] A mulher foi condenada com base em uma construção jurídico--dogmática de direito penal controversa, segundo a qual uma privação de liberdade punível também pode ser cometida em autoria mediata quando o agente imediato, ou seja, a justiça, agiu legalmente. A acusação teria sido ilegal, porque ela "teria infringido o senso de equidade e de justiça de todo ser pensante decente". A correção dessa construção dogmática de direito penal deve ser aqui deixada de lado.[62] Também não interessa que Hart tenha descrito o caso de forma incorreta, como ele mesmo mais tarde reconheceu,[63] na medida em que ele entendeu que o Tribunal Superior Estadual em Bamberg teria chegado a seu resultado considerando que as leis nacionais-socialistas que tinham servido de base à sentença de morte teriam tido sua validade jurídica suprimida.[64] Se, com o Tribunal Superior Estadual em Bamberg, não se considera extremamente injusta uma lei que permite a pena de morte para comentários negativos sobre um ditador, porque ela impõe apenas uma omissão, basta conceber-se o caso hipotético de uma mulher que denuncia seu marido porque ele não tomou parte em ações homicidas extremamente injustas, que são comandadas a ele por uma lei. A mulher deveria então, segundo a concepção do Tribunal Superior Estadual em Bamberg, ser condenada em virtude da privação de liberdade, pois a sentença à qual ela dá origem teria sido ilegal.

Hart objeta contra isso que:

---

[61] OLG Bamberg (nota 60), Coluna 208 ss.

[62] Dever-se-ia perguntar se a tese de que a acusação infringiu em uma medida "o senso de equidade e de justiça de todo ser pensante decente", de que ela era ilegal e por isso punível não implica que a decisão, de acordo com seu conteúdo, tenha sido injusta. Pode então a acusação infringir "o senso de equidade e de justiça de todo ser pensante decente", ser ilegal e punível se o julgamento não foi injusto em nenhum sentido? Quando aqui se responde não, a questão decisiva é se a punibilidade da acusação somente supõe que o julgamento tenha sido injusto em um certa medida ou se ela alega um caráter extremo de injustiça e com isso evidente do julgamento.

[63] H. L. A. Hart (nota 39), The Concept of Law, p. 234 ss.

[64] H. L. A. Hart (nota 30), Der Positivismus und die Trennung von Recht und Moral, p. 44.

Parte IV · Cap. 2 – DEFESA DE UM CONCEITO DE DIREITO NÃO-POSITIVISTA | **267**

Havia naturalmente duas outras possibilidades. Uma era deixar a mulher sair impune; pode-se encontrar simpatia e concordância em relação à concepção de que essa teria sido uma solução ruim. A outra era contentar-se com o fato de que se a mulher devesse ter sido punida, isso deveria ter acontecido abertamente através da promulgação de uma lei retroativa, com consciência plena daquilo de que se abre mão para conseguir puni-la. Por mais repulsivo que pudesse ter sido executar abertamente uma legislação penal e uma punição retroativas, teria havido pelo menos a vantagem da honestidade. Isso teria tornado claro que no caso da punição da mulher teria que se ter escolhido entre dois males: o mal de deixá-la sem punição e o mal de sacrificar um princípio moral valioso, que a maioria dos sistemas jurídicos aprova.[65]

O argumento da honestidade é o argumento mais forte contra o conceito de direito não-positivista. Contudo ele não o derruba. Está disponível, logo de início, ao não-positivista, uma saída para o dilema apontado por Hart. Ele pode negar a qualidade jurídica a uma lei injusta que implica a autorização para a acusação e ainda assim concluir pela impunibilidade. Para alcançar isso ele precisa simplesmente, por motivos específicos de direito penal, relacionar a proposição "nulla poena sine lege" a todas as leis e normas efetivas, e somente a elas, independentemente de seu conteúdo injusto. Assim, para proteger os cidadãos, a fórmula de Radbruch é restringida, no âmbito do direito penal, pela proposição "nulla poena sine lege". Ela tem efeito então somente fora do direito penal. Há contudo outra crítica meritória. A fórmula de Radbruch levaria à punibilidade somente daqueles atos cujo conteúdo injusto é tão extremo e por isso tão evidente que pode ser reconhecido mais facilmente que em muitos casos habituais do direito penal.[66] Em todo caso isso é aceitável quando não se trata de, como no caso de informantes, produzir-se, com a ajuda de um conceito de direito não-positivista, normas que fundamentam a punibilidade, mas sim de derrubar a injustiça legislativa que leva a uma exclusão da punibilidade. Se a injustiça dessas normas é tão extrema e com isso tão evidente, de modo que qualquer um possa reconhecê-la, então não se pode falar em um efeito retroativo encoberto. Assim, já que essa injustiça era claramente perceptível quando o ato foi praticado, e porque ela era, naquele momento, tão extrema e por isso tão evidente que qualquer um poderia claramente reconhecê-la, essas normas não eram já no momento do ato

---

65 H. L. A. Hart (nota 30), Der Positivismus und die Trennung von Recht und Moral, p. 44.
66 W. Ott (nota 31), Die Radbruch'sche Formel, Pro und Contra, p. 355.

268 | Teoria Discursiva do Direito · *Robert Alexy*

um direito que pudesse levar à exclusão da punibilidade. Com isso não se muda, de forma retroativa, a situação jurídica, mas apenas se averigua qual era a situação jurídica no momento do ato. Quando o argumento da injustiça se limita à tese da conexão fraca, ou seja, quando ele atinge somente a injustiça extrema e por isso evidente, não se pode falar em uma retroatividade encoberta e por isso em desonestidade.

2.4.9. Resultado

Quando, no que diz respeito a normas isoladas, averiguam-se os argumentos contra e a favor da versão fraca do argumento da injustiça que se expressa na fórmula de Radbruch, as razões a seu favor são mais fortes que as objeções contra ela. Todas as objeções puderam, pelo menos até aqui, ser enfraquecidas, de modo que resultou um empate. Além disso, é possível produzir argumentos a favor da prioridade do argumento da injustiça. Assim poder-se-ia apontar, no contexto do argumento da efetividade, um efeito de risco, que também em um estado injusto poderia se desdobrar em um efeito positivo contra injustiças legais. Tem peso especial a necessidade do conceito de direito não-positivista depois do colapso de um estado injusto, apresentada na discussão do argumento da inutilidade. Quando o novo legislador permanece inerte e quando a injustiça legislativa não pode ser considerada, com base no novo direito constitucional válido, insignificante para a decisão que se está prestes a produzir, ela resulta do respeito aos direitos dos cidadãos e da pretensão de correção que está necessariamente conectada a sentenças judiciais. No âmbito do direito penal pode-se mostrar que o argumento da injustiça em sua versão fraca é compatível com a máxima "nulla poena sine lege". Ficou porém também claro que a refutação de uma série de objeções depende da possibilidade de se fundamentarem racionalmente algumas exigências morais mínimas. Com isso se trata de um grupo central de direitos humanos elementares. Se uma tal fundamentação não obtivesse êxito, os adversários positivistas do argumento da injustiça teriam sido refutados somente em relação a uma prática jurídica que se filia à tradição dos direitos humanos. Isso não seria uma refutação em um sentido estrito, mas, do ponto de vista prático, se aproximaria de uma tal refutação.

Capítulo

3

A DUPLA NATUREZA DO DIREITO*

O direito tem uma dupla natureza, e essa é a tese que eu quero expor. A tese da dupla natureza estabelece a afirmação de que o direito necessariamente compreende tanto uma dimensão real ou factual quanto uma dimensão ideal ou crítica. Na definição de direito, a dimensão factual é representada pelos elementos da legalidade autoritativa e da eficácia social, enquanto a dimensão ideal encontra sua expressão no elemento da correção moral. A legalidade autoritativa e a eficácia social são fatos sociais. Se alguém alega que fatos sociais sozinhos podem determinar aquilo que é e aquilo que não é exigido pelo direito, isso significa o endosso de um conceito de direito positivista. Uma vez adicionada a correção moral como um terceiro elemento necessário, o quadro se modifica fundamentalmente; emerge um conceito de direito não-positivista. Portanto, a tese da dupla natureza implica o não-positivismo.

Com certeza quando formulada dessa maneira a tese da dupla natureza permanece abstrata e formal. A fim de alcançar um conteúdo concreto e uma estrutura clara, a tese precisa ser exposta dentro de um sistema. A ideia que sustenta esse sistema é a institucionalização da razão. A forma política manifestada por esse sistema é o constitucionalismo democrático ou discursivo. O próprio sistema é gerado em três passos: o argumento em defesa da dimensão ideal do direito, o argumento em defesa da positividade do direito, ou seja, da dimensão real do direito, e a reconciliação do ideal com o real.

---

* Traduzido a partir do original em inglês *The Dual Nature of Law*, publicado originalmente em Ratio Juris, 23, 2, 2010, p. 167-182.

3.1. IDEAL

3.1.1. A pretensão de correção

No primeiro passo tem que ser estabelecida a dimensão ideal do direito. Meu argumento gira em torno da tese de que o direito necessariamente levanta uma pretensão de correção, e que essa pretensão inclui uma pretensão de correção moral. Essa pretensão de correção é a fonte da relação necessária entre o direito e a moral.

3.1.1.1. O direito é capaz de levantar pretensões

Contra a tese da correção foram levantadas muitas objeções. Quatro delas possuem um significado especial. A primeira contesta a noção de que o direito é capaz de levantar absolutamente qualquer pretensão. Neil MacCormick a formula da seguinte maneira: "o direito não levanta qualquer pretensão".[1] Seu argumento é, em primeiro lugar, que o direito é um "ordenamento normativo", em segundo lugar, que ordenamentos normativos são "estados de coisas" e, em terceiro lugar, que estados de coisas são, ao contrário de pessoas, incapazes de ter intenções ou levantar pretensões.

Sem dúvida MacCormick está certo em sustentar que o direito enquanto tal é incapaz de levantar, em sentido literal, qualquer pretensão. Em um sentido literal ou estrito pretensões podem ser levantadas somente por sujeitos que possuem capacidade de falar e agir.[2] Entretanto, falar sobre a pretensão de correção do direito parece ser razoável porque essa pretensão é levantada, em nome do direito, por pessoas, particularmente mas não somente por autoridades.[3] Pessoas que levantam, em nome do direito, a pretensão de correção, podem ser caracterizadas como representantes do direito. A rejeição da primeira objeção equivale à seguinte tese: o direito pode levantar e de fato levanta uma pretensão de correção, porque a pretensão é feita por seus representantes.

3.1.1.2. A necessidade da pretensão de correção

A segunda objeção nega que a pretensão de correção seja necessariamente levantada pelo direito. Se o direito de fato levanta qualquer

---

[1] N. MacCormick, Why Law Makes No Claims, in: Law, Rights and Discourse, G. Pavlakos (org.), 2007, p. 59.

[2] Cf. R. Alexy, My Philosophy of Law, in: The Law in Philosophical Perspectives, L. Wintgens, Dordrecht, 1999, p. 24.

[3] R. Alexy, Thirteen Replies, in: Law, Rights and Discourse, G. Pavlakos (org.), Oxford, 2007, p. 334 s.

Parte IV · Cap. 3 – A DUPLA NATUREZA DO DIREITO | **271**

pretensão e quais pretensões ele levantaria seria uma questão empírica. Essa tese poderia ser denominada "tese da contingência". Se a tese da contingência fosse verdadeira, a tese da dupla natureza, que necessariamente contém o conceito de necessidade, sucumbiria.

Uma maneira de responder a essa objeção é demonstrar que a pretensão de correção está necessariamente implícita no direito. O melhor método de demonstração é o método da contradição performativa.[4] Um exemplo de uma contradição performativa é o primeiro artigo de uma constituição fictícia que reza:

X é uma república soberana, federal e injusta.

Dificilmente é possível negar que esse artigo é, de algum modo, absurdo. A ideia subjacente ao método da contradição performativa é explicar a absurdidade como decorrente de uma contradição entre o que implicitamente é pretendido quando se produz uma constituição, a saber, que ela é justa, e o que é explicitamente declarado, a saber, que ela é injusta. Ora, a justiça é um caso especial da correção, pois a justiça não é nada mais que a correção da distribuição e da compensação.[5] Portanto, nosso exemplo mostra que o direito e a pretensão de correção não estão conectados somente, como afirma Eugenio Bulygin,[6] através de razões prudenciais, mas também, o que é muito mais, através de razões que são, por natureza, conceituais. Essa conexão não está de modo algum confinada a atos fundamentais como o de produzir uma constituição. Ela está presente em todo o sistema jurídico. A absurdidade de decisões como a seguinte tornam isso explícito:

o acusado é condenado à pena de prisão perpétua, o que constitui uma interpretação incorreta do direito existente.

Poder-se-ia objetar que considerações conceituais desse tipo não discutem a questão. A questão de se os representantes do direito levantam uma pretensão de correção é uma questão de fato e é um fato que há representantes que não a levantam. O argumento de Ronald

---

[4]   Sobre isso cf. R. Alexy, The Argument from Injustice. A Reply to Legal Positivism, B. Litschewski Paulson, S. L. Paulson (trads.), Oxford, 1992, p. 35, 39.

[5]   R. Alexy, Giustizia come correttezza, in: Ragion pratica, 9, 1997, p. 105.

[6]   E. Bulygin, Alexy und das Richtigkeitsargument, in: Rechtsnorm und Rechtswirklichkeit. Festschrift f. Werner Krawietz, A. Aarnio/S. L. Paulson/O. Weinberger/G. H. von Wright (orgs.), Berlin, 1993, p. 23 s.

Dworkin, apresentado contra a tese de Raz de que o direito levanta uma pretensão de autoridade legítima, segue exatamente nessa direção. Segundo Dworkin é uma questão de fato que "muitos funcionários públicos não" levantam tais pretensões.[7] Oliver Wendell Holmes é considerado um exemplo. Segundo Dworkin, o juiz Holmes não estava preocupado com pretensões morais, mas sim em "tornar mais caro o custo de agir de determinadas maneiras".[8] A resposta a essa objeção recorre, como respostas frequentemente o fazem, a uma distinção: a distinção entre levantar de forma objetiva ou oficial e levantar de forma subjetiva ou particular a pretensão de correção.[9] Quando Dworkin fala nas "crenças ou atitudes reais dos funcionários públicos"[10] ele se refere ao lado subjetivo ou privado. Isso desconsidera a questão mais importante. Subjetiva ou privadamente funcionários públicos podem acreditar ou sentir qualquer coisa que quiserem. Mas assim que agem em nome do direito, ou seja, como representantes do direito, eles não podem deixar de levantar objetiva ou oficialmente a pretensão.[11] Com certeza um sistema jurídico pode se degenerar em um sistema baseado exclusivamente no exercício da força bruta. Um tal sistema não seria contudo um sistema jurídico, mas antes seu extremo oposto, um sistema de puras relações de poder.[12] O fato de a pretensão de correção não ser levantada em tal sistema não constitui, portanto, um argumento contra sua necessidade em um sistema jurídico.

3.1.1.3. O conteúdo da pretensão de correção

Alguém poderia concordar que o direito é capaz de levantar pretensões e que levantar pretensões é necessário para o direito, e ainda assim insistir que isso dificilmente conta como argumento a favor da dupla natureza do direito. Basta alegar que o conteúdo da pretensão não contém nada que aponte para uma direção ideal.

---

[7] R. Dworkin, Justice in Robes, Cambridge/Ma., 2006, p. 200; cf. também E. Bulygin, Alexy's Thesis of a Necessary Connection between Law and Morality, in: Ratio Juris, 13, 2000, p. 134.

[8] R. Dworkin (nota 7), Justice in Robes, p. 200.

[9] R. Alexy, Law and Correctness, in: Legal Theory at the End oft he Millennium, M. D. A. Freeman (org.), Oxford, 1998, p. 206.

[10] R. Dworkin (nota 7), Justice in Robes, p. 200.

[11] Sobre isso cf. J. Gardner, How Law Claims, What Law Claims, in: Institutionalising Reason. Perspectives on the Legal Philosophy of Robert Alexy, M. Klatt (org.), New York, 2012.

[12] R. Alexy (nota 4), The Argument from Injustice, p. 32-34.

Parte IV · Cap. 3 – A DUPLA NATUREZA DO DIREITO | **273**

São concebíveis duas versões desse argumento. A primeira declara que a pretensão de correção é trivial, formal, ou ambas. A segunda versão sustenta que o conteúdo da pretensão se refere exclusivamente à dimensão real ou factual do direito. Uma variante da primeira versão pode ser encontrada na obra de Joseph Raz. Raz sustenta que a tese da pretensão de correção não é nada mais que "uma tese geral sobre ações intencionais e seus produtos".[13] Enquanto tal, ela se aplica a todos os casos de ações intencionais, até mesmo a ações de bandidos. Aqui, a pretensão de correção ou, como Raz prefere dizer, de "adequação",[14] pode assumir um conteúdo como por exemplo "enriquecer".[15] Esse exemplo mostra, contudo, que uma pretensão geral de adequação é essencialmente diferente de uma pretensão de correção. Um bandido que alega que sua ação o faz enriquecer não alega com isso que sua ação tem, por essa razão, que ser aceita por todos, até mesmo por suas vítimas. Isso é completamente diferente no caso da pretensão de correção. A pretensão de correção é uma pretensão dirigida a todos.[16] Nesse sentido ela é semelhante à pretensão de verdade. Uma pretensão dirigida a todos é, ao mesmo tempo, uma pretensão de objetividade. Enquanto tais elas são, de fato, ambas formais. Mas enquanto uma pretensão que se refere à objetividade, a pretensão de correção não é, de modo algum, trivial. A objetividade não só é tudo menos algo trivial, como também pertence necessariamente à dimensão ideal do direito. Portanto, apesar de seu caráter formal, a pretensão de correção aponta para a dimensão ideal do direito.

A segunda versão diz respeito à questão sobre se a pretensão de correção do direito se refere exclusivamente a fatos sociais ou também a fatos morais. A objeção afirma que a pretensão de correção levantada pelo direito diz respeito somente a fatos sociais, como fontes do direito, ou seja,

---

[13] J. Raz, The Argument from Justice, or How Not to Reply to Legal Positivism, in: Law, Rights and Discourse, G. Pavlakos (org), Oxford, 2007, p. 27.

[14] J. Raz (nota 13), The Argument from Justice, or How Not to Reply to Legal Positivism, p. 27.

[15] J. Raz (nota 13), The Argument from Justice, or How Not to Reply to Legal Positivism, p. 27.

[16] Isso é verdade, sem qualquer qualificação, quando se trata de uma moral universal. No caso de um sistema jurídico as coisas são mais complexas. Devem ser distinguidos dois aspectos. O primeiro diz respeito à universalidade interna. Decisões e argumentos apresentados em um sistema jurídico particular levantam a pretensão de serem aceitáveis para todos aqueles que adotam o ponto de vista do sistema jurídico em questão. O segundo aspecto diz respeito à universalidade externa. Sistemas jurídicos, enquanto tais, levantam a pretensão de serem aceitos por todos, ou seja, serem universalmente aceitos com um sistema particular, ou seja, como um sistema não-universal.

274 | Teoria Discursiva do Direito · *Robert Alexy*

somente à dimensão real, factual ou autoritativa. Ora, é evidente que isso não pode ser verdadeiro no que diz respeito a pretensões de uma assembleia constituinte ou do legislador. Mas isso também é falso no que diz respeito à produção de decisões judiciais. Isso é especialmente claro em casos em que as razões autoritativas, ou seja, razões baseadas em fontes, permitem mais de uma decisão. A decisão a ser tomada em uma tal esfera "aberta" é a decisão de uma questão normativa que não pode se basear em padrões do direito positivo, pois, caso ela pudesse se basear em tais padrões, ela não seria uma decisão em uma esfera "aberta". Se ela deve se basear em um padrão qualquer, ou seja, se ela não deve ser uma decisão arbitrária, o que contradiria a pretensão de correção, ela deve se basear em outros padrões normativos. Decisões jurídicas frequentemente dizem respeito a questões de distribuição e compensação. Questões que versam sobre a distribuição e a compensação corretas são questões de justiça, pois a justiça não é nada mais que correção na distribuição e na compensação. Questões de justiça são contudo questões morais. Nesse sentido, a textura aberta do direito, considerada em conjunto com a natureza das questões jurídicas, implica que a pretensão de correção levantada na produção de decisões jurídicas necessariamente se refere não só à dimensão real ou factual, mas também à dimensão ideal ou crítica. Isso se aplica mesmo nos casos em que o material autoritativo, por exemplo, a letra de uma lei, permite não mais que uma decisão, uma decisão que é injusta. Em tais casos, ou a pretensão de correção equivale à pretensão de que é moralmente justificado aderir a uma lei injusta por razões que se referem ao valor moral da legalidade ou ela conduz à pretensão de que é moralmente justificado fazer uma exceção à lei e talvez até declará-la inválida com base no fato de, nesse caso, a justiça prevalecer sobre o valor moral da legalidade. Isso mostra que a pretensão de correção do direito sempre se refere não só a fatos sociais, mas também à moralidade.[17]

3.1.1.4. *A racionalidade da pretensão de correção*

Exatamente nesse ponto surge uma quarta objeção contra a pretensão de correção. Essa objeção sustenta que a pretensão de correção, na medida em que ela se refere à moral, não é nada mais que a expressão de uma ilusão ou de um erro. "Juízos morais ordinários" realmente incluem pretensões de objetividade, mas, como coloca John Mackie, "essas preten-

---

[17]   Isso se aplica até mesmo em casos em que a letra da lei permite não mais que uma decisão que é justa. Aqui a aplicação da lei inclui a afirmação negativa implícita de que ela não é injusta.

sões são todas falsas".[18] A pretensão de objetividade da moral tem portanto que ser confrontada com uma "teoria do erro",[19] que afirma que juízos sobre o que é moralmente comandado, proibido ou permitido, ou sobre o que é moralmente bom ou ruim, justo ou injusto, são subjetivos, relativos, ou simplesmente refletem os resultados de meras decisões. Por essa razão falta racionalidade a argumentos morais e, com isso, correção e verdade. A pretensão de correção da moral é portanto a pretensão de que algo que não pode ser correto seja correto. A pretensão de correção do direito, assim continua a objeção, deve portanto ser restringida a razões autoritativas ou institucionais, baseadas exclusivamente no caráter real ou factual do direito. Caso contrário essa pretensão conectaria o direito com a irracionalidade. Essa objeção pode ser denominada "objeção da irracionalidade".

3.1.2. A teoria do discurso

A resposta à objeção da irracionalidade é a teoria do discurso. A teoria do discurso alega que entre, por um lado, provabilidade, e, por outro lado, arbitrariedade,[20] existe uma terceira coisa, a saber racionalidade ou – aqui entendida como sinônimo, razoabilidade.[21]

A teoria do discurso é uma teoria procedimental da racionalidade prática. De acordo com a teoria do discurso uma proposição prática ou normativa é correta (ou verdadeira)[22] se e somente se ela pode ser o resul-

---

[18] J. L. Mackie, Ethics. Inventing Right and Wrong, Harmondsworth, 1977, p. 35.

[19] J. L. Mackie (nota 18), Ethics. Inventing Right and Wrong, p. 35.

[20] Sobre isso cf. P. Ricouer, Zu einer Hermeneutik des Rechts: Argumentation und Interpretation. Deutsche Zeitschrift f. Philosophie, 42, 1994, p. 378.

[21] Sobre a relação entre os conceitos de racionalidade a razoabilidade cf. R. Alexy, The Reasonableness of Law, in: Reasonableness and Law, G. Bongiovanni/G. Sartor/C. Valentini (orgs.), Dordrecht, 2009, p. 5-7.

[22] A teoria do discurso não teria problema algum em substituir "verdadeira" por "correta". Isso pode ser explicado através de três equivalências. A primeira consiste numa concepção semântica de verdade prática ou correção. Isso pode ser explicado, seguindo Tarski, pela seguinte equivalência: (1) a proposição "Jones deve falar a verdade" é verdadeira se e somente se Jones deve falar a verdade. A seguir, o conceito de fato prático ou normativo é introduzido através de uma segunda equivalência: (2) se e somente se Jones deve falar a verdade é um fato prático ou normativo que Jones deva falar a verdade. A terceira equivalência conecta os sentidos de verdade e fato com o conceito de fundamentabilidade: (3) Jones deve falar a verdade se e somente se é fundamentável que Jones deva falar a verdade. Esse modelo de verdade prática compreende elementos realistas mas deve ser distinguido, em um ponto central, de um modelo forte ou intuitivo. Em um modelo intuitivo a fundamentabilidade de uma proposição normativa depende da existência de um fato normativo, cuja percepção é uma questão de intuição. Em um

tado de um discurso prático racional.[23] As condições da racionalidade discursiva podem ser explicitadas através de um sistema de princípios, regras e formas do discurso prático geral.[24] Esse sistema compreende regras que exigem não-contradição, clareza de linguagem, certeza das suposições empíricas e sinceridade, bem como regras e formas que dizem respeito a consequências, ponderações, universalizabilidade e à gênese de convicções normativas. O núcleo procedimental consiste em regras que garantem liberdade e igualdade no discurso, através da concessão a todos do direito de participar no discurso e de questionar e defender qualquer afirmação.

A teoria do discurso é confrontada com vários problemas.[25] Um deles consiste no fato de o discurso não ser um procedimento que sempre produz apenas uma única resposta correta. Certamente certas exigências normativas são impostas pela teoria do discurso. As regras do discurso expressam os valores da liberdade e da igualdade. Isso serve como uma base para a justificação dos direitos humanos.[26] Os direitos humanos podem portanto ser considerados discursivamente necessários. Isso implica que uma negação dos direitos humanos é discursivamente impossível. Juntamente com a necessidade discursiva e a impossibilidade discursiva existe entretanto um âmbito extenso daquilo que é meramente possível discursivamente.[27] Um juízo é meramente possível discursivamente quando uma pessoa pode fundamentá-lo sem violar qualquer regra ou princípio do discurso, ao passo que outra pessoa pode, ao mesmo tempo, fazer o mesmo em relação ao juízo contraditório desse mesmo juízo. Em tal caso, juízos incompatíveis são apoiados por razões. Portanto, o desacordo é, como afirma John Rawls, um "desacordo razoável".[28] Pode-se denominar esse problema o "problema do conhecimento prático".[29]

---

modelo discursivo a existência de um fato normativo depende da fundamentabilidade da proposição correspondente. Se se quer atribuir realismo à teoria do discurso, esse realismo só pode ser, portanto, um tipo fraco de realismo.

[23] cf. R. Alexy, Problems of Discourse Theory, in: Crítica, 20, 1988, p. 44.

[24] R. Alexy, A Theory of Legal Argumentation, R. Adler/N. MacCormick (trads.), Oxford, 1989, p. 188-206.

[25] Uma recente e ampla análise dos problemas da teoria discursiva do direito pode ser encontrada em C. Bäcker, Begründen und Entscheiden. Kritik und Rekonstruktion der Alexyschen Diskurstheorie des Rechts, Baden-Baden, 2008.

[26] R. Alexy, Discourse Theory and Human Rights, in: Ratio Juris, 9, 1996, p. 221 ss.

[27] Sobre o conceito de necessidade, impossibilidade e possibilidade discursivas, cf. R. Alexy (nota 24), A Theory of Legal Argumentation, p. 207.

[28] J. Rawls, Political Liberalism, New York, 1993, p. 55.

[29] Rawls fala, nesse contexto, em "ônus de julgamento". J. Rawls (nota 27), Political Liberalism, p. 54.

3.2. REAL

O problema do conhecimento prático requer que se abandone o primeiro estágio, definido exclusivamente pelos ideais de correção e discurso, e siga-se para o segundo estágio, em que procedimentos juridicamente regulados, em primeiro lugar garantem a obtenção de uma decisão e, em segundo lugar, cuidam de sua execução.[30] Esse é o passo na direção da positividade, do modo como definida pela legalidade autoritativa e pela eficácia social.[31] A insuficiência da dimensão ideal como um procedimento decisório exige como seu complemento a existência da dimensão real do direito, ou seja, de sua dimensão positiva.[32] Essa exigência deriva das exigências morais de evitar os custos da anarquia e da guerra civil e de alcançar as vantagens da coordenação e cooperação sociais.

3.3. A RECONCILIAÇÃO ENTRE IDEAL E REAL

Poder-se-ia supor que a necessidade de positividade implica o positivismo. Isso seria porém incompatível com a pretensão de correção. Com certeza a necessidade da positividade implica a correção da positividade. Mas a correção da positividade não possui, de modo algum, um caráter exclusivo. Conceder à positividade um caráter exclusivo, como,

---

[30] Sobre isso ver o "princípio" de Kant, de que "deve-se, junto com todos os outros (com os quais não se pode deixar de interagir), abandonar o estado de natureza, em que cada um segue seu próprio juízo, sujeitar-se à coerção pública legal externa e entrar em uma condição em que o que deve ser reconhecido como pertencente a ela é determinado *pelo direito* e é alocado nela por um *poder* adequado (não o seu próprio poder mas um poder externo)"; I. Kant, The Metaphysics of Morals, in: I. Kant, Practical Philosophy, Mary J. Gregor (trad., org.), Cambridge, 1996, p.456.

[31] R. Alexy (nota 4), The Argument from Injustice, p. 3.

[32] Cf. G. Radbruch, Legal Philosophy, in: The Legal Philosophy of Lask, Radbruch and Dabin, K. Wilk (trad.), Cambridge/Ma., 1950, p. 117: "se ninguém é capaz de determinar o que é justo, então alguém tem que estipular o que é legal." Radbruch adiciona em uma nota de rodapé: "ou seja, estipula-se o que *deve ser legal*, não o que é *correto*, pois isso seria contraditório"; G. Radbruch, Legal Philosophy, p. 117, n. 6. Isso poderia ser interpretado em uma de duas maneiras. Na primeira interpretação isso se destina a expressar que estipular o que é legal não tem nada a ver com o que é correto. A afirmação citada seria, nessa interpretação, incorreta. Estipular o que é legal necessariamente contém a pretensão de que aquilo que é estipulado é correto. Portanto a primeira interpretação falha em levar em conta a dupla natureza do direito. Na segunda interpretação, a citação afirma, apesar do fato de, em primeiro lugar, pretender que aquilo que é estipulado seja correto e, em segundo lugar, que é correto cumprir isso, não pode gerar a correção ou verdade daquilo que é estipulado autoritativamente. Nessa interpretação, a afirmação de Radbruch seria correta. Ela seria uma expressão da dupla natureza do direito.

por exemplo, Kant se inclina a fazer,[33] seria subestimar o fato de que a pretensão de correção substancial – ou seja, em primeiro lugar e acima de tudo, a pretensão de justiça – não desaparece após a institucionalização do direito. Ela permanece viva por trás do direito e no direito. Por essa razão é preciso distinguir dois estágios ou níveis de correção: correção de primeira ordem e correção de segunda ordem. A correção de primeira ordem se refere apenas à dimensão ideal. Ela diz respeito à justiça enquanto tal. A correção de segunda ordem é mais abrangente. Ela se refere a ambas as dimensões, a ideal e a real. Isso significa que ela diz respeito à justiça e à segurança jurídica. Porém, a segurança jurídica só pode ser alcançada através da positividade. Nesse sentido, a pretensão de correção, como uma pretensão de segunda ordem, necessariamente conecta com o direito o princípio da justiça e o princípio da segurança jurídica.

O princípio da segurança jurídica é um princípio formal. Ele exige um compromisso com aquilo que foi estabelecido autoritativamente e é socialmente eficaz. O princípio da justiça é um princípio material ou

---

[33] Sobre isso, cf. R. Alexy (nota 4), The Argument from Injustice, p. 116-121. No apêndice da segunda edição de seus *Primeiros Princípios Metafísicos da Doutrina do Direito*, de 1798, primeira parte da *Metafísica dos Costumes*, Kant restringe sua regra "obedeça a autoridade que tem poder sobre você" através da seguinte cláusula de exceção: "(na medida em que não conflite com a moral interna)"; I. Kant (nota 29), The Metaphysics of Morals, p. 505. Kant não explica, nessa passagem, o que ele quer dizer com conflito com a moral interna. Em seus manuscritos, encontramos porém os seguintes exemplos: "por exemplo, coerção religiosa. Coerção a pecados não naturais: assassinato traiçoeiro etc."; I. Kant, Reflexionen zur Rechtsphilosophie, in: Kant's gesammelte Schriften, XIX, Berlin, 1934, p. 595. Isso não significa, contudo, que o efeito de tais conflitos com a moral interna seja, como no caso da fórmula de Radbruch, a perda da validade jurídica ou do caráter jurídico. Kant distingue um conceito moral e um conceito estrito (ou estreito, ou puro) de direito. O conceito moral de direito "está relacionado a uma obrigação a ele correspondente"; I. Kant (nota 29), The Metaphysics of Morals, p. 387. Essa obrigação (Verbindlichkeit) é uma obrigação moral: "uma obrigação é a necessidade de uma ação livre de acordo com um imperativo categórico da razão"; I. Kant (nota 29), The Metaphysics of Morals, p. 377. Parece ser essa obrigação moral aquilo a que a cláusula de exceção de Kant se refere. O direito em sentido estrito não é afetado por isso: "o direito estrito, a saber, aquele que não está misturado com nada ético, exige apenas motivos externos para a determinação da escolha; pois só assim ele é puro e não está misturado com preceitos de virtude. Somente um direito completamente exterior pode portanto ser denominado estrito (direito no sentido estreito)"; I. Kant (nota 29), The Metaphysics of Morals, p. 389. Poder-se-ia pensar que isso se aplica apenas à perspectiva do observador. Em resposta a isso, contudo, pode-se apontar a tese de Kant, de que o juiz tem que decidir com base no "próprio (estrito) direito"; I. Kant (nota 29), The Metaphysics of Morals, p. 390. Isso mostra que, segundo Kant, o conceito de direito estrito é aplicável não só sob a perspectiva do observador, mas também sob a perspectiva do participante.

Parte IV · Cap. 3 – A DUPLA NATUREZA DO DIREITO | **279**

substantivo. Ele exige que a decisão seja moralmente correta. Esses dois princípios, como princípios em geral,[34] podem colidir, e de fato eles frequentemente colidem. Um nunca pode tomar o lugar do outro completamente, ou seja, em todos os casos. Ao contrário, a dupla natureza do direito exige que eles sejam considerados reciprocamente em uma proporção correta. Na medida em que essa proporção correta é obtida, é alcançada a harmonia do sistema jurídico.

Assim, a correção de segunda ordem é uma questão de ponderação. Isso evidencia que a ponderação desempenha um papel não só na criação e na aplicação do direito, ou seja, na prática jurídica, mas também na própria base do direito. Ela é uma parte da natureza do direito.

A correção de segunda ordem é o tema do terceiro passo, que diz respeito à institucionalização da razão. Devem ser distinguidos dois aspectos dessa institucionalização: um é substantivo, o outro é procedimental.

3.3.1. O limite exterior do direito

O primeiro aspecto substantivo é o postulado de um limite exterior do direito. Ele diz respeito à rejeição da tese de Hans Kelsen, de que "qualquer conteúdo pode ser direito".[35] Kelsen ilustra sua tese com a seguinte observação: "de acordo com o direito de estados totalitários, o governo tem o poder de confinar em campos de concentração pessoas com convicções, religião ou raça indesejadas, e forçá-las a fazer qualquer tipo de trabalho, até mesmo matá-las".[36] Para contestar isso, a fórmula de Radbruch[37] tem que ser introduzida. Em sua versão mais curta, ela reza:

a injustiça extrema não é direito.[38]

A controvérsia sobre um limite externo do direito é um tema central no debate sobre o positivismo jurídico, um debate que não pode ser abordado aqui. No presente contexto, somente a relação entre a ideia de um limite exterior e a tese da dupla natureza interessa.

---

[34] R. Alexy, A Theory of Constitutional Rights, J. Rivers (trad.), Oxford, 2002, p. 44-110.

[35] H. Kelsen, The Pure Theory of Law, 2ª ed., M. Knight (trad.), Berkeley, 1967, p. 198.

[36] H. Kelsen (nota 34), The Pure Theory of Law, p. 40.

[37] G. Radbruch, Statutory Lawlessness and Supra-Statutory Law, B. Litschewski Paulson/S. L. Paulson (trads.), in: Oxford Journal of Legal Studies, 26, p. 7.

[38] R. Alexy, A defence of Radbruch's Formula; in: Recrafting the Rule of Law. The Limits of Legal Order, D. Dyzenhaus (org.), Oxford, 1999, p. 17 (reimpresso in: Lloyd's Introduction to Jurisprudence, 7ª ed., M.D.A. Friedman (org.), London, 2001 (8ª ed. 2008)).

280 | Teoria Discursiva do Direito • *Robert Alexy*

A fim de determinar o que essa relação abrange é preciso distinguir duas versões do positivismo e três versões do não-positivismo. As duas versões do positivismo são o positivismo exclusivo e o inclusivo. O positivismo exclusivo, como defendido da forma mais proeminente por Joseph Raz, sustenta que a moral está necessariamente excluída do conceito de direito.[39] No que diz respeito a normas individuais, isso é aceitável sob o ponto de vista de um observador;[40] do ponto de vista de um participante isso é porém errado. Um participante de um sistema jurídico é caracterizado em termos das questões e argumentos sobre o que conta como uma resposta correta a uma questão jurídica no sistema jurídico em que o participante se encontra. Ora, argumentos sobre o que conta como uma resposta correta são impossíveis sem se levantar uma pretensão de correção. Isso implica que o participante necessariamente se refere à segurança jurídica e à justiça. E isso, por sua vez, significa dizer que o positivismo exclusivo está excluído.[41]

O positivismo inclusivo, defendido por exemplo por Jules Coleman, é menos radical. Ele não afirma que a moral está necessariamente excluída nem que ela está necessariamente incluída. A inclusão é considerada convencional, ou seja, uma matéria contingente, dependendo daquilo que o direito positivo de fato diz.[42] Contudo, com essa abordagem não se consegue compreender a necessidade da dupla natureza do direito.

Apenas o não-positivismo é compatível com a dupla natureza do direito. Isso não significa, porém, dizer que todas as versões do não-positivismo cumprem seus requisitos. Duas versões do não-positivismo não o fazem, a saber, o não-positivismo exclusivo e o não-positivismo super-inclusivo. Somente uma terceira versão, o não-positivismo inclusivo, representa adequadamente a dupla natureza do direito.

O não-positivismo exclusivo é a versão mais radical do não-positivismo. Ele alega que toda injustiça, todo defeito moral de uma norma, impede que ela seja legalmente válida. A tese de Deryck Beyleveld e Roger Brownsword, de que "normas imorais não são juridicamente válidas",[43]

---

[39] J. Raz, The Authority of Law, Essays on Law and Morality, Oxford, 1979, p. 47.

[40] R. Alexy (nota 4), The Argument from Injustice, p. 27-31.

[41] Uma versão mais elaborada desse argumento se encontra em R. Alexy, An Answer to Joseph Raz, in: Law, Rights and Discourse, G. Pavlakos (org.), Oxford, 2007, p. 45-48, 50-54.

[42] J. Coleman, Authority and Reason, in: The Autonomy of Law, R. P. George (org.), Oxford, 1996, p. 316.

[43] D. Beyleveld/R. Brownsword, Human Dignity in Bioethics and Biolaw, Oxford, 2001, p. 76.

Parte IV · Cap. 3 – A DUPLA NATUREZA DO DIREITO | **281**

constitui um exemplo dessa visão.[44] Apoiando-se em uma ponderação incorreta entre o princípio da segurança jurídica e o princípio da justiça, ela atribui um peso muito baixo à dimensão factual ou autoritativa do direito.[45]

O não-positivismo super-inclusivo caminha na direção oposta. Ele sustenta que a validade jurídica não é afetada de modo algum por defeitos morais ou pela incorreção moral. À primeira vista, essa parece ser uma versão do positivismo, e não do não-positivismo. Essa primeira impressão é, contudo, equivocada, como se percebe logo que se admite que além de uma conexão classificatória entre o direito e a moral existe uma conexão qualificatória.[46] Essas duas conexões são distinguidas pelos efeitos dos defeitos morais. O efeito de uma conexão classificatória é a perda da validade jurídica ou do caráter jurídico. Em contraste, os efeitos de uma conexão qualificatória estão limitados a defeitos jurídicos que não alcançam o nível de minar a validade jurídica ou o caráter jurídico. A tese de Santo Tomás de Aquino de que um direito tirânico "simplesmente não é direito",[47] ou, como coloca John Finnis, "não é direito no sentido focal do termo 'direito'",[48] mas somente direito em um sentido secundário desse termo",[49] ou seja, direito defeituoso, parece marcar uma conexão qualificatória. Outra versão de não-positivismo super-inclusivo que pode ser explicada através da distinção entre conexão classificatória e conexão qualificatória pode ser encontrada na combinação de Kant entre o postulado da "submissão incondicional"[50] ao direito positivo e a ideia de uma sujeição necessária do direito positivo ao direito não-positivo.[51]

O não-positivismo super-inclusivo está exposto a objeções bem semelhantes àquelas levantadas contra o positivismo exclusivo. Do mesmo modo que o positivismo exclusivo falha em reconhecer a dimensão ideal do direito, também o não-positivismo super-inclusivo falha em atribuir ao princípio da justiça enquanto expressão da dimensão ideal do direito

---

[44]   Essa visão não é, de modo algum, nova. Cf. S. Agostinho, Opera. Werke, vol. 9, J. Brachtendorf/V. H. Drecoll (orgs.), Paderborn, 2006, p. 86: "Nam lex mihi esse non videtur, quae iusta non fuerit" ("pois uma lei que não fosse justa não pareceria, para mim, uma lei").

[45]   Para mais detalhes cf. R. Alexy, On the Concept and Nature of Law, in: Ratio Juris, 21, 2008, p. 287.

[46]   R. Alexy (nota 4), The Argument from Injustice, p. 26.

[47]   S.T. Aquino, Summa Theologiae, Turin, 1962, p. 947 (I-II, questão 92, art. 1, 4): "lex tyrannica [...] non est simpliciter lex."

[48]   J. Finnis, Natural Law and Natural Rights, Oxford, 1980, p. 364.

[49]   J. Finnis (nota 48), Natural Law and Natural Rights, p. 364.

[50]   I. Kant (nota 29), The Metaphysics of Morals, p. 506.

[51]   Sobre isso cf. R. Alexy (nota 44), On the Concept and Nature of Law, p. 288-290.

um peso que seja suficiente para prevalecer sobre o princípio da segurança jurídica em casos extremos. A tese do não-positivismo inclusivo é de que um tal peso deve ser atribuído à justiça.[52] O não-positivismo inclusivo não alega que defeitos morais sempre minam a validade do direito, nem que eles nunca o fazem. Seguindo a fórmula de Radbruch,[53] o não-positivismo inclusivo sustenta que defeitos morais minam a validade do direito se e somente se o limiar da injustiça extrema é ultrapassado. A injustiça abaixo desse limiar está incluída no conceito de direito como direito defeituoso, mas válido.[54] Desse modo, a ambos os lados da dupla natureza do direito são dados os pesos devidos.

3.3.2. O constitucionalismo democrático

Um limite exterior é uma condição necessária porém não suficiente da institucionalização da razão. A fim de alcançar a institucionalização da razão, é preciso não só resolver o problema da confrontação entre a positividade e a correção no limite, mas também conectar a positividade e a correção dentro do sistema jurídico. Isso só é possível na forma política do constitucionalismo democrático ou discursivo.

---

[52] Isso pode ser reconstruído através da lei da colisão (cf. R. Alexy (nota 33), A Theory of Constitutional Rights, p. 50-54). O princípio da segurança jurídica será representado por P_1 e o princípio da justiça por P_2. P simboliza a relação de precedência, e C_i diferentes condições de precedência. C_1 representa "injustiça abaixo do limiar de injustiça extrema" e C_2 "injustiça extrema". De acordo com o não-positivismo inclusivo, as duas seguintes relações de precedência são válidas:
(1) $(P_1 \ P \ P_2) \ C_1$
e
(2) $(P_2 \ P \ P_1) \ C_2$
P_2 exige, tomado isoladamente, a consequência jurídica de que a norma em questão não seja válida ou não seja direito (Q). Isso, ao lado de (2), implica, de acordo com a lei da colisão, a regra $C_2 \rightarrow Q$. Transformada em palavras, essa regra é a versão mais curta da fórmula de Radbruch: a injustiça extrema não é direito. Em contraste a isso, o não-positivismo super-inclusivo e também, em seu resultado, o positivismo exclusivo, podem ser representados por:
(3) $(P_1 \ P \ P_2)$,
enquanto o não-positivismo exclusivo encontra sua representação em:
(4) $(P_2 \ P \ P_1)$.
(3) e (4), como relações incondicionais de precedência, podem ser ambas lidas como expressões de uma rejeição da ponderação nas questões referentes ao conceito e à natureza do direito. Cf. também C. Bäcker (nota 25), Begründen und Entscheiden. Kritik und Rekonstruktion der Alexyschen Diskurstheorie des Rechts, Baden-Baden, p. 248-251.

[53] Sobre isso cf. R. Alexy (nota 4), The Argument from Injustice, p. 40-62.

[54] R. Alexy (nota 44), On the Concept and Nature of Law, p. 287 s.

Parte IV · Cap. 3 – A DUPLA NATUREZA DO DIREITO | 283

A democracia e os direitos fundamentais são os elementos principais do constitucionalismo democrático. Ambos são exigidos pela teoria do discurso, e ambos possuem uma dupla natureza.

3.3.2.1. A democracia

A democracia é o elemento mais importante no lado procedimental da institucionalização da razão. A democracia pode ser concebida, ao mesmo tempo, como um procedimento de decisão e como um procedimento de argumentação. A decisão, na linha do princípio da maioria, é o lado real da democracia. A argumentação, como discurso público, é o lado ideal. A única possibilidade para a realização dos ideais da teoria do discurso é a institucionalização de uma democracia que una ambos os lados. O nome dessa unidade é "democracia deliberativa".

3.3.2.2. Os direitos fundamentais

Direitos fundamentais são direitos que foram gravados em uma constituição com a intenção de transformar direitos humanos em direito positivo – em outras palavras, com a intenção de positivar os direitos humanos. Direitos humanos são direitos, em primeiro lugar morais, em segundo lugar universais, em terceiro lugar fundamentais e em quarto lugar abstratos que, em quinto lugar, têm prioridade sobre todas as outras normas.[55] Direitos existem se são válidos. A validade dos direitos humanos enquanto direitos morais depende somente de sua fundamentabilidade. Portanto, os direitos humanos existem se forem fundamentáveis. Ora, os direitos humanos são fundamentáveis com base na teoria do discurso, pois a prática de afirmar, questionar e argumentar pressupõe a liberdade e a igualdade, e as ideias de liberdade e igualdade implicam, junto com outras premissas que podem ser bem estabelecidas, os direitos humanos. Os direitos humanos são portanto discursivamente necessários.[56] Nada disso pode ser elaborado aqui.[57] O único ponto de interesse nesse

---

[55] R. Alexy, Die Institutionalisierung der Menschenrechte im demokratischen Verfassungsstaat, in: Philosophie der Menschenrechte, S. Gosepath/G. Lohmann (orgs.), Frankfurt, 1998, p. 246-254.

[56] O fato de os direitos humanos enquanto direitos abstratos serem discursivamente necessários não implica que sua aplicação em casos concretos seja sempre uma questão de necessidade discursiva. Pode haver um desacordo razoável sobre o que os direitos humanos exigem em um caso concreto.

[57] Sobre isso cf. R. Alexy, A Discourse-Theoretical Conception of Practical Reason, in: Ratio Juris, 5, 1992, p. 243-247.

284 | Teoria Discursiva do Direito · *Robert Alexy*

contexto é que os direitos humanos, como direitos morais, pertencem exclusivamente à dimensão ideal do direito. Sua transformação em direitos fundamentais, ou seja, em direito positivo, representa o esforço de conectar a dimensão ideal à real.

Em uma democracia ideal, o processo democrático sempre mostraria respeito suficiente em relação aos direitos fundamentais. Não haveria, em princípio, conflito entre democracia e direitos fundamentais. Entretanto, em uma democracia real há conflito. A realidade da vida política, junto com a ideia de direitos humanos e fundamentais, exige, portanto, o controle de constitucionalidade. O controle de constitucionalidade pretende estar mais próximo da dimensão ideal do direito do que está o parlamento. Essa pretensão é justificada se o controle de constitucionalidade puder ser compreendido como uma representação argumentativa ou discursiva do povo.[58] Nesse sentido, a dialética do real e do ideal, ou seja, a dupla natureza do direito, está presente até mesmo no relacionamento entre o controle de constitucionalidade e a legislação parlamentar.

3.3.3. A argumentação jurídica

O estabelecimento de um estado democrático constitucional cria um contexto institucional para a solução de problemas jurídicos. A legislação legitimada democraticamente é, ao lado do controle de constitucionalidade, o instrumento principal. Entretanto, esse quadro precisa ser preenchido. O mecanismo para fazê-lo é a argumentação jurídica ou o discurso jurídico. A dupla natureza da argumentação jurídica é expressada pela tese do caso especial. Essa tese afirma que o discurso jurídico é um caso especial do discurso prático geral.[59] O discurso prático geral é um discurso não-institucionalizado sobre questões práticas. Enquanto discurso prático geral ele compreende todos os tipos de argumentos práticos não-autoritativos, ou seja, argumentos morais relacionados à justiça e a direitos, assim como argumentos éticos relacionados à identidade individual e coletiva e argumentos pragmáticos que expressam a racionalidade meio-fim. Os argumentos morais têm prioridade, pois eles representam o ponto de vista universal. Isso não significa, contudo, que seu conteúdo não possa depender de outros argumentos.[60] O dis-

---

[58] R. Alexy, Balancing, Constitutional Review, and Representation, in: I• CON, 3, 2005, p. 578-581.

[59] Cf. R. Alexy (nota 24), A Theory of Legal Argumentation, p. 211-220.

[60] Para alguns detalhes cf. R. Alexy, The Special Case Thesis, in: Ratio Juris, 12, 1999, p. 378 s.

Parte IV · Cap. 3 – A DUPLA NATUREZA DO DIREITO | 285

curso jurídico é um caso especial do discurso prático geral porque ele está comprometido com a lei, o precedente e a dogmática. Esses compromissos representam o lado real ou autoritativo do discurso jurídico.

Habermas levantou uma série de argumentos contra a tese do caso especial.[61] Sua preocupação central é que a tese do caso especial confere tanto poder ao judiciário que a legitimidade democrática estaria em risco:

> Uma vez que, ao juiz, é permitido se mover no espaço livre das razões que tal "discurso prático geral" oferece, uma "linha vermelha" que delimita a divisão de poderes entre cortes e legislação fica turva. No caso da aplicação de uma lei específica o discurso jurídico do juiz deveria se confinar ao conjunto de razões que o legislador de fato apresentou ou pelo menos poderia ter mobilizado para a justificação parlamentar daquela norma. O juiz e o judiciário em geral ganhariam ou apropriariam uma independência problemática em relação àqueles organismos e procedimentos que fornecem a única garantia para a legitimidade democrática.[62]

A resposta a isso apoia-se em dois pontos. O primeiro é que a tese do caso especial de modo algum representa uma permissão trivial para "se mover no espaço livre das razões" do discurso prático geral. Pelo contrário, ela inclui uma prioridade *prima facie* das razões autoritativas. O segundo ponto diz respeito à proposta de Habermas de que o juiz "deveria se confinar ao conjunto de razões que o legislador de fato apresentou ou pelo menos poderia ter mobilizado para a justificação parlamentar". A intenção real do legislador é de fato uma razão muito relevante para a interpretação de uma lei. Mas, frequentemente, há dificuldades para reconhecê-la, ou ela é vaga ou inconsistente.[63] A vontade hipotética do legislador, por outro lado, é uma construção altamente problemática. Ela se aproxima de um convite para mascarar as intenções do juiz como intenção hipotética do legislador. Aqui parecem ser preferíveis argumentos práticos gerais não disfarçados. Habermas tenta aumentar o impacto da dimensão autoritativa do direito a fim de fortalecer a democracia. Os dois pontos realçados mostram, contudo, em primeiro lugar, que a tese do caso especial não oferece razão alguma para uma tal tentativa e, em segundo lugar, que a alternativa que Habermas propõe não é de fato uma alternativa. Somente a tese do caso especial torna possível atingir uma

---

[61] J. Habermas, Between Facts and Norms, W. Rehg (trad.), Cambridge, 1996, p. 229-237.
[62] J. Habermas, A Short Reply, in: Ratio Juris, 12, 1999, p. 447.
[63] Cf. R. Dworkin, A Matter of Principle, Cambridge, 1986, p. 34-57.

286 | Teoria Discursiva do Direito • *Robert Alexy*

ponderação adequada entre as dimensões ideal e real do direito no campo da argumentação jurídica e, o que é a mesma coisa, da interpretação.

3.3.4. "Dever ser" real e "dever ser" ideal

Na aplicação do direito, regras assim como princípios desempenham um papel essencial. Regras expressam um "dever ser" definitivo ou real, princípios um "dever ser" *prima facie* ou ideal.[64] A teoria dos princípios tenta desenvolver, nessas bases, uma teoria da proporcionalidade que inclui essencialmente uma teoria da ponderação. Isso, novamente, não pode ser elaborado aqui. No nosso contexto, o único ponto de interesse é que a teoria dos princípios completa a variedade de considerações que fizemos em nossa jornada pelos diversos campos da dupla natureza do direito, através de um argumento teórico-normativo que já tem estado presente em muito do que foi dito.

Agora o sistema está fechado. A dupla natureza do direito mostrou-se presente – explícita ou implicitamente – em todas as questões fundamentais do direito. Por essa razão, ela é a característica mais essencial do direito, e mostra por que o positivismo jurídico é uma teoria inadequada sobre a natureza do direito.

---

[64] R. Alexy, Ideales Sollen, in: Grundrechte, Prinzipien und Argumentation, L. Clérico/J-R. Sieckman (orgs.), Baden-Baden, 2009, p. 21-33.

PARTE V

ENTREVISTAS

Capítulo 1

ENTREVISTA A ATIENZA*

1.1. **Para começar, eu gostaria de saber alguns detalhes que dizem respeito à sua carreira acadêmica. Por exemplo, qual é a origem do seu interesse pela disciplina? Você está feliz por ter decidido se tornar um filósofo do direito?**

Eu comecei o estudo universitário em Göttingen, em 1968. Durante todo o tempo em que estudei direito eu também estava matriculado em filosofia. Eu me interessava por filosofia. Quem estuda direito e filosofia ao mesmo tempo chega quase que automaticamente à filosofia do direito. Graças aos meus professores esse interesse permaneceu constante durante meu tempo de estudante. Eu tive a sorte de, desde o início, na filosofia, ter encontrado Günther Patzig, com quem se aprendia não só a ler os grandes filósofos e a filosofia analítica, mas também a usar uns para benefício dos outros. Por volta do fim dos meus estudos eu novamente tive sorte: Ralf Dreier foi para Göttingen. Com a decisão de escrever minha tese de doutorado "Teoria da Argumentação Jurídica" junto a ele, a filosofia do direito tornou-se minha profissão. Eu me alegro até hoje de ter tomado essa decisão. Até hoje eu nunca me chateei com minha profissão.

---

* Traduzido a partir do original em alemão não publicado *Interview durch Manuel Atienza*, fornecido pelo autor para publicação neste livro (foram publicadas traduções em espanhol dessa entrevista: *Entrevista a Robert Alexy. Antworten auf Fragen von Manuel Atienza*, em Doxa, 24, 2001, p. 671-687; republicada em Diálogo científico, 12, 2003, p. 173-190 e em R. Alexy, Teoría de la argumentación jurídica, 2ª ed. ampliada, Lima 2007, p. 495-519).

290 | Teoria Discursiva do Direito · *Robert Alexy*

1.2. A publicação da sua tese de doutorado foi seu primeiro livro, que mais tarde foi traduzido em diversas línguas. Esse é um dos trabalhos mais influentes da teoria do direito nos últimos tempos. Após quase 25 anos da publicação da primeira edição desse livro, quais são, na sua opinião, seus pontos mais fortes e (se houver algum) mais fracos?

Há sobretudo três pontos que eu, quase 25 anos após a primeira aparição da *Teoria da Argumentação Jurídica*, ainda considero significativos. O primeiro é a tese de que com decisões e fundamentações jurídicas levanta-se uma pretensão de correção. Ao longo dos anos ampliei essa proposição para a tese geral de que o direito necessariamente levanta uma pretensão de correção. O segundo ponto é a tese do caso especial. Ela afirma que o discurso jurídico é um caso especial do discurso prático geral, caracterizado pelo vínculo à lei, aos precedentes e à dogmática. Isso leva à dupla natureza do direito. O vínculo à lei, aos precedentes e à dogmática define seu caráter institucional e autoritativo. A abertura para a argumentação prática geral adiciona a ele um lado ideal e crítico. A conexão desses dois lados leva a uma conexão entre direito e moral que exclui um conceito positivista de direito. O terceiro ponto talvez seja o mais importante. Mackie defendeu a tese de que a pretensão de objetividade levantada com nossos juízos morais seria falsa, pois não existiriam valores objetivos. Ele denomina isso "teoria do erro" (*"error theory"*).[1] A teoria do discurso objeta à teoria do erro que a argumentação prática racional é possível. A existência dessa possibilidade é demonstrada pelo fato de ela ser construída. A construção consiste na formulação de um sistema de regras e fórmulas que tornam explícito como a razão pode ser prática. Desse modo surge uma alternativa entre os dois extremos do puro objetivismo e do puro subjetivismo.

Naturalmente, com o avanço da idade de um livro, coisas que nele não foram alcançadas tornam-se mais claras. Eu gostaria aqui de apontar dois pontos fracos. O primeiro consiste no fato de na *Teoria da Argumentação Jurídica* ter na verdade sido pressuposto um amplo conceito não-positivista de direito que não foi porém desenvolvido. Esse primeiro ponto fraco diz respeito à relação entre as questões que são tratadas no livro e questões mais amplas ou mais gerais. O segundo ponto fraco pode ser reconhecido quando se olha na direção oposta, a saber, a direção dos detalhes da estrutura dos argumentos. A análise lógica da subsunção foi

---

[1] J. L. Mackie, Ethics, 1977, p. 35.

Parte V · Cap. 1 – ENTREVISTA A ATIENZA | **291**

relativamente levada adiante. Aqui são necessários alguns complementos à luz da teoria da argumentação não-monotônica, porém no geral nada se modifica na estrutura fundamental dedutiva. A ponderação foi, ao contrário, tratada apenas superficialmente. Na verdade aparece uma relação de precedência condicionada sob a forma do discurso prático geral (4.6), que porém não é de modo algum suficiente como análise da ponderação. Esse ponto fraco torna-se claro também pelo fato de os princípios, na minha tese de doutorado, serem definidos exclusivamente através de seu grau mais alto de generalidade (C II 2.3.1). Com isso a visão de seu verdadeiro caráter permaneceu obstruída.

1.3. Falemos um pouco mais do positivismo jurídico. Eu tenho aqui, sobre minha mesa, um recente livro italiano, de Giorgio Bongiovanni, cujo título é *Teorias Constitucionalistas do Direito: moral, direito e interpretação em R. Alexy e R. Dworkin*. Você concorda com a tese de que o positivismo jurídico fechou seu ciclo histórico com a implementação dessa forma de organização política relativamente nova que nós denominamos "estado constitucional"?

O positivismo jurídico é uma posição filosófica que permanecerá em discussão enquanto ocorrer um debate sobre o conceito e a natureza do direito. O positivismo jurídico cai no espaço lógico das respostas possíveis à pergunta "o que é o direito?", e ninguém poderá jamais dar uma resposta bem fundamentada a essa pergunta sem refutá-lo ou a seus opositores. Nessa medida, pode-se falar em um significado perpétuo do positivismo jurídico para a filosofia do direito. Deve-se diferenciar esse significado teórico para a filosofia do direito, que pode ser denominado "significado interno", de um significado prático ou externo do positivismo jurídico. Isso depende essencialmente da respectiva situação política e jurídica. Quando se trata de combater um sistema que procura impor, através da impregnação do direito pela moral, uma moral que não pode ser justificada nem universalmente nem apenas em relação às pessoas submetidas ao sistema jurídico, então o positivismo jurídico pode ser um instrumento útil para a luta política pela democracia e pela neutralidade do direito. No estado constitucional, o positivismo jurídico perde essa função. Nele são, por um lado, incorporados ao sistema jurídico, na forma de direitos fundamentais, postulados morais fundamentais. Por outro lado, as liberdades garantidas como direitos fundamentais previnem uma identificação excessivamente ampla do direito com convicções morais que não são compartilhadas por todos e cuja aceitação não pode ser exigida por parte de todos. O estado

292 | Teoria Discursiva do Direito · *Robert Alexy*

democrático constitucional procura resolver desse modo a velha relação de tensão entre direito e moral. Ao positivismo na verdade ficam abertas, nessa situação, construções como a do "positivismo inclusivo" (*inclusive positivism*, Coleman). Com isso, pode-se de fato considerar a realidade do estado democrático constitucional. Porém o não-positivismo se encaixa melhor. Ele não só se encaixa à realidade do estado democrático constitucional como é capaz de atribuir a ele um fundamento real.

1.4. Como você avalia o trabalho de Fuller e qual é sua opinião, particularmente sobre sua famosa controvérsia com Hart?

A teoria da moral interna ou interior do direito, de Fuller, é uma grande tentativa inicial de explicitar formas morais que estão implícitas no direito. Assim, torna-se claro que o direito não pode ser reduzido à facticidade da legalidade em conformidade com o ordenamento e à eficácia social. A tese de Fuller do direito como um empreendimento destinado a fins (*purposeful enterprise*) se assemelha, em sua estrutura, à tese neokantiana de Radbruch de que o direito é a realidade "que tem o sentido de servir aos valores do direito, à ideia de direito" (*Rechtsphilosophie*, § 4). A teoria de Fuller foi contudo desenvolvida de forma incompleta. Isso vale tanto para seus oito princípios da legalidade (*Morality of Law*, Cap. II), através dos quais ele define a moral interna do direito, quanto para sua análise filosófica do conceito de direito. Essa última leva a uma assimetria peculiar da controvérsia entre Fuller e Hart. Os argumentos de Hart possuem grande acuidade filosófica, mas Fuller alcança, com sua insistência em uma conexão necessária entre direito e moral, um ponto mais profundo. Um significado essencial dessa controvérsia para todos que vieram depois está no fato de ela quase convidar a unir as qualidades de ambos contendores em uma nova teoria.

1.5. Quais são as principais diferenças entre sua teoria e a teoria de Dworkin?

Uma comparação entre a minha teoria jurídica e a de Dworkin não é fácil. Há, na verdade, vários pontos em comum, mas as duas teorias empregam estruturas conceituais consideravelmente distintas. Talvez se poderia até mesmo dizer que as duas teorias são materialmente relativamente parecidas, mas formalmente consideravelmente distintas. Contudo há também diferenças materiais. Assim o conceito de princípio jurídico possui um papel em ambas as teorias, mas é empregado de modos distintos em cada uma. Segundo a minha concepção os princípios

Parte V · Cap. 1 – ENTREVISTA A ATIENZA | **293**

possuem o caráter de comandos de otimização. Além disso, também bens coletivos podem ser objeto de princípios. Isso significa que a máxima da proporcionalidade e com ela a ponderação possuem um papel central na resposta à questão sobre se um direito fundamental foi violado. Na visão de direitos como trunfos (*trumps*), de Dworkin, é diferente. Também na determinação das relações entre liberdade e igualdade há diferenças. Eu considero a liberdade e a igualdade como princípios de graus fundamentalmente iguais, que podem colidir. A visão de Dworkin da igualdade (*equal concern*) como virtude mais elevada da comunidade política (*sovereign virtue*) exclui isso. Não é a igualdade o conceito fundamental, que expressa a harmonia desejada, mas sim a correção. Tanto a liberdade quanto a igualdade estão submetidas a essa ideia regulativa.

1.6. **Em uma entrevista de Stephen Toulmin, publicada na *Doxa*, em 1993, ele afirmou, referindo-se tanto à sua teoria da argumentação jurídica quanto à de Habermas, que vocês colocam o carro na frente dos bois, ou seja, que vocês colocam no centro do quadro o discurso ao invés do papel que um sistema jurídico possui na vida social (o discurso no lugar da forma de vida). O que você pensa sobre isso?**

Em conexão com a tese do caso especial eu falei da "dupla natureza do direito". Ela constitui uma conexão entre o lado institucional e autoritativo e o lado ideal e crítico. Aí já está a resposta à objeção de Stephen Toulmin de que os teóricos do discurso, quando colocam o discurso no centro e não o papel do direito na vida social ou, mais em geral, quando atribuem precedência ao discurso sobre a forma de vida, colocariam o carro na frente dos bois. O ideal que a teoria do discurso procura atingir, na forma das condições da argumentação racional, acopla-se ao real e não teria, sem o real, força alguma. Ao contrário, o real não seria nossa forma de vida, ou seja, não seria a forma de vida de seres vivos capazes de discurso, se ele não incluísse o ideal. Essa relação de inclusão mútua não possibilita se chegar à imagem dos bois na frente do carro nem à do carro na frente dos bois.

1.7. **Quão forte foi a influência de Habermas em sua obra?**

À resposta sobre a influência que Habermas teve em mim eu preciso dar uma resposta complexa. Quem dá uma olhada no meu livro *Teoria da Argumentação Jurídica* rapidamente percebe que há duas correntes que me marcaram: a filosofia analítica e a teoria crítica, na forma a ela dada por Habermas. Na época que escrevi o livro essas duas correntes ainda

Teoria Discursiva do Direito • *Robert Alexy*

eram amplamente percebidas como posições opostas. Hoje é diferente. Habermas se aproximou cada vez mais do campo analítico, e este dele. Na época eu estava encantado pela filosofia analítica. Porém realmente se impunha a mim a tentativa de uma síntese. Essa síntese poderia ter sucesso porque tanto Habermas quanto autores da linha analítica como, por exemplo, Hare e Baier, apoiavam-se em ideias kantianas.

1.8. Há algum aspecto significante em que você diverge de Habermas?

Naturalmente há algumas diferenças entre a minha versão da teoria do discurso e a de Habermas. Mas a intenção fundamental é a mesma. Grandes diferenças existem porém na teoria dos direitos humanos e fundamentais. Na prática, o que decide o que vale com base em direitos fundamentais é a determinação de suas restrições. Na minha *Teoria dos Direitos Fundamentais* procurei resolver as restrições necessárias a direitos fundamentais através de uma teoria dos princípios que tem como base a tese de que os direitos fundamentais como normas possuem a estrutura de comandos de otimização. Isso coloca a máxima da proporcionalidade no centro da dogmática dos direitos fundamentais, o que tem a consequência prática de a ponderação decidir, em vários casos, sobre o conteúdo definitivo dos direitos fundamentais. Habermas sempre recusou isso com bastante ênfase. Em *Facticidade e Validade*, ele opôs ao modelo da ponderação um modelo do discurso de aplicação, esboçado por Klaus Günther, em que a ideia de coerência tem o papel central. Ora, assim como Habermas, entendo que a coerência na interpretação de direitos é muito significativa. Porém, eu acredito que não se pode ter coerência sem ponderação. Aqui têm se separado, até hoje, nossas mentes. Habermas entende que a ideia de otimização dissolveria a estrutura deôntica dos direitos fundamentais. Na ponderação tratar-se-ia de um mais ou menos. Faltaria portanto a estrutura binária que seria constitutiva da validade de normas. A teoria dos princípios tiraria a estrutura deontológica dos direitos fundamentais e daria a eles um sentido teleológico. Com isso eles perderiam seu caráter de "trunfos", no sentido de Dworkin. Eu contra-argumento que a mera possibilidade de gradação não implica ainda uma estrutura teleológica. A liberdade de opinião é, nos Estados Unidos, mais ampla que na Alemanha. Há aqui portanto um mais e um menos. Disso não se segue porém ainda que ela possua, em um ou em outro país, ou nos dois, um caráter teleológico. Naturalmente o resultado definitivo de uma fundamentação de direito fundamental deve possuir uma estrutura binária. Ele só pode ser válido ou inválido. Porém o caráter

Parte V · Cap. 1 – ENTREVISTA A ATIENZA | **295**

binário do resultado não implica o caráter binário de todos os passos da fundamentação. Assim tudo termina na questão sobre se a ponderação é um processo racional. Habermas entende "faltarem critérios racionais para isso".[2] Eu entendo que, se existem critérios racionais para respostas a questões práticas, esses critérios racionais para a ponderação existem.

1.9. **Ao longo dos últimos 10 anos, Juan Ruiz Manero e eu apresentamos uma concepção de princípios jurídicos que, em certo sentido, pode ser considerada uma mediação entre a sua teoria, a de Dworkin e a de Habermas. Nós supomos que princípios podem ser divididos em princípios em sentido estrito e políticas, e que políticas (e não outras classes de princípios) devem ser consideradas comandos de otimização. A ideia é introduzir dentro da categoria geral de princípio a distinção entre razões de objetivos e razões de correção, e defender a prevalência das razões de correção (princípios em sentido estrito) sobre razões de objetivos (políticas). A nosso ver, essa prevalência poderia ser considerada o aspecto mais importante da "ordem fraca" de princípios que você defende. E essa conceitualização permitiria uma melhor articulação entre as dimensões instrumental e moral da argumentação jurídica: o uso argumentativo de princípios sempre implica (como você afirma) uma atividade de atribuição de pesos e ponderação, mas a aplicação de políticas (por exemplo a preservação do meio ambiente) implica um aspecto de gradação que parece ser estranho predicar a outros tipos de princípios (a dignidade humana não parece ser uma questão de mais ou menos). O que você pensa sobre isso?**

De fato pode-se distinguir diversos tipos de princípios e a distinção entre princípios que têm como objeto direitos individuais e princípios cujo objeto são bens coletivos é, sem dúvida, especialmente importante, mesmo não sendo essa distinção tão simples quanto pode parecer à primeira vista. O significado dessa distinção resulta do fato de a atribuição fundamental de pesos a ambos os princípios decidir sobre em que medida um sistema jurídico consagra o individualismo. Na verdade eu me coloco a favor não de uma precedência estrita dos princípios que têm como objeto os direitos individuais, mas antes de uma precedência

---

[2]   J. Habermas, Faktizität und Geltung, p. 315.

prima facie, o que na verdade não cria uma classificação dura entre os dois tipos de princípios, mas sim uma classificação macia.

A questão sobre o que isso significa para a classificação dos princípios como comandos de otimização possui um significado teórico e prático extremamente importante. Eu acredito que você, Juan Juiz Manero e eu concordamos que princípios, em primeiro lugar, frequentemente colidem e, em segundo lugar, que a solução das colisões entre princípios não é possível sem ponderação. Ora, direitos individuais podem colidir tanto com direitos individuais quanto com bens coletivos. Um exemplo da primeira é a colisão entre a liberdade de opinião e o direito à proteção da personalidade, e um exemplo da segunda é o choque entre o direito de propriedade e a proteção ao meio ambiente. Além disso, há, em terceiro lugar, colisões entre bens coletivos, que não interessam porém aqui. A questão decisiva é se a ponderação possui uma estrutura diferente, em casos de colisão entre direitos individuais, da estrutura que ela possui em casos de colisões entre direitos individuais e bens coletivos. Eu entendo que esse não é o caso. Em ambos os casos a máxima da proporcionalidade exige tanto uma otimização relativa às possibilidades fáticas quanto uma otimização relativa às possibilidades jurídicas. Quando uma determinada interferência na liberdade de opinião não é adequada ou não é necessária para se proteger a personalidade, então podem a liberdade de opinião e a proteção à personalidade, tomadas conjuntamente sem que existam custos para um desses direitos, ser melhor realizadas, e nesse sentido, otimizadas se essa interferência for evitada. Isso não é nada mais que a otimalidade de pareto. As máximas parciais da adequação e da necessidade, que são máximas parciais da máxima da proporcionalidade, exigem exatamente isso. O mesmo vale para a colisão entre a propriedade e a proteção ao meio ambiente. A otimização relativa às possibilidades jurídicas corresponde à terceira máxima parcial da máxima da proporcionalidade, a máxima da proporcionalidade em sentido estrito. Ela afirma que a razão justificadora de uma interferência deve possuir um peso tanto maior quanto mais intensiva for a interferência. Isso vale tanto para a colisão entre direitos individuais quanto para a colisão entre direitos individuais e bens coletivos. Para se justificar uma interferência leve no direito de propriedade basta que a interferência cause uma melhoria relativamente pequena da proteção ambiental. Uma interferência muito grave na propriedade é, ao contrário, permitida somente quando interesses de proteção ambiental que possuem um peso muito alto a exigem. Com isso a intensidade da interferência na propriedade depende também se será paga indenização. Isso nos leva porém a detalhes muito específicos. Aqui é importante o fato de a máxima da proporcionalidade em sentido estrito ser violada quando não existe pelo menos uma paridade entre a gravidade da interferência e o peso da razão para se interferir. Esse critério pode ser denominado "postulado da paridade".

Do que foi dito fica claro que eu emprego um conceito de otimização que é composto por duas partes integrantes: a exigência da otimalidade de pareto e o postulado da paridade. Se isso é compreendido como "otimização", parece inevitável a consequência de que também princípios que possuem bens coletivos como objeto, como a proteção ambiental, devam ser classificados como comandos de otimização.

Eu quero introduzir duas qualificações. Trata-se da questão da "gradação" e da dignidade humana. A dignidade humana possui, como todo direito que ao mesmo tempo engloba e fundamenta tudo, uma estrutura diferente da estrutura dos outros direitos fundamentais. No caso de direitos fundamentais normais uma interferência não significa ainda uma lesão. Uma interferência transforma-se então em uma lesão somente quando ela não é justificada. À dignidade da pessoa humana falta essa estrutura interferência/restrição. Nessa medida ela possui o caráter de regra. Toda interferência na dignidade humana significa uma violação a ela. Portanto, também aqui as coisas não são fáceis. Por trás da estrutura de regra da dignidade humana certamente existem estruturas de ponderação. Porém esse é um novo tema. A segunda qualificação, que diz respeito ao aspecto da gradação, diz respeito a bens coletivos na forma de fins políticos usuais. A proteção ao meio ambiente possui, na Alemanha, desde 1994, quando ela foi registrada na constituição através do artigo 20a, grau constitucional. Vários fins políticos não possuem esse grau. Certa vez o Tribunal Constitucional Federal considerou a proteção à média empresa um fim político legítimo, que o legislador pode mas não precisa perseguir, e que então, quando ele decide persegui-lo, pode justificar a restrição a direitos fundamentais. Aqui o legislador possui uma competência, atribuída através de reservas legais referentes a direitos fundamentais, de estabelecer fins políticos para promover restrições a direitos fundamentais. Se porém cabe a ele a decisão sobre se ele quer perseguir um fim ou não, então cabe também a ele basicamente a decisão sobre qual a medida em que ele quer fazer isso. A gradação torna-se então, assim como a escolha do fim, em primeiro lugar um assunto do legislador, ou seja, um assunto da política. Nesse sentido, poder-se-ia designar o fim como um todo como "político". Naturalmente a decisão do legislador não torna a máxima da proporcionalidade supérflua. Mas sem a sua decisão sobre o fim político e o grau de sua realização esse

298 | Teoria Discursiva do Direito · *Robert Alexy*

fim não existiria como razão admissível ou inadmissível para restrições. No caso de princípios constitucionais isso não ocorre.

1.10 Quando da minha visita, em Kiel, em 1989, nós tivemos algumas discussões sobre quais poderiam ser considerados os três maiores pensadores da história da filosofia do direito. Eu gostaria de saber se você mudou de ideia desde então?

Eu não sei exatamente quais filósofos eu classifiquei, quando da sua visita a Kiel, como os "maiores pensadores da história da filosofia do direito". Mas como minha opinião sobre essa questão dificilmente deve ter mudado, eu devo ter mencionado aqueles que hoje menciono. São eles: Aristóteles, Hobbes e Kant.

1.11 Por que esses nomes?

Aristóteles forneceu, com sua análise da estrutura teleológica da ação humana, uma pedra fundamental para toda investigação do comportamento social e com isso do direito. Além disso, com sua análise da justiça ele revelou estruturas que interessam até hoje. Alguns elementos de sua análise da justiça possuem, de modo parecido ao que ocorre com sua silogística, valor perpétuo. Com Hobbes o conflito e a guerra ocupam o centro do panorama. Ninguém trabalhou a dicotomia entre direito e poder de forma tão aguda. Com isso naturalmente não se abrange completamente o conceito de direito, mas determina-se um elemento sem o qual não se pode compreender o direito. Finalmente Kant, ao classificar a liberdade como o "único direito originário pertencente a todo ser humano em virtude de sua humanidade" (*Einleitung in die Rechtslehre*), foi além do conceito de bem de Aristóteles e do conceito de paz de Hobbes. Sua conexão entre esse direito e a universalizabilidade exigida pelo imperativo categórico põe em jogo a liberdade. É bem verdade que isso não constitui ainda uma teoria completa dos direitos humanos e fundamentais. Mas se alcança a base do estado democrático constitucional. Naturalmente sugerem-se outros nomes, e há mais filosofias que se aproximam muito, em seu significado para a filosofia do direito, das três indicadas. Porém, indicá-los tornaria as coisas menos claras.

1.12 Quais são os três maiores filósofos do direito do século XX? Por quê?

Na pergunta anterior tratava-se de pensadores em geral na história da filosofia do direito. Isso me obrigou a olhar para os grandes filóso-

Parte V · Cap. 1 – ENTREVISTA A ATIENZA | **299**

fos. A segunda parte da pergunta, que diz respeito ao século XX, trata simplesmente de "filósofos do direito". Isso torna possível considerar filósofos que foram, ao mesmo tempo, juristas. Pode-se denominar esse círculo como "filósofos do direito em sentido estrito". No século XX, as três maiores figuras desse círculo são Kelsen, Radbruch e Hart. Kelsen formulou o problema da normatividade com uma clareza que não foi atingida por nenhum pensador antes dele. Esse problema pode ser concebido na questão sobre como é possível um dever ser jurídico que não se reduza à pura facticidade nem à pura moralidade. O papel que essa questão possui na filosofia do direito pode ser comparado ao papel que a questão sobre o que é um significado possuiu na filosofia geral. Radbruch não é colocado no triunvirato apenas por causa de sua conhecida fórmula, segundo a qual, em suma, a injustiça extrema não é direito, mas sobretudo por sua interpretação do direito como "realidade [...] que possui o sentido de servir à ideia de direito", bem como por sua explicação da ideia de direito através dos valores da justiça, da adequação a fins e da segurança jurídica (*Rechtsphilosophie*, §§ 4, 9). Com isso permanecem ainda muitas coisas obscuras, mas os caminhos para o desenvolvimento de um complexo conceito não-positivista de direito estão abertos. Por fim, Hart lançou, com sua análise dos pontos de vista interno e externo e com a distinção entre eles, uma base essencial para a compreensão da natureza do direito. Somente com ajuda da distinção entre perspectiva do observador e perspectiva do participante a normatividade do direito pode ser adequadamente compreendida tanto em sua independência quanto em sua conexão com a facticidade e a moralidade. Também no caso dos filósofos do direito sugerem-se outros nomes, e também em relação a eles eu gostaria de renunciar a dizer algo. Eu quero apenas revelar quem eu teria citado se eu tivesse decidido indicar quatro nomes. Teria sido Alf Ross.

1.13 O que você pensa sobre a situação da filosofia do direito (ou da teoria do direito) na Alemanha nos dias de hoje?

Sobre a situação atual da filosofia do direito na Alemanha ocorre o mesmo que acontece com outras questões humanas. A situação poderia estar melhor, mas pode-se também imaginar condições piores. Cursos de filosofia do direito e de teoria do direito são ofertados em quase todas as faculdades de direito. A qualidade é porém altamente diferenciada. São várias as razões para isso. Uma especialmente importante é que a formação e o interesse daqueles que possuem competência para a nossa disciplina é muito diverso. Não há na Alemanha praticamente nenhuma cátedra

300 | Teoria Discursiva do Direito · *Robert Alexy*

dedicada integralmente à filosofia do direito ou à teoria do direito. Isso corresponde a uma velha tradição. Não se pode imaginar um Savigny ou um Jhering sem o direito civil, e do mesmo modo Kelsen seguramente foi um teórico do estado como Radbruch foi um penalista. Essa conexão com uma disciplina dogmática possui vantagens e desvantagens. As vantagens consistem sobretudo no fato de o conhecimento do objeto sobre o qual se filosofa estar assegurado. Todo filósofo do direito deve ser capaz de dar uma resposta à pergunta "o que é o direito?". É algo trivial o fato de que aquele que realmente conhece um objeto está em uma melhor posição para dizer o que é esse objeto do que aquele que não o conhece ou o conhece superficialmente. Na minha resposta à pergunta anterior eu designei como "filósofos do direito em sentido estrito" pensadores que são tanto filósofos quanto juristas. Esse conhecimento do objeto fundamenta a necessidade da profissão dos filósofos do direito em sentido estrito também sob um ponto de vista filosófico, pois a questão "o que é o direito?" é, como Kant explicou melhor que ninguém, uma questão filosófica.

A esse primeiro ponto do balanço positivo do dualismo da filosofia do direito na Alemanha junta-se um segundo, em que não se trata de vantagens teóricas, mas sim práticas. Com isso entra em jogo sobretudo a teoria do direito. Há problemas da dogmática jurídica que dificilmente podem ser solucionados adequadamente sem competências de teoria do direito. Como exemplos podem ser mencionadas as questões sobre o que é uma restrição a um direito, o que desempenha um papel em uma ponderação e como deve ser compreendida a hierarquia normativa da União Europeia. Essas são questões do dia a dia da ciência do direito, que dificilmente podem ser respondidas de forma adequada sem qualificações sólidas em teoria do direito. De tudo isso pode-se concluir que, sob condições ideais, o dualismo alemão prometeria vantagens tanto do ponto de vista teórico quanto do ponto de vista prático. As condições não são porém ideais, o que leva a consideráveis desvantagens.

Hoje em dia já não é mais possível estar familiarizado com toda a área do direito civil ou do direito público. Mesmo o direito penal torna--se, por causa das várias áreas a ele correlatas, mais extenso. Uma vez então que uma da três grandes áreas ainda é conectada à filosofia do direito ou à teoria do direito, o estabelecimento de um ponto central de estudo torna-se inevitável. Não raramente o estabelecimento de um ponto central de estudo consiste no fato de a energia ser concentrada na área dogmática, qualquer que seja ela, sendo a filosofia do direito trabalhada de passagem. Isso leva, a longo prazo, à desprofissionalização da filosofia do direito. Quando ainda se tem em vista que uma parte da

Parte V · Cap. 1 – ENTREVISTA A ATIENZA | **301**

nova geração corre o risco de desprofissionalização não ao começar a trabalhar, mas sim que ela não será profissionalizada por causa de uma desprofissionalização já existente no ensino, torna-se fácil então explicar alguns dos defeitos da situação atual da filosofia do direito na Alemanha. Não se deve porém pintar um quadro tão negativo. Nem sempre é dada prioridade à dogmática sobre a filosofia do direito, e frequentemente obtém-se êxito no estabelecimento de um ponto central de estudo que não só possibilita fazer jus a ambos os lados como também fazer florescer a filosofia e a teoria do direito. Assim, talvez se poderia dizer que o dualismo alemão em teoria tão ideal leva, na prática, a um quadro não uniforme. Falta em geral um nível pelo menos médio de filosofia e de teoria do direito, o que naturalmente surgiria através de uma substituição do dualismo por cátedras exclusivamente de filosofia do direito. Porém, o dualismo possibilita não só que a filosofia do direito venha abaixo em alguns lugares, ele também a levanta, em alguns lugares, a uma altura que ela só pode alcançar se ambos os lados forem conectados com êxito. Naturalmente esse quadro é bem geral. Porém aqui não é o lugar de continuar esboçando-o, nem tampouco de apontar nomes e lugares.

1.14. Qual é a sua opinião sobre a situação prévia na Alemanha e a situação em outros círculos culturais?

Sobre a questão de como a situação na Alemanha nos dias atuais se apresenta em relação a tempos anteriores pode-se, a partir da situação atual, dificilmente ser dito algo. A distância temporal em relação à situação anterior permite uma certa objetividade do julgamento, na medida em que aquele que julga aquilo que diz respeito a seu tempo corre um considerável risco de subjetividade, pois ele mesmo pertence àquilo que ele quer julgar. Assim talvez possa se dizer que a ciência do direito alemã, desde a Segunda Guerra Mundial, foi caracterizada por uma questionável orientação à prática e um descuido em relação a seu lado teórico. Parece ter faltado a ela a vontade de aspirar ao grandioso e ao perpétuo. No período entre 1763 (que marcou o fim da Guerra dos Sete Anos) e 1933 foi diferente. Muitos grandes cérebros da ciência do direito alemã foram impregnados por uma inclinação para a teoria que talvez tenha sido única no mundo. Isso estabeleceu a posição da ciência do direito alemã. Felizmente há sinais de que as nuvens negras do tempo do pós-guerra aos poucos estejam se dissipando. Não se pode mudar os mais velhos. Porém brotam muitos jovens promissores.

No que diz respeito à situação em outros círculos culturais eu só posso julgar de forma bastante limitada. Porém o que eu vejo é encora-

302 | Teoria Discursiva do Direito · *Robert Alexy*

jador. No direito constitucional, que é minha área dogmática principal, parece se desenvolver algo como uma distinta dogmática dos direitos fundamentais que se espalha pelos ordenamentos jurídicos sendo, nesse sentido, abrangente. Na filosofia do direito e na teoria do direito há na verdade ainda um certo domínio do círculo anglo-americano, mas também aqui, se eu estiver correto, as coisas estão mudando. Pense-se, só para citar um exemplo, na recepção de Habermas no mundo anglofônico.

1.15. Eu gostaria de obter um rápido julgamento de sua parte sobre os seguintes autores, que tiveram uma ampla influência em países de língua espanhola: Karl Larenz, Josef Esser, Carl Schmitt e Niklas Luhmann.

Trata-se de autores bem distintos. Karl Larenz alcançou significativas contribuições para a metodologia jurídica. Com isso ele desempenhou um papel significativo na história da metodologia jurídica. Sua capacidade de incorporar coisas novas à sua atividade científica, até o fim, é impressionante. A tragédia de Larenz foi que ele não pode desenvolver todo seu talento. No final da República de Weimar ele seguiu o caminho do neo-hegelianismo de Binder. Logo depois de 1933 ele se envolveu – na minha universidade, ou seja aqui em Kiel – profundamente com o Nacional-socialismo. Depois de 1945 ele produziu, com seu *Methodenlehre der Rechtswissenschaft*, um dos livros de maior êxito sobre o tema em língua alemã. Porém faltaria à parte sistemática, com sua conexão a ideias hegelianas e hermenêuticas, a força filosófica, que poderia ter feito seu livro, ao invés de um livro importante, um grande livro. Em todo caso eu prefiro a parte histórica desse livro à parte sistemática.

Também o julgamento sobre Josef Esser é misto. Seu livro *Grundsatz und Norm in der richterlichen Fortbildung des Privatrechts* também é um livro importante, mas não é um grande livro. A razão para isso é a falta de penetração conceitual da matéria. O livro possibilita visões profundas sobre a estrutura das normas jurídicas e sobre a argumentação jurídica. Essas visões são porém obscurecidas por inúmeras distinções que não são claras. Um defensor de Esser poderia objetar que minha visão é embaçada por postulados de clareza analítica inadequados. A isso eu contra-argumentaria que algo profundo que se perde quando se torna claro não é de fato algo profundo. Tudo isso é válido com ainda mais força para o livro de Esser *Vorverständnis und Methodenwahl in der Rechtsfindung*, muito conhecido em seu tempo. Ele é, sobretudo tendo em vista a sua época, um livro interessante, mas ele não alcança nem de longe *Grundsatz und Norm*.

Parte V · Cap. 1 – ENTREVISTA A ATIENZA | **303**

Sobre Carl Schmitt tantas coisas já foram ditas, que eu quero ser breve. Carl Schmitt foi, pelo menos no que diz respeito a seus trabalhos até 1933, um importante constitucionalista, e suas obras não vão desaparecer tão rapidamente do rol bibliográfico dos novos livros. Sua influência na politologia e na filosofia política deverá permanecer especialmente grande. É difícil determinar sua importância para a filosofia do direito. Quando se considera o infeliz relacionamento entre Kelsen e Carl Schmitt quase se pode dizer que alguém deve optar ou pela teoria do direito ou pela filosofia política. O esquema amigo-inimigo ganharia assim uma dimensão referente à disciplina. Mas naturalmente as coisas são mais complicadas.

No que diz respeito a Luhmann, não chegou ainda a hora de um juízo completo. A questão decisiva é se Luhmann apenas desenvolveu uma terminologia altamente complexa para coisas há muito tempo conhecidas ou se ele trouxe à luz coisas que não eram conhecidas antes dele e que não poderiam ser reconhecidas sem a sua teoria.

1.16. **Seu trabalho tem tido uma grande influência na filosofia do direito nas últimas décadas. Sem dúvida alguma isso se deve, pelo menos em parte, ao fato de você ter abordado problemas que são de interesse geral. Quais são os problemas que têm estado no centro do seu trabalho como filósofo do direito? Quais são as suas principais contribuições para a filosofia do direito?**

No centro do meu trabalho como filósofo do direito está a conexão entre direito e razão. Essa questão basilar leva por si mesma a três problemas: o primeiro pode ser expresso na questão sobre o que é o direito, o segundo na questão sobre o que é a razão e o terceiro na questão sobre em que consiste a conexão entre ambos. Cada uma dessas questões pode ser decomposta em inúmeras outras questões, que porém não interessam aqui.

À primeira questão, ou seja, à questão sobre o que é o direito, eu apresentei uma resposta que já é complicada pelo fato de, segundo ela, o direito consistir em três elementos: (1) a legalidade em conformidade com o ordenamento, (2) a eficácia social e (3) a correção material. O primeiro elemento representa a institucionalidade do direito, o segundo sua facticidade e o terceiro sua moralidade. O essencial desse conceito de direito triádico é que os três elementos não estão reunidos de qualquer maneira. Entre eles há, antes, relações necessárias. A eficácia sem a legalidade é rígida, a legalidade sem a eficácia está desprovida de força,

304 | Teoria Discursiva do Direito · *Robert Alexy*

e ambas juntas não constituem direito se não for pelo menos levantada uma pretensão de correção. O conteúdo da pretensão de correção do direito é, em si, novamente, complexo. Aqui trata-se somente do fato de o direito necessariamente incluir uma pretensão de justiça. Com isso a pretensão de correção funda uma conexão necessária entre direito e moral.

Isso leva ao segundo problema. Aquilo que foi estabelecido e é eficaz é determinado por fatos sociais. Através de quê porém se determina o que é correto? A resposta reza: através da razão e, na verdade, uma vez que aqui se trata da correção normativa, através da razão prática. Ora, não só é polêmico o que é a razão prática, mas também se ela de fato existe. Basta lembrar a *Kritik der sogenannten praktischen Erkenntnis*, de Alf Ross, de 1933. À pergunta sobre se de fato existe uma razão prática, eu respondo que discursos práticos racionais são possíveis. O que são discursos práticos racionais pode ser explicado através de um sistema de regras e formas da argumentação racional. A essa interpretação da razão como argumentação, ou seja, como prática de apresentar e exigir razões, é feita a objeção de que tal interpretação poderia de fato salvar a ideia de razão prática, mas teria que pagar um alto preço: a perda de substância.

Isso leva ao terceiro problema, que consiste na questão sobre a conexão entre direito e razão. A objeção da perda de substância acerta em um ponto importante, como frequentemente acontece com objeções, mas ela pode ser enfraquecida porque se baseia, como também frequentemente acontece com objeções, em um exagero. A interpretação da razão como argumentação de fato significa uma procedimentalização, mas não exclui toda substância. Em alguns trabalhos sobre teoria do discurso eu procurei mostrar que o reconhecimento mútuo dos sujeitos como livres e iguais é constitutivo para a argumentação, e que os direitos humanos podem se fundamentar nessas bases. Não é porém suficiente fundamentar os direitos humanos. Eles também precisam ser efetivados. Essa efetivação deve ocorrer nos planos internacional, supranacional e nacional. Aqui é importante apenas o fato de a efetivação dos direitos humanos exigir, em todos os três planos, a sua positivação. No plano nacional, a positivação dos direitos humanos significa a sua transformação em direitos fundamentais. Isso estabelece uma primeira conexão entre direito e razão. A segunda conexão resulta da formalidade das regras e formas do discurso, contra a qual a objeção da falta de substância se volta. De fato as regras e formas do discurso não estabelecem, em muitos casos, um resultado. Porém, isso não leva à sua inutilidade, mas sim à necessidade de uma conexão entre a estrutura da argumentação e a estrutura da decisão. Esse é o lugar sistemático do estado democrático constitucional. O estado democrático

Parte V · Cap. 1 – ENTREVISTA A ATIENZA | **305**

constitucional constitui a conexão entre argumentação e decisão que melhor corresponde aos ideias discursivamente fundamentados de liberdade e igualdade. Eu procurei explicar mais precisamente tudo isso na minha *Teoria dos Direitos Fundamentais*, bem como em outros trabalhos. Neles, a ponderação, como forma de aplicação dos direitos fundamentais, desempenha um papel essencial. O sistema integral que desse modo surge pode ser designado como "institucionalização da razão".

1.17. Quais são seus projetos para o futuro?

É sempre arriscado falar de seus próprios planos, pois ter um plano que vale a pena procurar executar quase sempre significa ter um plano que, na melhor das hipóteses, pode-se realizar apenas de forma incompleta. Por isso eu vou me limitar a indicações gerais. Eu tenho interesse por três problemas. O primeiro é puramente filosófico. Ele consiste na questão sobre quais são os tipos de argumentos que podemos apresentar quando perguntamos o que é o direito ou o dever ser. Com isso se trata da natureza dos argumentos sobre a natureza do direito. O segundo tema está no direito do estado. Trata-se da questão sobre como diferentes concepções de direitos fundamentais afetam a repartição de competências no estado democrático constitucional, especialmente entre o legislador e a corte constitucional. A ponderação possui, nesse caso, um papel especial. O terceiro projeto é de longa duração. Ele se dirige a um sistema da filosofia do direito. Se eu algum dia terminarei isso permanece porém completamente aberto.

1.18. Como você vê o futuro do direito e da filosofia do direito? Nós precisamos da filosofia do direito e de filósofos do direito no mundo da globalização? Para que a filosofia do direito hoje?

O papel do direito provavelmente aumentará no futuro. As razões disso são frequentemente descritas. Por um lado, a complexidade das relações econômicas e sociais aumenta. Por outro lado, o poder que tradições e convenções possuem de evitar e solucionar conflitos diminui. Do fato de o papel do direito aumentar não se segue porém ainda que o papel da filosofia do direito aumenta. O crescente papel do direito na sociedade é acompanhado de uma especialização sempre crescente dos juristas. Isso por si só diz pouco, pois há duas formas de especialização, e o papel da filosofia do direito depende de qual dos dois ocorre. O primeiro se restringe ao aperfeiçoamento de competências práticas em uma área limitada. Também a segunda forma de especialização persegue esse objetivo, mas não se limita a ele. Ela procura conectar o aperfeiçoamento das competências em determinada área a uma capacidade de estabelecer conexões entre essas competências e tudo o que se encontra em um sistema jurídico. Ela pode ser denominada "reflexividade sistemática". A reflexividade sistemática não pode de fato ser alcançada sem conhecimentos fundamentais de teoria e filosofia do direito. Se fosse possível ter certeza de que aquilo que é racional também tornar-se-ia realidade, poder-se-ia já por essa razão ver de forma clara o futuro da filosofia do direito. A experiência sugere porém um julgamento mais realista. Um julgamento realista parece ser que as coisas não ficarão nem tão claras nem tão obscuras.

A globalização torna a necessidade da filosofia do direito ainda mais clara do que ela já é em si mesma. A globalização significa essencialmente que as conexões entre as coisas nesse mundo tornam-se mais estreitas. Os ordenamentos jurídicos se baseiam e se permeiam sempre de forma mais forte. Isso possibilita a procura da unidade. Essa procura é uma procura pelos universais. O universal é contudo um objeto genuíno da filosofia. Isso vale tanto para a permeação sistemático-conceitual do material como também para o problema normativo da justiça. A universalidade da permeação sistemático-conceitual do material define o ideal teórico de uma ciência do direito abrangente. O problema normativo da universalidade exige, como solução, o estabelecimento da justiça. Isso constitui a realização de um ideal prático. O estabelecimento da justiça universal pressupõe porém não só ação, mas também reflexão. A reflexão sobre a justiça é a filosofia do direito. Assim, nem uma ciência do direito universal nem uma justiça universal são possíveis sem a filosofia do direito. Mesmo se não houvesse outras razões a favor da filosofia do direito, essa seria uma razão suficiente para fundamentar sua necessidade.

1.19. Qual seria o seu conselho a uma pessoa jovem (um(a) jurista inexperiente) interessada em trabalhar com a filosofia do direito?

Eu aconselharia um jovem ou uma jovem jurista realmente interessado(a) em trabalhar com a filosofia do direito a escrever uma tese na área. Às vezes faz sentido embutir um tema de filosofia do direito em um contexto da dogmática jurídica. Assim, como jovem jurista, eu não teria medo, se isso parecesse fazer sentido, de procurar dialogar com os autores que eu intensamente estudei e que tiveram um papel importante na escolha do meu tema, independentemente de onde eu estivesse escrevendo minha tese.

Capítulo 2

CINCO QUESTÕES*

2.1. Por que você foi inicialmente atraído pela filosofia do direito?

Eu me interessei pela filosofia antes mesmo de entrar na universidade, e quando comecei o estudo universitário em Göttingen, em 1968, eu me matriculei em filosofia e em direito. Essa combinação me levou naturalmente à filosofia do direito.

Naturalmente, interesse não implica necessariamente um compromisso duradouro. Devo a meus professores o fato de o meu interesse em filosofia do direito ter permanecido constante através dos meus anos como estudante. No meu primeiro ano, em Göttingen, tive a sorte de estudar filosofia com Günther Patzig. Ele não só me apresentou Kant e Aristóteles mas também a filosofia analítica, especialmente o trabalho de Gottlob Frege. Ele ainda me ensinou o valor da abordagem analítica na leitura de grandes filósofos. No final do meu período como estudante eu novamente tive sorte. Ralf Dreier aceitou uma cátedra em Göttingen. Quando, em 1973, comecei a escrever minha tese de doutorado, *Teoria da Argumentação Jurídica*, sob supervisão dele, eu estava, sem saber, tomando a filosofia do direito como minha profissão.

Eu tenho estado feliz com minha decisão de me concentrar na filosofia do direito. Meu trabalho me confronta com desafios importantes, desperta minha curiosidade e me traz prazer. Ele nunca foi entediante para mim.

---

* Traduzido a partir do original em inglês *1. Robert Alexy*, publicado originalmente em Legal Philosophy – 5 Questions, M. E. J. Nielsen (org.), 2007, p. 1-11.

308 | Teoria Discursiva do Direito · *Robert Alexy*

2.2. Quais são as suas contribuições para a filosofia do direito até agora pelas quais você gostaria de ser lembrado, e por quê?

A maior parte do meu trabalho tem sido dedicada a três temas: em primeiro lugar à argumentação jurídica, em segundo lugar aos direitos humanos e fundamentais e, em terceiro lugar, ao conceito e à natureza do direito. A ideia geral é a institucionalização da razão prática. Se os três temas puderem ser unidos através dessa ideia o resultado pode muito bem ser um sistema.

A argumentação jurídica é o objeto da *Teoria da Argumentação Jurídica*, publicada pela primeira vez em alemão, em 1978. Seguiu-se, em 1989, a tradução em inglês, feita por Ruth Adler e Neil MacCormick.[1] O tema central do livro é o que vem a ser a "argumentação jurídica racional" e se ela de fato é possível. Minha resposta, desde o início, tem sido que a argumentação ou discurso jurídico pode ser estabelecida como um empreendimento racional se ela for concebida como um caso especial do discurso prático geral. Trata-se da *tese do caso especial*. Dois fatores são importantes aqui.

Em primeiro lugar, o discurso jurídico é um caso do discurso prático geral. Isso é assim porque a argumentação jurídica, assim como a argumentação prática geral, diz respeito, no final das contas, àquilo que é comandado, proibido ou permitido, ou seja, a questões práticas. Em segundo lugar, ela é um caso especial porque a pretensão de correção levantada no discurso jurídico não se refere simplesmente àquilo que é correto em um sentido ideal ou absoluto, mas àquilo que é correto no contexto de um sistema jurídico específico. Essa é a dimensão real ou relativa do discurso jurídico. Aquilo que é correto em um sistema jurídico depende essencialmente daquilo que é estabelecido autoritativa ou institucionalmente. O caráter especial do discurso jurídico pode ser expressado através da fórmula de que a argumentação jurídica está, em primeiro lugar, conectada à lei, em segundo lugar, conectada aos precedentes e, em terceiro lugar, obrigada a proceder com a intenção de tornar coerentes as decisões do legislador e do judiciário – proceder, então, com uma intenção sistemática.

Esse caráter especial de modo algum significa, contudo, que a argumentação jurídica tenha um caráter exclusivamente autoritativo ou institucional. A dimensão ideal ou crítica do discurso prático geral entra em jogo também no contexto autoritativo ou institucional. Duas razões servem para explicar esse fato. A primeira é a textura aberta do direito que decorre de fenômenos como a vagueza da linguagem do direito, a indefinição das intenções do legislador, a possibilidade de conflitos entre normas e precedentes, o surgimento de novos casos, a possibilidade de se afastar os precedentes

---

[1] R. Alexy, A Theory of Legal Argumentation, R. Adler/N. MacCormick (trad.), Oxford, 1989.

Parte V · **Cap. 2** – CINCO QUESTÕES | **309**

e, embora apenas em circunstâncias especiais, a decisão contrária ao texto expresso de uma lei. Em tais casos o material autoritativo não é suficiente para se decidir o caso. Quando as razões autorizativas se esgotam, então, se as decisões jurídicas devem ser baseadas em razões, como exigido pela pretensão de correção do direito, as razões para a decisão devem incluir razões não-autoritativas. Essas razões adicionais não-autoritativas ou não--institucionais só podem ser aquelas do discurso prático geral. O discurso prático geral compreende, em primeiro lugar, argumentos morais que se referem àquilo que é justo e injusto, em segundo lugar, argumentos éticos relacionados à auto-compreensão individual e coletiva e, em terceiro lugar, argumentos pragmáticos baseados em considerações referentes ao bem--estar e à utilidade. A pretensão de correção do direito exige que em casos de conflito dentro da classe do discurso prático geral seja dada prioridade à justiça, ou seja, à moral. Nesse sentido a tese do caso especial estabelece uma conexão necessária entre direito e moral.

A segunda razão para explicar o fato de a dimensão crítica ou ideal estar em jogo também no contexto autoritativo ou institucional do direito é que decisões jurídicas pressupõem não só que a área aberta do direito seja fechada de um modo racional e bem fundamentado, mas também que é racional aplicar o material autoritativo existente. Todo aquele que decide um caso levanta uma pretensão não só de que sua decisão está correta com base no contexto e dentro do contexto do sistema jurídico, mas também que é racional ou correto aplicar a norma que ele está aplicando. Isso significa que os funcionários que trabalham com o sistema jurídico não podem se esquivar de uma responsabilidade pública por decisões, que embora não tenham sido tomadas por eles, são por eles aplicadas. Apesar do fato de essas decisões estarem além de seu controle, eles devem entretanto levantar a pretensão de que *suas* decisões, enquanto decisões jurídicas, são corretas. Isso demonstra que a racionalidade da argumentação jurídica não é uma questão restrita à metodologia jurídica, mas sim uma questão que só pode ser respondida dentro de uma teoria do direito que tente explicar a estrutura e o conteúdo da pretensão de correção do direito.

Como objeção à tese do caso especial poder-se-ia dizer que qualquer conexão razoável entre argumentos jurídicos e morais tem que pressupor a possibilidade de argumentos morais racionais. Segundo a objeção, essa possiblidade não existe porém. Falta racionalidade a argumentos morais e, assim, falta objetividade e correção ou verdade. Por essa razão, a teoria da argumentação jurídica deveria se restringir a uma teoria das razões autoritativas ou institucionais. Minha resposta a essa objeção, que pode ser denominada "objeção da irracionalidade", é estabelecida dentro da teoria do discurso prático racional, em suma, dentro da *teoria do discurso*.

310 | Teoria Discursiva do Direito · *Robert Alexy*

A teoria do discurso é uma teoria procedimental da correção prática ou da verdade. De acordo com a teoria do discurso uma proposição prática é correta se ela puder ser o resultado de um discurso racional. Na *Teoria da Argumentação Jurídica* eu tentei explicitar as condições da racionalidade discursiva através de um sistema de 28 regras e formas do discurso prático geral. Esse sistema compreende regras que exigem não-contradição, clareza da linguagem, certeza das suposições empíricas e sinceridade, bem como regras e formas que dizem respeito às consequências bem como à ponderação, à universalizabilidade e à análise da gênese das convicções normativas. O núcleo procedimental consiste em regras que garantem a liberdade e a igualdade no discurso através da concessão a todos do direito de participar em discursos e do direito de questionar assim como de defender qualquer afirmação.

Certamente a teoria do discurso é confrontada com vários problemas filosóficos sérios. Eu discuti alguns deles no artigo *Problems of Discourse Theory* (Problemas da Teoria do Discurso).[2] Dois pontos interessam aqui. O primeiro diz respeito a um problema da teoria do discurso que pode ser denominado "problema de conhecimento". Esse problema decorre do fato de o discurso não ser um procedimento que sempre leva a uma única resposta correta. Pode muito bem ser o caso de que *a* argumente a favor da proposição normativa *p* enquanto *b* argumente a favor de ¬*p* e nenhum deles viole uma regra do discurso. Nesse caso tanto *p* quanto ¬*p* são discursivamente possíveis e, nesse sentido, são relativamente certas ou corretas. Nessa situação, que não é de modo algum excepcional, são necessários procedimentos juridicamente regulamentados que garantam uma decisão. O problema de conhecimento inerente à teoria do discurso leva, nesse sentido, à necessidade do direito.

Um segundo ponto é o seguinte. A conexão entre discurso e direito não é, de modo algum, uma via de mão única. O direito exige o discurso a fim de se legitimar. Por essa razão o discurso não pode ser completamente substituído pela decisão; ao contrário, os dois devem estar conectados. Desse modo, o problema da legitimidade do direito poderia muito bem ser resolvido.

As regras do discurso são o resultado de uma tentativa de explicitar aquilo que está implícito na nossa prática de afirmar, questionar e discutir. O fato de as regras do discurso expressarem os valores da liberdade e da igualdade sublinha o fato de a nossa prática discursiva necessariamente conter valores. No artigo *Discourse Theory and Human Rights*[3] (Teoria do

---

[2]   R. Alexy, Problems of Discourse Theory, in: Crítica, 20, 1988.
[3]   R. Alexy, Discourse Theory and Human Rights, in: Ratio Juris, 16, 2003.

Parte V · Cap. 2 – CINCO QUESTÕES | **311**

Discurso e Direitos Humanos), tentei estabelecer que isso pode servir como uma base para a fundamentação dos direitos humanos. Se isso for verdade, existiria então uma conexão substantiva intrínseca entre a teoria do discurso e os direitos humanos e fundamentais.

Os direitos fundamentais são o objeto da *Teoria dos Direitos Fundamentais*, que foi lançada primeiramente em alemão, em 1985. A tradução em inglês de Julian Rivers foi publicada em 2002.[4] A tese central desse livro é que os principais problemas da teoria dos direitos fundamentais podem ser resolvidos através da distinção entre regras e princípios, uma distinção que se baseia, por sua vez, na tese de que princípios são comandos de otimização. Comandos de otimização são normas que exigem que algo seja realizado na máxima medida possível, dadas as possiblidades fáticas e jurídicas. Regras são, por outro lado, normas que exigem algo de forma definitiva. Elas são comandos definitivos.

A elaboração dessa distinção produz a denominada "teoria dos princípios". A importância da teoria dos princípios para os direitos fundamentais decorre, antes de tudo, do fato de essa teoria ser a base do exame da proporcionalidade. O exame da proporcionalidade não é apenas um teste bem fundamentado teoricamente sobre se um direito fundamental foi ou não violado através de uma interferência; ele também tem sido reconhecido internacionalmente na prática do controle de constitucionalidade.

O exame da proporcionalidade consiste na aplicação do padrão ou princípio da proporcionalidade. O termo "princípio" é empregado aqui em um sentido geral, e não no sentido específico da teoria dos princípios. O princípio ou máxima da proporcionalidade consiste em três máximas parciais: a máxima parcial da adequação, a máxima parcial da necessidade e a máxima parcial da proporcionalidade em sentido estrito. As máximas parciais da adequação e da necessidade dizem respeito à otimização em relação àquilo que é possível do ponto de vista fático. Nesse sentido, elas não dizem respeito à ponderação enquanto tal mas sim a evitar aquelas interferências em direitos fundamentais que podem ser evitadas sem custos para outros princípios. Essas duas máximas dizem respeito, em outras palavras, à otimalidade de pareto. Por outro lado, a terceira máxima parcial, a máxima da proporcionalidade em sentido estrito, diz respeito à otimização em relação às possibilidades jurídicas. As possibilidades jurídicas, deixando de lado as regras, são definidas essencialmente por princípios colidentes. Esse é o âmbito típico da ponderação, pois a ponderação consiste em nada mais que a otimização em relação a princípios colidentes. A teoria dos princípios é portanto essencialmente uma teoria da ponderação.

---

[4]   R. Alexy, A Theory of Constitutional Rights, J. Rivers (trad.), Oxford, 2002.

Se a ponderação de fato é racional é uma matéria com certeza altamente contestada. No meu trabalho tentei mostrar, em primeiro lugar, que ela é racional e, em segundo lugar, que o método da ponderação é indispensável se o conteúdo definitivo dos direitos fundamentais deve ser determinado de um modo tão racional quanto possível. Isso pode ser demonstrado através da fórmula do peso, que define o peso concreto de um princípio P_i como o quociente, em primeiro lugar, do produto entre a intensidade da interferência em P_i vezes o peso abstrato de P_i vezes o grau de certeza das suposições empíricas que dizem respeito ao que a medida em questão significa para a não-realização de P_j, e, em segundo lugar, o produto entre os valores correspondentes que dizem respeito a P_j, referentes à realização de P_j. Tudo isso pode ser elaborado em um modelo matemático que, enquanto tal, emprega números.[5] Contudo isso não significa dizer que o cálculo é um substituto para argumentos. Números – com base em uma teoria das escalas no direito constitucional – que tem que substituir variáveis da fórmula do peso, representam juízos sobre a intensidade da interferência, sobre o peso abstrato e sobre o grau de certeza. Esses juízos, como ocorre em geral com juízos, exigem fundamentação através de argumentos. Assim a fórmula do peso mostra-se como nada mais que uma forma de argumento do discurso prático. Nesse sentido, o argumento ou discurso constitui a base da teoria dos direitos fundamentais.[6]

Meu terceiro tema principal, o conceito e a natureza do direito, é o objeto do livro *Conceito e Validade do Direito*, publicado inicialmente em alemão, em 1992. A tradução em inglês (*The Argument from Injustice. A reply to Legal Positivism*), de Bonnie Litschewski Paulson e Stanley L. Paulson, foi lançada em 2002.[7] O objetivo desse livro é defender uma teoria não-positivista do direito. Todas as teorias positivistas defendem alguma forma da tese da separação. Essa tese sustenta que aquilo que o direito é não depende necessariamente daquilo que o direito deve ser, ou seja, não depende de critérios morais ou outros critérios avaliativos. Por outro lado, todas as teorias não-positivistas defendem alguma forma da tese da conexão. Essa tese sustenta basicamente que aquilo que o direito é depende necessariamente daquilo que o direito deve ser, ou seja, depende de critérios morais ou avaliativos.

A tese da conexão, do modo como eu a defendo, de modo algum afirma que a dimensão real ou institucional do direito deve ser excluída

---

[5]   R. Alexy, On Balancing and Subsumption, in: Ratio Juris, 16, 2003.

[6]   R. Alexy, Balancing, Constitutional Review and Representation, in: International Journal of Constitutional Law, 3, 2005.

[7]   R. Alexy, The Argument from Injustice. A reply to Legal Positivism, B. Litschewski Paulson/S. L. Paulson (trad.), Oxford, 2002.

Parte V · Cap. 2 – CINCO QUESTÕES | 313

do conceito de direito. Ela sustenta antes que a natureza do direito compreende uma dimensão real ou institucional, definida pela legalidade autoritativa e pela eficácia social, assim como uma dimensão ideal ou crítica, definida pela correção material e procedimental, especialmente pela correção moral. A versão da tese da conexão que eu defendo poderia assim ser designada "*tese da dupla natureza*". A tese da dupla natureza sustenta, em suma, que aquilo que o direito é depende tanto de fatos sociais quanto de valores morais.

O mero fato de o debate sobre o conceito e a natureza do direito retroceder a um período de mais de dois mil anos sem mostrar sinais de consenso ou exaustão torna possível conjecturar que positivistas e não-positivistas estão discutindo questões diferentes. Em *Conceito e Validade do Direito*, eu argumento que a tese da separação é correta a partir da perspectiva de um observador, mas incorreta a partir da perspectiva de um participante. A partir da perspectiva do participante, somente a tese da conexão é correta. A perspectiva do participante deve ser distinguida da perspectiva do observador pelo fato de que o participante questiona e argumenta a favor daquilo que ele considera ser a resposta correta para uma questão jurídica em seu sistema jurídico, enquanto o observador questiona e argumenta sobre como questões jurídicas de fato são decididas naquele sistema jurídico. Ora, a perspectiva do participante é necessária para a existência de um sistema jurídico. Um sistema jurídico sem participantes é inconcebível. A questão se, a partir da perspectiva do participante, a tese da separação é equivocada e a tese da conexão é correta, representa, portanto, a questão sobre a essência do direito.

Meu argumento a favor da tese da conexão não pode ser elaborado aqui. Eu vou me limitar a duas observações. A primeira é que a base do meu argumento consiste na tese de que o direito necessariamente levanta uma pretensão de correção, e que essa pretensão compreende uma pretensão de correção moral. Essa é a tese da correção.[8] Isso não significa porém dizer que decisões moralmente incorretas tornam-se juridicamente inválidas pelo simples fato de serem moralmente incorretas. Contudo, devido à necessidade da pretensão de correção do direito, elas são não só moralmente defeituosas mas também juridicamente defeituosas. A incorreção moral implica a incorreção jurídica, pois a própria pretensão de correção do direito se refere à correção moral – e essa referência não está ligada a um ponto de vista extrajurídico. Pode-se denominar essa conexão entre direito e moral como uma conexão "qualificatória" ou "ideal".

---

[8] R. Alexy, Law and Correctness, in: Current Legal Problems, 51, 1988.

314 | Teoria Discursiva do Direito · *Robert Alexy*

Minha segunda observação diz respeito àquilo que denominei "argumento da injustiça". O argumento da injustiça, em sua forma mais resumida, afirma que a injustiça extrema não é direito. A *tese da injustiça extrema* constitui uma formulação resumida da fórmula de Gustav Radbruch.[9] Ela expressa a ideia de que a conexão necessária entre direito e moral, estabelecida pela pretensão de correção, não implica, por um lado, que todo defeito moral alcança a validade jurídica, o que não significa contudo dizer, por outro lado, que a validade jurídica permanece inalterada por todo defeito moral. Uma vez ultrapassado o limiar da injustiça extrema a validade jurídica é perdida.

2.3. Quais são as questões mais importantes da filosofia do direito? E por que elas são questões típicas da filosofia do direito e não de outra disciplina?

Há três questões principais da filosofia do direito: em primeiro lugar o conceito e a natureza do direito, em segundo lugar, a argumentação jurídica e a interpretação e, em terceiro lugar, direitos e justiça.

A primeira questão constitui o foco principal da filosofia do direito. A filosofia é o campo da reflexão geral e sistemática sobre aquilo que existe, aquilo que deve ser feito ou é bom e sobre como o conhecimento dos dois é possível. A filosofia do direito levanta essas questões em relação ao direito.[10] Ao fazer isso a filosofia do direito aborda em primeiro lugar e principalmente a questão sobre o que existe, se existe o direito. Examinar essa questão significa engajar-se em uma argumentação sobre a natureza e o conceito do direito.[11] Nenhuma outra disciplina pode fazer isso. Se pudesse, ela seria a filosofia do direito e não outra disciplina.

A segunda questão, a argumentação jurídica e a interpretação, conecta-se de forma estreita à primeira. Mais precisamente, trata-se de saber se a argumentação jurídica e a interpretação fazem parte do direito. A análise da estrutura da argumentação jurídica racional e da interpretação é, por outro lado, um caso especial da análise filosófica geral de argumentos sólidos e interpretações corretas. Novamente, isso acentua a estreita conexão entre direito e filosofia.

---

[9] R. Alexy, A Defense of Radbruch's Formula, in: Lloyd's Introduction to Jurisprudence, 7ª ed., M. D. A. Freeman (org.), London, 2001.

[10] R. Alexy, The Nature of Legal Philosophy, in: Philosophy of Law. Critical Concepts in Philosophy, vol. 1, B. Bix (org.), London/New York, 2006.

[11] R. Alexy, The Nature of Arguments about the Nature of Law, in: Rights, Culture and Law. Themes from the Legal Philosophy of Joseph Raz, L. H. Meyer/S. L. Paulson/T. W. Pogge (org.), Oxford, 2003.

Parte V · Cap. 2 – CINCO QUESTÕES | **315**

A terceira questão, direitos e justiça, aborda a questão filosófica geral sobre o que deve ser feito ou sobre o que é bom. Isso corretamente sugere que direitos e justiça são temas não só da filosofia do direito, mas também da filosofia política e da filosofia moral. Não é possível, nesse ponto, estabelecer uma divisão nítida entre as disciplinas.

2.4. Qual é a relação entre a filosofia do direito e a prática jurídica? Deveriam os filósofos do direito estar mais preocupados com os efeitos, na prática jurídica, daquilo que eles ensinam?

Há autores que alegam não existir qualquer relação intrínseca entre a filosofia do direito e a prática jurídica. Eu acredito ser verdadeiro o oposto. Todo jurista tem uma ideia mais ou menos clara e mais ou menos coerente sobre o que o direito é, ou seja, uma filosofia do direito mais ou menos clara e mais ou menos coerente. Tem que ser assim, pois sem uma ideia sobre o que o direito é não se poderia distinguir razões jurídicas de outros tipos de razões, e os juristas de fato fazem essa distinção, embora, em alguns casos, de forma incorreta. O fato de o conceito explícita ou implicitamente usado por juristas poder ser correto ou incorreto implica, quando conectado à pretensão de correção necessariamente levantada na argumentação jurídica, que os juristas são não só participantes de um empreendimento paroquial, que reflete a dimensão real ou autoritativa do direito, mas também de um empreendimento universal.[12] Este último constitui uma expressão da dimensão ideal ou crítica do direito.

A relação entre a filosofia do direito e a prática jurídica não se limita a temas gerais como o conceito e a natureza do direito. O direito e a filosofia também possuem outros temas comuns. Aqui é possível, em certa medida, um intercâmbio. Todos os conceitos e princípios fundamentais do direito são realçados através da análise filosófica, e a filosofia pode, por sua vez, aprender com a elaboração das sutilezas da prática jurídica, que sobreviveu ao teste do tempo. Os exemplos incluem os conceitos de dignidade humana, direitos fundamentais, proporcionalidade, responsabilidade e propriedade, junto com os princípios da liberdade, da igualdade e da democracia.

O valor da filosofia do direito para a prática jurídica consiste não só na elucidação de conceitos e no aprimoramento das teorias. A elevação da auto-compreensão e da reflexão que pode ser alcançada através da análise filosófica é, a meu ver, igualmente importante.

Deveriam os filósofos do direito estar mais preocupados com os efeitos, na prática jurídica, daquilo que eles ensinam? A resposta é sim e

---

[12] R. Alexy, On Two Juxtapositions: Concepts and Nature, Law and Philosophy. Some Comments on Joseph Raz's "Can There Be a Theory of Law?", in: Ratio Juris, 20, 2007.

316 | Teoria Discursiva do Direito · *Robert Alexy*

não. A filosofia do direito, enquanto filosofia, não pode ser desenvolvida olhando-se seus efeitos práticos. Assim como a pesquisa básica em geral, ela deve ser livre. Contudo, a filosofia do direito enquanto reflexão sobre o direito visa, por sua natureza, problemas jurídicos. Portanto, uma relação com a prática jurídica não é algo imposto à filosofia do direito de fora para dentro. Ela é antes uma aspiração que decorre da própria natureza do empreendimento jurídico-filosófico. Nesse contexto parece aconselhável que os filósofos do direito sejam também conhecedores de pelo menos uma área do direito material. É desnecessário dizer que há ainda várias outras formas de estreitar e refletir sobre a relação entre a filosofia do direito e a prática jurídica.

2.5. Qual problema, questão ou área geral da filosofia do direito merece, na sua opinião, mais atenção no futuro?

A meu ver deve-se prestar atenção, no futuro, a três áreas da filosofia do direito: em primeiro lugar, conflitos de direitos, em segundo lugar, relações entre sistemas jurídicos e, em terceiro lugar, teorias da objetividade.

Nas últimas décadas tem havido uma considerável expansão dos direitos humanos e fundamentais. Isso vale igualmente para seu número, seus tipos, efeitos e objetivos. Expandir direitos significa porém, *inter alia*, incrementar conflitos jurídicos. Esses conflitos podem ser conflitos entre direitos diferentes ou entre direitos e bens coletivos. Se conflitos desse tipo não devem colocar em risco a própria ideia de direitos, eles precisam ser levados a sério. Isso leva a um amplo espectro de temas que decorrem de questões do nosso tempo. O espectro engloba a pesquisa com embriões humanos, a proteção do meio ambiente e a luta contra o terrorismo.

Constitui um truísmo o fato de que, em muitas partes do mundo, os sistemas jurídicos de países muito diferentes estão se aproximando. Esse fenômeno pode ser descrito como a globalização do direito. Ele representa um grande desafio para a filosofia do direito, tanto de um ponto de vista analítico quanto de um ponto de vista normativo, e constitui uma área em que os problemas, se não resolvidos, podem ameaçar o futuro da humanidade.

Nos últimos anos, têm sido alcançados progressos consideráveis no que diz respeito a questões ligadas à noção de objetividade no direito. Porém muitas questões permanecem abertas. Essas questões abordam por exemplo a relação entre aquilo que se pode denominar "membros da família da objetividade", ou seja, os conceitos de verdade, correção, fundamentabilidade, intersubjetividade, racionalidade, realidade, conhecimento e outros. Quer-se crer que as investigações sobre esses pontos promoverão a autoconfiança da razão.

Capítulo

3

ENTREVISTA A AGUIAR DE OLIVEIRA E A TRAVESSONI GOMES TRIVISONNO*

3.1. Na sua *Teoria da Argumentação Jurídica* (1978), bem como no posfácio de 1991 e em outros escritos posteriores, você defende a aplicação de argumentos práticos gerais no discurso jurídico. Ao mesmo tempo você afirma que a argumentação jurídica deve levar a sério a validade do direito positivo. Isso pode porém, em alguns casos, levar a uma relação de tensão entre essas duas preocupações. Essa relação de tensão possui uma importância considerável para a aplicação do direito. Como pode a sua teoria lidar com essa relação de tensão?

Na *Teoria da Argumentação Jurídica* eu de fato defendo duas teses que parecem, à primeira vista, ser contraditórias. A primeira afirma que a argumentação jurídica racional não é possível sem argumentos práticos gerais. A segunda afirma que a argumentação jurídica deve levar a sério a validade do direito positivo. Eu procurei desfazer essa relação de tensão com ajuda da tese do caso especial. Essa tese, que eu defendo até hoje, afirma que a argumentação jurídica ou o discurso jurídico é um caso especial da argumentação prática geral ou do discurso prático

---

* Traduzido a partir do original em alemão *Gespräch mit Robert Alexy – Fragen von Júlio Aguiar de Oliveira und Alexandre Travessoni Gomes Trivisonno*, entrevista inédita, concedida pelo autor, em Kiel, em 2012, especialmente para este livro.

geral. O discurso jurídico é um caso especial do discurso prático geral porque em seu caso não se trata daquilo que é correto em si, mas sim daquilo que é correto considerando-se a lei, os precedentes e a dogmática. A lei, os precedentes e aspectos da dogmática representam a dimensão autoritativa, institucional ou real da argumentação jurídica, enquanto os argumentos práticos gerais devem ser considerados, por outro lado, parte da dimensão ideal ou crítica. Com isso a questão é como a dimensão ideal da argumentação jurídica se comporta em relação à dimensão real. Na *Teoria da Argumentação Jurídica*, formulei uma regra que diz respeito à lei, que reza: "argumentos que expressam uma vinculação ao teor literal da lei ou à vontade do legislador histórico têm precedência sobre outros argumentos, a não ser que se possa apresentar razões suficientes para conceder a precedência aos outros argumentos." Regras mais fracas, porém parecidas, valem para a observância de precedentes e da dogmática. Essas regras não expressam contudo mais que uma precedência *prima facie* da dimensão autoritativa ou real sobre a dimensão ideal ou crítica. Com isso, ainda não se diz quando argumentos de uma dimensão têm precedência definitiva sobre argumentos da outra dimensão. Para responder a essa pergunta deve-se olhar os princípios que estão por trás de ambas as dimensões. Por trás da dimensão autoritativa está o princípio da segurança jurídica e por trás da dimensão crítica está o princípio da justiça ou da correção material. A relação de tensão entre, por um lado, argumentos práticos gerais e, por outro lado, argumentos relacionados à positividade, mostra-se então como a velha relação de tensão entre justiça e segurança jurídica. Como sempre ocorre com colisões de princípios, ela não pode ser solucionada através de uma regra abstrata, mas somente através da ponderação em casos concretos. Isso mostra que entre a tese do caso especial, que expressa a dupla natureza do direito no âmbito da argumentação jurídica, e a teoria dos princípios, que eu desenvolvi inicialmente depois da *Teoria da Argumentação Jurídica*, existe uma conexão interna. Isso novamente torna claro que uma teoria da argumentação jurídica adequada só é possível como parte de uma teoria abrangente do direito.

3.2. **Em seu conceito de direito, você defende a fórmula de Radbruch, que afirma que a injustiça extrema não é direito. Contra a fórmula de Radbruch foram levantadas duas objeções bastante conhecidas: em primeiro lugar ela não teria papel algum em estados democráticos, sendo relevante apenas em períodos de instabilidade política extrema; em**

Parte V · Cap. 3 – ENTREVISTA A AGUIAR DE OLIVEIRA E A TRAVESSONI GOMES | 319

> **segundo lugar seria difícil definir o que significa "injustiça extrema", pois esse conceito seria subjetivo. Como você responde a essas objeções?**

Também a fórmula de Radbruch é uma expressão da dupla natureza do direito. Ela não afirma que toda injustiça retira do direito positivo, ou seja, do direito estabelecido autoritativamente e socialmente eficaz, o caráter jurídico ou a validade jurídica. Segundo a fórmula de Radbruch, somente quando se ultrapassa o limiar da injustiça extrema perde-se o caráter jurídico ou a validade jurídica. Abaixo desse limiar o princípio da segurança jurídica tem precedência. Somente a partir desse limiar o princípio da justiça tem um peso maior.

Realmente a altura do limiar da injustiça extrema conduz à questão sobre se a fórmula de Radbruch de fato possui um papel em estados democráticos constitucionais. O catálogo de direitos fundamentais de estados democráticos constitucionais proíbe muito mais que a fórmula de Radbruch. Na verdade, toda injustiça extrema perpetrada pelo estado constitui uma lesão a direitos fundamentais, mas nem toda lesão a direitos fundamentais constitui uma injustiça extrema. Assim o catálogo de direitos fundamentais de estados democráticos constitucionais garante tudo que a fórmula de Radbruch exige e, além disso, muito mais. Por isso, a fórmula de Radbruch de fato seria, de um ponto de vista prático, desnecessária, se, em primeiro lugar, existissem no mundo apenas estados democráticos constitucionais bem organizados e se, em segundo lugar, um estado que tivesse se tornado um estado democrático constitucional jamais pudesse retroceder a um estado injusto. Ora, há estados no mundo que não são estados democráticos constitucionais ou não são estados democráticos constitucionais bem organizados, e não se pode nunca excluir completamente a possibilidade até mesmo de um estado democrático constitucional bem organizado se degenerar em um estado injusto. A fórmula de Radbruch é, por isso, essencial como reserva de direitos humanos. Além disso, ela possui um grande significado teórico. Ela descreve as fronteiras absolutas e perpétuas da positividade.

Tudo isso pressupõe porém que se possa determinar com objetividade suficiente o que é injustiça extrema. Joseph Raz sustenta contra isso o fato empírico de em épocas diferentes e em culturas diferentes coisas como a escravidão e a opressão à mulher e a homossexuais não terem sido e não serem consideradas injustiças extremas. Enquanto fato histórico ou social isso é verdade. Aqui não se trata porém de convicções existentes faticamente, mas sim da fundamentabilidade de afirmações. O fato de uma afirmação ser fundamentável não é um fato empírico, mas sim normativo. Assim, trata-se de, no final das contas, se é possível fundamentar que algo é extremamente injusto. A injustiça extrema consiste em violações extremas a direitos humanos. A possibilidade de fundamentação da afirmação de que algo constitui uma injustiça extrema pressupõe assim que seja possível fundamentar os direitos humanos, pois se os direitos humanos não pudessem ser fundamentados uma violação extrema a eles também não poderia ser. Ora, a fundamentabilidade dos direitos humanos é um tema de grande significado, que eu não posso explicar aqui. Por isso vou pressupor que sua fundamentação é possível. Se os direitos fundamentais, por exemplo o direito à vida, são fundamentáveis, então eles existem. Se eles existem, eles podem ser violados. Se eles podem ser violados, a lesão pode ter maior ou menor gravidade. Se a lesão pode ter maior ou menor gravidade, então a lesão pode também ser extrema. Essa lesão extrema constitui o limiar da injustiça extrema. Há casos em que alguém que reconhece os direitos humanos dificilmente pode contestar que esse limiar foi ultrapassado. A aniquilação psíquica e material de uma minoria da população por motivos racistas é um exemplo. Isso já é suficiente para retirar a fórmula de Radbruch da área da mera subjetividade. Há porém casos em que se pode contestar se uma lesão a direitos humanos e com isso uma injustiça é extrema. O fato de haver casos em que a subsunção sob um conceito é duvidosa não é motivo porém para não empregar esse conceito. Se fosse diferente, dever-se-ia renunciar a quase todos os conceitos referentes a normas jurídicas e com isso a todas as normas jurídicas, bem como ao direito. O que é decisivo é somente se a aplicabilidade de um conceito pode ser discutida racionalmente. Esse é o caso do conceito de injustiça extrema, bem como de vários outros conceitos do direito.

3.3. **A teoria dos princípios, a máxima da proporcionalidade e a ideia de ponderação são pontos centrais da sua teoria. Embora a ideia de "ponderação" em geral já possa ser encontrada em filósofos antigos e modernos como Aristóteles, Kant e Scheler, sua teoria desenvolveu uma análise claramente nova e apresentou uma nova concepção de ponderação. Em que medida a ideia de ponderação constitui uma estrutura fundamental não só do direito mas também da razão prática?**

De fato a ideia de ponderação é uma ideia antiga. Inúmeras representações da justiça com a balança em uma mão e a espada na outra, e frequentemente com uma venda nos olhos, expressam essa ideia. Entretanto há várias questões da teoria da ponderação que permanecem

Parte V · Cap. 3 – ENTREVISTA A AGUIAR DE OLIVEIRA E A TRAVESSONI GOMES | **321**

abertas até hoje. Isso é um sinal de que se trata, no caso da ponderação – de forma semelhante ao que ocorre na questão da verdade e da justiça – de um grande problema.

O problema da ponderação não é apenas um problema do direito. Ele emerge sempre que se trata da racionalidade da ação. Todos nós precisamos – mesmo em questões simples do dia a dia – permanentemente realizar ponderações, e também as grandes decisões políticas nos planos nacional e internacional são essencialmente decisões de ponderação. Pode-se dizer que a ponderação, ao lado da generalizabilidade, como expressado de forma insuperável no imperativo categórico de Kant, constitui um dos dois princípios formais fundamentais da razão prática.

Isso constitui, para o direito, um conhecimento muito bem-vindo. Ele torna claro que, no caso do direito, não se trata apenas de uma província remota do espírito. Ao contrário, o direito constitui um ponto central da razão. Ele constitui um ponto central porque somente através do direito pode-se chegar a uma institucionalização da razão. Por isso Kant precisou escrever sua *Doutrina do Direito* a fim de completar seu sistema. Sem o direito a razão prática permanece, na esfera pública, mero sonho, utopia e esperança. Se a fórmula de Radbruch paga o preço alto de reconhecer o direito injusto abaixo do limiar da injustiça extrema como direito válido, ela o faz somente porque de outra forma não seria possível a realização, na maior medida possível, da razão prática através da institucionalização. Esse é um aspecto essencial do direito como institucionalização da razão. Novamente mostra-se a dupla natureza.

3.4. Contra a teoria dos princípios foram levantadas várias objeções. No posfácio da edição em inglês da *Teoria dos Direitos Fundamentais* (2002), você se confrontou com a questão sobre se a teoria dos princípios implica carência (*too little*) ou excesso (*too much*) de direitos fundamentais, ou seja, se ela representa um critério excessivamente fraco ou excessivamente forte para a aplicação do direito e para a produção legislativa do direito. Embora você já tenha respondido a essas objeções, vários colegas, no Brasil, continuam afirmando que a máxima da proporcionalidade leva a decisões arbitrárias. Como podem ser sintetizadas as virtudes e os limites da teoria dos princípios?

Constitui uma tese central da *Teoria dos Direitos Fundamentais* o fato de a teoria dos princípios implicar a máxima da proporcionalidade e esta

322 | Teoria Discursiva do Direito • *Robert Alexy*

implicar a teoria dos princípios. Não se pode ter uma sem se ter a outra. Por isso os êxitos e os limites da teoria dos princípios podem ser reconhecidos através dos êxitos e dos limites da máxima da proporcionalidade.

A máxima da proporcionalidade é composta por três máximas parciais: a máxima parcial da adequação, a máxima parcial da necessidade e a máxima parcial da proporcionalidade em sentido estrito. Todas as três máximas parciais resultam do caráter dos princípios como comandos de otimização. Como comandos de otimização, os princípios exigem a realização mais ampla possível de seu objeto, por exemplo a liberdade de opinião, em relação às possibilidades fáticas e jurídicas. As máximas parciais da adequação e da necessidade expressam o comando de otimização em relação às possibilidades fáticas. Se o meio M interfere na liberdade de opinião (P_1), mas se ele não é adequado para apoiar o fim perseguido por esse meio (M), por exemplo a proteção da personalidade (P_2), então, caso M não seja estabelecido, não existe qualquer desvantagem para P_2, mas existem certamente vantagens para P_1. P_1 e P_2, *tomados em conjunto*, exigem então que se renuncie a M. A posição P_1 pode ser melhorada sem que se piore a posição P_2. Isso mostra que no caso da máxima parcial da adequação não se trata de nada além da otimalidade de pareto. O mesmo vale para a máxima parcial da necessidade, que é aplicada quando existe a possibilidade fática de se realizar um princípio P_2 na mesma medida com um meio que interfere em P_1 em menor medida. Aqui, P_1 e P_2, *tomados em conjunto*, exigem que seja escolhido o meio que interfere em menor medida. Até mesmo opositores radicais da ponderação, como Bernhard Schlink, não contestam que a otimização em relação às possibilidades fáticas, ou seja, o exame da adequação e da necessidade, é um postulado elementar da racionalidade. Até aqui a teoria dos princípios não é fundamentalmente contestada.

A disputa fundamental começa quando uma medida é adequada e não está à disposição um meio mais leve, que interfere em menor medida. Então um dos dois princípios deve fazer um sacrifício, e a questão é qual. É aquele exigido pela otimização relativa às possiblidades jurídicas da máxima da proporcionalidade em sentido estrito. Essa otimização só pode consistir em uma ponderação. Um dos êxitos essenciais da teoria dos princípios constitui o fato de ela poder representar com exatidão a estrutura da ponderação. Isso ocorre com a ajuda de duas leis: a lei da colisão e a lei da ponderação. Aqui será analisada rapidamente apenas a lei da ponderação. Sua formulação original na *Teoria dos Direitos Fundamentais* reza: "quanto mais alto for o grau de não-cumprimento ou restrição de um princípio, maior deve ser a importância do cumprimen-

Parte V · **Cap. 3** – ENTREVISTA A AGUIAR DE OLIVEIRA E A TRAVESSONI GOMES | **323**

to do outro". Eu continuei a desenvolver a lei da ponderação em trabalhos posteriores sobre a fórmula do peso. A fórmula do peso constitui a tentativa de uma representação matemática da estrutura da ponderação. Em ambos os lados da ponderação entre dois princípios P_1 e P_2 são identificados sempre três fatores: a intensidade da interferência, o peso abstrato dos princípios e a certeza das suposições empíricas sobre as quais a argumentação se apoia. Aqui tratar-se-á apenas da intensidade da interferência. Eu sugeri empregar, para o escalonamento da intensidade dessas interferências, escalas discretas como a escala leve-média-grave. O importante, no caso de escalas discretas, é que entre os seus pontos, ou seja, entre os três pontos da escala triádica, não se encontra nenhum outro ponto. No caso de escalas contínuas é completamente diferente, pois no caso delas, entre dois pontos quaisquer, encontram-se sempre outros pontos.

Agora a questão decisiva pode ser formulada. Ela consiste em se saber se, em caso de colisão entre dois direitos fundamentais ou entre um direito fundamental e um bem coletivo, ambos os lados podem realmente ser medidos com base na mesma escala e se essa medição pode realmente ser justificada racionalmente. O primeiro desses dois problemas, que se relacionam mutuamente, é o problema da comensurabilidade, e o segundo é o problema da racionalidade.

O problema da comensurabilidade não pode ser resolvido através da introdução de um critério quantitativo comum a todos os princípios, por exemplo dinheiro. Ele pode porém ser solucionado através da adoção de um ponto de vista comum. Esse ponto de vista comum é o ponto de vista da constituição. Aqui é preciso contudo continuar a fazer distinções. Há inúmeros casos em que dificilmente existe dúvida ou em que não há qualquer dúvida que a interferência em P_1 é grave e que a razão para a interferência, que se apoia em P_2, é leve, de modo que a medida é desproporcional e por isso inconstitucional. Há inúmeros outros casos em que vale o oposto. Por fim há inúmeros casos em que dificilmente existe dúvida ou em que não há qualquer dúvida de que a interferência e a razão para interferência possuem o mesmo peso, ou seja, surge um empate, de modo que o legislador pode regulamentar o caso do modo como ele desejar, ou seja, ele possui discricionariedade. Ao lado desses casos que não oferecem quaisquer dúvidas ou dificilmente oferecem dúvidas, que não devem ser subestimados, porque constituem a terra firme dos direitos humanos e fundamentais, há porém também um considerável número de casos duvidosos e extremamente duvidosos. O aborto e a luta contra o terrorismo servem como exemplos. O caráter

324 | Teoria Discursiva do Direito · *Robert Alexy*

duvidoso tem aqui como fonte diferenças religiosas, políticas e filosóficas. As constituições dos estados democráticos de direito representam a tentativa de superar essas diferenças sem removê-las, ou seja, produzir um ponto de vista comum sem que se precise abandonar os respectivos pontos de vista religiosos, políticos ou filosóficos.

Isso só é possível porém se for possível uma argumentação racional com base no ponto de vista comum da constituição. O ponto decisivo aqui é que a racionalidade não pode ser equiparada à provabilidade. Na verdade há um conceito estrito de racionalidade que está intimamente conectado ao conceito de provabilidade. Ele significa essencialmente a maximização de vantagens individuais ou coletivas, e a ideia de maximização de vantagens não deve de modo algum ser rejeitada. Ela deve porém ser incluída em um conceito mais amplo de racionalidade que tematiza aquilo que vale como "vantagem", ou seja, como objetivo ou princípio desejável. Esse conceito mais amplo de racionalidade pode ser designado terminologicamente através da expressão "razoabilidade".

Pessoas razoáveis podem ter concepções diferentes. Esse é o fenômeno que John Rawls descreveu como "desacordo razoável". Assim coloca-se a questão sobre se a inevitabilidade do desacordo razoável constitui um argumento contra a ponderação. Não é difícil chegar a uma resposta. Desacordos razoáveis há em todos os campos do direito. Em toda subsunção sob uma regra pode ocorrer ambiguidade, vagueza ou abertura avaliativa. Nesses casos a argumentação não é capaz de levar a soluções inquestionáveis ou dificilmente questionáveis, ou seja, a um consenso; ela pode terminar em desacordos razoáveis, em que o acordo não coloca em dúvida a razão da maioria, e levar a agudos confrontos religiosos, políticos e filosóficos que em casos extremos questionam o sistema jurídico como um todo.

Aqui trata-se somente de descrever os êxitos e os limites da teoria dos princípios. Seus limites são claros. São os limites da argumentação jurídica racional. Porém isso não é, como explicado, um problema especial da teoria dos princípios. É um problema da possibilidade da racionalidade prática no direito. Ele não é um problema específico da teoria dos princípios ou da ponderação, mas sim um problema geral da argumentação jurídica.

Nesse contexto pode-se ver os êxitos da teoria dos princípios. O conteúdo de argumentos jurídicos pode ser controlado somente de forma limitada. Porém ao lado do controle direto do conteúdo há um controle da forma e do procedimento. Exatamente aqui se coloca a teoria dos

Parte V · Cap. 3 – ENTREVISTA A AGUIAR DE OLIVEIRA E A TRAVESSONI GOMES | 325

princípios. Ela afirma poder, através da estruturação da argumentação em um mundo em que não pode existir uma racionalidade perfeita, alcançar o máximo de racionalidade.

3.5. Em *Legal Philosophy – 5 Questions* (2007)[1] (Filosofia do Direito – 5 Questões), você afirma que a filosofia do direito deveria, no futuro, concentrar-se em três temas de pesquisa: colisões de direitos, relações entre sistemas jurídicos e teorias da objetividade. A questão da objetividade parece ser a base de várias questões jurídicas e morais. A objetividade é um conceito tudo ou nada ou ela pode ser alcançada gradualmente? Em que medida a sua teoria alcançou um conceito e um grau satisfatórios de objetividade?

O problema da objetividade está estreitamente conectado ao problema da racionalidade, acima abordado. Além disso, há um grupo inteiro de conceitos que estão em uma relação estreita com a objetividade. A esse grupo pertencem, por exemplo, os conceitos de verdade, correção, fundamentabilidade, intersubjetividade, realidade e conhecimento. Esse grupo de conceitos pode ser denominado "família da objetividade". Essas conexões constituem razão para se supor que o problema da objetividade leva às questões filosóficas mais profundas. A questão do caráter tudo ou nada da objetividade é uma dessas questões.

Minha resposta é que o conceito de objetividade não possui um caráter tudo ou nada, mas sim gradual. Isso abre a possibilidade de conectá-lo ao conceito de aproximação. A tese do caráter gradual da objetividade constitui uma renúncia à ideia de que a resposta a uma questão jurídica ou moral só pode ser ou objetiva em um sentido perfeito ou completamente subjetiva. A objetividade em um sentido perfeito pressupõe provabilidade. Tudo abaixo do limiar da provabilidade seria então meramente subjetivo, no sentido de arbitrário. Essa dicotomia estrita entre provabilidade e arbítrio, popular entre os céticos, ampliaria, se verdadeira, o âmbito do arbítrio em grande medida. A argumentação jurídica deveria ser classificada como amplo arbítrio, mera subjetividade.

Ora, existe a possibilidade, também abaixo do limiar da provabilidade, de se distinguir bons e maus argumentos. Assim, o conceito de argumento transforma-se em uma peça central da objeção contra a dico-

---

[1]   Neste volume, Parte V, Capítulo 2.

326 | Teoria Discursiva do Direito · *Robert Alexy*

tomia estrita entre provabilidade e arbítrio. Entre esses dois extremos há espaço para conceitos como os de fundamentabilidade e razão prática.

A ideia de objetividade exige uma realização na maior medida possível. Nessa medida ela possui o caráter de uma ideia regulativa no sentido de Kant. Como ideia regulativa, ela possui um caráter absoluto. Do direito ela exige uma institucionalização da razão na maior medida possível. Uma institucionalização da razão na maior medida possível só é possível no estado democrático constitucional. A base do estado democrático constitucional são, por um lado, os direitos humanos e fundamentais e, por outro lado, o processo de formação da vontade democrática. Os direitos humanos e fundamentais são objetivos na medida em que – o que não pode ser explicado aqui – podem ser racionalmente fundamentados, ainda que essa fundamentação inclua, como procurei mostrar em alguns trabalhos anteriores, elementos subjetivos. Isso vale também para a sua aplicação de acordo com a máxima da proporcionalidade. O processo de formação da vontade democrática é objetivo na medida em que ele se apoia em argumentos, ou seja, possui um caráter discursivo ou deliberativo. Naturalmente, a institucionalização da razão não é um projeto fácil. Mas ele é um projeto possível e, além disso, um projeto necessário nacional e globalmente.

3.6. Quais aspectos de sua teoria devem, a seu ver, continuar a ser desenvolvidos no futuro?

Quatro aspectos da minha teoria precisam continuar sendo desenvolvidos em uma medida especial. O primeiro diz respeito à teoria da argumentação jurídica. A argumentação jurídica é, como já afirmei ao responder a primeira pergunta, caracterizada por uma relação de tensão entre a dimensão autoritativa ou real e a dimensão ideal ou crítica. Essa relação de tensão é uma expressão da colisão entre os princípios da segurança jurídica e da justiça ou correção material. O fato de, na solução dessa colisão, os direitos humanos e fundamentais desempenharem um papel central, faz desse tema um grande tema do futuro.

Na teoria dos princípios houve e haverá inúmeras questões abertas sobre o conteúdo, a estrutura e o papel dos princípios formais. Essas questões não possuem de modo algum um caráter apenas teórico. A resposta a elas possui grande importância para uma teoria adequada sobre a discricionariedade do legislador, e uma teoria adequada sobre a discricionariedade do legislador possui grande importância para o grande problema da determinação da relação entre direitos fundamentais e democracia – em termos práticos, da relação entre a legislação parla-

PartE V · Cap. 3 – ENTREVISTA A AGUIAR DE OLIVEIRA E A TRAVESSONI GOMES | 327

mentar e o controle de constitucionalidade. Também a fórmula do peso em si merece um tratamento contínuo. Nela se trata da teoria do escalonamento e do tratamento técnico do problema da discricionariedade cognitiva. Especialmente estimulante é a questão se em ambos os lados da fórmula deve ser admitida, ao lado das variáveis para a intensidade da interferência, para o peso abstrato e para a certeza das suposições empíricas, uma quarta variável para a certeza das suposições normativas.

No que diz respeito ao conceito de direito, a distinção entre positivismo e não-positivismo tem se tornado cada vez mais complicada. A distinção entre positivismo exclusivo e inclusivo é muito comum. Também no lado do não-positivismo deve-se fazer distinções, sobretudo entre o não-positivismo exclusivo, inclusivo e super-inclusivo. Na disputa entre positivismo e não-positivismo, que ocorre nesse contexto e que é extremamente importante para a compreensão do direito bem como dos direitos fundamentais, a pretensão de correção possui um papel decisivo. A questão é se Joseph Raz tem razão quando afirma que a pretensão de correção, ou seja, a tese da correção, não possui importância para a determinação da natureza do direito, ou se tudo depende da tese da correção, como eu afirmo. Muitas questões estão aqui abertas.

Todos esses problemas indicados, e muitos outros, apresentam-se hoje, e esse é o quarto aspecto, no contexto da globalização. Isso se mostra de forma especialmente impressionante no caso dos direitos fundamentais. No caso deles coloca-se de forma exemplar uma dupla tarefa. Por um lado, é preciso elaborar estruturas e conteúdos comuns e, por outro lado, determinar espaços de discricionariedade que não podem, contudo, em virtude do caráter universal dos direitos fundamentais como direitos humanos positivados, nunca ser ilimitados. Também aqui se mostra a dupla natureza do direito.

BIBLIOGRAFIA

AARNIO, A. The Rational as Reasonable, Dordrecht-Boston-Lancaster-Tokyo, 1987.

_____. Taking Rules Seriously, in: W. Maihofer/G. Sprenger (orgs.), Law and the State in Modern Times, ARSP, 42, 1990.

AGOSTINHO, S. Opera. Werke, vol. 9, J. Brachtendorf/V. H. Drecoll (orgs.), Paderborn, 2006.

ALBERT, H. Traktat über kritische Vernunft, Tübingen, 1968.

ALEXANDER, L. Legal Objectivity and the Illusion of Legal Principles, manuscrito, 2008.

ALEXY, R. Theorie der juristischen Argumentation. Die Theorie des rationalen Diskurses als Theorie der juristischen Begründung, Frankfurt/M., 1978 (A Theory of Legal Argumentation, R. Adler/N. MacCormick (trads.), Oxford, 1989).

_____. Zum Begriff des Rechtsprinzips, in: W. Krawietz/K. Opalek/A. Peczenik/A. Schramm (orgs.), Argumentation und Hermeneutik in der Jurisprudenz, 1, 1979.

_____. R. M. Hares Regeln des moralischen Argumentierens und L. Nelsons Abwägungsgesetz, in: in: Vernunft, Erkenntnis, Sittlichkeit, P. Schröder (org.), Hamburg, 1979.

_____. Die logische Analyse juristischer Entscheidungen, in: ARSP, Beiheft 4, 1980.

_____. Die Idee einer prozeduralen Theorie der juristischen Argumentation, in: Rechtstheorie, Beiheft 2, 1981.

_____. Theorie der Grundrechte, Baden-Baden, 1985 (Frankfurt/M., 1986; 3ª ed., Frankfurt/M., 1996; A Theory of Constitutional Rights, J. Rivers (trad.), Oxford, 2002).

_____. Law and Correctness, in: Current Legal Problems, 51, 1988.

_____. Problems of Discourse Theory, in: Crítica, 20, 1988.

_____. On Necessary Relations between Law and Morality, in: Ratio Juris, 6, 1989.

_____. Probleme der Diskurstheorie, in Zeitschrift f. philosophische Forschung, 43, 1989.

_____. Zur Kritik des Rechtspositivismus, in: ARSP, Beiheft 37, 1990.

_____. A Discourse-Theoretical Conception of Practical Reason, in: Ratio Juris, 5, 1992.

_____. Diskussionsbeitrag, in: VVDStRL, 51, 1992.

_____. The Argument from Injustice. A Reply to Legal Positivism, B. Litschewski Paulson, S. L. Paulson (trads.), Oxford, 1992.

_____. Eine diskurstheoretische Konzeption der praktischen Vernunft, in: ARSP, Beiheft 51, 1993.

_____. Justification and Application of Norms, in: Ratio Juris, 6, 1993.

_____. Diskurstheorie und Menschenrechte, in: R. Alexy, Recht, Vernunft und Diskurs, Frankfurt/M., 1995.

_____. Juristische Interpretation, in: Recht, Vernunft, Diskurs, Frankfurt/M, 1995.

_____. Recht, Vernunft, Diskurs, Frankfurt/M., 1995.

_____. Jürgen Habermas's Theory of Legal Discourse, in: Cardoso Law Review, 17, 1996.

_____. John Rawls'Theorie der Grundfreiheiten, in: Zur Idee des politischen Liberalismus, Philosophische Gesellschaft Bad Homburg/W. Hinsch (orgs.), Frankfurt/M., 1997.

_____. Giustizia come correttezza, in: Ragion pratica, 9, 1997.

_____. Die Institutionalisierung der Menschenrechte im demokratischen Verfassungsstaat, in: St. Gosepath/G. Lohmann (orgs.), Philosophie der Menschenrechte, Frankfurt/M., 1998.

_____. Law and Correctness, in: Legal Theory at the End oft he Millennium, M. D. A. Freeman (org.), Oxford, 1998.

_____. A Defence of Radbruch's Formula; in: Recrafting the Rule of Law. The Limits of Legal Order, D. Dyzenhaus (org.), Oxford, 1999 (reimpresso in: Lloyd's Introduction to Jurisprudence, 7ª ed., M.D.A. Friedman (org.), London, 2001 (8ª ed. 2008)).

_____. My Philosophy of Law, in: The Law in Philosophical Perspectives, L. Wintgens, Dordrecht, 1999.

_____. The Special Case Thesis, in: Ratio Juris, 12, 1999.

_____. Zur Struktur der Rechtsprinzipien, in: B. Schilcher/P. Koller/B.-C. Funk (orgs.), Regeln, Prinzipien und Elemente im System des Rechts, Wien, 2000.

_____. Verfassungsrecht und einfaches Recht – Verfassungsgerichtsbarkeit und Fachgerichtsbarkeit, in: VVDStRL, 61, 2002.

_____. Die Gewichtsformel, in: J. Jickeli/P. Kreutz/D. Reuter (orgs.), Gedächtnisschrift f. Jürgen Sonnenschein, Berlin, 2003.

BIBLIOGRAFIA | **331**

_____. Discourse Theory and Human Rights, in: Ratio Juris, 16, 2003.

_____. On Balancing and Subsumption. A Structural Comparison, in: Ratio Juris, 16, 2003.

_____. The Nature of Arguments about the Nature of Law, in: Rights, Culture and Law. Themes from the legal philosophy of Joseph Raz, L. H. Meyer/S. L. Paulson/T. W. Pogge (org.), Oxford, 2003.

_____. Arthur Kaufmanns Theorie der Rechtsgewinnung, in: Verantwortetes Recht, U. Neumann/W. Hassemer/U. Schroth (org.), Stuttgart, 2005.

_____. Balancing, Constitutional Review, and Representation, in: *I•CON*, 3, 2005 (International Journal of Constitutional Law, 3, 2005).

_____. Begriff und Geltung des Rechts, 4ª ed., Freiburg-München, 2005.

_____. Abwägung, Verfassungsgerichtbarkeit und Repräsentation, in: M. Becker/R. Zimmerling (orgs.), Politik und Recht, Politische Vierteljahresschrift, Sonderheft 36, 2006.

_____. The Nature of Legal Philosophy, in: Philosophy of Law. Critical Concepts in Philosophy, vol. 1, B. Bix (org.), London-New York, 2006.

_____. An Answer to Joseph Raz, in: Law, Rights and Discourse, G. Pavlakos (org.), Oxford, 2007.

_____. On two Juxtapositions: Concepts and Nature, Law and Philosophy. Some Comments on Joseph Raz's "Can There Be a Theory of Law?", in: Ratio Juris, 20, 2007.

_____. The Weight Formula, in: Studies in the Philosophy of Law, 3ª ed., J. Stelmach/B. Brożek/W. Zaluski (org.), Krakow, 2007.

_____. Thirteen Replies, in: Law, Rights and Discourse, G. Pavlakos (org.), Oxford, 2007.

_____. Alf Ross' Begriff der Kompetenz, in: A. Hoyer/H. Hattenhauer/R. Meyer-Pritz/W. Schubert (orgs.) Gedächtnisschrift f. Jörn Eckert, Baden-Baden, 2008.

_____. On the Concept and Nature of Law, in: Ratio Juris, 21, 2008.

_____. Ideales Sollen, in: Grundrechte, Prinzipien und Argumentation, L. Clérico/J-R. Sieckman (orgs.), Baden-Baden, 2009.

_____. The Reasonableness of Law, in: Reasonableness and Law, G. Bongiovanni/G. Sartor/C. Valentini (orgs.), Dordrecht, 2009.

_____. Recht und Moral, in: Marburger Jahrbuch Theologie 14, 2002.

_____. Two or Three, in: ARSP, Beiheft 119, 2010.

_____. PECZENIK, A. The Concept of Coherence and its Significance for Discursive Rationality, in: Ratio Juris 3, 1990.

APEL, K.-O. Sprachakttheorie und transzendentale Sprachpragmatik zur Frage ethischer Normen, in: Sprachpragmatik und Philosophie, K.-O. Apel (org.), Frankfurt/M., 1976.

AQUINO. S. T. Summa Theologiae, Turin, 1962.

ARISTOTELES. Metaphysik, Hamburg, 1989.

_____. Nikomachische Ethik, Darmstadt, 1969.

AUSTIN, J. L. How to do Things with Words, London-Oxford-New York, 1962.

_____. Other Minds, in: J. Austin, Philosophical Papers, J. O. Urmson/G. J. Warnock (org.), 2ª ed., London-Oxford-New York, 1970.

_____. The Meaning of a Word, in: J. L. Austin, Philosophical Papers, 2ª ed., London-Oxford-New York, 1970.

AYER, A. J. Language, Truth and Logic, London, 1936, nova edição Harmondsworth, 1971.

BÄCKER, C. Begründen und Entscheiden. Kritik und Rekonstruktion der Alexyschen Diskurstheorie des Rechts, Baden-Baden, 2008.

BAIER, K. The Moral Point of View, Ithaka-London, 1958.

BARAK, A. The Judge in a Democracy, Princeton-Oxford, 2006.

BEATTY, D. M. The Ultimate Rule of Law, Oxford, 2004.

BEHRENDS, O. Institutionelles und prinzipielles Denken im römischen Privatrecht, in: Zeitschrift der Savigny-Stiftung f. Rechtsgeschichte, Romanistische Abteilung, 25, 1978.

BELL, R. S. Understanding the Model of Rules: Toward a Reconciliation of Dworkin and Positivism, in: The Yale Law Journal, 81, 1972.

BEYLEVELD, D; BROWNSWORD, R. Human Dignity in Bioethics and Biolaw, Oxford, 2001.

BÖCKENFÖRDE, E.-W. Grundrechte als Grundsatznormen, in: E.-W. Böckenförde, Staat, Verfassung, Demokratie, Frankfurt/M., 1991.

BRANDON, R. Articulating Reasons, Cambridge/Ma., 2000.

BRANDT, R. Ethical Theory, Englewood Cliffs, N. J., 1959.

BRAUN, C. Diskurstheoretische Normenbegründung in der Rechtswissenschaft, in: Rechtstheorie, 19, 1988.

BROŻEK, B. Analogy in Legal Discourse, in: ARSP, 94, 2008.

BUCHANAN, J. M. The Limits of Liberty, Chicago-London, 1975.

BULYGIN, E. Alexy und das Richtigkeitsargument, in: Rechtsnorm und Rechtswirklichkeit. Festschrift f. Werner Krawietz, A. Aarnio/S. L. Paulson/O. Weinberger/G. H. von Wright (orgs.), Berlin, 1993.

_____. Alexy's Thesis of a Necessary Connection between Law and Morality, in: Ratio Juris, 13, 2000.

BYDLINSKI, F. Juristische Methodenlehre und Rechtsbegriff, Wien-New York, 1982.

CANARIS, C.-W. Systemdenken und Systembegriff in der Jurisprudenz, Berlin, 1969.

CARNAP, R. Philosophy and Logical Syntax, London, 1935.

_____. Scheinprobleme in der Philosophie, Frankfurt/M., 1966.

CHRISTIE, G. C. The Model of Principles, in: Duke Law Journal, 1968.

BIBLIOGRAFIA | **333**

CLÉRICO, L. Die Struktur der Verhältnismäßigkeit, Baden-Baden, 2001.

COLEMAN, J. Authority and Reason, in: The Autonomy of Law, R. P. George (org.), Oxford, 1996.

DREIER, R. Der Begriff des Rechts, in: NJW, 1986 (Rechts – Staat – Vernunft, Frankfurt/M., 1991).

_____. Neues Naturrecht oder Rechtspositivismus?, in: Rechtstheorie 18, 1987.

_____. Rechtsbegriff und Rechtsidee, Frankfurt/M., 1986.

DUBISLAV, W. Die Definition, 4ª ed. (reimpressão não alterada da 3ª ed. de 1931), Hamburg, 1981.

DWAKIN, R. Das egoistiche Gen. 2ª ed., Reinbek bei Hamburg, 1996.

DWARS, I. Application Discourse and Special-Case Thesis, in: Ratio Juris, 5, 1992.

DWORKIN, R. Judicial Discretion, in: The Journal of Philosophy 55, 1963.

_____. Hard Cases, in: R. Dworkin, Taking Rights Seriously, London, 1977.

_____. Introduction, in: R. Dworkin, Taking Rights Seriously, London, 1977.

_____. Jurisprudence, in: R. Dworkin, Taking Rights Seriously, London, 1977.

_____. No Right Answer?, in: Law Morality and Society, Festschrift f. H. L. A. Hart, P.M.S. Hacker/J. Raz (orgs.), Oxford 1977.

_____. The Model Of Rules I, in: R. Dworkin, Taking Rights Seriously, London, 1977.

_____. The Model of Rules II, in: R. Dworkin, Taking Rights Seriously, London, 1977.

_____. A Matter of Principle, Cambridge/Ma.-London, 1985 (Cambridge, 1986).

_____. Law's Empire, Cambridge/Ma.-London, 1986.

_____. Is Democracy Possible Here?, Princeton, 2006.

_____. Justice in Robes, Cambridge M., 2006.

ECKHOFF, T. Guiding Standards in Legal Reasoning, in: Current Legal Problems, 29, 1976.

EDWARDS, P. The Logic of Moral Discourse, New York-London, 1955.

ENGISCH, K. Logische Studien zur Gesetzeanwendung, 3ª ed., Heidelberg, 1963.

ESSER, J. Grundsatz und Norm in der richterlichen Fortbildung des Privatrechts, 3ª ed., Tübingen, 1974.

FINNIS, J. Natural Law and Natural Rights, Oxford, 1980.

FIRTH, R. Ethical Absolutism and the Ideal Observer, in: Philosophy and Phenomenological Research, 12, 1952.

FOOT, Ph. Moral Argument, in: Mind, 67, 1958.

_____. Moral Beliefs, in: Theories of Ethics, Ph. Foot (org.), Oxford, 1967.

FORSTHOFF, E. Zur Problematik der Verfassungsauslegung, in: E. Forsthoff, Rechtsstaat im Wandel, 2ª ed., München, 1976.

334 | Teoria Discursiva do Direito · *Robert Alexy*

FRANKENA, W. K. The Naturalistic Fallacy, in: Theories of Ethics, Ph. Foot (org.), Oxford, 1967.

_____. Analytische Ethik, N. Hoerster (trad., org.), München, 1972.

FREGE, G. Der Gedanke. Eine logische Untersuchung, in: G. Frege, Logische Untersuchung, G. Patzig (org.), Göttingen, 1966.

FULLER, L. L. The Morality of Law, rev. ed., New Haven-London, 1969.

GARDNER, J. How Law Claims, What Law Claims, in: Institutionalising Reason. Perspectives on the Legal Philosophy of Robert Alexy, M. Klatt (org.), New York, 2012.

GAUTHIER, D. Morals by Agreement, Oxford, 1986.

GLASSEN, P. The Cognitivity of Moral Judgements, in: Mind, 68, 1959.

GREENAWALT, K. Discretion and Judicial Decision: The Elusive Quest for the Fetters that bind Judges, in: Columbia Law Review, 75, 1975.

GRICE, H. P. Grice, Logic and Conversation, manuscrito, 1968.

GROSS, H. Standards as Law, in: Annual Survey of American Law, 1968/69.

GÜNTHER, K. Der Sinn für Angemessenheit, Frankfurt/M. 1988.

_____. Critical Remarks on Robert Alexy's "Special-Case Thesis", in: Ratio Juris, 6, 1993.

HABERMAS, J. Die Utopie des gutes Herrschers, Eine Antwort auf R. Spaemann, in: J. Habermas, Kultur und Kritik, Frankfurt/M., 1973.

_____. Legitimationsprobleme im Spätkapitalismus, Frankfurt/M., 1973.

_____. Wahrheitstheorien, in: Wirklichkeit und Reflexion. Festschrift f. W. Schulz, H. Fahrenbach (org.), Pfullingen, 1973.

_____. Was ist Universalpragmatik? In: Sprachpragmatik und Philosophie, K.-O. Apel (org.), Frankfurt/M. 1976.

_____. Theorie des kommunikativen Handelns, Bd. 1, Frankfurt/M., 1981.

_____. Diskursethik – Notizen zu einem Begründungsprogram, in: J. Habermas, Moralbewußtsein und kommunikatives Handeln, Frankfurt/M. 1983.

_____. Wie ist Legitimität durch Legalität möglich?, in: Kritische Justiz 20, 1987.

_____. Nachmetaphysisches Denken, Frankfurt/M., 1988.

_____. Faktizität und Geltung, Frankfurt/M. 1992 (3ª ed., Frankfurt/M., 1994; Between Facts and Norms, W. Rehg (Trad.), Cambridge, 1996).

_____. A Short Reply, in: Ratio Juris, 12, 1999.

HARE, R. M. The Language of Morals, London-Oxford-New York, 1952.

_____. Freedom and Reason, Oxford, 1963.

_____. Principles, in: Proceedings of the Aristotelian Society, 73, 1972/73.

HART, H. L. A. Definition and Theory in Jurisprudence, Oxford, 1953.

_____. Positivism and the Separation of Law and Morals, in: Harvard Law Review, 71, 1958.

_____. Hart, The Concept of Law, Oxford, 1961 (2ª ed., Oxford, 1994).

_____. Der Positivismus und die Trennung von Recht und Moral, in: H. L. A. Hart, Recht und Moral, Göttingen, 1971.

_____. Law in the Perspective of Philosophy: 1776 – 1976, in: New York University Law Review, 51, 1976.

HEGEL, G. W. F. Grundlinien der Philosophie des Rechts, Theorie Werkausgabe, Bd. 8, Frankfurt/M., 1970 (J. Hoffmeister (org.), 5ª ed., Hamburg, 1995).

HILPINEN, R. (org.). Deontic Logic: Introductory and Systematic Readings, Dordrecht/Holland, 1971.

HIRSCHBERG, L. Der Grundsatz der Verhältnismäßigkeit als allgemeiner Rechtsgrundsatz, Göttinger Habilitationsschrift, manuscrito, 1978.

HOERSTER, N. Zum Problem der Ableitung eines Sollens aus einem Sein in der analytischen Moralphilosophie, in: ARSP, 1969.

_____. Zur Verteidigung des Rechtspositivismus, in: NJW, 1986.

_____. Die rechtsphilosophische Lehre vom Rechtsbegriff, in: JuS, 1987.

_____. Zur Verteidigung der rechtspositivistischen Trennungsthese, in: ARSP, Beiheft 37, 1990.

HÖFFE, O. Politische Gerechtigkeit, Frankfurt/M. 1987.

HUGHES, G. Rules, Policy and Decision making, in: The Yale Law Journal, 77, 1968.

HURLEY, S. L. Natural Reasons, New York-Oxford, 1989.

JANSEN, N. Die Struktur der Gerechtigkeit, Baden-Baden, 1998.

JESTAEDT, M. Die Abwägungslehre – ihre Stärken und ihre Schwächen, in: Staat im Wort. Festschrift f. Josef Isensee, O. Depenheuer/M. Heintzen/M. Jestaedt/P. Axer (orgs.), Heidelberg, 2007.

JØRGENSEN, J. Imperatives and Logic, in: Erkenntnis, 7, 1937/1938.

KAMBARTEL, F. Was ist und soll Philosophie?, in: F. Kambartel, Theorie und Begründung, Frankfurt/M., 1975.

KANNGIEßER, S. Sprachliche Universalien und diachrone Prozesse, in: Sprachpragmatik und Philosophie, K.-O. Apel (org.), Frankfurt/M., 1976.

KANT, I. Prolegomena zu einer jeden künftigen Metaphysik, die als Wissenschaft wird auftreten können, in: Kant's gesammelte Schriften, Bd. IV, Königlich Preußischen Akademie der Wissenschaften (org.), Berlin, 1903/1911.

_____. Metaphysik der Sitten, in: Kants gesammelte Schriften, Königlich Preußischen Akademie der Wissenschaften, Bd. VI, Berlin, 1907/14 (The Metaphysics of Morals, in: I. Kant, Practical Philosophy, Mary J. Gregor (trad., org.), Cambridge, 1996).

_____. Reflexionen zur Rechtsphilosophie, in: Kant's gesammelte Schriften, XIX, Berlin, 1934.

KANTOROWICZ, H. Der Begriff des Rechts, Göttingen (ano omitido).

KAUFMANN, A. Über die Wissenschaftlichkeit der Rechtswissenschaft, in: ARSP, 72, 1986.

_____. Läßt sich die Hauptverhandlung in Strafsachen als rationaler Diskurs auffassen?, in: Dogmatik und Praxis des Strafverfahrens, H. Jung/H. Müller-Dietz, Cologne, 1989.

KELSEN, H. Reine Rechtslehre, 2ª ed., Wien 1960 (The Pure Theory of Law, 2ª ed., M. Knight (trad.), Berkeley, 1967).

KERNER, G. C. The Revolution in Ethical Theory, Oxford, 1966.

KIRCHHOF, Cf. P. Die Verschiedenheit der Menschen und die Gleichheit vor dem Gesetz, München, 1996.

KLEMENT, J. H. Vom Nutzen einer Theorie, die alles erklärt, in: JZ, 2008.

KRIELE, M. Theorie der Rechtsgewinnung, 2ª ed., Berlin, 1976.

_____. Recht und praktische Vernunft, Göttingen, 1979.

KRÜGER, Cf. H. Grundgesetz und Kartellgesetzgebung, Göttingen, 1950.

KUTSCHERA, Fr. v. Einführung in die Logik der Normen, Werte und Entscheidungen, Freiburg-München, 1973.

LARENZ, K. Methodenlehre der Rechtswissenschaft, 4ª ed., München, 1979.

_____. Richtiges Recht. Grundzüge einer Rechtsethik, München, 1979.

LENK, H. (org.). Normlogik, Pullach, 1974.

LOOS, F. Zur Legitimität gerichtlicher Entscheidungen, manuscrito, Göttingen, 1977.

LORENZEN, P; SCHWEMMER, O. Konstruktive Logik, Ethik und Wissenschaftstheorie, Mannheim-Wien-Zürich, 1973.

LUDWIG, O; MENZEL, W. Diskutieren als Gegenstand und Methode des Deutschunterrichts, in: Praxis Deutsch, Heft 14, 1976.

LUHMANN, N. Positives Recht und Ideologie, in: N. Luhmann, Soziologische Aufklärung, Bd. 1, 3ª ed., Opladen, 1972.

_____. Rechtssoziologie, Bd. 1, Reinbek bei Hamburg, 1972.

_____. Systemtheoretischer Argumentationen: Eine Entgegnung auf Jürgen Habermas, in: J. Habermas/N. Luhmann, Theorie Der Gesellschaft oder Sozialtechnologie, Frankfurt/M., 1972.

MAcCALLUM, G. C. Dworkin on Judicial Discretion, in: The Journal of Philosophy 55, 1963.

MAcCORMICK, N. Legal Reasoning and Legal Theory, Oxford, 1978.

_____. Law, Morality and Positivism, in: N. MacCormick/O. Weinberger, An Institutional Theory of Law, Dordrecht-Boston-Lancaster-Tokyo 1986.

_____. Why Law Makes No Claims, in: Law, Rights and Discourse, G. Pavlakos (org.), 2007.

MAcINTYRE, A. After Virtue, 2ª ed., London, 1985.

BIBLIOGRAFIA | **337**

_____. Der Verlust der Tugend, Darmstadt, 1988.

MACKIE, J. L. Ethics. Inventing Right and Wrong, Harmondsworth, 1977.

MAUS, I. Die Trennung von Recht und Moral als Begrenzung des Rechts, in: Rechtstheorie, 20, 1989.

MÖLLER, K. Balancing and the structure of constitutional rights, in: International Journal of Constitutional Law, 5, 2007.

MOORE, G. E. Principia Ethica, Cambridge, 1903.

_____. The Nature of Moral Philosophy, in: G. E. Moore, Philosophical Studies, London, 1922.

NAESS, A. Kommunikation und Argumentation, Kronberg, 1975.

NEUMANN, U. Juristische Argumentationslehre, Darmstadt, 1986,

_____. Zur Interpretation des forensischen Diskurses in der Rechtsphilosophie von Jürgens Habermas, in: Rechtstheorie, 27, 1996.

NIELSEN, K. Covert and Overt Sinonymity. Brandt and Moore and the "Naturalistic Fallacy", in: Philosophical Studies, 25, 1974.

NOWELL-SMITH, P. H. Ethics, Harmondsworth, 1954.

NOZICK, R. Anarchy, State and Utopia, New York, 1974.

OTT, W. Der Rechtspositivismus, Berlin, 1976.

_____. Die Radbruch'sche Formel, Pro und Contra, in: Zeitschrift f. Schweizerisches Recht, N.F. 107, 1988.

_____. Der Euthanasie-Befehl Hitlers vom 1. September 1939 im Lichte der rechtspositivistischen Theorien, in: Staatsrecht in Theorie und Praxis, Festschr. f. Robert Walter, H. Mayer e. a. (org.), Wien, 1991.

PATZIG, G. Ethik ohne Metaphysik, Göttingen, 1971.

_____. Moral und Recht, in: G. Patzig, Ethik ohne Metaphysik, Göttingen, 1971 (2ª ed., Göttingen, 1983).

_____. Relativismus und Objektivität moralischer Normen, in: G. Patzig, Ethik ohne Metaphysik, Göttingen, 1971.

_____. Gibt es eine rationale Normenbegründung?, in: Angewandte Chemie, 114, 2002.

PAVLAKOS, G. The Special Case Thesis. An Assessment of R. Alexy's Discursive Theory of Law, in: Ratio Juris, 11, 1998.

PECZENIK, A. Principles of Law. The search for Legal Theory, in: Rechtstheorie, 2, 1971.

_____. Grundlagen der juristischen Argumentation, Wien-New York, 1983.

PERELMAN, Ch.; OLBRECHTS-TYTECA, L. La nouvelle rhétorique. Traité de l'argumentation, Paris, 1958, 2ª ed. (não modificada), Brüssel, 1970.

PODLECH, A. Gehalt und Funktion des allgemeinen verfassungsrechtlichen Gleichheitssatzes, Berlin, 1971.

POPPER, K. R. Die offene Gesellschaft und ihre Feinde, Bd. 2, Bern-München, 1958.

338 | Teoria Discursiva do Direito · *Robert Alexy*

_____. Logik der Forschung, 5ª ed., 1973.

POSCHER, R. Grundrechte als Abwehrrechte, Tübingen, 2003.

_____. Einsichten, Irrtümer und Selbstmissverständnis der Prinzipientheorie, in: Die Prinzipientheorie der Grundrechte, J.-R. Sieckmann (org.), Baden-Baden, 2007.

QUINTON, A. The Nature of Things, London, 1973.

RADBRUCH, G. Legal Philosophy, in: The Legal Philosophy of Lask, Radbruch and Dabin, K. Wilk (trad.), Cambridge/Ma., 1950.

_____. Gesetzliches Unrecht und übergesetzliches Recht (1946), in: Radbruch, Rechtsphilosophie, 7ª ed., Stuttgart, 1970.

_____. Fünf Minuten Rechtsphilosophie, in: G. Radbruch, Gesamtausgabe, A. Kaufmann (org.), Bd. 3, Heidelberg, 1990.

_____. Statutory Lawlessness and Supra-Statutory Law, B. Litschewski Paulson/S. L. Paulson (trads.), in: Oxford Journal of Legal Studies, 26, 1, 2006.

RAWLS, J. Justice as Fairness, in: The Philosophical Review, 67, 1958.

_____. A Theory of Justice, Cambridge/Ma., 1971.

_____. Rawls, Justice as Fairness: Political not Metaphysical, in: Philosophy and Public Affairs, 14, 1985.

_____. Die Idee des politischen Liberalismus, Frankfurt/M., 1992.

_____. Political Liberalism, New York, 1993.

RAZ, J. Legal Principles and the Limits of Law, in: The Yale Law Journal, 81, 1972.

_____. The Authority of Law, Essays on Law and Morality, Oxford, 1979.

_____. Ethics in the Public Domain, ed. Revisada, Oxford, 1995.

_____. The Argument from Justice, or How Not to Reply to Legal Positivism, in: Law, Rights and Discourse, G. Pavlakos (org), Oxford, 2007.

REIßING, M. Prinzipien als Normen mit zwei Geltungsebenen. Zur Unterscheidung von Regeln und Prinzipien, in: ARSP, 95, 2009.

RESCHER, N. The Coherence Theory of Truth, Oxford, 1973.

_____. Cognitive Systematization, Oxford, 1979.

REYNOLDS, N. B. Reynolds, Dworkin as Quixote, in: University of Pennsylvania Law Review, 123, 1974/75.

RICOUER, P. Zu einer Hermeneutik des Rechts: Argumentation und Interpretation. Deutsche Zeitschrift f. Philosophie, 42, 1994.

RIEHM, T. Abwägungsentscheidungen in der praktischen Rechtsanwendung. Argumentation – Beweis – Wertung, München, 2006.

ROSS, A. Imperatives and Logic, in: Theoria, 7, 1941.

_____. Directives and Norms, London, 1968.

ROSS, W. D. The Right and the Good, Oxford, 1930.

_____. The foundations of Ethics, Oxford, 1939.

BIBLIOGRAFIA | **339**

SARTORIUS, R. Social Policy and Judicial legislation, in: American Philosophical Quarterly, 8, 1971.

SAVIGNY, E. v. Die Überprüfbarkeit der Strafrechtssätze, Freiburg, 1967.

_____. Die Philosophie der normalen Sprache, 1ª ed. Frankfurt/M., 1969.

SCHELER, M. Der Formalismus in der Ethik und die materiale Wertethik, 5ª ed., Berlin-München, 1966.

SCHLINK, B. Abwägung im Verfassungsrecht, Berlin, 1976.

_____. Freiheit und Eingriffsabwehr – Rekonstruktion der klassischen Grundrechtsfunktion, in: EuGRZ, 11, 1984.

_____. Der Grundsatz der Verhältnismäßigkeit, in: Festschrift 50 Jahre Bundesverfassungsgericht, P. Badura/H. Dreier (orgs.), Bd. 2, Tübingen, 2001.

SCHNELLE, H. Sprachphilosophie und Linguistik, Reinbek bei Hamburg, 1973.

SCHUMACHER, B. Rezeption und Kritik der Radbruchschen Formel, Dissertação, Göttingen, 1985.

SCHWEMMER, O. Philosophie der Praxis, Frankfurt/M., 1971.

_____. Grundlagen einer normativen Ethik, in: Praktische Philosophie und konstruktive Wissenschaftstheorie, F. Kambartel (org.), Frankfurt/M., 1974.

SEARLE, J. R. Speech Acts, Cambridge, 1969.

_____. _Prima Facie_ Obligations, in: Practical Reasoning, J. Raz (org.), Oxford, 1978.

SENECA, L. A. Epistulae morales ad Lucilum. Stuttgart, 1991.

SHUMAN, S. I. Justification of Judicial Decisions, in: Essays in Honor of Hans Kelsen, The California Law Review, 59, 1971.

SIECKMANN, J.-R. Regelmodelle und Prinzipienmodelle des Rechtssystems, Baden-Baden, 1990.

_____. Recht als normatives System. Die Prinzipientheorie des Rechts, Baden-Baden, 2009.

SIMONIUS, A. Über Bedeutung, Herkunft und Wandlung der Grundsätze des Privatrechts, in: Zeitschrift f. Schweizerisches Recht, N. F., 71, 1972.

SINGER, M. G. Generalization in Ethics, New York, 1961.

SOMEK, A. Abwägungsregeln. Ein didaktischer Beitrag zur Grundrechtsdogmatik, in: Politische Ziele und juristische Argumentation, C. Hiebaum/P. Koller (orgs.), ARSP, 92, 2003.

_____. Rechtliches Wissen, Frankfurt/M., 2006.

SPAEMANN, R. Die Utopie des guten Herrschers. Eine Diskussion zwischen Jürgen Habermas und Robert Spaemann, in: Merkur, 26, 1972.

_____. Die Utopie der Herrschaftsfreiheit, in: Merkur, 26, 1972.

STEINER, J. M. Judicial Discretion and the Concept of Law, in: Cambridge Law Journal, 35, 1976.

STEVENSON, L. Ethics and Language, New Haven-London, 1944.

STRAWSON, P. Ethical Intuitionism, in: Philosophy, 24, 1949.

STRUCK, G. Topische Jurisprudenz, Frankfurt/M., 1971.

STÜCK, H. Subsumption und Abwägung, ARSP, 84, 1998.

TAPPER, C. A Note on Principles, in: The Modern Law Review, 34, 1971.

TOULMIN, St. E. The Place of Reason in Ethics, Cambridge, 1950.

_____. The Uses of Argument, Cambridge, 1958.

TUORI, K. Legitimität des modernen Rechts, in: Rechtstheorie 20, 1989.

VIEHWEG, Th. Topik und Jurisprudenz, 5a ed., München, 1974.

WARNOCK, G. J. Contemporary Moral Philosophy, London-Basingstoke, 1967.

WEINBERGER, Chr.; WEINBERGER, O. Grundzüge der Normenlogik und ihre semantische Basis, in: Rechtstheorie, 10, 1979.

WEINBERGER, O. Rechtslogik, Wien-New York, 1970.

_____. Die Logischen Grundlagen der erkenntniskritischen Jurisprudenz, in: Rechtstheorie 9, 1978.

WEINRICH, H. System, Diskurs und die Diktatur des Sitzfleisches, in: Merkur 26, 1972.

WHITE, A. R. Truth, London-Basigstoke, 1970.

WIEACKER, Fr. Zur Topikdiskussion in der zeitgenössischen deutschen Rechtswissenschaft, in: Xenion, Festschrift f. P. J. Zepos, E. v. Caemmerer/J. H. Kaiser/G. Kegel/W. Müller-Freienfels/H. J. Wolff (orgs.), Athen, 1973.

WIELAND, W. Praxis und Urteilskraft, in: Zeitschrift f. philosophische Forschung, 28, 1974.

WOLFF, H. J. Rechtsgrundsätze und verfassungsgestaltende Grundentscheidungen als Rechtsquellen, in: Festschrift f. W. Jellinek, O. Bachoff /M. Drath /O. Gönnenwein /E. Walz (orgs.), München, 1955.

WOOZLEY, A. D. No Right Answer, in: The Philosophical Quarterly, 29, 1979.

WRIGHT, G. H. v. Norm and Action, London, 1963.

WRONKOWSKA, S; ZIELINSKI, M; ZIEMBIŃSKI, Z. Rechtsprinzipien. Grundlegende Probleme, in: Zasady prawa, Warschau, 1974.

WUNDERLICH, D. Zur Konventionalität von Sprechhandlung, in: Linguistische Pragmatik, D. Wunderlich (org.), Frankfurt/M., 1972.

_____. Über die Konsequenzen von Sprechhandlungen, in: Sprachpragmatik und Philosophie, K.-O. Apel, Frankfurt/M., 1976.

XENOPHON, Memorabilien, A. Leising (trad.), 5ª ed., Berlin, 1917.

Pré-impressão, impressão e acabamento

grafica@editorasantuario.com.br
www.graficasantuario.com.br
Aparecida-SP